فهرست

آغاز

همیشه صدایی در قلبم می‌شنیدم، صدایی که مسیر را نشانم می‌داد. به من می‌گفت کجا بایستم و کجا بروم. کجا رها کنم و کجا پایبند باشم، اما هرچه بزرگ‌تر شدم، صدای ذهنم بلندتر شد. ذهنم از قدم‌برداشتن در مسیر آن صدا می‌ترسید.

چهارده‌ساله بودم که آن صدا برای اولین‌بار هدایتم کرد. گفت که به هنرستان بروم و تئاتر بخوانم. با وجود مخالفت اولیهٔ خانواده، موفق‌شدم نظر مادرم را جلب کنم و به هنرستان رفتم. سه سال بعدی، هر روزش با رضایت گذشت. می‌دانستم در مکان درستی قرار دارم. با آن صدا دوست شدم؛ اما وقتی در نوزده‌سالگی به من گفت که به قونیه بروم، خیلی جا خوردم. نه پاسپورت داشتم و نه تجربهٔ تنهایی سفرکردن. نه کسی بود که درکم کند و نه گوشی که بتوانم با او راحت سخن بگویم، ولی با وجود تمام سدها به قونیه رفتم. قدمی که برداشته بودم بی‌بازگشت بود. ایمان، اطمینان و قدرتی که قونیه به من هدیه داد مثل یک بذر در وجودم کاشته شد. همان قدرت مرا به نپال برد، جایی که در آن زندگی را با چشم‌های متفاوتی دیدم، مسافری کوله‌به‌دوش بودن، همان‌جا در ذهنم جرقه خورد و متوجه شدم که می‌توانم زندگی بسیار متفاوتی را تجربه کنم.

روزی که آن صدا به من گفت: «به آمریکای جنوبی برو»، ساعت‌ها لرزیدم و گریه کردم؛ می‌ترسیدم. از پرتاب خود به سرزمین ناشناخته‌ها می‌ترسیدم. درس‌هایی که در نپال و قونیه گرفته بودم به من می‌گفتند که جز اطمینان به آن صدا چاره‌ای نیست. صدا می‌گفت خودت را به دنیای عجایب پرت کن، اما از آن دنیا و آن سرزمین هیچ نمی‌دانستم، صدای مخالفت و ترس‌های اطرافیانم بلند بود و خودم هم پر از ترس بودم؛ اما مگر چیزی برای ازدست‌دادن داشتم؟ پریدم. تنها کاری که باید انجام می‌دادم همان پرش بود، همان قدم اول. پس از آن ترس‌ها کم‌رنگ و مسیر پیدا شد.

این کتاب بخشی از زندگی من است. داستانی است که اطمینان دارم خواندنش به روح‌های زیادی جرئت می‌بخشد. جرئت پریدن، آزادانه و آگاهانه زیستن، رهاکردن، عاشق‌شدن، دردکشیدن و از دردها بیرون‌آمدن، قدم‌برداشتن در راه آرزوهای وحشی و ...

امیدوارم همان‌طور که من، ورای تمام دردها و سختی‌ها، از زندگی‌کردن این

کتاب و نوشتنش لذت بردم؛ شما نیز، جدا از تمام احساساتی که تجربه خواهید کرد، از خواندن آن لذت ببرید. دلم می‌خواهد این را بدانید که با توجه به کوله به‌دوش بودنم در تمام این سال‌ها و از روی عادت و راحتی، تمامی این کتاب را در تلفن همراهم نوشتم و بازنویسی کردم.

از «او» که مرا با مولانا آشنا کرد، مادرم که باوجود همهٔ ترس‌ها جلوی من را نگرفت، خانواده‌ام، همهٔ میزبان‌هایی که در خانه‌شان را به روی من باز کردند و «فهیم عطار»، که مشوق اصلی من در نوشتن این کتاب بود، با تمام وجودم تشکر می‌کنم. بدون حمایت عاطفی شما، طی‌کردن این مسیر غیرممکن بود.

تقدیم به تمام کسانی که خلاف جهت آب شنا کردند. آنان که در راستای آزادی و رهایی قدمی برداشتند و آن‌هایی که به جبر دردناک جغرافیا خندیدند.

با عشق.

ملیکا

بخش اول

گیرکردن در گواتمالا (۱۳۹۸)

همیشه هنگام ورود به یک کشور جدید اشک شادی از چشمانم سرازیر می‌شود. این بار اما به‌جای اشتیاق، استرس تمام وجودم را گرفته بود. البته نه‌تنها من، بلکه انگار همهٔ مسافرانی که با فاصله در پشت‌سر و جلوی من در صف ایستاده بودند از چیزی می‌ترسیدند. دو نفر از کارکنان فرودگاه، با نگاهی خنثی، کمی جلوتر بودند. به پاسپورت هر مسافر نگاه می‌کردند، با تب‌سنج تبش را اندازه می‌گرفتند و روی کاغذی می‌نوشتند. قدِ بلند، لباس‌های خاکستری و حرکات تکراری‌شان شبیه ربات‌ها بود. در آن راهروی باریک، به‌جز صدای ربات‌هایی که دمای بدن مسافران را از روی تب‌سنج می‌خواندند، هیچ صدایی شنیده نمی‌شد؛ حتی صدای نفس‌کشیدن آدم‌ها. اولین تصویرم از گواتمالا، پس از دیدن یک آتش‌فشان از پنجرهٔ هواپیما، همین بود. راهرویی باریک و کرمی‌رنگ با تابلوهایی پر از عکس و نوشته. شانه‌های پهن و قدِ بلند پسر روبه‌رویی‌ام جلوی دید مرا گرفته بود و به‌جز دیوارهای دو طرف و موهای بلند و پرپشت قهوه‌ای پسر چیزی نمی‌دیدم.

صف آرام روبه‌جلو حرکت می‌کرد. هرچه به ربات‌ها نزدیک‌تر می‌شدم، ضربان قلبم تندتر می‌شد. آن‌قدر تند که حس می‌کردم همهٔ اطرافیانم صدایش را می‌شنوند. همان‌طور که به اطراف نگاه می‌کردم، اسم کشورم را روی دیوار دیدم. خشکم زد. «ایران» جزو چهار کشوری بود که کسی نمی‌توانست از آنجا وارد گواتمالا شود. ظاهراً به‌خاطر ویروس جدید و ناشناخته‌ای که در دنیا پیدا شده بود: «کرونا».

دوسال‌ونیم بود که در آمریکای لاتین درحال سفر و کار داوطلبانه بودم. سفرکردن و ورود به کشورهای مختلف برای من کار راحتی نیست. این‌طور بگویم که برای سفر به گواتمالا و گرفتن ویزایش که هزینهٔ کمی هم نداشت، یک ماه در کاستاریکا زمان گذاشتم و انرژی صرف کردم. البته هزینه‌اش شاید برای خیلی‌ها ناچیز باشد؛ اما من از چهار شب خوردن شام گذشتم تا بتوانم هزینهٔ ویزای گواتمالا را پرداخت کنم.

سعی کردم با نگاه به موهای خوش‌رنگ پسر روبه‌رویی حواسم را پرت کنم. «چقدر دلم می‌خواد صورتش رو ببینم.» درست زمانی که این جمله را در دلم گفتم، انگار که ذهنم را خوانده باشد، سرش را برگرداند تا به بلندی صف نگاهی بیاندازد. ناخودآگاه لبخندی روی لب‌هایم نشست. پسر که انگار لبخند را از زیر ماسک دیده باشد با چشم‌هایش به من لبخند زد و برگشت. چقدر حالت موها

و چشم‌هایش مرا یاد جانی‌دپ در فیلم «دزدان دریایی کارائیب»[1] می‌انداخت. با دیدن ابروهای کشیده و چشم‌های قهوه‌ای و براقش احساس کردم چیزی شبیه به پروانه در دلم تند تند بال می‌زند، احساسی که زیاد طول نکشید، چرا که به ربات‌ها نزدیک شدیم و با دیدن صورت‌های جدی، ماسک‌های سفید و بزرگ بر صورت و دستکش‌هایشان، انگار که آب یخ روی سرم خالی شد.

قبل از ورود به سالن اصلی فرودگاه دمای بدن تمام مسافرین را چک می‌کردند تا از ورود مبتلایان ویروس کرونا به گواتمالا جلوگیری کنند. ربات با دیدن ترس در چشمانم، با چشمانش به من لبخند زد اما با دیدن پاسپورت در دستم چشمانش گرد شد. به زبان‌انگلیسی از من پرسید که از چه کشوری و به چه دلیلی به گواتمالا آمده‌ام. به اسپانیایی برایش توضیح دادم که بیش از دو سال است که در آمریکای لاتینم و از کاستاریکا به گواتمالا آمدم تا در مورد زندگی «مایاها» اطلاعات بیشتری کسب کنم و طبیعت بی‌نظیر گواتمالا را ببینم. بنابر تجربه می‌دانستم که «زبان» انسان‌ها را به هم نزدیک می‌کند و با صحبت‌کردن به اسپانیایی می‌توانم به او نشان دهم که آن‌قدرها هم غریبه و ترسناک نیستم. پس از ورق‌زدن پاسپورت و نگاه‌کردن به ویزاهایم، به من گفت که کسانی که در چهارده روز گذشته در یکی از کشورهای ایران، چین، کرهٔ جنوبی و یا اتحادیهٔ اروپا بوده‌اند به‌هیچ‌وجه نمی‌توانند به گواتمالا سفر کنند، اما چون من بیش از دو سال است که در ایران نبوده‌ام، می‌توانم وارد فرودگاه شوم.

نگاهی به جانی‌دپ انداختم که روبه‌روی آن یکی ربات ایستاده بود. آرام، شمرده و جدی صحبت می‌کرد، طوری که بخواهد ربات را قانع کند. نگاهم برای چند ثانیه روی پاسپورت قرمزش قفل شد، رویش نوشته شده بود «ایتالیا».

با قدم‌های تند به سمت سالن اصلی فرودگاه و سپس خروجی رفتم. می‌دانستم تا زمانی که از فرودگاه خارج نشوم و مهر ورود بر پاسپورتم نخورد، تپش قلبم آرام نمی‌گیرد. می‌دانستم نمی‌توانند از ورود من به کشور جلوگیری کنند، اما می‌توانند به دلیل ملیتم با پرسیدن سوال‌های زیاد مرا تحت فشار روحی و عصبی قرار دهند. اتفاقی که بارها در مرزهای مختلف برایم افتاده بود.

با شنیدن صدای قدم‌های شخصی از پشت سر، که با تمام وجودم دعا می‌کردم جانی باشد، قدم‌هایم را کند کردم. آن‌قدر کند که آن شخص نزدیک و نزدیک‌تر شد و سپس با فاصله و شانه‌به‌شانهٔ من مسیرش را ادامه داد. خودش بود، ژاکت

1.Pirates of the Caribbean

سفیدی بر تن داشت و اندازهٔ کوله‌اش تقریباً نصف کولهٔ من بود. به این فکر می‌کردم که در این زمان کم چگونه سر صحبت را با او باز کنم که گفت: «متوجه شدم که ایرانی‌ای. دو سال پیش درست همین موقع ایران بودم. برای عید نوروز و دیدن مقبرهٔ حافظ رفته بودم.»

از شنیدن حرف‌های جانی و شنیدن دو کلمهٔ «عید» و «نوروز» به‌شدت جا خوردم. با توجه به تفاوت آب‌وهوا در آمریکای مرکزی و خبرهای اخیر در مورد ویروس کرونا، به‌کل فراموش کرده بودم که اواخر اسفند است. یعنی کمتر از یک هفتهٔ دیگر سال جدید و سالگرد مرگ پدرم است.

از این‌که جانی نیز چشمش به پاسپورت در دستم افتاده و به من توجهی هرچند ناچیز کرده آن‌قدر هیجان‌زده و هول شده بودم که جوابم هیچ ربطی به حرف جانی نداشت: «یک‌راست از اروپا اومدی یا از یه کشور دیگه؟» گفت: «اروپا. اوضاع شیوع کرونا توی ایتالیا اصلاً خوب نیست. درست مثل ایران.» به خروجی رسیدیم و دوباره پشت‌سرهم در صف ایستادیم. در فرودگاه به‌جز دوازده مسافر، پرنده پر نمی‌زد.

تنها چند اتاق کوچک و شیشه‌ای را کمی دورتر می‌دیدم و پلیس‌هایی که در اطراف ما و اتاق‌ها همانند ربات، خیره به روبه‌رو ایستاده بودند. نوبت جانی شد. از تکان‌دادن زیاد پای راستش هنگام ایستادن می‌توانستم استرسش را حس کنم. ربات پنج دقیقه او را معطل نگه داشت و از او خواست که فرمی را پر کند. سپس مهر ورود را بر پاسپورتش کوبید و به من که نفر بعدی بودم اشاره کرد تا جلو بروم. جانی قبل از رفتن به چشم‌های از حدقه درآمده، خسته و ترسان من نگاهی کرد و لبخند زد. نگاهی که انگار هم برای خداحافظی بود و هم برای طلب خیر. در دلم آرزو کردم که برایم صبر کند تا با هم وارد کشور شویم. سپس با یک نفس عمیق به جلو قدم برداشتم و پاسپورتم را از زیر شیشه به ربات تحویل دادم.

درست همان چیزی که از آن می‌ترسیدم اتفاق افتاد. ربات به‌جای زدن مهر ورود، شروع به جست‌وجوی چیزی در کامپیوترش کرد. حس می‌کردم کلمهٔ «ایران» را جست‌وجو می‌کند. پاسپورتم را در دست گرفت، نگاهی به من و کولهٔ بزرگی که روی شانه‌هایم سنگینی می‌کرد انداخت و خواست که همراهش به اتاقی بروم.

به سمت یکی از همان اتاق‌های کوچک و شیشه‌ای رفتیم. پلیسی کوتاه‌قد با لباس قرمز و کلاه مشکی پشت میز نشسته بود. ابروهای سیاه، اخم و ریش

کوتاه پایین چانه‌اش مرا به یاد «جعفر» در کارتون علائدین انداخت. ربات شرایط من را به جعفر توضیح و پاسپورتم را به او تحویل داد و سپس از اتاق خارج شد. تمامی دیوارهای اتاق سفید بودند. در گوشهٔ سمت راست من میزی پر از مدارک و در پشت سرم کمدی مشکی قرار داشت. سنگینی دوربین را از بالای دیوار روی خودم احساس می‌کردم. این اولین‌باری نبود که در فرودگاه و یا مرز زمینی یک کشور، در اتاقک کوچکی با پلیسی که به‌احتمال زیاد فرق ایران و عراق را نمی‌داند، تنها می‌شدم. می‌دانستم که چشمانم استرسم را فریاد می‌زنند، اما لبخند زدم و سعی کردم که با آرامش تمام به سوال‌ها جواب دهم.

جعفر یک موضوع ساده را آن‌قدر برای خودش و من پیچیده کرد که دو ساعت تمام در آن اتاق کوچک و تاریک نشستم و به سوال‌های تکراری‌اش جواب دادم، سوال‌هایی که در سفارت گواتمالا هم از من پرسیده شده بود و ربطی به سفر من به گواتمالا و ویروس کرونا نداشت. حتی مرا مجبور کرد که کوله‌ام را باز کنم و کل پول‌های نقدم را به او نشان دهم. دلم می‌خواست همان‌جا روی زمین بنشینم و به‌حال خودم گریه کنم. چرا جانی که مستقیم از اروپا می‌آمد، جایی که به‌خاطر کرونا یکی از چهار منطقهٔ ممنوع الورود به گواتمالا بود، به راحتی وارد کشور شد؛ اما من که بیش از دو سال است پایم را در خاورمیانه نگذاشته‌ام و از کشور همسایه می‌آیم باید آن‌قدر برای ورود به آن‌جا زجر بکشم؟

هیچ‌وقت آخرین نگاه جعفر را فراموش نمی‌کنم. پس از دو ساعت معطل نگه‌داشتن من در فرودگاه، وقتی که بالأخره خسته شد و مهر ورود را بر پاسپورت جدیدم کوبید، طوری به من نگاه کرد که انگار یک ویروس ناشناخته و ترسناک را می‌بیند، نه دختری جوان.

همیشه موقع ورود به یک کشور جدید اشک شادی می‌ریزم؛ اما این‌بار نمی‌دانستم که از خوشحالی ورود به گواتمالا است که گریه می‌کنم یا از رفتن جانی دپ و یا از نامعلوم بودن آینده. آینده‌ای که از کودکی به من آموخته بودند که باید برای آن برنامه‌ریزی داشته باشم و از همان سنین وادار بودم که به آن فکر کنم. طوری که حالا در سن بیست‌ودوسالگی به جای لذت‌بردن از ورودم به گواتمالا و جشن‌گرفتن برای آن، به دلیل غیرقابل‌پیش‌بینی بودن آینده استرس داشتم. آن‌قدر در فکر به آینده غرق بودم که هیچ تصویری از لحظات اول ورودم به گواتمالا به‌خاطر ندارم. چنان غرق در فردا بودم که یادم رفته بود «امروزی» هم وجود دارد. امروزی که فردای دیروز است. امروزی که فردای ما را می‌سازد.

غرق در فکر و بدون مقصد در پایتخت راه رفتم. ترافیک سنگین و قیافهٔ مردمی که انگار همه برای رسیدن به جایی عجله داشتند، مرا به یاد تهران انداخت. گواتمالا بسیار مدرن‌تر از چیزی بود که تصور می‌کردم. رستوران‌های زنجیره‌ای، کافه‌های کوچک و رنگی و خیابان‌های به‌نسبت تمیزی داشت.

سنگینی کوله باعث شد روبه‌روی یک هنرمند خیابانی بنشینم، نوازنده‌ای که صدای سازش تمام کوچه را پر کرده بود. بی‌خبر از آن‌که چند ساعت بعد، درهای همان فرودگاهی که از آن عبور کرده بودم را خواهند بست و من که حتی یک نفر را هم در گواتمالا نمی‌شناسم، تا مدتی نامعلوم در این کشور جدید و ناشناخته خواهم ماند.

کربن

مرگ پدر

گرمای آفتاب از پنجره به صورتم می‌خورد و نورش چشمانم را اذیت می‌کرد، انگار می‌خواست از خواب بیدارم کند. سرم را به سمت پنجره برگرداندم. درخت‌های لخت و خوابیده حالا سرسبز و بیدار بودند. درخت‌های پر از شکوفه خبر از آمدن بهار می‌دادند. دوازدهمین بهار و عید زندگی‌ام بود. پتو را کنار زدم و از تختم که درواقع طبقهٔ بالایی تخت الیسا خواهر کوچکترم بود، پایین پریدم. صدای فرودم الیسا را از خواب بیدارکرد. باذوق شکوفهٔ درخت‌ها را به او نشان دادم. لباس‌های سرخابی‌مان را پوشیدیم و به اتاق خواهران دوقلویمان، نیکا و مریلا رفتیم. نیکا که معلوم بود تازه حمام کرده است، روبه‌روی آینه موهای بلند و لختش را شانه می‌زد و مریلا که بلوز نو و سفیدش را پوشیده بود، برای صاف‌کردن موهای فرش دنبال اتوی مو می‌گشت. با آن‌که دوقلواند، هیچ شباهتی به هم ندارند. نیکا پوستی تیره، قدی بلند، موهایی صاف و استخوان‌بندی درشتی دارد، درحالی که مریلا موهایش از ریشه فر، پوستش درست مثل مامان سفید و مثل من، کوتاه‌قد و ریزه‌میزه است.

چهارتایی مشغول صحبت شدیم. الیسا بی‌صبرانه منتظر گرفتن عیدی از بزرگ‌ترهای فامیل بود، می‌گفت دوست دارد با عیدی‌هایش به «سرزمین عجایب»[1] برود. مریلا دلش می‌خواست هرچه زودتر به خانهٔ مادربزرگمان مامان فرزانه برسد. می‌گفت سه شب است که خواب سبزی‌پلو با ماهی می‌بیند. نیکا می‌گفت دوست دارد عیدی‌هایش را پس‌انداز کند و من در آن لحظه تنها کاری که دلم می‌خواست با عیدی‌هایم انجام دهم، خریدن شکلات بود.

در اتاق باز و صدای صحبتمان آن‌قدر بلند بود که در تمام راهرو شنیده می‌شد. ناگهان در اتاق مادر و پدرم باز شد، اتاقشان درست کنار اتاق نیکا و مریلا بود. صدای در ما را به سکوت وا داشت، به راهرو خیره شدیم. مادرم زیر بغل پدرم را که دیگر هیچ گوشتی زیر پوستش باقی نمانده بود، گرفته بود. احساس می‌کردم دوست ندارد به ما نگاه کند. پدرم اما با چشم‌های بزرگ و زردش به ما خیره شد. چشمان همیشه خندان و پرانرژی‌اش کاملاً بی‌روح بودند. به‌جز چند تار موی فر و کوتاه مویی روی سرش باقی نمانده بود.

مادرم درحالی که سعی می‌کرد او را آرام‌آرام به سمت دستشویی ببرد، با بغضی که سعی داشت پنهان کند گفت: «بچه‌ها! بابا عیدی‌تون رو گذاشته خونهٔ مامان

۱.شهربازی سرپوشیده واقع در غرب شهر تهران.

فرزانه. برید اونجا، ما امروز نمی‌تونیم بیایم.»

به پدر بی‌حالم نگاه کردم، چشم‌هایش تکان نمی‌خوردند و دهانش باز مانده بود. با این‌که می‌دانستم سرطان پانکراس دارد، هیچ‌وقت تصورش را هم نمی‌کردم که در چنین حالی ببینمش. چطور شد که پدر همیشه سرحال من که عید سال گذشته با خواندن آهنگ «شازده خانم» ستار ما را از خواب بیدار کرد، حالا حتی نمی‌تواند راه برود؟

تمام عیددیدنی تصویر بابا از جلوی چشمانم دور نمی‌شد. آن روز سبزی‌پلو با ماهی و شکلات خوردم، کلی عیدی گرفتم و با تمام بچه‌های فامیل هم بازی کردم؛ اما باز انگار چیزی در سینه‌ام تکان می‌خورد و باعث نگرانی‌ام می‌شد. نگرانی‌ام وقتی به اوج خودش رسید که بعد از عیددیدنی خاله فریبا گفت که مادرم زنگ زده و گفته که بچه‌ها شب را همان‌جا بمانند. من و نیکا به ماجرا مشکوک بودیم. از آخرین باری که چهارتایی شب را در خانهٔ مادربزرگم گذرانده بودیم، سال‌ها می‌گذشت. به بهانهٔ برداشتن مسواک‌ها اصرار کردیم که برگردیم.

ساعت هفت شب بود، بابا روی تختش دراز کشیده بود. دکترش که همیشه مشغول چک‌کردن لولهٔ درون شکمش بود، این‌بار بالای سرش قرآن می‌خواند. قرآن‌خواندنش، هم باعث آرامشم بود و هم بهم استرس می‌داد. یعنی دکتر نمی‌توانست کاری بکند و به خدا متوسل شده بود؟

به صورت لاغر و زرد رنگ بابا نگاه کردم. چشمان درشتش بسته بودند و با دهانی باز نفس می‌کشید. فاصلهٔ بین نفس‌هایش هر لحظه بیشتر می‌شدند. حس کردم دیگر دردی ندارد و با آرامش خوابیده است. پرسیدم: «بابا خوابیده؟»
مامان گفت: «توی کُماست. دستش رو بگیر و هر چی می‌خوای بهش بگو.»

اول نیکا با بابا حرف زد و بعد نوبت من شد. اصلاً یادم نیست که می‌دانستم کما به چه معناست یا نه. حتی یادم نیست دقیقاً چه چیزی به او گفتم. اما به‌یاد دارم که جای انگشت شصتم روی دستش ماند و من ترسیدم. روز بعد متوجه شدیم که هم‌زمان با بیرون رفتن من و نیکا از خانه، روح بابا هم از بدنش بیرون رفته بود.

همهٔ این‌ها را تعریف کردم تا بگویم که در سن دوازده سالگی متوجه شدم آدم‌ها «رفتنی»اند. با تمام وجودم «رفتن» و «نبودن» را احساس کردم، «دلتنگی» و «دوری» را نیز. به همین دلیل پس از اتمام دوران راهنمایی ترسی برای جداشدن از دوستانم نداشتم. همهٔ آن‌ها قرار بود برای خواندن رشتهٔ ریاضی به دبیرستان

بروند، ولی من دلم می‌خواست به هنرستان بروم و نمایش بخوانم. اوایل مادرم بسیار مخالف هنرستان بود، اما در نهایت قانعش کردم که آن کسی که قرار است درس بخواند منم نه او و باید رشته‌ای را انتخاب کنم که دوستش دارم.

بچه‌تر که بودم دلم می‌خواست مثل پدرم مهندس و یا مثل مادرم معلم باشم. پدرم مدیرعامل شرکتی در مناطق آزاد بود و مادرم آموزشگاه کوچکی داشت و به کودکان و بزرگسالان زبان انگلیسی تدریس می‌کرد. با از دنیا رفتن پدرم، تمامی عشق و علاقه‌ام به مهندسی هم از بین رفت. به‌جایش از همان دوازده سالگی، تمامی انرژی‌ام را صرف تدریس به کودکان کردم. همهٔ دوره‌های مربی‌گری آموزشگاه را گذراندم. دو سال کنار دست مربی‌ها در کلاس‌های مختلف نشستم و کمکشان کردم. هر روز تابستان در آموزشگاه تدریس می‌کردم. نه احتیاجی به کارکردن داشتم، نه کسی مجبورم کرده بود. تنها به دلیل لذت وصف‌نشدنی‌ای که تدریس به من می‌داد کار می‌کردم. هر لحظه وقت‌گذراندن با بچه‌ها خودش شبیه به یک روز مدرسه بود. در مدرسه تمرین بازیگری می‌کردم و در آموزشگاه تمرین زندگی.

دوران راهنمایی و دبیرستان در چشم‌به‌هم‌زدنی گذشت و زمان رفتن به دانشگاه رسید. بعد از گرفتن دیپلم، پیشنهاد کار در پشت صحنهٔ تئاتری را گرفتم و هم‌زمان در دو مهدکودک مختلف شروع به تدریس کردم. کارکردن و مستقل‌بودن بسیار لذت‌بخش بود، آن‌قدر لذت‌بخش که تصمیم گرفتم به دانشگاه نروم. در عوض یک دورهٔ یک‌سالهٔ گریم و خودآرایی در تئاتر و سینما گذراندم و مدرک آیلتس گرفتم. مدرک بین‌المللی گریم در تئاتر و آیلتس در مربی‌گری بسیار کمکم کرد. می‌دانستم که در تئاتر بیش از هر چیزی به «تجربه» احتیاج دارم و چه تجربه‌ای بهتر از کارکردن به‌عنوان دستیار کارگردان، گریمور و بازیگر در گروه‌های کوچک تئاتر تهران؟

تصمیمم در مورد دانشگاه خانواده را خوشحال نکرد. به‌علاوه مرا از تمام دوستان هم‌سن‌وسالم که برای کنکور آماده می‌شدند، جدا کرد. اما ته دلم احساس رضایت و شادمانی داشتم و همین برای اطمینان از مسیری که در آن قدم برمی‌دارم کافی بود.

با آن‌که در جامعه‌ای بزرگ شده بودم که از نه سالگی آزادی پوشش و بیان را از من گرفته بود، با آن‌که نظرات خاله و دایی و مادربزرگ و دوستانم برایم مهم بود، ته دلم می‌دانستم که این داستان زندگی من است و «آزادم» تا آن را هر آن‌طور

که می‌خواهم بنویسم. هیچ‌کس نمی‌توانست به من بگوید که چطور زندگی کنم.

مادرم از کودکی به من آموخته بود که به نظرات دیگران در مورد زندگی‌ام توجه نکنم و آنچه را که خودم احساس می‌کنم درست است انجام دهم. می‌دانستم هرکس مسئول انتخاب‌ها و زندگی خودش است و ما کنترلی بر روی دنیای بیرون، زندگی دیگران و حتی افکارشان نداریم.

منتظر نبودم تا کسی آزادی را به من هدیه دهد، بلکه می‌دانستم که تنها راه آزاد بودن، آزادانه رفتارکردن است.

شروع قرنطینه و بلاتکلیفی

همه به خانه‌هایشان پناه برده بودند. آنانی که سقفی بالای سرشان داشتند زیر آن نشسته بودند و کسانی چون من به‌دنبال سقف می‌گشتند. همه‌جا از گوشه‌وکنار فضای مجازی و تلویزیون گرفته تا دیوارهای شهر «آنتیگوا»[1] نوشته شده بود «در خانه بمانید».

کلمهٔ «خانه» برایم تکان‌دهنده بود. به‌راستی خانه برای من کجا بود؟ پس از دوسال‌ونیم زندگی بی‌وقفه با مردم آمریکای لاتین زیر یک سقف، خانه را مساوی با یک مکان نمی‌دانستم. خانه برای من چیزی فرای چهارچوب مکان بود، جایی بود که دلم در آن احساس آرامش و امنیت داشته باشد. خودم را متعلق به هیچ سقفی، هیچ ملیتی و هیچ شهر و کشوری نمی‌دیدم.

قرار بود برای کار داوطلبانه به مدرسه‌ای در اطراف شهر تکپن[2] بروم؛ اما درست پس از بسته‌شدن درهای فرودگاه و مرزهای گواتمالا به من خبر دادند که آن‌ها نیز داوطلب نمی‌پذیرند. به مدت دو هفته خودم را در اتاقی در آنتیگوا قرنطینه کردم. با آن‌که هیچ‌کس به‌جز من در آن خانه زندگی نمی‌کرد، روزی ده‌بار دست‌هایم را می‌شستم. آن‌قدر خودم را در اخبار غرق کرده بودم که احساس می‌کردم گلویم می‌خارد و ویروس به من نیز رسیده است.

عید نوروز آن سال را تک‌وتنها در اتاقی تاریک خیره به عکس پدرم گذراندم. ده سال از مرگش گذشته بود، ده سال بود از عید نوروز تنفر داشتم و فرار می‌کردم. ده سال گذشت تا بتوانم با روزی که مرگ و سال نو را به‌هم دوخته بود آشتی

1.Antigua Guatemala

2.Tecpan

کنم. در عمق بلاتکلیفی و ترسی که کرهٔ زمین را فرا گرفته بود، من توانستم پس از ساعت‌ها اشک‌ریختن و در آغوش‌گرفتن خودم، با تمام وجود با این روز به صلح برسم. احساس می‌کردم دیگر از عید نوروز متنفر نیستم. انگار دکمه‌ای را در مغزم فشار داده بودند. نگاهم به مرگ کاملاً تغییر کرده بود. مرگ او دیگر تاریک نبود. باوجود دردی که هنوز از نبودش احساس می‌کردم، مرگ او برایم روشن بود و زیبا. زیباست که پدرم زندگی جدیدش را با شروع بهار آغاز کرده است. مرگ او همزمان با تولد دوبارهٔ طبیعت است، تولد دوبارهٔ گل‌ها و میوه‌ها.

هیچ‌کدام از سین‌های سفرهٔ هفت‌سین را نداشتم. نه سیب داشتم نه سرکه، نه سماق داشتم و نه سمنو. برای سال جدید و یادبود مرگ پدرم آمادهٔ جشن‌گرفتن بودم؛ اما فضا فراهم نبود. تنها به عکسش خیره شدم و با چشمانی پر از اشک و لبخندی که صورتم را پر کرده بود، به او قول دادم که در آن دههٔ جدید، هر سال روز مرگ و تولد دوباره‌اش را جشن بگیرم.

بلاتکلیفی به اتمام نمی‌رسید. تنها از شکلی به شکل دیگر تبدیل می‌شد. آن تنهایی آن‌قدر مرا شکننده کرده بود که پس از دو هفته، به یک هاستل جابه‌جا شدم. هاستلی با حیاطی بزرگ و بیش از چهل اتاق که تنها ده نفر در آن اقامت داشتند. دو دختر استرالیایی، یک زوج انگلیسی، چهار آمریکایی، یک دختر آرژانتینی و یک فرانسوی. به هرکدام از ما اتاقی جدا داده بودند و به ازای هر دو شب اقامت، شب سوم را رایگان می‌ماندیم. هاستل حیاطی سرسبز، آشپزخانه‌ای بزرگ و یک درخت بزرگ آواکادو داشت که زمان میوه‌دادنش رسیده بود.

ابتدا تصور می‌کردم بودن کنار مسافرانی که مثل من در گواتمالا گیر کرده‌اند می‌تواند به من آرامش بدهد، اما روز دوم موقع آشپزی متوجه شدم که همهٔ آن‌ها در شرایط یکسانی‌اند و من شرایط متفاوتی دارم. دختر آرژانتینی که به‌واسطهٔ نوشیدن چای متِه بسیار سریع با هم دوست شده بودیم، منتظر هواپیمایی بود که دولت آرژانتین قرار بود بفرستد تا آرژانتینی‌هایی را که در آمریکای مرکزی و شمالی گیر افتاده‌اند به کشورشان برگرداند. هواپیمای نجات.

زوج انگلیسی فردای آن روز سوار هواپیمای نجات می‌شدند و به کشورشان برمی‌گشتند. آمریکایی‌ها و استرالیایی‌ها قرار بود با سفری زمینی به مکزیک که مرزهایش را نبسته بود بروند و از آنجا سوار هواپیماهای نجات شوند و دختر فرانسوی درحال مکالمه با سفارت فرانسه بود. به‌جای آرام‌شدن، استرس تمام وجودم را گرفت. ایران اصلاً سفارتی در گواتمالا نداشت. اصلاً اگر سفارت هم

داشت بعید می‌دانم که برای یک مسافر هواپیمای نجات می‌فرستادند. همه به فکر رفتن بودند، به فکر برگشت به خانه، جایی که در آن به دنیا آمده و بزرگ شده بودند.

نکند زمانش رسیده بود که به ایران برگردم؟ اگر نمی‌توانستیم تا مدت‌ها سفر کنیم، شاید بهتر بود به آغوش خانواده‌ام برگردم و کنار آن‌ها دوران قرنطینه را بگذرانم. اگر قرار بود بسیاری از ما بمیریم، شاید بهتر بود قبل از آن‌که عزیزی را از دست بدهم، به تهران برگردم. نمی‌دانستم چطور اما می‌دانستم اگر بخواهم، برگشت ممکن خواهد بود. با مادرم تماس گرفتم.

- سلام مامان! خوبی؟ همه خوبن؟ می‌گم... اینجا همه دارن برمی‌گردن خونه‌هاشون. میگن برو خونه‌ات. کلی مسافر دارن برمی‌گردن کشورهاشون. منم دارم فکر می‌کنم برگردم...

مادرم صحبت را قطع کرد و با صدایی محکم و بسیار جدی گفت:

+ فکرش رو هم از سرت بیرون کُن. اگه برگردی دیگه نمی‌تونی به سفرت ادامه بدی. بعد از دوسال‌ونیم توی این شرایط وخیم و مریضی و ترس می‌خوای برگردی اینجا؟! فکرش رو هم از سرت بیرون بنداز. چشماتو باز کن و ببین کجایی. اونجا باش.

تلفن را قطع کرد. بغضم تبدیل به گریه‌ای بلند شد. گوشهٔ دیوار نشستم، سرم را روی زانوهایم گذاشتم و بلندبلند گریه کردم. او از شرایط من چه می‌دانست؟ از فشاری که تحمل می‌کردم و سختی بلاتکلیفی و گیرکردن در کشوری که هیچ‌کس را در آن نمی‌شناختم و هیچ از آن نمی‌دانستم. آن‌قدر بی‌کس و بی‌جا بودم که حتی خانواده‌ام هم نمی‌خواستند من به جایی که تصور می‌کردم «خانه» است برگردم. به معنای واقعی بی‌خانمان شده بودم، آن هم در شرایطی که دنیا فریاد می‌زد در «خانه» بمان.

گریه‌هایم که تمام شد، سرم را بالا آوردم و از پنجره آتش‌فشان بزرگی را دیدم که زیر نور خورشید می‌درخشید. اشک‌هایم را پاک کردم و به استواری‌اش خیره شدم. چقدر زیبا بود، چیزی در آن به من قدرت می‌داد. بعدها متوجه شدم که نامش «آتش» است.

مادرم گفت چشم‌هایت را باز کن و ببین کجا هستی. من در سرزمین آتش‌فشان‌ها بودم. آتش‌فشان نماد قدرت و استواری است. به حیاط هاستل رفتم

و زیر درخت آووکادو نشستم. هوا بسیار خوب بود. نمی‌دانستم چه خواهد شد، نمی‌توانستم جایی بروم، نفس عمیقی کشیدم و خودم را تسلیم کردم؛ تسلیم هرآنچه قرار است پیش بیاید. بعد دل‌نوشته‌ای در مورد تسلیم‌بودن در صفحهٔ اینستاگرامم نوشتم و به اشتراک گذاشتم. چند ساعت بعد ایمیلی دریافت کردم از یک دختر ایرانی ساکن آمریکا که او را «بزرگ‌دل» می‌نامم. «بزرگ‌دل» نوشته بود که مادرش دوستی دارد که ساکن دریاچهٔ آتیتلان[1] است.

دریاچهٔ آتیتلان عمیق‌ترین دریاچهٔ آمریکای مرکزی بود که کنار سه آتش‌فشان قرار داشت و تنها دوساعت‌ونیم با آنتیگوا که من در آن بودم فاصله داشت. «بزرگ‌دل» می‌خواست من و دوست مادرش را به هم وصل کند.

قدرت فضای مجازی دوباره مرا حیرت‌زده کرد. هنوز شب نشده بود که من با آن زن صحبت کردم، کسی که آن لحظه نمی‌دانستم قرار است فصلی از زندگی‌ام به واسطهٔ او تغییر کند. از صدایش متوجه شدم می‌بایست هم‌سن‌وسال مادرم باشد، با صدایی مهربان و محکم بدون آن‌که چیزی از زندگی من بداند، مرا به خانه‌اش و دریاچهٔ آتیتلان دعوت کرد. او را «کمیاب» می‌نامم، چرا که در طول زندگی‌ام هیچ‌کسی را همانند او ندیده‌ام. پیداکردن انسان‌هایی چون او نادر، بی‌همتا و شگفت‌آور است.

به کمیاب گفتم که از مکان اقامتم در آنتیگوا راضی‌ام و وجودش در گواتمالا دلم را قرص می‌کند. اما او اصرار داشت که به دریاچه بروم. گفت همسایه‌اش که یک مرد آلمانی است، می‌خواهد فردا به فرودگاه برود تا پدر و مادرش را به هواپیمای نجات برساند، در مسیر برگشتش از شهر آنتیگوا گذر می‌کند، می‌تواند مرا سوار کند و پیش او ببرد. تعارف را کنار گذاشته و دعوتش را قبول کردم.

یکی از آخرین روزهای ماه مارچ بود. درست زمانی که تمام مغازه‌ها، رستوران‌ها و فعالیت‌ها در گواتمالا تعطیل بودند و دولت هر روز قوانین جدیدی ثبت می‌کرد. سوار ماشین کارل شدم. مرد آلمانی مهربانی که تمام مسیر تا دریاچهٔ آتیتلان باحوصله با من صحبت کرد. اتوبان‌ها خالی بودند. بین هر استان پلیس مرزی ما را نگه می‌داشت و سؤال می‌پرسید. کارل پنجاه‌ساله برایم توضیح داد که ده سال است ساکن یکی از دوازده روستای اطراف دریاچهٔ آتیتلان است. برایم از مایاها و فرهنگ غنی‌شان و طبیعت بی‌نظیر و آب‌وهوای همیشه بهاری آنجا گفت.

1.Atitlan

۲۳

درست دو ساعت بعد برای اولین‌بار با دریاچه رودررو شدم. بزرگ و آبی بود. وقتی که کارل ماشینش را در اسکله پارک کرد و پیاده شدیم، از آنچه می‌دیدم آن‌قدر حیرت‌زده شده بودم که مدام پلک می‌زدم.

سه آتش‌فشان بزرگ و استوار کنار دریاچه‌ای عمیق و آبی قرار داشت. منظره‌ای شگفت‌انگیز و جادویی که حتی در فیلم‌ها هم ندیده بودم. ساعت طلایی فرا رسیده بود و آسمان هر لحظه نارنجی‌تر می‌شد. کارل کوله‌ام را در قایق شخصی‌اش گذاشت و با لبخند گفت: «به آتیتلان خوش‌اومدی!»

سوار بر قایقی شخصی، در طلایی‌ترین زمان روز، دقایقی روی آب‌های آبی دریاچه قایق‌سواری کردیم تا به خانهٔ «کمیاب» برسیم. هیچ تصوری دربارهٔ این‌که دقیقاً به کجا می‌رویم نداشتم. آتش‌فشان‌ها در سمت چپ و کوه‌های سبز و قهوه‌ای در سمت راستم بودند، منظره آن‌قدر برایم جادویی و غیرقابل هضم بود که حس می‌کردم کسی آن را نقاشی کرده است.

هرچقدر به اسکله نزدیک‌تر می‌شدیم، تصویر «کمیاب» واضح‌تر می‌شد. زنی قدبلند با موهایی طوسی و چشمانی بزرگ و مهربان. چهار سگ بزرگ و کوچک در اطرافش بالا و پایین می‌پریدند و یک زن مهربان کنارش ایستاده بود که لباس متفاوت و مخصوص مایاها را پوشیده و معلوم بود از ساکنان آن روستا است.

هرچقدر به کارل اصرار کردم تا به‌عنوان تشکر برای رساندنم مبلغی را پرداخت کنم، قبول نکرد و پولی نگرفت. از او تشکر کردم و در ناباوری از اسکله پیاده شدم. «کمیاب» مرا به زمین خود راهنمایی کرد، زمینی سرسبز، پر از درخت‌های میوه و گیاهان و گل‌های رنگارنگ. بین چند خانه کلبهٔ سبزی را نشانم داد و گفت آنجا محل اقامت من است. کلبه‌ای نقلی با پنجره‌ای بزرگ که رو به منظرهٔ دریاچه و آتش‌فشان باز می‌شد، همراه با آشپزخانه و یک دستشویی کوچک و نقلی. انتظار نداشتم که اتاق خودم را داشته باشم. کوله‌ام را آنجا گذاشتم و به سمت آشپزخانه رفتم. به‌محض بازشدن درهای رستوران، بوی غذا در هوا پیچید. کمیاب با لبخندی بزرگ بشقاب غذا را روبه‌رویم گذاشت. گوشت‌های غذا را جدا کرده بود. روبه‌رویش نشستم و همان‌طور که غذای گیاهی لذیذ را مزه‌مزه می‌کردم، به داستان زندگی‌اش گوش سپردم. بی‌آن‌که بدانیم چه چیزی در انتظارمان است.

دقیقاً همان شب دولت گواتمالا اعلام کرد که مرزهای بین استان‌های گواتمالا بسته‌شده و تا اطلاع ثانوی، جابه‌جایی بین استان‌ها ممنوع است. گاهی سرنوشت به یک بله یا خیر بستگی دارد، به آنچه که سر دوراهی انتخاب می‌کنی. اگر

درخواست کمیاب را قبول نمی‌کردم، اگر یک روز دیرتر قرار بود به آنجا برسم، مسیر زندگی‌ام برای همیشه تغییر می‌کرد.

اولین سفر تنهایی

قبلاً دربارهٔ کسانی که خواندن یک کتاب و یا تماشای یک فیلم تغییر بزرگی در زندگی‌شان ایجاد کرده است شنیده بودم، اما هیچ‌وقت درست متوجه معنای این تغییر نشده بودم، تا زمانی که در روز تولد نوزده‌سالگی‌ام، «او» به من کتابی در مورد زندگی مولانا هدیه داد.

«او» یکی از دوستان و همکاران تئاتری‌ام بود. در نمایشی نقش پدر مرا بازی می‌کرد و همیشه قبل و بعد از تمرین ابیاتی از حافظ را از حفظ برایم می‌خواند. با آن‌که پانزده سال بزرگ‌تر از من بود، می‌توانستم بی‌آن‌که خسته شوم، ساعت‌ها در مورد زندگی، مرگ، اشعار مولانا، حافظ و خیام با «او» صحبت کنم. بعد از تمام‌شدن اجراها تصمیم گرفتیم برای دیدار دوباره و معاشرت با اعضای گروه، هر جمعه برای کوه‌نوردی به درکه برویم و این ارتباطمان را حفظ کرد.

در مورد مولانا و شمس از کودکی داستان‌های بسیاری شنیده بودم، اما هیچ‌وقت علاقه‌ای به خواندن اشعار و یا داستان زندگی‌شان نداشتم. تا زمانی که با خواندن یکی از شعرهای مولانا، با مرگ و معنایی که به مرگ داده روبه‌رو شدم.

«از جمادی مردم و نامی شدم
وز نما مردم به حیوان برزدم
مردم از حیوانی و آدم شدم
پس چه ترسم کی ز مردن کم شدم؟»[1]

به «او» اعتراف کردم که از مرگ می‌ترسم و این ابیات مولانا تمام بدن مرا می‌لرزاند. وقتی به «مرگ» فکر می‌کردم، لحظهٔ خاک‌سپاری پدرم جلوی چشمانم می‌آمد. این ترسناک‌ترین چیزی بود که به عمرم دیده بودم.
«او» برایم خواند:

«جنازه‌ام چو ببینی مگو فراق فراق
مرا وصال و ملاقات آن زمان باشد»[2]

۱.مثنوی معنوی. دفتر سوم.
۲.غزلیات شمس. شمارهٔ ۹۱۱

و تعریف کرد که هر سال از شانزهم تا بیست‌وششم آذر ماه، برای سالگرد مرگ مولانا، صوفی‌ها و عاشقان او از تمام دنیا به قونیه می‌روند تا عروسی او با خدا را جشن بگیرند. گفت به روز مرگش می‌گویند: «روز عروس».

اواسط اسفند ماه بود که انگار کسی صدایم می‌زد: «بیا». این صدا از قونیه می‌آمد. از روز تولدم که آن کتاب را هدیه گرفتم، دنیای اطرافم را کاملاً متفاوت می‌دیدم. دیگر دنبال عشق در آدم‌ها و یا جنس مخالف نمی‌گشتم. در طلوع خورشید، بوی قیمه، پرواز پرنده‌ها و خندهٔ شاگردانم عشق را می‌دیدم. دلم می‌خواست برای این تغییر از مولانا تشکر کنم، می‌خواستم در کوچه‌پس‌کوچه‌های قونیه راه بروم و نفس بکشم.

برف‌ها آب شده و درختان سرسبز آمادهٔ شکوفه دادن بودند. ایران برای عید و سال نو خودش را آماده می‌کرد. من اما نمی‌خواستم تحویل سال را در بهشت‌زهرا بگذرانم. دلم می‌خواست از سنگ قبر پدرم دور باشم. دلم می‌خواست برای تسکین این درد، آن سال کمی از عید نوروز فاصله بگیرم. یک روز عصر تصمیم گرفتم آنچه هفته‌هاست در سرم می‌گذرد را به زبان بیاورم و به مادرم بگویم.

- دلم می‌خواد برم قونیه. انگار صدایی از اونجا به من می‌گه: «بیا». می‌خوام برم به دیدن مولانا.

مادرم چند ثانیه در سکوت نگاهم کرد. سپس لبخند زد و گفت: «مولانا همین‌جاست عزیزم. اون چیزی که توی قونیه قراره ببینی، سنگ قبر مولاناست. خود مولانا همین‌جاست، توی قلب من و تو. مولانا همه‌جاست.»

- دلم می‌خواد هفتهٔ اول سال برم قونیه. نمی‌خوام سالگرد بابا اینجا باشم. خودت همیشه می‌گفتی بعد از هجده‌سالگی، هر تصمیمی بگیریم ما رو راهنمایی و تشویق می‌کنی و مسئولیت تصمیم‌هامون به‌عهدهٔ خودمونه. یک ماهه همهٔ حقوقم رو جمع کردم. حتی برای پاسپورت اقدام کردم که همین روزها به‌دستم می‌رسه. می‌خوام یه سفر قونیه به خودم عیدی بدم.

خندید. انگار که شوخی کرده باشم. خندید اما سکوت و نگاه جدی من باعث شد خنده‌اش زیاد طول نکشد. نگاهی به چشمانم کرد و گفت: «از وقتی که شش‌سالت بوده خارج از ایران نرفتیم. اگه واقعاً قصد سفر به قونیه رو داری، با تور سفر کن. برای این سفر احتیاج به راهنما داری. اگه واقعاً دلت می‌خواد بری،

دنبال تور بگرد و با یه گروه به قونیه برو.»

بیست‌وهفتم اسفند ماه بود. گوشی تلفنم پر از پیغام‌های تبلیغاتی آژانس‌های مسافرتی و تورهای نوروز به ترکیه بود. با یکی از آژانس‌ها تماس گرفتم و در مورد تورهای قونیه پرسیدم. مرد پشت خط خندید و گفت: «توی فروردین کسی توری برای قونیه نداره. معمولاً تو پاییز برای تولد مولانا و «روز عروس» تور هست. ما برای هفتهٔ اول نوروز برای آنتالیا و استانبول تور داریم.»
پرسیدم: «کدومشون به قونیه نزدیک‌تره؟»
گفت: «آنتالیا»
پرسیدم: «از آنتالیا تا قونیه چند ساعت راهه؟» سکوت کرد، انگار داشت به نقشه نگاه می‌کرد و یا در کامپیوترش چیزی را جست‌وجو می‌کرد. سپس گفت: «پنج ساعت.»

شماره کارت را گرفتم، به بانک رفتم و هزینهٔ تور یک هفته‌ای به آنتالیا را پرداخت کردم که شامل همه‌چیز ازجمله پرواز، هتل و غذا می‌شد. وقتی به خانه برگشتم و بلیط فرستاده شده به ایمیلم را دیدم، هم‌زمان چند احساس مختلف را تجربه کردم: ترس، شوک، هیجان، خوشحالی و حتی غم!

روز بعد موقع بستن چمدان، مادرم که معلوم بود شوکه است و استرس دارد، چندبار به اتاقم آمد و تکرار کرد که: «هر لحظه که پشیمون شدی می‌تونی پروازت رو کنسل کنی». هم‌زمان مادربزرگ، خاله‌هایم و بسیاری از اعضای فامیل با من تماس گرفتند و سعی کردند مرا از تصمیمم منصرف کنند. هرچقدر هم که توضیح می‌دادم قونیه مرا صدا می‌زند، متوجه نمی‌شدند. ترس تمام وجودشان را گرفته بود و آن را به من نیز منتقل می‌کردند؛ اما هربار که ترس به سراغم می‌آمد، کتابم را باز می‌کردم، جمله ای می‌خواندم و آرام می‌گرفتم. حسی در درونم می‌گفت در راه درستی قرار دارم.

دو روز قبل از شروع سال جدید، خواهرها و مادرم را هنگام خداحافظی محکم در آغوش گرفتم و به فرودگاه رفتم. فرودگاه امام‌خمینی شلوغ بود، شلوغ و گیج‌کننده. پس از بیست‌دقیقه گیجی، دور خود چرخیدن و از ده‌ها نفر سوال‌پرسیدن، بالأخره گیشهٔ مورد نظر را پیدا کردم. چمدانم را تحویل دادم و کارت پرواز را تحویل گرفتم. حالا نوبت خروج از کشور بود. چهل دقیقه در صفی طولانی که به‌آرامیِ لاک‌پشت حرکت می‌کرد ایستادم تا بالأخره نوبتم شد که مهر خروج را بزنم. مرد پشت گیشه گفت: «خروجی!»

گفتم: «بله. می‌خوام از کشور خارج بشم» و کارت پروازم را نشانش دادم.

دوباره گفت: «خروجی؟!»

به اطرافم نگاه کردم. پرسیدم: «مگه این قسمت خروجی نیست؟!»

با تعجب نگاهم کرد. گفت: «خانم بزرگ‌تر همراهت نیست؟ خروجی رو پرداخت کردی؟»

از نگاهم متوجه شد که نمی‌دانم خروجی چیست. چشمانش به گردی توپ شده بود. خانمی در پشت سرم توضیح داد که برای خروج از کشور باید به بانک برویم و هفتاد هزار تومان پرداخت کنیم.

برای لحظه‌ای حس کردم پرواز را از دست خواهم داد. چرا کسی به من در مورد خروجی چیزی نگفته بود؟ نزدیک بود گریه کنم که مرد گفت می‌توانم به قسمت دیگری از فرودگاه بروم و خروجی را پرداخت کنم. دوان‌دوان خودم را به دستگاه رساندم، خروجی را پرداخت کردم، فیش را گرفتم و دوباره پشت صفی طولانی ایستادم.

من آخرین مسافری بودم که سوار آن هواپیما به مقصد آنتالیا شد. استرس زیاد باعث شد که به‌محض نشستن اشک‌هایم جاری شود. خانم جوانی کنارم نشسته بود، وقتی فهمید که این اولین‌بار است تنها سفر می‌کنم، با تعجب به من گفت که او هم مثل من است و بعد توضیح داد که سالی چندبار به ترکیه می‌رود؛ اما این اولین بار است که تنهاست. در مورد آنتالیا و کنسرت‌هایی که آن هفته برگزار می‌شد اطلاعات زیادی به من داد؛ ولی من تمام فکر و ذکرم قونیه بود و خیلی علاقه‌ای به دانستن برنامه‌های تور در آنتالیا نداشتم.

به‌محض رسیدن دوباره استرس گرفتم، اصلاً یادم نمی‌آمد که چمدانم دقیقاً چه رنگی است. می‌دانستم رنگی بین کرم و قهوه‌ای دارد اما چمدان‌های زیادی در آنجا هم‌رنگ و اندازهٔ آن بودند. نیم‌ساعتی منتظر شدم تا همه چمدان‌هایشان را تحویل بگیرند و بعد از بازکردن سه چمدان یک‌شکل، چمدانم را پیدا کردم.

سوار اتوبوس شدیم و به هتل رفتیم. تمام مسافران هتل ایرانی بودند. به‌محض رسیدن‌مان راهنما که قدی بلند و موهایی مشکی داشت خودش را به ما معرفی کرد. عباس گفت هر سؤالی که در این یک هفته داشتیم می‌توانیم از او بپرسیم و می‌تواند برای خرید بلیط کنسرت‌ها، برنامهٔ سال‌تحویل در کشتی و قایق‌سواری کمکمان کند.

وقتی به اتاقم رسیدم، روی تخت افتادم و حسابی گریه کردم. نمی‌دانم از

خوشحالی رسیدن به ترکیه بود و یا از فشار و استرسی که برای خروجی و چمدان تحمل کرده بودم. هرچه بود پس از تمام‌شدن گریه آرام بودم. عکس کوچکی از پدرم را که همراه داشتم گوشهٔ اتاق گذاشتم. پیغامی به مادرم دادم و برای خوردن ناهار به رستوران هتل رفتم. انواع و اقسام غذاها روی میز چیده شده بود. بشقابم را پر کردم، یک گوشه کنار پنجره نشستم و به اطرافم نگاه کردم. همه یا خانوادگی به سفر آمده بودند یا دوستانه. من تنها کسی بودم که تنهایی پشت میز غذا نشسته بود.

سفر به آنتالیا هیچ شباهتی به تصوراتم نداشت. نتوانستم با کسی ارتباط برقرار کنم. بیشتر مردم برای مهمانی‌های شبانه و خوش‌گذرانی به ترکیه آمده بودند و من برای دیدار مولانا و دورشدن از سنگ قبر پدرم. یکم فروردین ماه درحالی‌که همه به کنسرت ابی رفتند، دو شمع کنار عکس پدرم روشن کردم، کتابم را برداشتم و شروع کردم به خواندن.

روزها به پیاده‌روی‌های طولانی کنار دریا می‌رفتم و عصرها با عباس در مورد رفتن به قونیه بحث می‌کردم. هرچقدر اصرار می‌کردم تا ساعت حرکت اتوبوس‌هایی که به قونیه می‌روند را به من بگوید، توجه نمی‌کرد. با خنده می‌گفت که زمان رفتن به قونیه نیست و پیشنهاد می‌کرد که از او یک تور قایق‌سواری بخرم.

آخرسر تصمیم گرفتم خودم دست‌به‌کار شوم. با یکی از راننده‌تاکسی‌ها صحبت کردم و متوجه شدم که از هتل تا ایستگاه اتوبوس یک ساعت و از آنتالیا تا قونیه پنج ساعت راه است. قرار شد ساعت شش صبح روز بعد بیاید دنبالم. به مادرم اطلاع دادم که یک سفر یک‌روزه به قونیه خواهم داشت و در دسترس نخواهم بود.

صبح روز بعد درحالی‌که قلبم بسیار تند می‌زد، شلوار جین و لباسی سفید پوشیدم. پول، کتاب، تلفن‌همراه و کمی خوراکی در کیف‌دستی بزرگ و کرمی رنگم قرار دادم و به طبقهٔ پایین رفتم. راننده منتظرم ایستاده بود. گفت از دیدن چشم‌های هیجان‌زده‌ام برای دیدار مولانا خوشحال است. تمام راه با چند کلمهٔ انگلیسی که بلد بود در مورد مولانا و شمس حرف زد، گفت حتماً به مسجد روبه‌روی مزار مولانا هم سری بزنم و توضیح داد که برخی آن را «مزار شمس» می‌دانند و می‌گویند که آخرین‌بار آنجا دیده شده است.

ایستگاه اتوبوس خالی بود و ما درست پنج دقیقه قبل از حرکت اولین اتوبوس

رسیدیم. همه‌چیز منظم بود. بلیط را خریدم و سوار اتوبوس شدم. با این‌که شب قبلش از استرس چشم‌برهم نگذاشته بودم، از هیجان خوابم نمی‌برد. پنج ساعت بی‌وقفه به بیرون نگاه کردم، لحظاتی احساس می‌کردم در خواب و رویا به‌سمت قونیه حرکت می‌کنم و لحظاتی از واقعی‌بودن زندگی‌ام می‌ترسیدم.

به‌محض رسیدن به قونیه، بلیط ساعت هفت عصر را برای برگشت به آنتالیا خریدم تا با خیال راحت به مزار بروم. از یک راننده‌تاکسی پرسیدم: «مولانا کجاست؟» با لهجهٔ ترکی اسم مولانا را تکرار کرد، لبخندی زد و مرا سوار یک اتوبوس کوچکِ محلی کرد و گفت: «مولانا. دو لیر!»

اتوبوس کوچک و پر از جمعیت بود. دختر جوانی با حجاب کامل کنارم نشسته و به خیابان خیره شده بود. زن جوانی با موهای بلندِ لخت و شلوار جینی پاره به‌همراه دو کودکش ایستاده بود و با تلفنش صحبت می‌کرد. آنچه می‌خواستم از ترکیه ببینم همین بود: مردمش. زبان ترکی، هم غریب بود و هم آشنا. قلبم با دیدن هر مسجدی که از آن رد می‌شدیم تندتر می‌زد. هر لحظه به مزار مولانا نزدیک‌تر می‌شدیم. بعد از نیم‌ساعت نتوانستم جلوی هیجانم را بگیرم. جلوی اتوبوس رفتم و از راننده پرسیدم: «کی می‌رسیم؟» لبخندی زد و انتهای خیابان را نشانم داد. درست روبه‌رویمان در انتهای خیابان، سبزی مزار مولانا می‌درخشید. نزدیک‌تر که شدیم، دو لیر را پرداخت کردم و پیاده شدم.

دقایقی طولانی از دور به مزار نگاه کردم و اشک ریختم، پاهایم می‌لرزید. صدای نی از دور در گوشم پیچید و انرژی غیرقابل‌توصیفی در سراسر بدنم جاری شد. انرژی عجیبی که به من توان قدم‌برداشتن به سمت مزار را داد. همه‌جا خلوت بود. به‌جز من تنها دو نفر دیگر در مزار قدم می‌زدند. چند سکه در حوض انداختم و تشکر کردم، سرم را که بالا آوردم با جملهٔ سردر مزار روبه‌رو شدم:

«کعبهٔ عشاق باشد این مقام   هر که ناقص آمد اینجا شد تمام»[۱]

با پاهایی لرزان و چشم‌هایی گریان به داخل رفتم. مولانا در قلب مدرسه قرار داشت و اطرافش ده‌ها نفر به خاک سپرده شده بودند. آن‌قدر عظیم و مستحکم بود که بی‌اختیار روبه‌رویش زانو زدم. انگار تمام سوال‌هایم محو شده بودند، تنها گریه می‌کردم و شکر.

پس از دقایق زیادی شکرگزاری روبه‌روی مزارش، در محیط قدم زدم. از دیدن

۱.غزلیات شمس. غزل شمارهٔ ۱۲۸۰

لباس‌ها، کتاب‌های قدیمی و دست‌نوشته‌های فارسی سیر نمی‌شدم. در حیاط اتاقک‌های کوچکی قرار داشت که هرکدام مخصوص چیزی و یا شخصی بود. اتاقک لباس‌ها، اتاقک سازها، اتاقک شمس.

پس از خواندن تمام اشعار در مقبره و دو ساعت گشتن در مزار، به‌سمت مسجد شمس رفتم که پنج دقیقه با مزار فاصله داشت. ده‌ها کبوتر روبه‌روی مسجد پرسه می‌زدند و افراد زیادی نماز می‌خواندند. اختیارم دست خودم نبود. کفش‌هایم را درآوردم و وارد شدم. با دیدن سنگ قبر شمس دوباره اشک از چشمانم جاری شد، درحال خودم نبودم که یک نفر از پشت به شانه‌ام زد و اشاره کرد که خارج شوم. متوجه نشدم چه اتفاقی افتاده. موقع خروج نگهبان گفت که نمی‌توانیم بی‌حجاب وارد مسجد شویم. از اشتباهم خنده‌ام گرفت، حتی یک شال هم همراهم نبود. با خجالت به‌سمت چمن‌های حیاط قدم برداشتم و روی نیمکتی بین مزار مولانا و شمس نشستم. کتابم را از کیف بیرون آوردم، چشمانم را بستم و کتاب را باز کردم.

مولانا برایم خواند: «معشوقه به سامان شد، تا باد چنین بادا»[1]

نپال

آمادگی

در خانه که باز شد با آغوش باز مادر روبه‌رو شدم. از این‌که سالم و شاد به خانه برگشتم خوشحال و مشتاق شنیدن داستان دیدارم با مولانا بود. می‌دانستم که بقیهٔ اعضای فامیل به‌خاطر اجازه به من برای تنها سفرکردن سرزنشش کرده‌اند؛ اما همان افراد پس از شنیدن داستان سفرم به قونیه به هر دوی ما افتخار کردند. همان‌جا دوباره متوجه شدم که اگر صدایی به بلندی صدای دعوت قونیه را می‌شنوم و یا اگر صدایی درونم با قدرت می‌گوید که کاری را انجام دهم، نباید خیلی به نظرات دیگران اهمیت بدهم و تنها باید به آن صدا گوش کنم.

اولین کاری که پس از تعطیلات عید نوروز انجام دادم، ثبت‌نام در کلاس نی و خریدن یک نی مناسب بود. همچنین تصمیم گرفتم برای جمع‌کردن پول و رفتن

۱.غزلیات شمس. شمارهٔ ۸۲

به سفرهای بعدی، زمان بیشتری تدریس و کلاس‌های مادر و کودک به زبان انگلیسی برگزار کنم. به‌سرعت حقوقم دوبرابر شد. دیگر لباس جدیدی که به آن احتیاج نداشتم نخریدم و سعی می‌کردم بیش از هفته‌ای یک‌بار بیرون غذا نخورم؛ حتی جمعه‌ها پس از کوه‌نوردی با «او» کار می‌کردم.

اواخر بهار بود که احساس کردم دلم یک سفر تنهایی می‌خواهد. دلم می‌خواست به جایی بروم که هیچ‌کس در آن مرا نشناسد. می‌خواستم تجربه‌ای خارج از دایرهٔ امنم داشته باشم. روزی با دیدن کلمه‌ای که قبلاً در دفترچه‌ام نوشته بودم، یادم افتاد در یکی از آن روزها که در قله نشسته و به صدای پرندگان گوش می‌دادیم، «او» به من گفت که آرزوی رفتن به نپال[1] و شرکت در دوره‌ای به نام «ویپاسانا» را دارد. ویپاسانا یعنی مشاهدهٔ هر چیز هر آن‌طور که هست، دورهٔ ده‌روزهٔ سکوت. اصلاً نمی‌دانستم که نپال کجاست، تنها دفترچه‌ام را برداشته و در صفحه‌ای خالی نوشته بودم: «ویپاسانا».

از آن روز که دوباره این اسم را دیدم، ساعتی از هر روزم خیره به صفحهٔ وب‌سایت مرکز ویپاسانا در کاتماندو[2]، پایتخت نپال، می‌گذشت. آن‌قدر اطلاعات نوشته شده را خوانده که همه را حفظ بودم. می‌دانستم که ده روز اینترنت و گوشی نخواهم داشت، نمی‌توانم به هیچ‌گونه‌ای با دنیای بیرون ارتباط برقرار کنم، نمی‌توانم چیزی بخوانم و بنویسم و ده روز باید طبق برنامهٔ دوره و قوانین آن‌ها زندگی کنم. یعنی ساعت چهار صبح از خواب بیدار شوم و نه شب به خواب بروم. غذای گیاهی و بدون گوشت بخورم. ده روز نمی‌توانم صحبت کنم و فقط برای نشستن، راه‌رفتن و درازکشیدن هنگام خواب، می‌توانم بدنم را تکان دهم. باید هر روز بیش از ده ساعت چشم بسته بنشینم و با تکنیک‌هایی که آنجا به من یاد می‌دهند، مدیتیشن کنم. همهٔ این قوانین برایم جدید و ترسناک بود، اما حسی بسیار قوی از درون به من می‌گفت که باید در این دوره شرکت کنم. دورهٔ ویپاسانا هزینه‌ای نداشت و می‌توانستم آخر دوره هرچقدر که می‌توانم و دوست دارم پرداخت کنم.

برای شرکت‌نکردن در آن دوره و نرفتن به نپال دلایل زیادی وجود داشت. اولین دلیل «کار» بود. با بیش از چهار مهدکودک قرارداد داشتم. در دو مهد هر روز تدریس می‌کردم و در بقیهٔ آن‌ها کارگاه مادر و کودک به زبان انگلیسی برگزار می‌کردم. مرخصی‌گرفتن و پیداکردن جایگزین کار راحتی نبود. دومین

1.Nepal   2.Kathmandu

دلیل دوست نداشتن غذای گیاهی بود. عاشق گوشت مرغ، جگر و کباب بودم و تصور آن‌که ده روز هیچ گوشتی در بشقابم نباشد، ذهنم را آزار می‌داد. سومین دلیل هم راضی‌کردن مادرم بود. او که عاشق غذای گیاهی، هند و مراقبه است از دورهٔ ویپاسانا بسیار خوشش آمده بود؛ اما تصور آن‌که نمی‌تواند ده روز با من در ارتباط باشد برایش ترسناک بود و اصرار داشت که باید دوباره با تور سفر کنم.

در یکی از روزهای آخر اردیبهشت ماه که در وب‌سایت ویپاسانا چرخ می‌زدم؛ دستانم بدون کنترل ذهنم مرا در دوره‌ای که در اوایل تیرماه برگزار می‌شد، ثبت‌نام کردند. قلبم بسیار تند می‌زد. به مادرم گفتم: «نوزده سالمه و مسئولیت تصمیم‌هام به‌عهدهٔ خودمه. با تمام وجودم حس می‌کنم وقتش رسیده که به نپال برم و توی این دوره شرکت کنم.» دقایقی طولانی سکوت کرد و سپس گفت که حتماً از دوستش فرخنده صادق، یکی از اولین زن‌های ایرانی که قلهٔ اورست را فتح و بارها به نپال سفر کرده است، کمک و مشاوره بگیرم.

فرخنده نه‌تنها به من کمک کرد که پروازی مناسب با توقفی کوتاه در دبی پیدا کنم، بلکه کمکم کرد تا برای شب اول نزدیک مرکز ثبت‌نام ویپاسانا هتلی ارزان رزرو کنم. هم‌زمان توانستم معلمی جایگزین برای دو هفته پیدا کنم تا به جای من تدریس کند.

از زمانی که قدم اول را برداشتم و در دوره ثبت‌نام کردم، قدم‌های بعدی را پشت سرهم برداشتم و مسیر روشن شد. انگار زمین و زمان دست‌به‌دست هم داده بودند تا من در این دوره شرکت کنم. لحظهٔ دیدارم با نپال سرسبز هر لحظه نزدیک‌تر و تپش قلبم تندتر می‌شد. آیا آمادهٔ این سفر بودم؟ نمی‌دانستم، آنچه می‌دانستم این بود که صدای درونم به من می‌گفت به نپال بروم و آن‌قدر قوی بود که راهی جز رفتن نداشتم. آماده بودم یا نه را نمی‌دانم اما باور داشتم که درست‌ترین تصمیم را می‌گیرم.

ویپاسانا

-       چرا تنها نشستی؟

در توقف دوساعته‌ام در دبی، خانمی ایرانی با چشم‌هایی کنجکاو و مهربان این سؤال را از من پرسید.

- تنهام، منتظر پروازم به نپالم.

با چشم‌های ازحدقه درآمده گفت: «من از هواپیما سوارشدن هم می‌ترسم. چه برسه به سفر تنهایی. خیلی خیلی مراقب خودت باش!»

این‌بار خروجی را به‌موقع پرداخت و رنگ و شکل چمدان را هم در ذهنم ثبت کرده بودم. برای خودم جالب بود که به‌جای ترس، با تمام سلول‌هایم هیجان داشتم. در تاریکی شب به فرودگاه کاتماندو رسیدم. همان‌جا فرمی را پر کردم و پس از نشان‌دادن بلیط برگشت و رزرو هتل، ویزای فرودگاهی را وارد پاسپورتم کردند. سروصدا، شلوغی و لبخند بزرگ آدم‌ها اولین صداها و تصاویر من در کاتماندو بودند.

آن شب با چشمانی پر از اشک به خواب رفتم. اشک شوق بود یا ناراحتی نمی‌دانم؛ اما می‌دانم که اشک‌ریختن برای من همیشه راحت و راهی بوده است برای خالی‌شدن و لمس‌کردن احساساتم. صبح روز بعد با صدای خیابان از خواب بیدار شدم. صدای صحبت‌های مردم، صدای پا، صدای خنده، صدای فریاد و... .

ساعت یازده صبح باید به مصاحبهٔ دورهٔ ویپاسانا می‌رفتم. ساعت نه یکی از دوستان نپالی فرخنده، یک دختر بیست‌وشش‌ساله که کمی انگلیسی صحبت می‌کرد دنبالم آمد تا کمی در خیابان تمل[1] بگردیم.

رنگ‌ها اولین چیزی بودند که در کاتماندو توجهم را به خودشان جلب کردند. آن خیابان پر از رنگ، دست‌فروش، لباس‌های رنگی، سنگ‌های رنگی، رستوران‌های مختلف و لبخند بود. آن‌قدر «زندگی» در آن خیابان جریان داشت که کثیفی‌اش و گداهایی که دو بار به‌سراغم آمدند به چشم نمی‌آمدند.

به رستوران محلی موردعلاقهٔ دوست نپالی جدیدم رفتیم. یک نان پف‌پفی بزرگ خوردیم همراه با آب‌میوه و بعد من راهی مرکز ویپاسانا شدم، در آنجا اسمم را در کامپیوتر پیدا کردند و فرمی را به من دادند تا پر کنم. در فرم تمام قوانین ویپاسانا تکرار و یادآوری شده بود. می‌خواستند مطمئن شوند که به قوانین آگاهم و می‌دانم که در چه دوره‌ای ثبت‌نام کرده‌ام. بعد مرا به اتاقی فرستادند و آن‌جا با یک مربی که یک زنی حدوداً هفتادساله بود دیداری خصوصی داشتم. پس از دیدن فرم، دور عدد نوزده که سنم بود خط کشید، به چشمانم نگاه کرد و پرسید: «خیلی جوونی. چرا می‌خوای تو این دوره شرکت کنی؟»

1.Thamel

جوابم برای خودم جالب بود، انگار برای اولین‌بار بود که به این سؤال فکر می‌کردم، گفتم: «زندگی من توی تهران پر از شلوغی و عجله است. با بچه‌ها کار می‌کنم و هم‌زمان در زمینهٔ تئاتر فعالم. دلم می‌خواد ببینم ده روز سکوت زبان، بدن و ذهن چطوریه. دلم می‌خواد از امنیت همیشگی‌م بیرون بیام و خودم رو توی دنیای جدیدی قرار بدم. می‌خوام بتونم بهتر با سختی‌های زندگی روبه‌رو بشم و احساس می‌کنم این دوره می‌تونه خیلی بهم کمک کنه.»

هنگام گوش‌کردن به صحبت‌های بقیهٔ شرکت‌کنندگان، که از هر گوشه‌ای از کرهٔ زمین به آن‌جا آمده بودند، متوجه شدم که خیلی از آن‌ها در طول سفر چندماهه به نپال تصمیم به گذراندن دوره گرفته‌اند و تعداد کمی مانند من تنها برای گذراندن این دوره به آنجا سفر کرده‌اند.

مرکز اصلی ویپاسانا یک ساعت با کاتماندو فاصله داشت. دور از هرگونه صدا و شلوغی در میان کوه‌ها و طبیعت بود. بین راه باران شدیدی بارید. به‌محض رسیدن متوجه شدم باید حدود چهل دقیقه کوه‌نوردی کنیم تا به مرکز برسیم. تقریباً همه با کوله‌پشتی آمده بودند، من اما چمدانی بزرگ و سنگین داشتم که به‌راحتی قابل‌حمل نبود و هیچ چتر و لباس بارانی‌ای نداشتم. دو پیرمرد شصت‌سالهٔ نپالی کمکم کردند تا چمدان را از کوه بالا ببرم. پس از صحبتی که با هم داشتیم متوجه شدم که از دانش‌آموزان قدیمی دوره‌اند و هر سال به این مرکز می‌آیند. چهل دقیقه زیر باران از شیب بالا رفتم و نزدیک به پنج‌بار زمین خوردم.

مثل موش آب‌کشیده با کفش‌های گلی وارد مرکز شدم، اقامتگاه مردان و زنان جدا بود. وارد قسمت زنانه شدم و گوشی، وسایل الکترونیکی، کتاب، دفتر و مدارک را تحویل دادم. سپس مرا به اتاقی بزرگ با یازده تخت در یکی از خانه‌ها راهنمایی کردند. هر دو تخت کنار هم با پرده از بقیه تخت‌ها جدا می‌شدند. انگار که هر دو نفر فضای خصوصی و کوچک خودشان را داشته باشند.

سکوتِ کامل هنوز شروع نشده بود. زن جوان قدبلندی با موهایی بور و چشمانی روشن وسایلش را روی تخت کنار من گذاشت. به من دست داد و گفت: من «اولا» هستم از روسیه، من هم خودم را به او معرفی کردم.

بعد از خوردن عصرانه وارد سالن مدیتیشن شدیم. مربی‌ها خودشان را معرفی کردند و در مورد قوانین دوره و سکوت کامل که شامل سکوت زبان، بدن و ذهن بود برایمان توضیح دادند. سکوت کامل[1] شروع شد. یک‌ساعتی در سکوت

1.Noble

با چشم‌های بسته نشستیم و سپس راهی تخت‌هایمان شدیم. ساعت نه شب نور اتاق گرفته می‌شد. قبل از خواب فهمیدم آنچه مرا می‌ترساند سکوت زبان و یا غذای گیاهی نبود، بلکه نگاه‌نکردن به دیگران، سکوت بدن و ذهن بود. نمی‌دانستم چطور می‌توانم از پس انجامشان برآیم.

همه‌چیز برایم جدید بود. خوشحال بودم که ما را هنگام مراقبه هدایت می‌کنند. با چشمان بسته سعی می‌کردم تنفس و دم‌وبازدمم را مشاهده کنم، اما پس از چند ثانیه ذهنم به سمت‌وسویی می‌رفت. هم‌زمان هر چند دقیقه یک‌بار نوع نشستنم را تغییر می‌دادم و برایم خیلی سخت بود که دو ساعت پیوسته چهارزانو و در یک حالت ثابت بنشینم. هیچ‌کدام از غذاها را نمی‌شناختم و نمی‌توانستم بپرسم که چه چیزی داخلشان است، برای همین هربار با مزه‌ای جدید روبه‌رو می‌شدم که گاهی دل‌نشین بود و گاهی نه. شب‌ها یک ویدئوی یک‌ساعته از مؤسس دوره آقای گوئنکا[1] پخش می‌شد که محو صحبت‌هایش می‌شدم. حس می‌کردم مرا می‌بیند و به آنچه درونم می‌گذرد آگاه است، چرا که دقیقاً از تمام چیزهایی که در طول روز تجربه کردم صحبت می‌کرد و با مثال و داستان می‌گفت که چطور آن‌ها را مشاهده و قبول کنم.

روز دوم سخت‌ترین روز بود. وقت حمام متوجه شدم که آب گرم نداریم. همان‌جا زدم زیر گریه، جلوی دهانم را گرفته بودم تا صدای هق‌هقم سکوت محیط را به‌هم نریزد. دختری لوس و شهری بودم که قدر نعمت آب گرم را نمی‌دانست. در پرسرعت‌ترین حالت ممکن با گریه زیر دوش آب یخ رفتم و بدنم را تمیز کردم. وقت استراحت می‌توانستیم در فضای باز راه برویم اما از حشرات می‌ترسیدم و معمولاً روی تختم چرت می‌زدم. اجازه نداشتیم هیچ موجود زنده‌ای را در آن ده روز بکشیم. هر بار با دیدن حشره‌ای مثل عنکبوت و یا سوسک می‌ترسیدم؛ اما تنها نگاهش می‌کردم و به‌آرامی از کنارش رد می‌شدم. چاره‌ای نداشتم جز قبول‌کردن آن‌که من مهمان این مرکزم و شاید آنجا خانهٔ آن عنکبوت‌ها و سوسک‌ها باشد. به‌عنوان مهمان نمی‌توانستم صاحب‌خانه‌ام را بکشم.

نمی‌دانم روز دوم بود یا سوم که گوئنکا در مورد مرگ صحبت کرد. در مورد آمدن و رفتن آدم‌ها و ناپایداری احساساتمان. گفت هنگام مراقبه اگر قسمتی از بدنمان درد دارد می‌توانیم با تغییر حالت نشستن به‌طور موقت از آن فرار کنیم و یا می‌توانیم آن درد ناپایدار را مشاهده کنیم که می‌آید و می‌رود. درواقع احساسش

1.S. N. Goenka

کنیم و بگذاریم که برود، قبولش کنیم و بگوییم: «آنیچا»، به‌معنی «این نیز بگذرد»[1]. بعد از آن تحمل دوش‌گرفتن با آب یخ برایم راحت‌تر شد. می‌دانستم آن لحظه ناپایدار است و با گفتن آنیچا با آن دوش عذاب‌آور روبه‌رو می‌شدم.

روز چهارم با یک قانون جدید مواجه شدیم و آن ثابت‌بودن بدنمان در ساعت‌های مدیتیشن گروهی بود، یعنی سه ساعت از روز را باید ثابت می‌ماندیم. گاهی انگشتم خواب می‌رفت، کمرم درد می‌گرفت و بدون صدا و آرام نوع نشستنم را تغییر می‌دادم؛ اما به‌مرور زمان ساکن‌ماندن و مشاهدهٔ دردها و احساساتی که مهمانم بودند راحت‌تر می‌شد.

روز هفتم و هشتم برای خانه، مادرم، خواهرهایم، زرشک‌پلو با مرغ و غذای ایرانی دلتنگی عجیبی داشتم. از خودم می‌پرسیدم چرا به این دوره آمدم؟ چرا به حرف «او» گوش کردم؟ «او» که خودش به نپال نیامده و این دوره را نگذرانده بود. روز نهم اما خوشحالی عجیبی سراپایم را گرفته بود. مثل یک زندانی که می‌داند به‌زودی از زندان آزاد خواهد شد و سعی می‌کند لحظات آخرش در زندان را به‌خاطر بسپارد.

روز دهم هنگام شکستن سکوت زبان، اشک از چشمانم سرازیر شد. غم و شادی عجیبی هم‌زمان تمام وجودم را گرفته بود. عجب نعمتی که توانستم به نپال بروم و در این دوره شرکت کنم. بقیه شروع به صحبت کردند، من اما به دستشویی رفتم و یک دل سیر گریه کردم. دیگر می‌دانستم که اشک‌ریختن به معنای ناراحتی نیست و صرفا یک نوع برون‌ریزی و بیان احساسات است.

شناختن هم‌اتاقی‌هایم در مرکز ویپاسانا، جزو خاطرات به‌یادماندنی من از نپال است. همه بی‌وقفه حرف می‌زدیم چون می‌دانستیم که تجربه‌ای مشابه داشته‌ایم و تنها خودمان یکدیگر را درک می‌کنیم. آن‌ها از آلمان، نروژ، ونزوئلا، روسیه، انگلیس آمریکا و بلغارستان آمده بودند. هرکدام یک داستان و زندگی منحصربه‌فرد و متفاوت داشتند. اولاً هم‌اتاقی روسی‌ام سی‌وهفت سال داشت، با همسرش بین جزایر کارائیب سفر می‌کرد و خانه‌شان یک قایق بود. او چند سال در اسپانیا و چند سال در کانادا زندگی کرده بود. آنا هم‌اتاقی آلمانی‌ام مثل من نوزده سالش بود، یکسال می‌شد که در آسیای شرقی سفر و کار داوطلبانه می‌کرد. اطلاعات زیادی دربارهٔ کار داوطلبانه به من داد و بعد از آشنایی با او و سفرش بود که فهمیدم سفرکردن بدون پول خیلی زیاد هم ممکن است.

۱.این کلمه به زبان سانسکریت و به‌معنای «ناپایداری» و «گذرا بودن» است.

روز آزادی با دخترها به کافه‌ای در مرکز شهر رفتیم. بسیار دلتنگ طعم شکلات و یا بهتر است بگویم شکر بودم. یکی دلتنگ رقصیدن و تکان‌دادن بدنش و دیگری دلتنگ داستان گفتن بود. کار با گوشی تلفن‌همراه پس از ده روز و وصل‌شدن به اینترنت و مواجهه با حجم اطلاعاتی که وارد مغز می‌کرد حس عجیبی بود. اسکارلت که از انگلیس آمده بود، بلیط برگشتش با من در یک روز بود و او هم قصد گشتن در نپال را داشت. همراه با اسکارلت و اولا برای دو روز اتاقی را در قلب کاتماندو اجاره کردیم. یک روز تمام بین مردم خندان خیابان تمل، سگ‌های گرسنه‌اش و رنگ‌هایش گم شدم. دیدن میمون‌های بازیگوش در کاتماندو نیز برایم جادویی بود؛ اما آنچه تا ابد در من حک شد، تجربهٔ دیدن «پاشوپاتینات»[1] بود.

«پاشوپاتینات» یکی از بزرگ‌ترین معابد هندو در نپال است و کنار رودخانهٔ «بگمتی»[2] قرار دارد. جایی که هندوها عزیزان تازه از دنیا رفته‌شان را می‌سوزانند و به آب می‌سپارند. ما چون هندو نبودیم نتوانستیم داخل معبد شویم اما از بالا و با فاصله می‌توانستیم مراسمشان را تماشا کنیم.

تجربهٔ سیاه مراسم خاک‌سپاری و تشییع جنازهٔ پدرم آن‌قدر برایم پررنگ و پردرد بود که باور آنچه می‌دیدم سخت شده بود. آنچه می‌دیدم و احساس می‌کردم آرامش و صلح بود. هیچ‌وقت این دو کلمه را کنار «مرگ» تصور نکرده بودم. یک مراسم را از اول تا آخر تماشا کردم. زن که پیراهنی قرمز پوشیده بود کنار بدن بی‌جان همسرش ایستاده بود و پسرانش در سکوت و آرامش سه‌بار دور بدن پدرشان چرخیدند، انگار بخواهند خداحافظی کنند و بعد همه‌چیز را برای سوزاندن او آماده کردند. هنگام سوزاندن به زن نگاه کردم که با آرامش اشک‌هایش را پاک می‌کرد. چرا فریاد نمی‌زدند؟ چرا با صدای بلند گریه نمی‌کردند؟ چرا مشکی نپوشیده بودند؟ یعنی مرگ برایشان ترسناک نبود؟

این پرسش‌ها در ذهنم شناور بود. چرا من مسلمانم؟ آیا واقعاً مسلمانم یا تنها نامش به‌خاطر آن‌که در ایران به دنیا آمده‌ام به من چسبیده است؟ چه چیزی از بقیهٔ دین‌ها می‌دانم؟ اگر حق انتخاب داشتم، دلم می‌خواست پدرم در صلح و آرامش و تنها بین خانواده درجهٔ یک به خاک سپرده شود و یا در جیغ و فریاد و بین صدها نفر؟

تنها چیزی که پس از رفتن به پاشوپاتینات از آن مطمئن شدم این بود که مرگ

1.Pashupatinath 2.Bagmati

۳۸

می‌تواند پر از صلح و آرامش باشد. بین زجر و صلح، من صلح را انتخاب می‌کنم و بین عشق و ترس، عشق را.

از ویپاسانا چیزهای بسیاری آموختم؛ اما تصور نمی‌کردم که خود نپال نیز بتواند پر از درس و جادو باشد. هنگامی که بر فراز کوه‌های «ناگارکوت»[1] غروب خورشید را تماشا کردیم، عاشق زندگی شدم. سفر مرا از روزمره‌گی جدا و عاشق زندگی کرد. زمانی که کنار رودخانهٔ وحشی تریشولی[2] نشستم، جایی که می‌دانستم جان بسیاری از آدم‌ها را گرفته است، متوجه قدرت و عظمت طبیعت روی کرهٔ زمین شدم و وقتی که در پخارا[3] روی دریاچهٔ فیوا[4] با اسکارلت کایاک‌سواری[5] کردیم با تمام سلول‌هایم احساس کردم که زنده‌بودن یک نعمت است.

دلم نمی‌خواست به تهران برگردم. راننده چمدانم را، که از حجم زیاد ممکن بود هر لحظه بترکد، به‌زور در صندوق جا داد و راهی فرودگاه شدم. من ماندم و بغضی که قورت نداده ترکید. دلم نمی‌خواست به تهران برگردم، احساس می‌کردم در برابر عظمت آنچه برای دیدن و تجربه‌کردن در نپال وجود دارد، من هیچ ندیده‌ام.

من دیگر ملیکایی که تصمیم گرفته بود به نپال برود نبودم. ملیکایی که به خانه باز می‌گشت، شخص دیگری بود با تجربه‌هایی که باورهای او را زیرورو کرده بود. ملیکایی که متوجه شده بود می‌تواند انتخاب کند که کجا و چطور زندگی کند.

رفتن از ایران

چشم‌هایم باز شده بود و نمی‌توانستم آن‌ها را ببندم. معنای سفر را درک کرده و تشنهٔ تجربهٔ دوباره‌اش بودم. حس می‌کردم در حبابی بزرگ و شلوغ به نام تهران زندگی می‌کنم. دلم می‌خواست حباب را بشکنم و بیرون بروم، ببینم، ببویم، بچشم، تجربه و زندگی کنم. به هیچ‌جایی احساس تعلق نداشتم. ایران و زبان فارسی را با تمام وجودم دوست داشتم اما انگار دربند بودم. می‌دانستم که در نقاط مختلف کرهٔ زمین می‌توانم آزادتر و رهاتر زندگی کنم. می‌خواستم بادکنک باشم، بادکنکی رها که تنها به بالا می‌رود. می‌خواستم رشد کنم و باور داشتم که سفری تنها و طولانی برای رشد شخصی‌ام بی‌نظیر خواهد بود.

1.Nagarkot　2.Trishuli　3.Pokhara　4.Phewa　۵.Kayak: نوعی قایق

هر روز صبح بعد از بیدارشدن، به سفر بعدی فکر می‌کردم. به نقشهٔ کرهٔ زمین نگاه و تصور می‌کردم که همانند آنا، هم‌دوره‌ای‌ام در نپال، ماه‌ها درحال سفر و کار داوطلبانه‌ام. اگر او که هم‌سن من بود می‌توانست به تنهایی به جایی دور از سرزمین مادری‌اش سفر کند، من هم می‌توانستم. به آذر ماه، دههٔ عروس در قونیه و تولّد بیست‌سالگی‌ام فکر می‌کردم. دلم می‌خواست دههٔ بیست را در قونیه و آغوش مولانا شروع کنم.

می‌دانستم که برای سفر به پول احتیاج دارم. به کارهای تئاتری که برایم درآمدی نداشتند «نه» گفتم و سخت مشغول تدریس و گریم شدم. در دو مهدکودک زبان انگلیسی تدریس می‌کردم و چند شاگرد خصوصی کودک و بزرگسال داشتم. در چهار مهد در نقاط مختلف تهران کارگاه‌های مادر و کودک برگزار کردم و طراح گریم دو نمایش دانشجویی بودم. سعی می‌کردم بیرون غذا نخورم و چیزهای غیرضروری نخرم. پس از چهار ماه هنگامی که پول‌هایم را شمردم، باورم نمی‌شد که هزار دلار جمع کرده باشم. آن روزها یک دلار مساوی با سه‌هزاروششصد تومان بود و با توجه به شرایطم که نه پول اجاره می‌دادم و نه قبض آب و برق پرداخت می‌کردم، پس‌اندازکردن برایم ممکن بود.

اولین قدم برای شروع یک سفر طولانی، انتخاب مقصدم بود و تنها جایی که مرا صدا می‌زد «آمریکای جنوبی» بود. به نقشه که نگاه می‌کردم، به من چشمک می‌زد. علاقه‌ام به آمریکای لاتین از هفده‌سالگی، که به کلاس سالسا می‌رفتم، شروع شده بود. همیشه آرزوی سفر به این نقطهٔ دور و هیجان‌انگیز را داشتم. صدای درونم بسیار واضح و توضیح‌دادنش دشوار بود. اولین‌باری که به مادرم گفتم می‌خواهم به مدت سه ماه به اکوادور بروم، خندید، انگار که جک تعریف کرده باشم. خندید و دیگر هیچ نگفت. نمی‌دانست من ماه‌هاست که درحال برنامه‌ریزی و جمع‌کردن بودجه‌ام.

خانواده‌ای اکوادوری - آمریکایی در آمازون اکوادور پیدا کرده بودم که دنبال کسی بودند تا به دختر ده‌ساله‌شان دروس مدرسه را تدریس کند، کسی که تجربهٔ کار با کودکان داشته باشد و به زبان انگلیسی مسلط باشد. برایشان درخواستی برای ماه ژانویه فرستادم، پس از چند روز پیامم را جواب دادند و درخواستم را قبول کردند. مادرم از آنچه در مورد میزبان‌ها برایش خواندم و همین‌طور از کار داوطلبانه و زندگی با مردم بومی خوشش آمده بود؛ اما انگار هضم آن‌که مقصد من بسیار دور و ناشناخته است، برایش سخت بود. پس از چند روز خودش دوباره بحث را باز کرد:

- می‌خوای مثل اون دختر آلمانی که یکسال توی سفر بود زندگی کنی؟

+ در بهترین حالت دلم می‌خواد سفر یکساله برم، اما نمی‌دونم که می‌تونم ویزای کشورهای بعدی رو بگیرم یا نه، بودجه‌م هم برای یکسال کافی نیست. سه ماه به اکوادور می‌رم و ادامه‌اش رو وقتی که اونجام می‌فهمم. عطار می‌گه: «تو پای به ره در نه و از هیچ مپرس/ خود راه بگویدت که چون باید رفت.»[1] کافیه قدم اول رو بردارم. باور دارم بقیهٔ مسیر برام روشن می‌شه.

- خب چرا به یه جای نزدیک‌تر و ارزون‌تر نمی‌ری؟ مثلاً می‌تونی یک سال بری به هند. توی آسیا و کشورهایی که گرفتن ویزاشون از داخل ایران راحت‌تره کار داوطلبانه بکنی. می‌تونی به نپال برگردی.

+ چند ماهه که به نقشه زل زدم. به همهٔ کشورهایی که بدون ویزا یا با ویزای فرودگاهی می‌تونم برم نگاه کردم. تو قارهٔ آفریقا هم کشورهای زیادی هست اما ...

- آفرین آفریقا! هم نزدیک‌تره، هم شاید واقعاً بتونی یکسال توی مدارس مختلف تدریس کنی و با مردمش زندگی کنی. احتمالش بیشتره.

+ اما مامان تنها مکانی که صدام می‌زنه آمریکای جنوبیه. تو آمریکای جنوبی دو تا کشور هست که می‌تونم بدون ویزا بهشون سفر کنم. ونزوئلا پونزده روز و اکوادور نود روز. می‌دونم ونزوئلا درحال‌حاضر خطرناکه اما تنها راهی که می‌تونم بدون ویزای ترانزیت اروپا که ماه‌ها گرفتنش طول می‌کشه به اکوادور برم، رسیدن به اکوادور از راه ونزوئلاست. یه پرواز پیدا کردم که از استانبول به کاراکاس پایتخت ونزوئلا و بعد از کاراکاس به اکوادور می‌ره. می‌خوام دو روز قبل از تولد بیست‌سالگی‌م از ایران برم. می‌خوام دههٔ عروس رو قونیه و تو آغوش مولانا باشم، بعد به استانبول برم و از اونجا راهی آمریکای جنوبی بشم.

- چرا به این زودی؟! اگر تا سال نو صبر کنی می‌تونی پول بیشتری جمع کنی. چرا برا رفتن عجله داری؟

+ دههٔ عروس از روز تولد من شونزده آذر شروع می‌شه تا روز مرگ مولانا

۱.مختارنامه، باب هجدهم.

و تولد دوباره‌ش. چی زیباتر از شروع یه سفر طولانی توی این تاریخ؟ باور کن صدایی توی دلم بهم می‌گه که اول دهۀ بیست رو باید سفر کنم و می‌دونم که اگه بهش گوش نکنم، سخت پشیمون می‌شم.

سکوتی طولانی فضای خانه را گرفت. به‌نظرم تا آن لحظه مادرم تصور می‌کرد که این برای من فقط یک فکر است. نمی‌دانست که ماه‌هاست درحال جست‌وجو، مطالعه، کارکردن برای پس‌انداز و برنامه‌ریزی‌ام.

اوایل پاییز بود، هر جمعه با «او» به کوه می‌رفتم. «او» یکی از معدود کسانی بود که به‌شدت مرا تشویق می‌کرد. از اینکه به صدای درونم گوش دادم خوشحال بود و برایم هردفعه حافظ و مولانا می‌خواند. در همان زمان و در میان شلوغی زیاد کار، شمردن پول‌ها، نگاه‌کردن به بلیط و نقشه، هیجان و استرس و بقیۀ احساساتی که مهمانم بودند، یکی از نمایش‌هایی که طراح گریمش بودم، برای شرکت در یک فستیوال تئاتر در آلمان قبول شد.

کارگردان که پسری دانشجو و جوان بود، گفت که برای شش نفر از اعضای گروه دعوت‌نامه می‌فرستند و از من خواست که همراهشان بروم چون به زبان انگلیسی مسلط بودم و به‌جز گریم تجربۀ کار در پشت‌صحنه داشتم و می‌توانستم در بخش نور و صدا هم کمکشان کنم. برایم خنده‌دار بود که درست قبل از شروع سفری طولانی، سفری کوتاه و کاری به اروپا برایم پیش آمده است. می‌دانستم این نیز کار هستی است، چرا که یک ویزای اروپا می‌توانست کمی به صفحات سفید پاسپورت من اعتبار دهد. به دلیل دعوت‌نامه و حمایت مالی فستیوال، طی یک‌هفته ویزایمان صادر شد. سفری که جز تجربه‌های بی‌نظیرش در زمینۀ کاری، نشان داد که من آمادۀ شروع یک سفر طولانی‌ام.

پس از بازگشت به تهران، زندگی روی دور تند قرار گرفت. اُرگی را که با جمع‌کردن عیدی‌هایم خریده بودم فروختم تا بتوانم بلیطی از استانبول به کاراکاس بخرم. تمام پروازها از تهران به اکوادور در اروپا توقف داشتند و تنها راه رسیدن من از ایران به اکوادور بدون ویزای ترانزیت، پرواز به ونزوئلا بود. تصمیمم با موجی از مخالفت و ترس فامیل روبه‌رو شد، چرا که آن زمان ونزوئلا جزو خطرناک‌ترین کشورهای دنیا بود.

دلم می‌خواست با کوله‌پشتی سفر کنم اما تجربۀ کوله‌گردی نداشتم و همین باعث شد که به‌جای خریدن یک کوله‌پشتی مناسب سفر، یک کولۀ بزرگ چهل‌وپنج لیتری دره‌نوردی بخرم. پسردایی‌ام اشکان به‌محض دیدن کوله به

من گفت که این مناسب سفر نیست و می‌تواند یکی از کوله‌هایی را که برای ایران‌گردی استفاده می‌کند، به من بدهد. به حرف او گوش نکردم و همان کولهٔ دره‌نوردی زرد و مشکی را با چند دست لباس و وسایلی که تصور می‌کردم لازم خواهم داشت، پر کردم.

هرچه به آذرماه نزدیک‌تر می‌شدیم، خداحافظی از عزیزانم سخت‌تر می‌شد. با بسیاری از همکاران و دوستانم تلفنی خداحافظی کردم چون پرسش‌هایشان بر ذهنم فشار زیادی می‌آورد. پرسش‌هایی که جوابی برایشان نداشتم. نمی‌دانستم کی برمی‌گردم، پس از اکوادور کجا می‌روم و پرواز هجده‌ساعته و زندگی در آمازون چطور خواهد بود. نمی‌دانستم با درد دلتنگی چطور مواجه خواهم شد، تنها می‌دانستم که باید بروم و زمانش رسیده است.

به اتاقم نگاه می‌کنم و تو دلم غر می‌زنم [که] چقدر کار دارم. بعد وقتی یاد مقصدم می‌افتم می‌بینم چقدر می‌ارزه این همه کار.

مامانم می‌گه: «از جرئتت آدم می‌ترسه. خودت نمی ترسی؟!»

غزال می‌گه: «همین ده روز دیگه می‌ری [تا] یک سال [دیگه]؟ هوورا!»

مارال زیاد چیزی نمی‌گه... فکر می‌کنه.

الینا از خوشحالی که اتاق مال خودش می‌شه داره بال در میاره.

مامان فرزانه می‌گه: «جنوبِ خودمون چشه؟ بچه بی‌سرپرست هم داره! چرا این همه دور؟ چرا جنوب آمریکا؟»

خاله فریبا می‌گه: «تا می‌تونی سفر برو.»

عمو پیمان از من [هم] بیشتر خوشحاله.

عمه فَری از آمریکا می‌گه: «آمار کشتار و دزدی [رو] می‌دونی؟!»

عمو مسعود از آمریکا می‌گه: «خطرناک‌ترین جای دنیاست! بازم می‌خوای بِری؟!»

نیلوفر می‌گه: «کی بیام کوله‌پشتی ببندیم؟»

بیتا می‌گه: «نمی‌خوای منو ببینی؟»

مولانا خوشحاله! قونیه خوشحاله! می‌گه قولی که بهم دادی رو عملی کردی. شب

تولدت تو بغلمی!

قلبم خوشحاله، ذهنم درگیر! نِی به پیانو پز میده!

سرم از کلی فکر و کلی حرف و کلی کار می‌ترکه!

قلبم از جاش درمیاد وقتی به سال دیگه این موقعم فکر می‌کنم.

دوباره به اتاق و لباس‌ها و کتاب‌هایی که همه باید خالی بشه نگاه می‌کنم. قلبم خیلی تند می‌زنه. از خوشحالیه یا ترس یا هیجان یا ناراحتی؟! نمی‌دونم!

۲۵ نوامبر ۲۰۱۷ (اینستاگرام)

چهاردهم آذر ماه، دو روز قبل از تولدم، در آغوش خانواده تولد بیست‌سالگی و رفتنم را جشن گرفتم. دایی امیر مرا گوشه‌ای کشاند و گفت که هر کجای دنیا هم که بروم، هیچ‌کس به اندازۀ خانواده‌ام مرا دوست نخواهد داشت. عمو پیمان طوری هیجان‌زده بود که انگار او به سفر می‌رود. به صورت خواهرهایم نگاه و سعی می‌کردم برق چشمانشان را به‌خاطر بسپارم.

پروازم ساعت دو نصفه‌شب بود. ساعت ده شب تک‌تک اعضای خانواده را در آغوش گرفتم، آغوشی که هم برای تشکر بود و هم برای خداحافظی. سخت‌ترین لحظه، لحظۀ خداحافظی با مادرم بود. محکم در آغوشم فشرد اما کوتاه. قلبم بسیار تند می‌زد، اشک از چشمان هیچ‌کدام‌مان جاری نشد اما احساس می‌کردم برای نفس‌کشیدن هوا کم دارم.

به چشمانم نگاه کرد و گفت: «اگه لحظه‌ای، حتی روزهایی که توی قونیه‌ای، پشیمون شدی، بدون می‌تونی برگردی. اینجا همیشه خونۀ توست و خواهد بود و اگه دلت خواست توی مسیر باشی، هر اتفاقی که توی ایران یا برای ما افتاد مهم نیست. به مسیرت ادامه بده.»

کفش‌های سبز کوه‌نوردی‌ام را به پا کردم و کولۀ زرد و مشکی سنگین دره‌نوردی‌ام را به‌زور به‌دوش کشیدم. پتوی افغانی که «او» هنگام خداحافظی به من هدیه داد یک گوشه و نی‌ام در گوشه‌ای دیگر قرار داشت.

خواهرم عکسی به یادگاری از من گرفت و درحالی‌که سعی می‌کردم بغضم را قورت دهم، لبخندی زدم و از در خارج شدم. دلم نمی‌خواست کسی با من به فرودگاه بیاید. سوار تاکسی شدم و به سمت فرودگاه حرکت کردیم. از پنجره به

ساختمان‌های بلند شهرک اکباتان نگاه کردم و یک لحظه قلبم در سینه فشرده شد. احساس کردم که تا مدتی طولانی برنخواهم گشت. کاملاً احساسش کردم، یک نفر دو دستش را وارد قفسۀ سینه‌ام کرد و قلبم را فشرد. آن زمان تصورم از «طولانی» چند ماه دوری بود، بی‌آن‌که بدانم «طولانی» می‌تواند به معنای «برنگشتن» باشد.

دهۀ عروس در قونیه

«سفر کردم به هر شهری دویدم

چو شهر عشق من شهری ندیدم»[1]

مولانا

شانزدهم آذر ماه در سرمای پاییزی قونیه، بیست شمع کوچک را در تکه نانی گذاشتم و روشن کردم. یک نفر از من عکس یادگاری با مزار مولانا گرفت و پس از آرزوکردن، شمع‌ها را فوت کردم. دهۀ بیست در آغوش مولانا آغاز شد، خودش و اشعارش به من عشق می‌دادند و این عشق تمام ترس‌هایم را در آغوش می‌گرفت و می‌گفت: «تو می‌تونی!» شمس نیز به من قوت‌قلب می‌داد تا در مسیر قدم بردارم، به آنجا که صدایم می‌زند سفر و با مردم زندگی کنم، داستان‌هایشان را بشنوم و از آن‌ها بیاموزم.

بیست‌سالگی‌ام با گوش شنیدن به صدای نی و اشعار او آغاز شد، با چرخیدن و سماع‌کردن. قونیه پر از عاشقان مولانا و شمس بود، پر از صوفی که از سراسر دنیا به خانۀ او آمده بودند. در هر گوشه‌وکنار و در هر خانۀ محلی شب‌ها مراسمی برپا بود. بوی غذای گیاهی یک طرف پیچیده بود و بوی مرغ و کباب ترکی سمت دیگر. برخی می‌خواندند، برخی می‌چرخیدند، برخی دف می‌زدند و برخی نی می‌نواختند. عده‌ای تماشا می‌کردند و دست می‌زدند و عده‌ای هم مثل من اشک شوق گونه‌هایشان را می‌بوسید. هر روزی که به روز عروس نزدیک‌تر می‌شدیم ترس در وجودم بیشتر می‌شد. نزدیک‌ترشدن به روز عروس به معنای نزدیک‌ترشدن به پروازم بود. پرواز به ونزوئلا.

صبح روز عروس ساعت یازده به مقبرۀ مولانا رفتم. می‌دانستم ساعت چهار

---

۱. دیوان شمس. غزل شمارۀ ۱۵۰۹.

بعدازظهر دعا می‌خوانند. عشاق کل روز در انتظار رسیدن به لحظهٔ سالگرد مرگ در مقبره می‌نشینند، لحظه‌ای که از نظرشان زمان دیدار مولانا با خدا است. جای به‌نسبت راحتی در قسمت زنان برای خودم پیدا کردم و بقیهٔ عشاق را مشاهده کردم. از هر سنی و هر نژادی آدم آنجا بود. برخی آجیل می‌خوردند و برخی مثنوی می‌خواندند، عده‌ای اشک می‌ریختند و تعدادی هم لبخند می‌زدند. پس از گذشتن دو ساعت تصمیم گرفتم کتاب کوچک اشعار مولانا را از کیفم در بیاورم که متوجه شدم همراهم نیست. فکر کردم مشکلی نیست، می‌توانم با هدفون به اشعار مولانا با صدای شجریان و علیرضا قربانی گوش دهم، که در کمال تعجب متوجه شدم برعکس همیشه آن نیز در کیفم نیست.

سه ساعت دیگر در این جمعیت چه کنم؟ سعی کردم نفس عمیق بکشم و نگذارم که کلافگی مرا کنترل کند. چشمانم را بستم و اجازه دادم تا صدای نی‌ای که در حیاط پخش می‌شد روحم را نوازش کند. ناخودآگاه زدم زیر گریه. از خدا، از مولانا و از جهان هستی طلب کردم که به من شجاعت بیشتر عطا کند و برای سفر سختی که درپیش‌رو دارم طلب خیر کردم. وقتی چشمانم را باز کردم خانم مسنی را کنارم دیدم که با لبخند به من نگاه می‌کرد. به زبان انگلیسی صحبت با من را شروع کرد. حجابش باعث شده بود تصور کنم ایرانی است اما اهل استانبول بود. پنجاه‌ودوساله و معلم آلمانی بود و در دانشگاه مثنوی می‌خواند. می‌گفت آموختن را از آموزش‌دادن بیشتر دوست دارد و در جایی از صحبت‌هایش حرفی با این مضمون گفت: «ز گهواره تا گور دانش بجوی»

ساعت‌ها در مورد مثنوی با من صحبت کرد. می‌گفت مثنوی کلید زندگی است. کافی است روزی یک صفحه‌اش را بخوانی. گفتم که فردا عازم آمریکای جنوبی‌ام و استرس زیادی دارم. لبخندی زد، تسبیح دور گردنش را درآورد و گفت: «همیشه از ما می‌خوان که هدیه بدیم. هدیه‌دادن سخت نیست، اما هدیه‌دادن با ارزش‌ترین چیزهامون خیلی سخته. این تسبیح برای من خیلی با ارزشه. از این به بعد برای تو که من رو یاد دخترم می‌اندازی. در مسیر مراقبته.» سپس از من اجازه گرفت تا روی زانویم نماز بخواند.

زمان به سرعت برق‌وباد گذشت و مراسم عروس شروع شد. همه غرق در اشک بودیم. هنگامی که به دعا گوش می‌دادیم، تسبیح را دور گردنم انداختم و به شمع‌هایی نگاه کردم که دورتادور مقبره روشن کرده بودند. نوری وارد بدنم شد و در قلبم ماند. ماند تا من ایمان داشته باشم که توانایی قدم‌گذاشتن در این مسیر سخت را دارم.

کوله‌گردی بدون کوله‌پشتی

آدم‌های بسیاری سعی کردند مرا از سفر به ونزوئلا منصرف کنند. شرایط اقتصادی مردم ونزوئلا به دلیل تحریم‌ها به‌هیچ‌وجه مناسب نبود. در آن زمان بنا بر لیست خطرناک‌ترین کشورهای دنیا در اینترنت، ونزوئلا یکی از خطرناک‌ترین کشورهای دنیا محسوب می‌شد.

دنبال دردسر نبودم، اما بدون داشتن ویزای ترانزیت، تنها راه ممکن برای رسیدن من به اکوادور در آمریکای جنوبی پرواز به ونزوئلا بود. پروازی هجده‌ساعته که دو ساعت در کوبا توقف داشت. ترکیش ایرلاین برای مسافرانی چون من که نمی‌توانند بدون ویزای ترانزیت به فرودگاه کوبا وارد شوند، ترانزیت می‌شد و من تمام مدت توقف باید در هواپیما می‌ماندم.

هنگام سوارشدن به هواپیما به مردم نگاه کردم، از هر نژادی در آن هواپیما آدم بود. روبه‌رویم خانم مسنی نشسته بود که موهای بورش را بالای سرش بسته بود و روزنامه می‌خواند و در ردیف پشتی زوجی جوان که چشم‌هایی بزرگ و آبی، موهایی وز و فر و پوستی تیره داشتند و با هم فرانسوی صحبت می‌کردند. کنارم پسری ایتالیایی نشسته بود به نام فرانچسکو، بیست‌وهشت سال داشت و می‌گفت یک سال پیش برنامه ریخته تا برای تعطیلات سال نو به کوبا سفر کند. هنگامی که متوجه شد مقصد من ونزوئلا است، بسیار تعجب کرد. اطلاعات زیادی در مورد ایران نداشت و انگلیسی را با لهجهٔ بامزهٔ ایتالیایی صحبت می‌کرد. در آن پرواز طولانی ساعت‌ها در مورد سفرهایمان صحبت کردیم. چندبار به شوخی گفت به ونزوئلا نرو و در کوبا از هواپیما پیاده شو. من هم هربار لبخند تلخی زدم و گفتم که بدون ویزا حتی نمی‌توانم پایم را در فرودگاه کوبا بگذارم.

کوبا کشور آرزوهایم بود، کشور سالسا. می‌دانستم که روزی به آن سفر خواهم کرد؛ اما نه برای گذراندن تعطیلات سال نو در یکی از هتل‌های چند ستارهٔ سواحل کارائیب، بلکه برای زندگی با مردمش، رقصیدن در خیابان‌هایش و دیدن طبیعت بی‌نظیرش.

کمی از شرابی که فرانچسکو سفارش داده بود را امتحان کردم و بعد بیهوش شدم. دو ساعت بعد که بیدار شدم، تمام هواپیما به خوابی عمیق فرو رفته بودند. هیجان و استرسم زیاد بود، نمی‌توانستم چشم‌هایم را روی هم بگذارم. تصمیم گرفتم فیلم ببینم و بین لیست فیلم‌های برتر، چشمم به فیلم «زندگی پای»[1] افتاد.

1.Life of Pi

فیلمی دربارهٔ زندگی پسری شانزده‌ساله به نام «پای» که از سانحهٔ غرق‌شدن یک کشتی نجات پیدا کرده بود. او به مدت دویست‌وبیست‌وهفت روز در اقیانوس آرام با یک ببر بنگال در یک قایق زندگی کرده بود.

دیدن فیلم مثل یک معجزه بود. تمام استرسم به آرامش تبدیل شد. پیش خودم فکر کردم اگر پای روزها وسط دریا روی یک قایق و با یک ببر زندگی کرد، من «حتماً» می‌توانم از فرودگاه ونزوئلا زنده بیرون بیایم.

هنگام توقف در کوبا نود درصد مسافران از هواپیما پیاده شدند. به‌جز من، فقط نه نفر بودند که به ونزوئلا می‌رفتند. با نگاه به آن‌ها متوجه شدم همگی به کشور خود برمی‌گردند و من تنها خارجی‌ای هستم که در این زمان عجیب به آن‌جا می‌رود.

امنیت را می‌توان احساس کرد. وقتی در یک خیابان قدم می‌زنی می‌توانی بفهمی که آنجا امن است یا نه. ممکن است نصفه‌شب در یک خیابان خلوت وسط نپال احساس امنیت داشته باشی و در یک بعدازظهر آفتابی در یک خیابان شلوغ وسط پاریس احساس ناامنی. امنیت را می‌توان بو کرد، اگر بوی ناامنی بیاید ناخودآگاه قدم‌هایت را تندتر می‌کنی تا زودتر به مقصد برسی و اگر بوی امنیت بیاید به‌جای نگاه‌کردن به جلوی پایت، به اطرافت نگاه می‌کنی و سعی می‌کنی از مسیر لذت ببری. فرودگاه خلوت کاراکاس بوی ناامنی می‌داد. به‌جز من، نه مسافر دیگر و سه نفر از کارکنان، کسی در فرودگاه نبود. نه تنها پرنده پر نمی‌زد بلکه سوسک هم آن اطراف پیدایش نمی‌شد.

شاید چون زبان اسپانیایی بلد نبودم و متوجه نمی‌شدم اطرافم چه خبر است بیش‌ازحد ناامنی را حس می‌کردم؛ اما دلیل اصلی این بود که حدود نیم ساعت به همراه بقیهٔ مسافران منتظر کوله‌ام ایستاده بودم و هیچ خبری از چمدان‌ها نبود. تمام مدت وانمود می‌کردم که با فرودگاه آشنایی دارم تا نگاه کسی روی من قفل نکند و از من چیزی نپرسد. می‌ترسیدم اگر متوجه شوند که خارجی‌ام کیف کوچک کمری‌ام را که معلوم است به‌جز پاسپورت، پول و گوشی در آن چیزی نیست از من بدزدند.

پس از چهل دقیقه صدای اعتراض مسافران درآمد. پلیسی را صدا زدند و حدس می‌زنم که از او پرسیدند چمدان‌هایشان کجاست. پلیس ونزوئلایی در سه جمله و باآرامش جواب داد. مسافران شوکه شدند و با حالتی غمگین و هم‌زمان طلبکارانه به سمت دیگری از فرودگاه رفتند.

بالأخره پس از ماه‌ها رویاپردازی و انتظار پایم را در آمریکای جنوبی گذاشته بودم. آیا رویای من واقعاً این بود؟ گیج بودن و اضطراب زیاد وسط فرودگاه خالی کاراکاس؟ مجبور بودم دست از وانمودکردن بردارم. به سمت پلیس رفتم و به انگلیسی پرسیدم چه خبر است. از شنیدن جواب چنان شوکه شدم که نزدیک بود همانجا روی زمین بیافتم. ترکیش ایرلاین تمامی چمدان‌ها را در استانبول جا گذاشته بود. پلیس با انگلیسی بسیار مبتدی به من گفت که پس از دو روز کوله‌ام به کاراکاس می‌رسد. می‌توانم فرمی را با اطلاعات خودم و کوله‌ام پر کنم و پس از دو روز بیایم و تحویلش بگیرم.

- اما مقصد من اکوادوره. نمی‌خوام وارد ونزوئلا بشم.

+ بلیط داری؟

- نه!

خرید بلیط از ونزوئلا به اکوادور از داخل ایران آن‌قدر پیچیده بود که تصمیم گرفته بودم از فرودگاه ونزوئلا بلیط مورد نظرم را بخرم.

+ اگه می‌خوای کوله‌ت رو پس بگیری مجبوری اینجا منتظر بمونی.

پس از نوشتن اطلاعات کولهٔ زرد و اسم، فامیل و شمارهٔ پاسپورتم، به دستشویی رفتم و بغضی که در گلویم گیر کرده بود را با صدای بلند شکستم. همهٔ مسافران از فرودگاه رفته بودند. می‌دانستم که هیچکس در آن اطراف صدای هق‌هق من را نخواهد شنید. نمی‌دانستم چه کنم و به مادر و خانواده‌ام که منتظر خبر رسیدنم هستند چه بگویم. نمی‌دانم چند دقیقه از گیج و حیران بودنم گذشت که زنی از کارکنان وارد دستشویی شد. خوشبختانه به زبان انگلیسی مسلط بود و اجازه داد که از اینترنتش استفاده کنم.

طبق تحقیقاتم قبل از پرواز به ونزوئلا و حسی که درونم داشتم، تاکسی سوارشدن بدون مقصد و بدون دانستن زبان اسپانیایی کار عاقلانه‌ای نبود. تصمیم گرفتم هتلی در نزدیک فرودگاه پیدا کنم و دو شب آنجا بمانم تا کوله‌ام از ترکیه به آمریکای جنوبی برسد. با جست‌وجو در اینترنت هتلی ارزان و نزدیک به فرودگاه پیدا و درخواست کردم که دنبالم بیایند. در کمتر از پنج دقیقه، خوزه جواب داد که بیست دقیقهٔ دیگر جلوی در فرودگاه خواهد بود. کمی آرام شدم، اشک‌هایم را پاک کردم و با سردرد ناشی از تفاوت ساعت‌ها و خستگی پرواز طولانی، از

فرودگاه بیرون رفتم. اولین تصویرم از آمریکای جنوبی تابلویی بود با اسم و فامیلم در دست مردی حدوداً چهل‌ساله که به من لبخند می‌زد. به تنها مسافری که از فرودگاه بیرون می‌آمد.

- به ونزوئلا خوش‌آمدی!

دوازده روز در کاراکاس

خوزه لبخندزنان، درحالی‌که به سمت ماشین قدم برمی‌داشتیم، گفت: «انگلیسی خیلی کم... تا خانه بیست دقیقه.»
ماشینش بوی امنیت می‌داد. شیشه را پایین کشیدم تا به اطراف نگاه کنم. گرمای آفتاب و کاکتوس‌های بزرگ و بلند جاده‌ها باعث شدند احساس کنم وارد یک سیارهٔ متفاوت شدم. اواخر آذر ماه از ترکیهٔ سردی که آمادهٔ خوش‌آمدگویی به زمستان بود وارد ونزوئلای استوایی شده بودم. یک بافتنی آستین‌بلند سبز که یقه‌اش تمام گردنم را پوشانده بود به تن داشتم همراه با شلوار آبی گشاد. تنها لباسی که برای دو روز آینده همراهم بود.

بیست دقیقه مسیر از فرودگاه تا هتل خوزه، به‌خاطر ترافیک وحشتناکی که هیچ‌وقت دلیلش را متوجه نشدم، چهار ساعت طول کشید. ساعت شش‌ونیم عصر به مقصد رسیدیم، آن‌موقع بود که متوجه شدم آنجا هتل نیست بلکه خانهٔ خوزه است که یکی از اتاق‌هایش را اجاره می‌دهد. خانه‌ای ویلایی، بزرگ، حیاط‌دار و سفید. به‌جز خوزه و زنی که در آن لحظه داخل آشپزخانه آشپزی می‌کرد، سه سگ قهوه‌ای بامزه و یک گربه نیز ساکن آن خانه بودند.

با استفادهٔ از ترجمهٔ گوگل، خوزه برایم توضیح داد که دخترش سه سال است به پاریس مهاجرت کرده و هم‌اکنون همسرش هم برای گذراندن تعطیلات سال نو به پاریس رفته است. از من خواست که تنهایی از خانه خارج نشوم. گفت می‌توانم تمامی وعده‌های غذایی را با او و ماریتزا در آشپزخانه‌شان بخورم و بابتش هزینه‌ای از من دریافت نخواهد کرد. پس از تشکر برایش نوشتم که بسیار خسته‌ام و میلی به خوردن غذا ندارم. وارد اتاقم شدم که ساده و راحت بود و بوی امنیت می‌داد، دوش آب سردی گرفتم و با فکر به آیندهٔ نامعلوم درپیش‌رو به خواب رفتم.

اولین وعدهٔ غذایی در ونزوئلا صبحانه‌ای محلی بود. نان ذرت تازه که درونش

پنیر و گوشت داشت. از همان روز اول خوزه اطمینانم را جلب کرد، نگاه و رفتارش کاملاً پدرانه و معلوم بود که دلش می‌خواهد راحت باشم.

- تو ایران گوشت خوک نمی‌خورن، درسته؟ کل دیشب توی اینترنت در مورد ایران و تاریخش مقاله خوندم.

+ درسته، توی دین اسلام گوشت خوک حرامه، اما راستش من خیلی دلم می‌خواد امتحان کنم. اینجا گوشت خوک هست؟

- از ماریتزا خواستم که بعضی از نون‌های ذرت رو با پنیر و بدون گوشت درست کنه. فکر کردم شاید نخوری.

بعد با دست به نان‌ها اشاره کرد و گفت: «این چند تا پنیر دارند و بقیه پنیر و گوشت خوک». با کنجکاوی و البته کمی استرس، یک نان ذرت با پنیر و یک نان ذرت با گوشت خوک برداشتم و در بشقابم گذاشتم. همراه قهوهٔ تازه و خوشمزه‌ای که بوی دل‌نشینش باعث گشنگی‌ام شده بود. گوشت خوک طعم عجیبی نداشت، نه خوشمزه بود و نه بدمزه. احساس بدی نداشتم و فکر نمی‌کردم که کار حرامی می‌کنم. می‌دانستم بخشی از سفر، جداشدن از تفکرات و باورهای قبلی و امتحان چیزهای جدید است.

واحد پول ونزوئلا، بولیوار است و آن زمان، هر دلار آمریکا ۱،۲۴۰،۰۰۰ بولیوار بود، با وجود آن‌که در فرودگاه و صرافی‌ها دلار را با نرخ بسیار کمتری به بولیوار تبدیل می‌کردند، خوزه بیست دلاری‌ای را که به او دادم با نرخ درست به بولیوار تبدیل کرد.

روز سوم به‌محض بیدارشدن متوجه شدم که در تهران زلزله آمده است. بی‌اختیار شکر کردم که در کاراکاسم. سپس با کمک خوزه به فرودگاه برگشتم و پس از دو ساعت انتظار در کنار بقیهٔ مسافرها که حالا قیافه‌شان برایم آشنا بود و حتی با چند نفرشان هم‌صحبت شدم، کوله‌ام را تحویل گرفتم. سپس خوزه کمکم کرد تا بلیطی برای اکوادور پیدا کنم. به دلیل کم‌بودن پروازها و شلوغی سال نو، تنها بلیط موجود برای نه روز بعد بود و نه از کاراکاس بلکه از شهر بارسلونا به اکوادور پرواز می‌کرد. بارسلونا چهار ساعت و بیست دقیقه با کاراکاس فاصله داشت.

تصور نه روز دیگر در کاراکاس ماندن برایم بسیار سخت بود. همان‌طور که به خوزه هزینهٔ پرواز را می‌دادم تا برایم اولین بلیط ممکن را بخرد، چشمانم پر از

اشک شد. خروج از ونزوئلا بسیار سخت‌تر و پیچیده‌تر از چیزی بود که تصورش را می‌کردم.

صبح‌ها با مزهٔ نان آرپای ماریتزا روز را شروع می‌کردم و بقیهٔ روز را به خیال‌بافی می‌گذراندم. اشتهای زیادی نداشتم و در تمام نه روزی که در کاراکاس بودم، تنها سه‌بار از خانه بیرون رفتم. بار اول به همراه خوزه برای کوهنوردی به کوه «آویلا»[1] رفتیم. درست مثل تهران که آخر هفته‌ها همه به درکه و توچال می‌روند، در کاراکاس نیز کوه آویلا پاتوق بسیاری از مردم است. آن‌قدر آدم ندیده بودم که دیدن خانواده‌ها، جوانان و زوج‌های کوهنورد ناخودآگاه لبخند روی لبم نشاند. خوزه می‌گفت شانس آوردی که موهای بور و چشمان آبی نداری و متوجه نمی‌شوند که خارجی هستی.

بالای کوه وقتی که تمام کاراکاس زیبا زیر پایم بود، نفس عمیقی کشیدم و به آسمان، گیاهان و درختان اطرافم که رنگ و شکلشان برایم بسیار جدید بود نگاه کردم و لبخند زدم. صفت «خطرناک» را به دلیل اتفاقات سیاسی، اقتصادی و اجتماعی کنار کاراکاس گذاشته بودند، وگرنه این شهر به‌خودی‌خود، جز زیبایی چیزی نداشت.

دفعهٔ دوم همراه پسرخالهٔ یک دوست مجازی بیرون رفتم. یکی از دوستان جهانگردم در شبکه‌های اجتماعی که آمریکایی – ونزوئلایی است، وقتی که متوجه شد من در کاراکاسم، گفت که حتماً باید پسرخاله‌اش آندرس و دوستانش را ملاقات کنم.

ساعت هفت شب آندرس، پسری لاغر و قدبلند همراه دوستانش کریستوبال و ماریا دنبالم آمدند. خوزه همانند پدری نگران با آن‌ها صحبت کرد و وقتی که مطمئن شد می‌تواند به آن‌ها اطمینان کند و مرا قبل از ساعت دوازده شب به خانه خواهند آورد، به من لبخندی زد و گفت: «خوش بگذره!»

به‌محض نشستن در ماشین صحبت‌ها شروع شد، هر سه به زبان انگلیسی مسلط بودند و دربارهٔ سفری که پیش‌رو دارم و ایران سؤال کردند. خیابان‌ها بسیار خلوت بود. هم‌زمان که متوجه بودم کاراکاس در شرایط معمولی نیست؛ آن‌قدر کنار آن سه نفر احساس راحتی و امنیت داشتم که گاهی فراموش می‌کردم در چه کشوری‌ام.

1.Avila

۵۲

اول به یک رستوران رفتیم که معلوم بود تنها آندرس و دوستانش آنجا را می‌شناسند، چون هیچ تابلو و اسمی نداشت و به‌جز میز ما چهار نفر، همهٔ میزها خالی بود. هیچ چیزی از منوی اسپانیایی متوجه نشدم. از آن‌ها خواستم هر چیزی را که فکر می‌کنند می‌تواند برایم جالب و جدید باشد سفارش دهند.

- غذای دریایی دوست داری؟

+ بله. خیلی!

- این رستوران یه غذای دریایی خیلی خوشمزه و معروف داره، اما مطمئن نیستم قبلاً امتحانش کرده باشی.

+ اومدم به یه کشور جدید و دوست دارم غذای جدید امتحان کنم.

تصور می‌کردم که گوشت خوک عجیب‌ترین غذایی خواهد بود که در آمریکای لاتین امتحان خواهم کرد، اما وقتی که هشت‌پایی سرخ شده را روبه‌رویم گذاشتند، فهمیدم که کاملاً اشتباه می‌کردم. هر سه به من نگاه می‌کردند و منتظر بودند تا تکه‌ای از هشت‌پا را بخورم و نظرم را راجع به آن بگوییم. یکی از پاهای هشت‌پا را برایدم، لبخند می‌زدم اما در اصل دلم می‌خواست گریه کنم. عجب غلطی کردم! گوشتش بسیار خوشمزه بود اما با خوردن یک پای کامل، هیچ اشتهایی برای خوردن بقیه‌اش نداشتم، دوستان ونزوئلایی هم متوجه این موضوع شدند.

وقتی فهمیدند که عاشق رقص سالسام؛ مرا به یک بار بردند. آن‌قدر آدم ندیده بودم که دیدن دوازده نفر درحال رقصیدن و نوشیدن و صحبت کردن برایم جدید بود. انگارنه‌انگار که در کاراکاسم، صدای آهنگ سالسای مارک آنتونی قلبم را نوازش می‌کرد. گوشه‌ای نشستم و هم‌زمان که به زوج رقصنده نگاه می‌کردم، به صحبت‌های آندرس گوش دادم.

- می‌بینی؟ کاراکاس نمرده. خیابون‌ها ترسناک، خلوت و مرده به‌نظر می‌آد اما شب‌های کاراکاس هنوز زنده است. ما تعداد کمی که تصمیم گرفتیم به‌جای رفتن، این شرایط دردناک و سخت رو بپذیریم و بمونیم و بسازیم، هنوز دور هم جمع می‌شیم و شادی می‌کنیم.

بیرون‌رفتن از خانه و بودن کنار مردم شهر، دیدن فعالیت‌های محدود مردم و حتی رقص و شادی در کاراکاس، تمام ذهنیتم نسبت به ونزوئلا را تغییر داد، دیگر از آنجا نمی‌ترسیدم؛ بلکه دلم برای خاک و مردمش می‌سوخت و در دلم کسانی

را که مانده بودند ستایش می‌کردم.

دفعهٔ سوم هم شب کریسمس بود که به همراه خوزه به خانهٔ همسایه رفتیم. یک زوج شصت ـ هفتادساله که خوزه را برای شام دعوت کرده بودند. جفتشان اقامت ایالات‌متحده را داشتند و برعکس خوزه کاملاً به انگلیسی مسلط بودند. عاشق کشورشان بودند و می‌گفتند هر چه بشود در ونزوئلا خواهند ماند. در آن چند روز متوجه شدم من با قشر مرفه کاراکاس در ارتباط بودم و آن‌قدر همه‌چیز گران است که اکثر مردم توانایی خرید غذا و دارو را ندارند.

تنها از شهر بارسلونا به اکوادور پرواز مستقیم وجود داشت. بارسلونا چهار ساعت و بیست دقیقه با کاراکاس فاصله داشت. صبح زود همراه راننده‌ای که خوزه پیدا کرده بود، از کاراکاس به فرودگاه شهر بارسلونا رفتیم. خوزه نگرانم بود و مثل پدرها چندین‌بار تکرار کرد که هروقت سوار هواپیما شدم و به اکوادور رسیدم به او خبر بدهم.

خیلی زود به فرودگاه رسیدم و از خستگی گوشه‌ای خوابم برد. نمی‌دانم چقدر گذشت، تنها به‌یاد دارم که با صدای مسافران بیدار شدم و در صفی ایستادم؛ اما وقتی که نوبتم شد گفتند که خروجی پروازم بسته شده است و نمی‌توانم از گیت رد شوم. ناخودآگاه زدم زیر گریه. مادر و دختری ونزوئلایی که پشت من ایستاده بودند و به زبان انگلیسی مسلط بودند، با دیدن گریهٔ من با اصرار به یکی از مسئولین، کمکم کردند تا بتوانم سالن را به سمت خروجی رد کنم. همه‌چیز بسیار گیج‌کننده بود، وقتی به صف مهر خروج رسیدم متوجه شدم که پرواز سه ساعت تأخیر دارد. اگر پرواز تأخیر داشت، چرا به من اجازهٔ ردشدن از سالن را نمی‌دادند؟

مهر خروج زده شد، به خوزه خبر دادم که منتظر پروازم و به میزبانم در اکوادور پیغام دادم که با تأخیر می‌رسم. نفس عمیقی کشیدم و با نگاه به اطراف، آخرین تصاویر از ونزوئلا را در ذهنم حک کردم.

اکوادور

اسید، هدیهٔ شب سال نو

فرودگاه گوایاکویل[1] بسیار شلوغ بود. برعکس تصورم، بدون پرسیدن هیچ پرسشی

1.Guayaquil

مهر ورود را در پاسپورتم کوبیدند. من با هیجان و قدم‌های تند از فرودگاه خارج شدم. فرودگاه شلوغ و فضایش بسیار شاد بود. نمی‌دانستم چون از ونزوئلا آمده بودم یک فرودگاه معمولی را متفاوت و شاد می‌دیدم، یا واقعاً مردم گوایاکویل آن شب آن‌قدر خوشحال بودند.

از طریق اپلیکیشن «کوچ سرفینگ»[1]، میزبانی پیدا کرده بودم که قرار بود بیاید دنبالم. فرناندو اولین میزبان من در اکوادور بود، میزبانی که با لبخند بیرون فرودگاه منتظرم ایستاده بود. با یک تاکسی به سمت خانه‌اش رفتیم. در راه به من گفت که معمولاً برای سال نو مهمانی قبول نمی‌کند و دوست دارد تنها با خانواده‌اش باشد؛ اما از آنجایی که خیلی کم پیش می‌آید مهمانی از ایران برایش درخواست بفرستد؛ درخواست مرا قبول کرده و خوشحال است که می‌تواند برای سال نو میزبان من باشد.

وارد خانه‌ای بزرگ و سه‌طبقه شدیم، فرناندو به همراه خواهر، برادر، مادر و پدرش در آن زندگی می‌کرد. دیروقت بود، خسته بودم و درعین‌حال تشنهٔ تجربه‌های جدید. خواهرش آنا که بسیار شبیه به خواهرم مریلا بود، انگار که دوستی قدیمی را دیده باشد، باگرمی در آغوشم گرفت. فرناندو مرا به یکی از اتاق‌های بالا که اتاق مهمانشان بود راهنمایی کرد و قبل از رفتن با نگاه‌کردن به تسبیح دور گردنم از من پرسید که مذهبی‌ام یا نه. نمی‌دانستم چه جوابی بدهم. گفتم: «نه. اما به خدا اعتقاد دارم.» خندید و گفت: «من به هیچ دینی باور ندارم. کدوم یکی از پنج هزار خدایی که وجود داره رو قبول داری؟!» گفتم: «فکر می‌کنم که همه از یه خدا حرف می‌زنیم.» خندید و رفت. نمی‌دانستم که می‌شود به خدا اعتقاد نداشت. تابه‌حال کسی را ندیده بودم که آن‌قدر راحت از نبودن خدا حرف بزند. چرا نمی‌توانستم توضیح بدهم که خدا چیست؟

صبح بعد از بیدارشدن در تخت گرم و راحت اتاق مهمان، به یاد آوردم که در اکوادورم. شوقی سراسر وجودم را گرفت، شادمان به آشپزخانه رفتم. آنا پس از درست‌کردن قهوه ظرف میوه‌ای جلویم گذاشت و پرسید که آیا انبه می‌خورم؟ در ظرف میوه چهار نوع انبهٔ متفاوت وجود داشت. من که تصمیم داشتم حتماً

۱.کوچ سرفینگ، پلتفرمی است برای آن‌هایی که می‌خواهند هنگام سفر در دل فرهنگ آن منطقه غرق شوند و به‌جای اقامت در هتل‌ها، در خانهٔ مردم بومی کشور اقامت کنند. بسیاری از مردم علاقه‌مند به میزبانی جهان‌گردها با پذیرفتن مهمان از کشورهای مختلف، می‌توانند در شهر و خانه خود سفر کنند و در مورد فرهنگ‌های مختلف اطلاعات کسب کنند. این پلتفرم امکان اتصال این دو گروه به هم را فراهم کرده است.

میوه‌ها و غذاهای جدید هر کشور را امتحان کنم، بی‌آن‌که تصوری از طعم انبه و چگونه خوردن آن داشته باشم، قسمتی از دو نوع مختلفش را بریدم و طعم شیرین بی‌نظیرشان را زیر زبانم حس کردم، مزهٔ بهشت می‌دادند.

روز اول با فرناندو به مرکز شهر رفتیم، مشهورترین کلیسای بزرگ شهر را دیدیم و برایم توضیح داد که اکثر مردم اکوادور کاتولیکند. بعد مرا به پارک ایگوانا[1]ها برد. در راه به او گفتم که هیچ تصوری ندارم که ایگوانا چه‌جور حیوانی است. هنگامی که رسیدیم با ده‌ها و یا شاید صد ایگوانا مواجه شدم. به اندازهٔ گربه‌های شهرک اکباتان در «گوایاکویل» ایگوانا وجود داشت. خزنده‌ای سبز رنگ شبیه به مارمولک اما بسیار بزرگ‌تر. فرناندو آن‌ها را نوازش می‌کرد؛ اما من از نزدیک‌شدن به آن‌ها می‌ترسیدم. پس از چند دقیقه تصمیم گرفتم به ترسم غلبه کنم، قدمی بردارم و یکی از آن‌ها را نوازش کنم. نوازش پوست زمخت ایگوانا به من آرامش عجیبی داد. فکر کردم: «یعنی توی دنیا چقدر چیزای جدید برای دیدن و تجربه‌کردن وجود داره؟»

برای خوردن ناهار به سمت ملکون[2] رفتیم. ملکون گذرگاهی بزرگ کنار آب با کلی مغازه و رستوران بود. واحد پول اکوادور دلار است اما به گفتهٔ فرناندو که در قاره‌های مختلف سفر کرده، همه‌چیز آنجا نصف قیمت آمریکا بود. یک ناهار کامل به قیمت سه دلار خوردیم و بعد پیاده به سمت یکی دیگر از جاذبه‌های شهر گوایاکویل رفتیم. چهارصدوچهل‌وچهار عدد پله بودند که رویشان شماره داشتند و از بالایشان می‌توانستی کل شهر را زیر پایت ببینی.

هوا گرم و مرطوب بود و راه‌رفتن زیاد باعث شده بود حسابی عرق کنیم. پس از آن‌که فرناندو متوجه شد من سالسا می‌رقصم، گفت شب به همراه خواهر و دوستانش مرا به یک سالسا بار خواهد برد. از آن‌همه تصویر، مزه، صدا و تجربهٔ جدید به‌وجد آمده بودم. با قدم‌های تند به خانه برگشتیم تا استراحت کنیم و شب برای شب‌گردی و رقص بیرون برویم.

شب آخر در گوایاکویل، شب سال نو بود. اولین‌باری بود که من سال نو میلادی را بیرون از ایران می‌گذراندم. با این‌که به من احساس سال نو را نمی‌داد، دیدن خوشحالی مردم و رنگارنگی شهر برایم جالب بود. برای آنا که خودش نوازندهٔ ساکسیفون بود نی می‌زدم که فرناندو از آنا پرسید که «ال‌اس‌دی»[3] می‌خورد

1.Iguana 2.Malecon

۳.Lysergic Acid Diethylamide: ماده‌ای روان‌گردان که روی ادراک، احساسات و تفکر افراد تاثیرات قابل‌توجهی می‌گذارد. معمولاً به‌صورت مایع یا کاغذی که به آن آغشته شده است مصرف می‌شود.

یا نه؟ آنا باذوق گفت: «حتما.» فرناندو کاغذی کوچک را نصف کرد، نصفش را به آنا داد و نصفش را به من تعارف کرد و گفت: «ما هر سال موقع سال نو یه‌کم ال‌اس‌دی می‌خوریم. اگه دوست داری می‌تونی همراهی‌مون کنی.» من نمی‌دانستم که ال‌اس‌دی دقیقاً چیست. هم‌زمان می‌ترسیدم که اگر بگویم نه، ناراحت شود و یا فکر کند که چون ایرانی‌ام نمی‌خواهم تجربه کنم و یا حتی به دین اسلام ربطش بدهد. به همین دلیل بدون هیچ سؤالی و بی‌آنکه به صدای درونم گوش کنم و کمی فکر کنم، تکه کاغذ را در دهانم گذاشتم. به‌محض حس‌کردن طعم تلخش پشیمان شدم؛ اما به کمک آب‌نباتی که آنا به من داد، طعم تلخش کم‌کم رفت.

پس از بیست دقیقه برادر بزرگ‌ترش ما را به میز شام دعوت کرد و آنجا بود که حس کردم کمی سرگیجه دارم. گرچه مطمئن نیستم برای شرح‌حالی که داشتم «سرگیجه» کلمهٔ درستی باشد. کنترلی روی بدنم نداشتم، صداها را واضح‌تر از همیشه می‌شنیدم و ذهنم به دنیاهای عمیقی پرتاب می‌شد. دندان‌هایم را بدون کنترل روی هم فشار می‌دادم، انگار دلم بخواهد چیزی را گاز بزنم. برادرش مشغول درست‌کردن مرغ روی منقل بود و مادرش برایم شراب ریخت. سعی می‌کردم لبخند بزنم اما احساس ترس در وجودم هر لحظه بیشتر می‌شد. هیچ میلی به خوردن جوجه کباب و یا شراب نداشتم. پدر و مادرش اسپانیایی صحبت می‌کردند و می‌خندیدند. حس می‌کردم در مورد من صحبت می‌کنند و می‌خواهند بلایی سرم بیاورند. آنچه در ذهنم می‌گذشت وحشتناک بود. مدام حرف خانواده و دوستانم یادم می‌آمد: «آمریکای جنوبی خطرناکه! آمریکای جنوبی خطرناکه!» از ترس می‌لرزیدم چون هیچ کنترلی بر بدنم نداشتم و تصور می‌کردم که اگر بخواهند می‌توانند تمام وسایلم را بدزدند و یا مرا بکشند!

پس از حدود چهل دقیقه فرناندو که بغض مرا دید گفت اگر میلی به ماندن ندارم می‌توانم بروم بالا و من با گیجی از پدر و مادرش تشکر کردم و به طبقهٔ بالا رفتم. خودش و خواهرش سریع سراغم آمدند و من که روی زمین گریه می‌کردم، تکرار می‌کردم: «اسپانیایی حرف نزنید. من می‌ترسم! دیگه اسپانیایی حرف نزنید.»

آنجا تازه متوجه شدند که من بدون هیچ پیش‌زمینه‌ای ال‌اس‌دی را امتحان کرده بودم. آنا برایم توضیح داد که تنها تا چند ساعت دیگر آن‌طور خواهم بود و در این مدت آن‌ها در کنارم هستند و از من مراقبت می‌کنند. تصمیم گرفتند با ماشین مرا به مرکز شهر ببرند تا مردم را درحال رقص ببینم و کمی حال‌وهوایم

عوض شود.

به‌محض رسیدن به ملکون، همه‌چیز عوض شد. در هر گوشه زن‌ها با لباس‌های محلی می‌رقصیدند و صدای آهنگ‌ها و چراغ‌های رنگی برایم جدید و جالب بودند. آن وسط یک مردی درست شبیه به مایکل جکسون با گریم و لباس‌های مخصوص وسط صحنه آمد و چند آهنگ او را خواند و رقصید. باورم نمی‌شد که دارم او را زنده می‌بینم! هنوز آن حس خوشحالی، شوق و باور دیدن مایکل جکسون را به‌یاد دارم. آن لحظه که بلند تکرار می‌کردم «مایکل جکسون!» و واقعاً باورم شده بود که این اجرای مایکل جکسون است.

آن شب تا صبح نخوابیدیم، روی پشت‌بام خانهٔ فرناندو دراز کشیدیم و ماه کامل را نگاه کردیم. کنترل زیادی روی بدنم نداشتم، پس از هشت ساعت تازه حس کردم که اثر ال‌اس‌دی کم‌کم دارد از بدنم خارج می‌شود، همان‌جا خیره به ماه کامل روی پشت‌بام زیر پتویی گرم و نرم دراز کشیدم و به خواب رفتم. آن شب، آخرین شب من در گوایاکویل بود.

لمس آب دریا

قبل از رفتن به آمازون و شروع کار داوطلبانه و زندگی با خانواده‌ای که از ماه‌ها پیش آرزوی دیدنشان را داشتم، یک هفته زمان داشتم. بعد از شب سال نو برای یک هفته به مونتانیتا[1] رفتم. شهری کنار اقیانوس آرام در فاصلهٔ سه‌ساعته از گوایاکویل که از وب‌سایت «ورک اوی»[2] در آن کار داوطلبانه پیدا کرده بودم.

ال‌اس‌دی و شب‌بیداری شب گذشته بسیار خسته و خواب‌آلودم کرده بود. فرناندو و برادرش مرا به ایستگاه اتوبوس رساندند. برادرش که در کیتو[3] پایتخت اکوادور زندگی می‌کرد، گفت که اتاقی برای مهمان دارد و درهای خانه‌شان به روی من باز است. اولین‌باری بود که در آمریکای جنوبی سوار اتوبوس می‌شدم. دروغ چرا، به‌شدت می‌ترسیدم. مدام نگران کولهٔ بزرگم بودم که با بقیهٔ بارها زیر اتوبوس قرار داشت و کولهٔ کوچکم را دودستی و محکم گرفته بودم تا اتفاقی برایش نیفتد. سه ساعت از ترس دزدیده‌شدن وسایلم نتوانستم چشم روی هم بگذارم، در عوض خانم کناری‌ام تمام مسیر را از گوایاکویل تا مونتانیتا خوابید.

هوا هر لحظه گرم‌تر می‌شد و من هر لحظه هیجان‌زده‌تر، به‌محض پیاده‌شدن،

1.Montanita   2.Workaway   3.Quito

اقیانوس آرام آبی را دیدم که از دور به من لبخند می‌زد. درست روز اول سال بود و مونتانیتا پر از جوانان مختلفی بود که بین مغازه‌ها و رستوران‌های رنگی حرکت می‌کردند. باد گرم به صورتم می‌خورد، هنوز گیج اتفاقات بودم که از دور دو نفر اسمم را صدا زدند. میزبانانم کارن و ناندو بودند که قطعاً مرا از روی عکس‌ها شناخته بودند.

کارن بیست‌ودوساله و ناندو چهل‌وشش‌ساله چنان مرا محکم بغل گرفتند که انگار دوستی قدیمی را دیده باشند. از همان نگاه اول به آن‌ها اطمینان پیدا کردم. اول برای خوردن ناهار به رستورانی رفتیم و کمی در مورد سبک زندگی و نوع تدریس و کارشان با کودکان برایم توضیح دادند. بعد از من خواستند کمی در مورد ایران، دلیل سفرم و تجربیاتم در کار با بچه‌ها صحبت کنم.

کارن و ناندو در یک کوه‌پایه، خانه‌ای با بامبو برای خود ساخته بودند و به حدود هشتاد کودک از روستاهای اطراف موسیقی، هنر و زبان تدریس می‌کردند. روبه‌روی خانهٔ خودشان، خانه‌ای روباز با بامبو برای داوطلبان وجود داشت. برای رسیدن به طبقهٔ بالا باید از نردبان چوبی بالا می‌رفتم و برای رساندن وسایلم به طبقهٔ بالا باید آن‌ها را در سبد چوبی می‌گذاشتم و با طناب بالا می‌کشیدم. حمامشان هم روباز بود، هربار که زیر دوش آب سرد حمام می‌کردم، می‌توانستم به درختان سرسبز آنجا نگاه کنم و البته همیشه حشراتی در آنجا پرسه می‌زدند.

کارن و ناندو باور داشتند کودکانی که با طبیعت یکی می‌شوند، مستقل‌تر از کودکان شهری بزرگ می‌شوند. با کمک داوطلب‌ها، در مرکز هنری‌شان کلاس‌های رقص، موسیقی، زبان، نقاشی و ... برای بچه‌ها برگزار می‌کردند. قرار بود به‌مدت یک هفته در آن خانهٔ بامبویی زندگی کنم و در ازایش سه ساعت در روز به کودکان انگلیسی تدریس کنم.

روز دوم که روز تعطیل بود، حدود بیست دقیقه تا ساحل دوچرخه‌سواری کردم. دوچرخه‌سواری با پوششی به‌جز مانتو و روسری، با لباسی که با توجه به آب‌وهوا انتخابش کرده بودم و اجباری نبود احساس راحتی و آزادی به من می‌داد.

چون مایو نپوشیده بودم داخل آب نرفتم. همان‌طور که روی شن‌های سفید ساحل نشسته بودم، به شنا با مایو در دریا فکر می‌کردم. هیچ خاطره‌ای در ذهنم از شناکردن با مایو در دریا وجود نداشت جز چند عکس از کودکی. از دیدن جوانانی که آزادانه روی آب دراز کشیده بودند و ساحلی که مرد و زن می‌توانستند در آن کنار هم باشند، سیر نمی‌شدم.

۵۹

صبح روز سوم، دو داوطلب جدید از استرالیا به ما اضافه شدند. کلویی و سوفی بیست‌ساله که چند ماهی بود سفر طولانی‌شان را از بولیوی آغاز کرده بودند. در پرو با چند جوان دیگر آشنا شده بودند که داخل یک اتوبوس زندگی و با آن سفر می‌کردند و تا اکوادور همراهشان آمده بودند. دیدن جوانان هم‌سن‌وسال خودم در آمریکای جنوبی بسیار آرامش‌بخش و جالب بود.

با هم یوگا کردیم و به سمت محل برگزاری کلاس‌ها رفتیم. کلویی و سوفی تجربه‌ای در کار با کودکان نداشتند و قرار شد کلاس دوساعته را من مدیریت کنم. مجموعه بسیار بزرگ بود و حدود بیست کودک هشت تا سیزده‌ساله در انتظارمان بودند. کلاس را با شعر و بازی شروع کردیم و با کتاب‌خوانی و نمایش به پایان رساندیم. اولین‌باری بود که هنگام تدریس زبان انگلیسی زبان اول بچه‌ها را متوجه نمی‌شدم؛ اما ارتباط خوبی بین ما شکل گرفت.

روزها پشت‌سرهم می‌گذشتند. هرچقدر بیشتر با دوستانم کلویی و سوفی صحبت می‌کردم، زندگی‌ام به‌عنوان یک زن در ایران را بیشتر با زندگی آن‌ها به‌عنوان زنانی در استرالیا مقایسه می‌کردم و این مرا به فکر فرو می‌برد. احساس می‌کردم از دو دنیای کاملاً متفاوت آمده‌ایم.

یک روز عصر همه با هم به ساحل رفتیم. سوفی سریع پیراهنش را درآورد و به سمت اقیانوس دوید و خودش را در آغوش آب‌ها انداخت و من همان‌طور که به اطراف نگاه می‌کردم، آرام لباس‌هایم را درآوردم و با مایو روبه‌روی اقیانوس ایستادم. سوفی با خوشحالی صدایم زد: «بیا توی آب.»

باورم نمی‌شد که می‌توانم با لباس شنا راحت در فضای باز راه بروم. یادم نمی‌آمد آخرین‌باری که در دریا با مایو شنا کرده بودم چه زمانی بود. متعجب بودم، چراکه هیچ‌کس به من و بدنم نگاه نمی‌کرد. بدن من همانند بدن ده‌ها زن و مرد دیگر که در آن اقیانوس بودند، چیزی عادی بود. با تمامی این افکار لبخندی زدم و آرام‌آرام وارد آب شدم و بدنم را داخل اقیانوس رها کردم.

آمازون و خانوادهٔ جدید

از مونتانیتا تا گوایاکویل سه ساعت و از گوایاکویل تا تنا[1] نه‌ساعت‌ونیم در اتوبوس بودم. تنا شهر کوچکی در آمازون و در محدودهٔ اکوادور است که به آن «دروازهٔ

1.Tena

آمازون» می‌گویند. از چند ماه قبل یک خانوادهٔ آمریکایی - اکوادوری در این روستا پیدا کرده بودم که دنبال یک داوطلب می‌گشتند تا به زبان انگلیسی تمام دروس کلاس چهارم در آمریکا را به دختر ده‌ساله‌شان درس دهد. قرار بود ده هفته با آن‌ها زندگی کنم.

در اتوبوس از پنجره به بیرون نگاه و به خانوادهٔ جدیدم فکر می‌کردم که بغل‌دستی‌ام جِس سر صحبت را باز کرد. یک پسر بیست‌ودوساله از آمریکا که هر سال سه ماه زمستان را به اکوادور می‌آمد تا در یکی از روستاها به بچه‌ها انگلیسی یاد بدهد. انگار جهان هستی جس را بغل دست من نشانده بود تا نشانم دهد که جوان‌های دیگری هم هستند که کار داوطلبانه می‌کنند. جس می‌گفت برای تقویت زبان اسپانیایی‌اش این کار را می‌کند و به من امید داد که تجربه‌ای فراموش‌نشدنی خواهم داشت.

ساعت سه نصف‌شب به تنا رسیدم. از قبل با دیانا، مادر خانواده ساعت رسیدنم را هماهنگ کرده بودم. برایم کلیدی پشت پنجره گذاشته بود. یک تاکسی گرفتم و با یک دلار از ایستگاه اتوبوس به هتل کازابلانکا رسیدم. دیانا آمریکایی و همسرش گری اهل اکوادور بود، آن‌ها سه دختر داشتند. ایزابلا ده‌ساله و اِلا و اِما که دوقلو بودند و هفت‌سالشان بود. چندسالی بود که زمینی در تنا خریده و هتل کوچک و ساده‌ای با شش اتاق کنار خانه‌شان ساخته بودند، خرج‌شان را از هتل و برگزاری تور درمی‌آوردند. در را باز کردم و در تاریکی به اتاق شمارهٔ شش رسیدم. اتاقی که قرار بود تا ده هفتهٔ آینده خانهٔ من باشد. وسایلم را گوشه‌ای گذاشتم و از خستگی به خواب رفتم.

صبح زود با صدای دویدن و بازی‌کردن دخترها از خواب بیدار شدم و بیرون رفتم. گری با موهای مشکی کوتاه و پوستی به‌نسبت تیره و دیانا با قدی بلندتر، موهایی روشن و چشم‌هایی آبی در آغوشم گرفتند و خوش‌آمد گفتند. دوقلوها که مثل خواهرهای من ناهمسان بودند برایم کاردستی درست کرده بودند. ایزابلا که آرام‌تر بود و با کنجکاوی به من نگاه می‌کرد، کل خانه و حیاط‌شان را نشانم داد. آخر هفته بود، برای ناهار همراه با دیانا و گری بیرون رفتم. مادر و پدر دیانا به‌تازگی از آمریکا به اکوادور آمده بودند و قرار بود کل زمستان را آن‌جا باشند و در نگهداری از بچه‌ها و کارهای هتل کمک کنند.

هنگام ناهار دیانا و گری در مورد تجربیاتم در کار با بچه‌ها و دلیل آمدنم به اکوادور از من پرسیدند و در مورد انتظاراتشان از یک داوطلب توضیح دادند. گفتند

که از سیستم آموزشی اکوادور راضی نیستند و دوست دارند ایزابلا با سیستم آموزشی آمریکا درس بخواند تا هم خواندن و نوشتنش به انگلیسی بهتر شود و هم برای آینده‌اش بهتر باشد. من تابه‌حال به هیچ کودکی دروس مدرسه را درس نداده بودم. می‌دانستم این کار داوطلبانه تجربهٔ بسیار خوبی برایم خواهد بود. باید درس‌هایی مثل ریاضی، علوم، جغرافی، ادبیات، دیکته، خطاطی، دینی و.. را به ایزابلا یاد می‌دادم. هر کتاب، یک کتاب معلم هم داشت که هر روز قبل از شروع کلاس مرور و بعد تدریسش می‌کردم.

از دوشنبه تا جمعه، پنج روز در هفته، از ساعت هفت صبح تا دوازده ظهر با ایزابلا کلاس داشتم و در ازایش جای خواب و سه وعده غذا دریافت می‌کردم. معمولاً صبحانه‌ها را خودم در آشپزخانهٔ هتل می‌خوردم، ناهار را همراه خانواده و برای شام به خانهٔ روبی، همسایهٔ روبه‌رویی‌مان می‌رفتم.

تدریس درس‌های چهارم دبستان بسیار آسان‌تر و جالب‌تر از چیزی بود که فکر می‌کردم. تنها ریاضی کمی برایم سخت بود، باید حتماً قبل از شروع کلاس تمام مسائل را خودم حل می‌کردم. حفظ‌کردن تمام ایالت‌های آمریکا به همراه پایتخت‌هایشان، تدریس انجیل، آزمایش‌های جالب علمی و ... همه آن‌قدر برایم جدید و جالب بودند که هیچ‌وقت حس نمی‌کردم که درحال کارکردنم.

پس از ساعت کاری معمولاً با دخترها بازی می‌کردم، به پارک روبه‌روی خانه می‌رفتیم و دوچرخه‌سواری می‌کردیم، گاهی نیز خودم به پیاده‌روی می‌رفتم و کنار رودخانهٔ ناپو[1] که از وسط روستا رد می‌شد قدم می‌زدم. شب‌ها ساعت هفت برای شام به خانهٔ روبی می‌رفتم، نه من اسپانیایی بلد بودم و نه روبی انگلیسی. کنار هم در سکوت و با لبخند شام می‌خوردیم و هر شب به‌صورت پانتومیم با حرکت «ناماسته» برای غذای خوشمزه از او تشکر می‌کردم، بعد روی تختم دراز می‌کشیدم و تمام اتفاقات جدید روز، مزهٔ میوه‌های جدید و کلمه‌های جدید اسپانیایی را در دفترم می‌نوشتم.

دلتنگی برای ایران و خانواده‌ام اذیتم می‌کرد اما اتفاقات جدید و آیندهٔ پیش‌رو آن‌قدر هیجان‌انگیز بود که می‌دانستم ارزش دوری و دلتنگی را خواهد داشت. اصلاً دلتنگی به چه معنا است؟ اگر دلتنگ خانواده‌ام می‌شدم، به‌خاطر عشقی بود که از آن‌ها دریافت کرده بودم و دلم برای آن عشق، محبت و احساس امنیتی که کنارشان داشتم تنگ می‌شد. سعی می‌کردم به‌جای تمرکز روی غم، روی

---

1. Napo

عشق تمرکز و از راه دور نیز احساسش کنم. چقدر مادرم، مادربزرگم، خواهرهایم و خانواده‌ام را دوست داشتم. انگار حالا که از آن‌ها دور بودم، تازه متوجه ارزش وجودشان در زندگی‌ام می‌شدم، گاهی فاصله انسان‌ها را به هم نزدیک‌تر می‌کند.

تحولات درونی و بیرونی

روزها در آمازون می‌گذشتند و من بیش از هر زمان دیگری فکر می‌کردم. هر تصویری که می‌دیدم مرا به فکر می‌انداخت. آن‌جا مردم در اطراف خانه‌هایشان پابرهنه راه می‌رفتند و من به پول‌هایی فکر می‌کردم که برای داشتن کفش‌های مارک‌دار خرج کرده بودم. فاصلهٔ هتل تا خانهٔ روبی را روی سنگ‌ها و خاک‌ها و چمن‌ها پابرهنه راه می‌رفتم و به تمام زمان‌هایی فکر می‌کردم که صرف انتخاب لباس و هماهنگ‌کردنشان با کفش‌هایم کرده بودم.

آیا من همان ملیکا بودم؟ همان دختری بودم که اگر ناهار زرشک‌پلو می‌خواست و فسنجان روبه‌رویش می‌گذاشتند لب به غذا نمی‌زد؟! همانی که تمام درآمدش را جمع می‌کرد تا آخر ماه یک دست لباس جدید بخرد؟ همانی که هیچ‌وقت بابت غذا از مادرش تشکر نکرد؟ حالا در آمازون هرآنچه روبی جلویم می‌گذاشت را تا آخر می‌خوردم و اهمیت داشتن غذا را با تمام وجود لمس می‌کردم. من همانی بودم که حاضر نبود لب به غذاهای جدید بزند و حالا هر روز طعم یک میوهٔ جدید را امتحان می‌کند، از آواکادو و منگو تا گوایابا[1] و پیتایا[2]. من همانی بودم که با وجود هزاران پیراهن مختلف، باز به خرید می‌رفت چون لباس‌هایش تکراری شده بودند و حالا در آمازون انتخاب زیادی برای پوشیدن لباس نداشت و هربار که لباس‌هایش را با دست می‌شست به راحتی زندگی‌اش در تهران فکر می‌کرد.

زندگی در آمازون افکار و باورهای مرا زیرورو کرد. هرآنچه قبلا به آن اهمیت می‌دادم بی‌اهمیت شد و ارزش‌های جدیدی وارد زندگی‌ام شد. به یاد دارم یک آخر هفته فرناندو به تنا آمد تا با هم کمی وقت بگذرانیم و آمازون‌گردی کنیم. پس از یک پیاده‌روی طولانی به رودخانهٔ نپو رسیدیم و به پیشنهاد فرناندو پیک‌نیک کردیم تا شنا کنیم. من هیچ‌وقت در یک رودخانه شنا نکرده بودم چه برسد به رودخانه‌ای در آمازون. از کروکودیل‌ها و آب سبز رنگ می‌ترسیدم و مدام فکر می‌کردم قرار است حیوانی در آب مرا بکشد؛ ولی هیچ‌کدام از افکارم را به فرناندو نگفتم و آرام‌آرام داخل آب رفتم. حس خنکی آب روی پوست بدنم در آن هوای

1.Guayaba 2.Pitaya

گرم و پس از پیاده‌روی خیلی چسبید. پس از ده دقیقه باران شروع شد و ما همچنان به شناکردن ادامه دادیم. پس از نیم ساعت باران قطع شد و من به کلی یادم رفت که از شناکردن در رودخانه و موجودات درونش می‌ترسیدم. بعد از بیرون‌آمدن از آب و کمی آفتاب‌گرفتن، خارش شدیدی روی پاهایم حس کردم و با نگاه‌کردن به آن‌ها به‌شدت شوکه شدم. جای ده‌ها نیش پشه روی همه‌جای بدنم بود. به‌سرعت لباس پوشیدیم و پیاده‌روی کردیم. برایم جالب بود که پشه‌ها مردم بومی آنجا را نیش نمی‌زنند و فقط من بودم که تمام بدنم پر از نیش پشه شده بود. با وجود استفاده از پشه‌کش و پوشیدن لباس آستین‌بلند باز پشه‌ها نیشم می‌زدند. فرناندو می‌گفت بوی من برایشان جدید است و چون تازه‌واردم مرا نیش می‌زنند.

پانزده سال از من بزرگ‌تر بود؛ اما آن‌قدر با او احساس راحتی می‌کردم که انگار هم‌سن خودم است. هنوز سر بودن و نبودن خدا با یکدیگر بحث می‌کردیم. هنوز تجربهٔ امتحان ال‌اس‌دی را هضم نکرده بودم؛ اما از آشنایی با او بسیار خوشحال بودم و از وقت‌گذراندن و هم‌صحبتی با او لذت می‌بردم. شناختنش در اکوادور به من حس امنیت می‌داد. تصمیم گرفتیم تا زمانی که من در اکوادورم، هر آخر هفته هم‌دیگر را در یک قسمت از اکوادور ببینیم و با یکدیگر سفر کنیم.

وسط کرهٔ زمین

در یک چشم به‌هم‌زدن دوباره آخر هفته شد و این‌بار به دعوت فرناندو و برادرش تصمیم گرفتم به کیتو پایتخت اکوادور بروم. جمعه ظهر پس از اتمام کلاس با ایزابلا و خوردن ناهار، به ایستگاه اتوبوس رفتم. از تنا تا کیتو حدود شش ساعت راه بود، ساعت‌های آخر کمی سرگیجه داشتم چرا که کیتو در ارتفاع ۲۸۵۰ متری قرار دارد. ایستگاه اتوبوس کیتو بزرگ و گیج‌کننده بود. به اینترنت مجانی ایستگاه وصل شدم، از فرناندو آدرس خانهٔ برادرش را گرفتم و در نقشهٔ گوگل وارد کردم، فهمیدم که اگر دوبار اتوبوس سوار شوم و ده دقیقه پیاده‌روی کنم چهل دقیقه‌ای به خانهٔ برادر فرناندو در آن طرف شهر می‌رسم. خیلی راحت بیست‌وپنج سنت برای کارت اتوبوس دادم و سوار شدم. هوا تاریک بود، من اسپانیایی بلد نبودم، اینترنت نداشتم و دفعهٔ اولم بود که به کیتو می‌آمدم؛ اما احساس ترس و ناامنی نداشتم چون که مسیر را از روی نقشه دنبال می‌کردم. فکر کردم که چقدر این روزها با این همه اطلاعات و پیشرفت تکنولوژی سفر و پیداکردن مسیر راحت

است. شصت سال پیش انسان‌ها چطور بدون اینترنت سفر می‌کردند؟

برادر فرناندو یک آپارتمان کوچک در کیتو داشت. او و نامزدش خیلی صمیمانه از من استقبال کردند. از آن‌جایی که همهٔ آن‌ها به انگلیسی مسلط بودند، کنارشان احساس راحتی زیادی داشتم. شنبه صبح با فرناندو به دیدن خط استوا رفتیم. بخشی از خط استوا، از نزدیکی‌های شهر کیتو رد می‌شود. در آن‌جا یک موزه و مکان توریستی درست کردند که صدایش می‌زنند: «وسط کرهٔ زمین». هوای کیتو به دلیل ارتفاع، برعکس آمازون، سرد و بارانی بود.

در سال (۱۹۷۱) یک بنای تاریخی کوچک درست کردند و در سال (۱۹۷۹) خط استوا را به کمک فرانسوی‌ها و اسپانیایی‌ها اندازه‌گیری کردند و موزه را ساختند. سال‌ها بعد متوجه شدند که خط استوای اصلی سیصد متر از آن‌چه فکر می‌کردند فاصله دارد، به همین دلیل دو خط استوا وجود داشت که ما به دیدن هر دو رفتیم و روی هر دو قدم زدیم.

برایم جالب بود که خط استوا حدود پنج کیلومتر پهنا دارد و تفاوت جهت چرخش آب در نیمکرهٔ شمالی و جنوبی هم برام جالب بود. همین‌طور که یک پایم در نیمکرهٔ شمالی زمین و یک پایم در نیمکرهٔ جنوبی زمین بود، به این فکر می‌کردم که چرا هیچ‌وقت در مدرسه از این مکان و از کشورهایی که خط استوا از آن‌ها رد می‌شود برایمان نگفته بودند. البته دیگر برایم مهم نبود چرا که من در دانشگاه زندگی درس می‌خواندم. هم‌زمان که روی خط استوا راه می‌رفتم فکر می‌کردم در کلاس درس جغرافی‌ام.

روی خط استوای اصلی که در سیصد متری قبلی قرار داشت، مردم صف کشیده بودند تا یک تخم‌مرغ را روی میخ قرار دهند. به‌خاطر ارتفاع صفر واقع در خط استوا، قراردادن یک تخم‌مرغ روی میخ ممکن است؛ اما راحت نیست. من هم در صف ایستادم و زمانی که نوبتم شد، پس از یک دقیقه تلاش توانستم تخم‌مرغ را روی میخ قرار بدهم. یکی از مسئولین از من خواست همراهش بروم. مرا به اتاقک کوچکی برد، اسمم را روی مدرکی نوشت و یک مهر هم در پاسپورتم زد. مدرک را گرفتم، تشکر کردم و در دلم خندیدم که حتی در دانشگاه زندگی مدرک هم گرفتم. اطلاعات و تجربیاتی که در آن یک روز از کرهٔ زمین و خط استوا کسب کردم، با هیچ درسی در دانشگاه برایم قابل مقایسه نبود.

روز یکشنبه روز طبیعت‌گردی بود، البته فرناندو اصرار داشت که در شهر پیاده‌روی و از موزه‌ها دیدن کنیم؛ اما دل من طبیعت می‌خواست. تصمیم گرفتیم

به دیدن آتش‌فشان فعال پیچینچا[1] برویم که یکی از آتش‌فشان‌های اطراف کیتو بود. سوار تله‌کابین شدیم، تله‌کابین مرا یاد توچال و تهران می‌انداخت و دلتنگم می‌کرد. سپس کوه‌نوردی کردیم، به‌دلیل ارتفاع زیاد آرام‌تر از همیشه راه می‌رفتم. پس از یک ساعت کوه‌نوردی، به جایی رسیدیم که اسب داشت و تصمیم گرفتیم ادامهٔ راه تا قله را اسب‌سواری کنیم. فرناندو با مسئول اسب‌ها اسپانیایی حرف زد و از من هم پرسید که تابه‌حال اسب‌سواری کرده‌ام یا نه. من هم بدون فکر جواب دادم: «بله». پنج یا شش‌ساله که بودم در شمال ایران سوار اسب شده بودم اما اسب‌سواری چند دقیقه‌ای با راهنما کنار ساحل کجا و اسب‌سواری تنهایی در آتش‌فشانی در اکوادور کجا.

هرکدام سوار یک اسب شدیم. من با استرس زیاد پشت فرناندو حرکت می‌کردم. هرچه جلوتر می‌رفتیم، مه بیشتر می‌شد. از یک جایی به بعد دیگر فرناندو را ندیدم. هیچ تصوری دربارهٔ جایی که می‌رفتیم نداشتم و حس می‌کردم هر لحظه امکان دارد اسب مرا به پایین پرتاب کند و با هم گم شویم؛ اما درست مثل بچه‌ای که مجبور است بعد از افتادن در استخر دست‌وپا بزند و شنا یاد بگیرد تا زنده بماند؛ من هم مجبور بودم هرطور که شده اسب را کنترل و روبه‌جلو حرکت کنم. پس از نیم ساعت اسمم را شنیدم، به سمت صدا حرکت و فرناندو را پیدا کردم. به قله رسیده بودیم اما مه همه‌جا را پوشانده بود. آن‌جا برای اولین‌بار زندگی یادم داد که مقصد چیزی ندارد و تمام درس‌ها و مناظر و اتفاقات در «مسیر» است.

از کسب تجربیات جدید و امکان سفر در اکوادور در کنار کار داوطلبانه خوشحال بودم. هرچقدر بیشتر می‌دیدم، بیشتر متوجه عظمت کرهٔ زمین می‌شدم. هویت من و دنیای بزرگی که برای خودم در تهران داشتم در برابر عظمت کرهٔ زمین «هیچ» بود. دیدن زیبایی‌های کرهٔ زمین باعث می‌شد بیشتر عاشق زندگی باشم و برای هر روزش شکرگزار باشم.

معنای خانه، میساواهی و آدم‌هایش

روزها می‌گذشتند و من مدام به معنای «خانه» فکر می‌کردم. حدود نه ماه قبل از سفرم قرار شد خانه‌ای که هفده سال در آن زندگی کرده بودیم را بفروشیم و وارد یک خانهٔ کوچک‌تر شویم. من تنها مخالف خانواده بودم. نمی‌توانستم تصور کنم

1. Pichincha

که جای دیگری زندگی می‌کنم. به دیوارها، سقف خانه‌مان، آشپزخانهٔ زیبایش و پنجره‌های بزرگش عادت کرده بودم. آن‌قدر به خانه‌مان وابسته بودم که شب‌ها گریه می‌کردم و حین اسباب‌کشی مادرم را با رفتار و کلماتم اذیت کردم. آن موقع فکرش را هم نمی‌کردم که نه ماه بعد در اتاقی خیلی کوچک‌تر از اتاق خودم، در یک روستای کوچک در آمازون آن‌قدر راحت باشم که آنجا را خانهٔ خودم بدانم. فکر نمی‌کردم همان ملیکایی که به تخت و پتویش وابسته بود، بتواند یک خواب راحت روی صندلی اتوبوس داشته باشد.

خانه کجاست؟ خانه همین‌جاست. اینجا... همین‌جایی که من هستم، جایی که در آن امنیت و آرامش دارم. می‌تواند چادر، اتوبوس یا یک درخت و حتی می‌تواند آغوش خودم باشد. فرقی نمی‌کرد که کجایم، بدنم خانهٔ من بود و در آن احساس راحتی داشتم.

ما آدم‌ها به همه‌چیز عادت می‌کنیم. به جابه‌جایی، مکان جدید، سفر، مهاجرت، کشور جدید، خانوادهٔ جدید و زبان جدید. ما آدم‌ها به نبود پدر و مادر و عزیزانمان نیز عادت می‌کنیم، این گاهی برایم ترسناک است و گاهی تصور می‌کنم که بدون وجودش زندگی بسیار سخت می‌شود.

در آخر هفتهٔ بعدی به یک روستای کوچک‌تر داخل آمازون به نام میساواهی رفتیم و آنجا من برای اولین‌بار اقامت در یک هاستل را تجربه کردم. یک خانهٔ کوچک چوبی که تخت نداشت و ما با شبی دو دلار و نیم روی زمین کنار هم می‌خوابیدیم.

صاحب هاستل آنجا نبود اما یک زوج جوان شیلیایی آنجا داوطلب شده و مدیریت آن را برعهده گرفته بودند. دختر بیست‌ودو سالش بود، موهایی کوتاه، فر و مشکی داشت و همیشه داشت دست‌بند می‌بافت. پسر موهایی مشکی به بلندی کمرش داشت و جذابیت در چشمانش موج می‌زد. هر دو همیشه پابرهنه راه می‌رفتند، از شیلی تا بالای قاره در اکوادور سفر کرده بودند و تصمیم داشتند چند ماهی در میساواهی با انجام کار داوطلبانه زندگی در آمازون را تجربه کنند.

تقریباً تمام آدم‌های در هاستل، زندگی‌شان داستان عجیبی داشت. داستان آلوارو و برونو برایم از همه جالب‌تر بود. دو برادر اسپانیایی که آن همه راه از اسپانیا تا اکوادور آمده بودند تا در آمازون قایقی بسازند و با آن از رودخانهٔ ناپو تا رودخانهٔ آمازون در برزیل سفر کنند. مشغول ساختن قایقشان بودند و درآمد روزانهٔ خود را با ساززدن در رستوران‌های مختلف شهر تنا به‌دست می‌آوردند. آلوارو و برونو از

این دنیا بی‌انتظار بودند، درست مثل فلیپه.

فلیپهٔ پرتغالی همیشه غذایش را با بقیه تقسیم و از این طریق سر صحبت را با مسافرها باز می‌کرد. سفرش را از پاناما شروع کرده بود و می‌خواست که تمامی آمریکای جنوبی را ببیند؛ اما وقتی به کلمبیا می‌رسد عاشق آن زمین، مردم و فرهنگشان می‌شود و شش ماه آنجا می‌ماند. می‌گفت کیفیت سفر خیلی مهم‌تر از کمیتش است. مهم نیست که به چند کشور سفر می‌کنی، مهم تجربه‌هایی است که در آن سفرها به‌دست می‌آوری. از فیلیپه یاد گرفتم تا کمتر برنامه‌ریزی کنم. قدم اول را بردارم و بقیه‌اش را بسپارم به دست جاده‌ها.

خُوان هم دقیقاً همین کار را کرده بود. یک پسر آفریقایی ـ فرانسوی که در سفرش به بولیوی به رودریگو و خیمنا که زوجی آرژانتینی بودند، ملحق شده بود و بعد از آن ماه‌ها هر سه با هم به پرو و اکوادور سفر کرده بودند و بعد به آمازون آمده بودند. دست‌بند، گردن‌بند و انگشتر می‌ساختند و بیش از یک‌سال بود که با درآمد روزانه‌شان در سفر بودند. از خوان دست‌بندی خریدم و ازش خواستم که هنگام بستنش به دستم، آرزو کند که من به کشورهای مختلف در آمریکای جنوبی سفر کنم. تفاوت ظاهری و عقیده‌ای بین من و بقیه خیلی زیاد بود، اما بااین‌حال ساعت‌ها با هم حرف زدیم و غذا تقسیم کردیم. هنگام رفتن خوان دست‌بند را دستم کرد، در چشمانم نگاه کرد و گفت: «مرزهای آمریکای جنوبی حتماً درهاشون رو به روی تو باز می‌کنن.»

یکشنبه عصر تک‌تک‌شان را در آغوش گرفتم، سوار یک کامیون که به تنا می‌رفت شدم و به آغوش اتاقم و خانوادهٔ آمریکایی ـ اکوادوری‌ام برگشتم. قبل از خواب مدام به دوستانم در میساواهی فکر می‌کردم، به تفاوت‌هایمان و صلحی که بینمان بود. چقدر دنیا قشنگ‌تر می‌شد اگر همهٔ آدم‌ها با وجود تفاوت‌های ظاهری و فکری با هم در صلح زندگی می‌کردند.

کارناوال و در بسته

- امروز تولد مادربزرگمه و قراره سورپرایزش کنیم.

ایزابلا پس از کلاس با ذوق از من خواست تا او و خواهرانش را در سورپرایز مادربزرگش همراهی کنم.

دلم گرفت. ماری، مادربزرگ هفتادوپنج‌سالهٔ او مرا به یاد مادر پنجاه‌وهفت سالهام می‌انداخت. بعد از دو ماه سفر بسیار دلم برای مادرم تنگ شده بود و آن روز در تمام مدتی که ماری را سورپرایز کردیم و برایش تولدت مبارک خواندیم، تصویر مادرم جلوی چشم‌هایم بود. به این فکر می‌کردم که چه زمانی او را دوباره در آغوش خواهم گرفت؟!

روزها به‌سرعت قطار پشت‌سرهم می‌گذشتند، کلاس‌ها و رابطه‌ام با ایزابلا هر روز بهتر می‌شد. دوقلوها به من اسپانیایی یاد می‌دادند، برای همین می‌توانستم از روبی برای شام‌های خوشمزه‌اش تشکر کنم. یک عصر جمعه بچه‌ها با ذوق وارد اتاقم شدند و گفتند فردا کارناوال است. دیانا برایم توضیح داده بود که هر سال در ماه فوریه کارناوالی برگزار می‌شود و مردم برای جشن گرفتن به خیابان‌ها می‌روند.

صورت‌هایمان را رنگ کردیم و به خیابان رفتیم. تصورش را هم نمی‌کردم که در روستای کوچک تنا آن‌قدر آدم در خیابان جمع شوند. گروه‌های مختلف از جلوی ما رد می‌شدند. هر گروه از یک قسمتی از اکوادور به آنجا آمده بود. گروهی از کوه‌های آند، گروهی از سواحل شرجی و گروهی از دل آمازون. هرکدام فرهنگ، زبان، رقص و سنت خود را داشتند. زن‌ها پابرهنه و رها می‌رقصیدند و من در حیرت و هیجان، افسوس می‌خوردم که نمی‌توانم در زمین کشور خودم همچین چیزی را ببینم و هرگز نمی‌توانم در یک کارناوال محلی در ایران شرکت کنم و در خیابان برقصم. به زنان پابرهنه و دامن‌های کوتاه و رنگی‌شان نگاه می‌کردم، لبخند می‌زدم و بلندبلند فکر می‌کردم: «چه نعمتی دارند که می‌توانند در خیابان و فضای باز برقصند، چقدر آزاد و رهایند.»

آن زمان متوجه نبودم که رقصیدن در خیابان حقی بدوی بود که من در ایران نداشتم. آزادانه در خیابان‌ها خندیدن و موها و بدن خود را رهاکردن، به چشم من یک نعمت و به چشم دوستان اکوادوری‌ام یک حق بدوی بود.

شش هفته از اقامتم در اکوادور گذشته بود. تصمیم گرفتم برای رفتن به پرو ویزا بگیرم؛ اما به من پیغام دادند که با اقامت توریستی در اکوادور نمی‌توانم درخواست ویزا بدهم. تصمیم گرفتم برای ویزای برزیل اقدام کنم چون شنیده بودم که از برزیل به‌راحتی می‌توان ویزای بولیوی و پرو را گرفت. یک روز وسط هفته مرخصی گرفتم و به کیتو رفتم. تمامی مدارک را به سفارت برزیل تحویل دادم و پس از مصاحبه و پرداخت پول، به تنا برگشتم. پس از ده روز ایمیل دادند

که با ویزایم موافقت نشده و می‌توانم بروم و پولم را پس بگیرم. آن روز انگار دنیا روی سر من خراب شد. ساعت‌ها سرم را در بالش فرو بردم و گریه کردم. نه پرو به من ویزا داد و نه برزیل. گزینهٔ بعدی چه بود؟ اگر هیچ کشوری به من ویزا ندهد به ایران برمی‌گردم؟

جمعه عصر برای پس‌گرفتن پولم از سفارت، به کیتو رفتم. فرناندو دنبالم آمد و ساعت‌ها برایش درددِل کردم. بعد گفت شاید اگر کمی کیتوگردی کنیم حالت بهتر شود. تصمیم گرفتیم به‌جای دیدن کلیسای معروف شهر، بدون مقصد در خیابان‌ها قدم بزنیم. یک کتاب‌فروشی مرا جذب خودش کرد. وارد شدم و همان‌طور که به کتاب‌های مختلف در قفسه‌ها نگاه می‌کردم، به دو پیرمرد و یک زن مسن، که معلوم بود اکوادوری نیستند، سلام کردم. زن مسن، باربارا، که رنگ موهایش و نوع نگاهش مرا یاد مادرم می انداخت، وقتی متوجه شد ایرانی‌ام آهی کشید و از «ژیلا» دوست و هم‌خانهٔ قدیمی ایرانی‌اش برایم گفت. زمان انقلاب، قبل از آن‌که شاه از ایران برود، ژیلا به ایران برگشته بود و باربارا دیگر از او خبری نداشت. حس عجیبی بود که یک غریبه در دقایق اول آشنایی داستان عمیقی از زندگی‌اش را برایم تعریف می‌کرد.

باربارا گفت زندگی‌اش را بین کلمبیا، پرو، اکوادور و آمریکا تقسیم کرده است. چندین‌سال پیش یک دختر اکوادوری به فرزندخواندگی گرفته و عاشق شهر کیتو است. گفت هرچقدر که بزرگ‌تر می‌شوم زندگی لذت‌بخش‌تر می‌شود. به او گفتم که مادر من هم همیشه همین را می‌گوید. کتابی انتخاب کردم، باربارا را محکم در آغوش گرفتم، از او تشکر کردم و از کتاب‌فروشی خارج شدم. فرناندو راست می‌گفت، کیتوگردی حالم را واقعاً بهتر کرد.

پس از چند روز فکرکردن، به سفارت کلمبیا، همسایهٔ اکوادور، ایمیل زدم و شرایط گرفتن ویزای توریستی را پرسیدم. شنیده بودم که کلمبیا به ایرانی‌ها سخت ویزا می‌دهد. به‌خاطر رقص سالسا و کتاب «صد سال تنهایی» گابریل گارسیا مارکز علاقهٔ شدیدی به کلمبیا داشتم؛ ولی هیچ‌وقت فکرش را هم نمی‌کردم بتوانم با پاسپورت ایرانی به کلمبیا سفر کنم. با کمال تعجب به من گفتند که می‌توانم به‌صورت آنلاین اقدام کنم، به دعوت‌نامه احتیاج دارم و فرایند بررسی بین سه تا پنج روز طول می‌کشد. امید مانند لایه‌ای از نور در سراسر وجودم تابید. یعنی می‌توانم دعوت‌نامه پیدا کنم؟ آیا کلمبیا درهایش را به‌رویم باز می‌کند؟

چهارشنبه‌سوری در آمازون

تصمیم گرفته بودم که دل‌نوشته‌ها و تجربیات سفرم را به‌اشتراک بگذارم. کانالی در تلگرام برای خودم ساختم و دوستان نزدیک و خانواده‌ام را به آن دعوت کردم. هرچه به روزهای سفرم اضافه می‌شد، تعداد دنبال‌کننده‌های کانال تلگرام و اینستاگرامم هم بیشتر می‌شد و از همین طریق با جهان‌گردها و ایران‌گردهای زیادی آشنا شدم. یکی از آن‌ها امیر بود، جوانی ایرانی که با دوست‌دختر آلمانی‌اش سفر می‌کردند. در فضای مجازی نوشته بود که مقصد بعدی‌شان اکوادور است. من هم از آن‌جایی که همیشه دلم برای فارسی حرف‌زدن تنگ بود، به امیر پیغامی دادم و او و دوست‌دخترش را به تنا و آمازون دعوت کردم.

کنار یکی از سوپرمارکت‌های وسط روستا قرار گذاشتیم. از دور مردی غریب و آشنا به سمتم دوید، مرا در آغوش گرفت و چیزی بلند و کرم رنگ را جلوی من گرفت و گفت: «هدیه‌ای برای تو.» با تعجب هدیه را بیرون آوردم، نی بود. امیر گفت: «نی می‌زنی درسته؟» سر تکان دادم و با دهانی باز به نی خیره شدم. چه کسی فکرش را می‌کرد که در آمازون بهترین هدیهٔ ممکن را بگیرم؟ جولیا را هم در آغوش گرفتم. داخل سوپرمارکت شدیم، کمی سبزیجات و پلو خریدیم و بعد پیاده به سمت رودخانه رفتیم.

امیر بیست‌وچهارساله و اهل بندرعباس بود، در ایران سفر می‌کرد و ساز می‌زد. جولیا بیست‌ویک‌سال داشت، متولد آلمان بود اما در پرتقال بزرگ شده و هنرمند و فیلم‌سازی جوان بود. آن‌ها یکدیگر را یک‌سال‌ونیم قبل در ایران ملاقات کرده بودند. هنگامی که جولیا برای سفر به ایران رفته بود، در جنوب هنگام قایق‌سواری، امیر را برای اولین‌بار دیده بود و سپس رابطهٔ عاشقانه‌ای را شروع کرده بودند. شش ماه پیش امیر برای دیدار جولیا، که در برزیل تحصیل می‌کرد، به برزیل می‌رود و با هم در آمریکای جنوبی سفر می‌کنند. از برزیل به بولیوی و از آنجا به پرو رفته و سپس به اکوادور آمده بودند.

ساعت‌ها با هم کنار رودخانه نشستیم و هم‌زمان که روی گاز کوچک‌شان پلو و سبزیجات می‌پختیم، در مورد همه‌چیز صحبت کردیم: درباره ایران، اروپا، آمریکای لاتین، آفریقا، گیاه‌خواری و زندگی. بین تمام صحبت‌ها، از صحبت با جولیا در مورد تنها سفرکردن بسیار لذت بردم. در هجده‌سالگی شش ماه به آسیای شرقی و خاورمیانه سفر کرده بود. جولیا می‌گفت در سفر دو چیز برایش بسیار مهم است: آزادی و امنیت. می‌گفت در سفر تنهایی آزادی زیادی دارم، می‌توانم

به هر جایی که بخواهم بروم و هر زمان هر کاری که دلم خواست انجام دهم؛ اما گاهی احساس امنیت نمی‌کنم. موقع سرماخوردگی یا وقتی که در سفر مجبور شدم آپاندیسم را عمل کنم، دلم می‌خواست که یک همراه داشته باشم. می‌گفت از تجربهٔ سفر دونفره با امیر خیلی خوشحال است. شاید حالا آن آزادی سفر تنهایی را نداشته باشد اما خیالش راحت است که یک نفر کنارش است که در شرایط خاص هوایش را دارد. با هم «هیچهایک» می‌کنند، شب‌ها چادر می‌زنند و او تجربه‌های جدیدی کسب می‌کند که در سفر تنهایی جرأت انجام‌دادنشان را نداشته است. به این فکر کردم که من هنوز از این آزادی لذت می‌برم و به عشق تجربهٔ این آزادی مطلق است که تنها به آمریکای جنوبی آمدم.

امیر و جولیا یک آخر هفته در تنا ماندند و سپس به سمت شمال اکوادور رفتند. من هم که بالاخره از طریق آشناهایم فردی را در کلمبیا پیدا کرده بودم تا برایم دعوت‌نامه بفرستد، با استفاده از کامپیوتر و اینترنت کم‌سرعت آمازون، ساعت‌ها وقت گذاشتم، تمام مدارک مورد نظر را در وب‌سایت سفارت کلمبیا به ترتیب بارگزاری کردم و درخواست ویزای توریستی دادم.

اواسط هفته متوجه شدم به‌زودی چهارشنبه‌سوری در راه است. اولین سالی بود که آخرین چهارشنبهٔ سال را در ایران نبودم. تصمیم گرفتم این روز را با ایزابلا و دوقلوها در آمازون جشن بگیرم و کمی از فرهنگ ایران را با آن‌ها به‌اشتراک بگذارم. سر میز ناهار برایشان از مراسم قاشق‌زنی، چهارشنبه‌سوری و عید نوروز گفتم. برخلاف تصورم با هیجان گوش دادند و از من خواستند که شب حتماً جشن چهارشنبه‌سوری داشته باشیم. البته سؤال‌های زیادی هم از من پرسیدند که جواب بیشترشان را نمی‌دانستم. دیانا می‌گفت برایش جالب است که اولین روز سال در تقویم ایرانی، اولین روز بهار است. می‌گفت به‌نظرش کاملاً با طبیعت سازگار است. راست می‌گفت، تقویم ایرانی و جشن‌هایی که داشتیم، از نوروز تا شب یلدا، همگی با طبیعت سازگار بودند.

با هم بیرون رفتیم تا چوب جمع کنیم. ایزابلا و دوقلوها مسئولیت همه چیز را برعهده گرفتند. از جمع‌کردن چوب تا روشن‌کردن آتش، از کم و زیادکردن آتش تا کنترل پرش آدم‌ها. برایشان «زردی من از تو، سرخی تو از من» را ترجمه کردم و همان‌طور که با هیجان جمله را تکرار می‌کردند، از روی آتش می‌پریدند.

با آن‌که حس‌وحال و آب‌وهوای اسفند در آمازون شبیه به مرداد بود و با آن‌که دلِ خوشی از سال نو و جشن‌هایش نداشتم؛ باید اعتراف کنم که آن شب با یک

لبخند بزرگ خوابیدم. خوشحال بودم که آئینی کاملاً ایرانی را در آمازون به چند نفر معرفی کردم.

توماس راهب هفتادودوساله

‐ چقدر زود گذشت!

هنگامی که آخرین روز درسی من با ایزابلا تمام شد و برای آخرین‌بار با تمام خانواده سر میز ناهار نشستم این جمله را چندبار با دیانا تکرار کردیم. همان‌طور که با بغض غذا می‌خوردم، به تمام روزهای فراموش‌نشدنی ده هفتهٔ گذشته در آمازون فکر می‌کردم و از این‌که اولین تجربهٔ کار داوطلبانهٔ طولانی و زندگی با یک خانوادهٔ خارج از ایران این‌قدر زیبا بود، با تمام سلول‌هایم خوشحال بودم.

برای خداحافظی، دیانا مرا به یک تور دوروزه در آمازون همراه با کل خانواده دعوت کرد. آن‌ها همیشه تور برگزار می‌کردند؛ اما من هیچ‌وقت همراهشان نرفته بودم. چه چیزی بهتر از یک سفر دوروزه همراه با تمام خانواده برای خداحافظی و تشکر بابت تمام زمانی که کنار هم زندگی کردیم؟ البته در آن تور تنها نبودیم، سه مهمان نیز ما را همراهی کردند.

تمام لباس‌ها و وسایلم را پس از ده هفته در کوله جمع کردم. اتاق را تمیز کردم و به سمت خانهٔ روبی راه افتادم. روبی نازنینی که ده هفته هر شب برای من شام خوشمزه درست می‌کرد و سر ساعت هفت منتظرم می‌ایستاد تا با هم شام بخوریم. محکم در آغوشش گرفتم و همان‌طور که اشک‌هایم سرازیر می‌شد، به زبان اسپانیایی از او تشکر کردم. دلم می‌خواست به او بگویم که همیشه یک جای مخصوص در قلبم خواهد داشت و هیچ‌وقت فراموشش نمی‌کنم.

وقتی به خانه برگشتم سه مهمان تازه از آمریکا رسیده بودند. جس، جنت و توماس که به‌نظر می‌رسید همه بالای پنجاه سال داشتند و قرار بود دو روز با هم داخل جنگل‌های آمازون باشیم. روز اول با جس به واسطهٔ کتابی که در دستش بود هم‌صحبت شدم. کتابی انگلیسی در مورد زندگی مولانا. وقتی به او گفتم سفرم را از قونیه آغاز کردم، از من خواست تا از حس راه‌رفتن در مزار مولانا و تجربهٔ روز عروس برایش بگویم. جس بسیار خوش‌انرژی و صبور بود و بچه‌ها از بودن در کنارش لذت می‌بردند.

۷۳

پس از یک قایق‌رانی طولانی در رودخانهٔ ناپو، به یک خانهٔ چوبی وسط جنگل‌های وحشی رسیدیم. قرار بود شب را آنجا بگذرانیم و به پیاده‌روی شبانه در آمازون برویم. پس از تماشای غروب آفتاب و خوردن شام، چراغ‌قوه به سر، پشت گِری راه افتادیم. صدای حشرات تمام جنگل را پوشانده بود و گری همان‌طور که در مورد حشرات مختلف صحبت می‌کرد، نور چراغ‌قوه‌اش را روی یک «تارانتولا»[1] گرفت و ما همه در سکوت به پاهای ظریفش نگاه کردیم. با هر قدم به عظمت و اهمیت آمازون و با دیدن هر حشره، به خارق‌العاده بودن جهان فکر می‌کردم. با این‌که گاهی از برخی حشرات می‌ترسیدم، سعی کردم قانون دورهٔ ویپاسانا را به یادم بیاورم و هیچ موجود دیگری را که به من آزاری نمی‌رساند، نکشم.

صبح روز بعد هنگام صبحانه با توماس هم‌صحبت شدم. از من پرسید چند سال دارم و چه چیزی مرا به اکوادور آورده است؟ برایش از سفر اولم به قونیه گفتم و او برایم گفت که چرا در سی‌وهشت‌سالگی تصمیم گرفته است که راهب شود. برایش از دورهٔ ویپاسانا در نپال گفتم و همان‌طور که با چشم‌های باز نگاهم می‌کرد، گفت: «تو این سال‌ها صدتا دورهٔ مختلف گذروندم و انواع و اقسام مدیتیشن رو امتحان کردم، ویپاسانا قوی‌ترین و عمیق‌ترین اوناست». ظاهر توماس شبیه به هیچ راهبی نبود که در فیلم‌ها دیده بودم. روی هر دو بازویش تتوهایی بزرگ داشت. لباس‌های رنگی می‌پوشید و بسیار سفر می‌کرد. همیشه در فیلم‌ها راهب‌ها را در کلیسا و یا با لباس‌هایی سفید و ساده دیده بودم.

دو ساعت در دل جنگل پیاده‌روی کردیم. انواع و اقسام مورچه‌ها را دیدم. کروکودیل‌ها، سوسکی که به بزرگی دستم بود، میمون‌های مشکی، توکان‌ها، پروانه‌ها و درختی که هنگام بریدن شاخه‌اش خون‌ریزی می‌کرد.

زمان ناهار متوجه شدم که توماس گیاه‌خوار است. اِما از او پرسید چرا گوشت نمی‌خورد و او با شوخی گفت: «چیزی که دستشویی کنه رو نمی‌خورم!» آن‌موقع درحالی‌که مزهٔ لذیذ مرغ را در دهانم حس می‌کردم، این حرفش را به‌خاطر سپردم. وقت برگشت به توماس گفتم که استرس زیادی دارم. برایش از داستان ویزای کلمبیا، آرزویم برای سفر در آمریکای جنوبی و شرایطم با پاسپورت ایرانی گفتم. نگاهی به چشمانم کرد و دستش را روی سرم گذاشت و چشمانش را بست، پس از چند دقیقه سکوت گفت: «تو رو توی کلمبیا می‌بینم. تو حتما به کلمبیا می‌ری.»

چشم‌هایم را که هم‌زمان با او بسته بودم، باز کردم. نگاهش لبخند داشت.

---

۱. Tarantula: نوعی عنکبوت.

سنگی به من داد و گفت: «مقصد بعدی منم کلمبیاست. هشتم ماه آپریل، یک گروه موزیسین جوون با اتوبوسشون به کارائیب می‌آن و من هم اونجام. اگه به کلمبیا اومدی، این سنگ رو توی دریای کارائیب بنداز و اگه نتونستی بیای، سنگ رو بزن به شیشهٔ سفارت.»

گاهی باید لحظهٔ جدایی برسد تا متوجه شوی که یک نفر را چقدر دوست داری و چقدر برایش اهمیت قائلی. خداحافظی با خانواده‌ای که ده هفته با آن‌ها زندگی کردم، با ایزابلا و دوقلوها که مرا با آغوش باز پذیرفتند؛ با دیانا و گری که مثل دو دوست و هم‌زمان پدر و مادر هوای مرا داشتند، بسیار سخت‌تر از چیزی بود که تصور می‌کردم.

با بغض کوله را روی دوشم انداختم و سعی کردم تا می‌توانم با بچه‌ها، که حیران نگاهم می‌کردند، چشم‌درچشم نشوم. الا ژاکت قرمز مرا روی دوشش انداخته بود و می‌گفت نمی‌خواهم بروی. پس از گرفتن عکس دست‌جمعی با خانواده، از جس و جنت و توماس که دو روز هم‌سفرم بودند تشکر و خداحافظی کردم و سپس ایزابلا خودش را در آغوشم انداخت. هیچ چیزی برای گفتن نداشتیم. انگار برای بیان احساساتمان نیازی به کلمات نبود. لازم نبود تشکر کنیم یا بگوییم که دلمان برای یکدیگر تنگ می‌شود. همان آغوش محکمی که یک دقیقه طول کشید تمامی حرف‌هایی که ته دلمان مانده بود را بیان می‌کرد.

دیانا با چشم‌های خیس به من گفت که نگران سن، تجربه، لهجهٔ انگلیسی و رفتارم با بچه‌ها بوده و پذیرفتن من بهترین ریسکش در یک سال گذشته است. بسیار محکم در آغوشش گرفتم و با اشک به او گفتم: «کلمه‌ها نمی‌تونن عشقم به شما و میزان قدردانی‌م برای این تجربه رو وصف کنن». نگاهی به اتاقم، به آشپزخانه و تمام هتل کوچک انداختم و با گری از در بیرون رفتم و سوار ماشین شدم. قلبم تند می‌تپید، هیجان داشتم و درعین‌حال غم عجیبی در دلم نشسته بود.

گری موقع رساندنم به ایستگاه اتوبوس گفت که من همیشه در اکوادور یک خانه دارم و هر وقت که دلم بخواهد می‌توانم برگردم و همیشه می‌توانم روی کمکشان حساب کنم. داخل ایستگاه در انتظار اتوبوسی به مقصد بانیوس[1] نشستم. اشک‌هایم سرازیر شدند، دردی در قلبم حس می‌کردم. اتوبوس که رسید سوار شدم و از پنجره به تنای نازنین خیره شدم. تنها دو روز تا نوروز و سال جدید

1.Banõs

شمسی مانده بود. آیا پاهایم زمین کلمبیا را لمس می‌کرد؟

کلمبیا

در تعلیق مرزها

بانیوس در زبان اسپانیایی به معنای حمام و دستشویی است. شهر بانیوس پر از آبشارهای زیبایی است که سالیان پیش، قبل از آن‌که این شهر توریستی شود، اکوادوری‌ها از آن‌ها به‌عنوان حمام استفاده می‌کردند.

من نیز به‌خاطر طبیعت بی‌نظیرش، این شهر را برای گذراندن روزهای آخرم در اکوادور انتخاب کرده بودم. ساعت یک نصف‌شب به بانیوس رسیدم. از وب‌سایت کوچ سرفینگ میزبانی پیدا کرده بودم، اما آن‌موقع شب می‌ترسیدم که تا خانه‌اش پیاده بروم. پس از کمی انتظار وقتی از پیداکردن تاکسی ناامید شدم، قدم‌زنان با کمک نقشۀ گوگل در گوشی، به سمت خانۀ لوئیس حرکت کردم، کمی بعد یک‌دفعه یک ماشین پلیس کنارم ایستاد. دو پلیس در ماشین به من و کولۀ بزرگم خیره شدند. آن‌که رانندگی می‌کرد پرسید: «تنهایی؟ این موقع شب تو خیابان چی می‌کنی؟»

توضیح دادم که اتوبوسم دیر رسید و تاکسی پیدا نکردم تا به خانۀ دوستم بروم. لبخند زدند و از من خواستند سوار ماشین شوم. ساعت یک نصفه‌شب به همراه پلیس‌های خوش‌انرژی اکوادوری به خانۀ لوئیس رسیدم. لوئیس همراه دو دوستش در یک خانه زندگی می‌کرد و مهمان‌های زیادی قبل از من پذیرفته بود. وقتی رسیدم دیدم که پایین تختش برای من تشک انداخته است. پس از سه چهار دقیقه صحبت، هر دو از خستگی زیاد به خواب رفتیم.

صبح روز بعد در یک خانۀ خالی بیدار شدم. لوئیس و دوستانش سر کار بودند. یک نامه به همراه کلید برای من گذاشته و نوشته بود که بعدازظهر از سر کار برمی‌گردد و می‌توانم هر وقت خواستم از خانه بیرون بروم و برگردم.

برای خودم قهوه‌ای درست می‌کردم که پیغامی از طرف الناز دریافت کردم. دوستی ایرانی که برای سه ماه سفر و یادگیری اسپانیایی به اکوادور آمده بود. یک‌بار در کیتو به همراه فرناندو دیده بودمش و با هم کوه‌نوردی کرده بودیم.

نوشته بود که در کیتو فرناندو را دیده است و از من پرسیده بود که برنامه‌ام برای سال نو و نوروز چیست؟ برایش نوشتم که برنامهٔ خاصی ندارم و فعلاً در بانیوس منتظر جواب ویزای کلمبیام. کمی بعد فرناندو پیشنهاد داد که با الناز به سمت من بیایند تا در اطراف بانیوس طبیعت‌گردی کنیم. فردای آن روز، یکم فروردین، بعد از خداحافظی از لوئیس، به الناز و فرناندو ملحق شدم و به دیدن آبشار بزرگی اطراف شهر بانیوس رفتیم.

تمام مدت استرس ویزای کلمبیا را داشتم. نمی‌دانستم که هفتهٔ بعد کجا خواهم بود. آیا مرز را زمینی به سمت کلمبیا رد می‌کردم یا در اکوادور می‌ماندم؟ ویزای اکوادور را تمدید می‌کردم یا برمی‌گشتم ایران؟ صدای آبشار و رودخانه گاهی افکارم را می‌شکستند و به‌یاد می‌آوردم که چیزی جز زمان حال وجود ندارد و حالا که همهٔ قدم‌ها را برداشته‌ام، نگرانی و تفکر زیاد معنایی ندارد، تنها باید صبور باشم و به آنچه سر راهم قرار دارد اطمینان کنم.

حدود بعدازظهر بود که سال تحویل شد. الناز من و فرناندو را محکم در آغوش گرفت و سال نو را تبریک گفت. خوشحال بودم که این روز را درکنار یک ایرانی‌ام، اما درعین‌حال آیندهٔ نامعلوم و یادآوری مرگ پدرم باعث شده بود غم و نفرت عجیبی در دلم احساس کنم. نفرت از نوروزی که پدرم را از من گرفته و مرگ که سال نو را برایم سیاه کرده بود، پر از غم و خشم بودم. هرچقدر که الناز و فرناندو سعی می‌کردند با محبت‌کردن و کلماتشان برای من خاطرهٔ خوبی بسازند، غمم پررنگ‌تر می‌شد.

تصمیم گرفتم با سفارت کلمبیا تماس بگیرم. در کمال تعجب به من گفتند که فیش پرداخت هزینه باید حضوری تحویل داده شود و هنوز پروسهٔ ویزا شروع نشده است. تنها چهار روز به اتمام نود روز من در اکوادور مانده بود. با استرس از فرناندو خواستم مرا به یک ایستگاه اتوبوس برساند. فرناندو و الناز را محکم در آغوش گرفتم و راهی کیتو شدم.

صبح روز بعد پس از تحویل فیش به سفارت، به من گفتند که سه روز کاری طول می‌کشد تا ویزای من بررسی شود. از آن‌ها خواستم اجازه دهند تا با کنسول صحبت کنم. گفتند که ممکن نیست و پس از چندبار تکرار و خواهش، فرد مسئول را صدا زدند.

- سلام. من ملیکام، از ایران اومدم. سه ماهی می‌شه که تو اکوادور سفر می‌کنم و خیلی دلم می‌خواد بتونم به کلمبیا برم.

- چرا می‌خوای به کلمبیا بری؟

+ من عاشق رقص سالسام. می‌دونم کالی پایتخت سالساست، می‌خوام این شهر رو از نزدیک ببینم. دلم می‌خواد به آراکاتاکا، شهر جادویی که گابریل گارسیا مارکز توش بزرگ شده سفر کنم. کتاب «صد سال تنهایی» اون باعث علاقهٔ بیشترم به کلمبیا شده. از عاشقای شکیرا هم هستم و می‌دونم که توی بارانکیلا به دنیا اومده. مشتاق روزی‌ام که بتونم اونجا دریای کارائیب رو ببینم. من هم مثل بقیهٔ مسافرهای جوون یه انسانم. شما تصمیم می‌گیرید که من می‌تونم به کشورتون سفر کنم یا نه. می‌دونم که برای ویزا دیر اقدام کردم ولی می‌خواستم خواهش کنم که پرونده‌م رو بررسی کنید. فقط چهار روز دیگه می‌تونم تو اکوادور بمونم.

با لحنی جدی گفت: «بررسی و از طریق ایمیل باخبرت می‌کنیم.»

با لبخندی بر لب و دلی نگران به هاستلی در مرکز شهر کیتو رفتم و تصمیم گرفتم تا گرفتن جواب ویزا آنجا منتظر بمانم. ذهنم به شلوغی مرکز شهر کیتو شده بود. بلاتکلیف بودم و در انتظار. هر روز، هر لحظه و هر ثانیه که می‌گذشت به تمام‌شدن اعتبار ویزای اکوادور نزدیک‌تر می‌شدم. نمی‌توانستم با کسی درددل کنم. اگر با دوستی داخل ایران صحبت می‌کردم، می‌گفت خودت تصمیم به سفر گرفتی و باید این لحظه‌ها را نیز تحمل کنی و اگر با دوستی خارجی صحبت می‌کردم، لبخندی می‌زد و می‌گفت که متوجه شرایطم است، درصورتی‌که می‌دانستم هیچ درکی از استرس و فشار ویزاگرفتن ندارد. همه‌چیز نامعلوم بود، نمی‌توانستم غذا بخورم، کابوس می‌دیدم، گریه می‌کردم و نمی‌دانستم که به‌جز انتظار دقیقاً چه می‌توانم انجام دهم.

روز هشتادونهم فرا رسید. نامهٔ بلندبالایی برای سفارت کلمبیا نوشتم و آنچه به کنسول گفته بودم را تکرار کردم. نوشتم که چقدر چشم‌انتظار دیدن خانهٔ گابریل گارسیا مارکز هستم و چطور خواندن کتاب «صد سال تنهایی» زندگی‌ام را تغییر داده است. نوشتم که چقدر دلم می‌خواهد در شهر کالی پایتخت سالسای دنیا برقصم و آرزوی دیدن دریای کارائیب را دارم.

ایمیل را فرستادم، گوشهٔ اتاق روی زمین نشستم و همان‌طور که اشک می‌ریختم، هر ده دقیقه یک‌بار ایمیل را چک می‌کردم تا ببینم جوابی از سمت سفارت آمده است یا نه. درست ساعت سه بعدازظهر بود که ایمیلی ارسال کردند.

عنوان ایمیل را که دیدم، چندین‌بار پلک زدم تا باورش کنم. درخواست ویزای من قبول شده بود. باید به بانکی می‌رفتم، هشتاد دلار پرداخت می‌کردم و بعد به همراه فیش به سفارت می‌رفتم تا مهر ویزا را در پاسپورتم بزنند.

احساس کردم تمام درهای دنیا به روی من باز شده است و قرار است وارد بهشت شوم. احساس می‌کردم خوشبخت‌ترین دختر جهانم. صبح روز بعد با کوله‌ام از هاستل خارج شدم. اولین نفری بودم که وارد بانک شد و بعد به سفارت رفتم. درست در نودمین روز سفرم به اکوادور، درست در روز آخر، ویزای سی‌روزهٔ توریستی کلمبیا که رویش نوشته بود: «غیرقابل‌تمدید» روی پاسپورتم خورد و من یک‌راست از سفارت به ایستگاه اتوبوس کیتو و از آنجا به مرز کلمبیا رفتم.

ذوق رسیدن به کلمبیا آن‌قدر زیاد بود که غم رفتن از اکوادور را از دلم پاک کرد. هیچ‌وقت هیچ مرزی را زمینی رد نکرده بودم. دلم می‌خواست قبل از تاریکی هوا وارد کلمبیا شوم. ساعت چهارونیم عصر به مرز رسیدم. برعکس تصورم صفی بسیار طولانی پشت در پلیس مرزی اکوادور بود، آن‌قدر طولانی که طی نیم‌ساعت یک قدم هم به جلو حرکت نکردیم. قلبم تند می‌زد، سعی می‌کردم با گوش‌دادن به صحبت‌های اطرافیانم که تندتند اسپانیایی حرف می‌زدند حواسم را پرت کنم. با فهمیدن هر کلمه‌ای ذوق می‌کردم و هروقت که صف چند قدم جلوتر می‌رفت، امیدم بیشتر می‌شد.

هوا تاریک شد و من حدود ساعت هشت شب، خسته و کلافه وارد پلیس مرزی اکوادور شدم. پلیس پس از دیدن پاسپورتم به داخل رفت و بعد از ده دقیقه برگشت، دلیل رفتن من به کلمبیا را پرسید و از من خواست تا ویزای کلمبیا را نشانش دهم. بیش از قبل کلافه شدم، بقیهٔ جهانگردان، مخصوصاً اروپایی‌ها و آمریکایی‌ها سه‌ثانیه‌ای مهر خروج در پاسپورتشان زده می‌شد و من بیست دقیقه ایستاده و منتظر یک مهر خروج بودم. پس از پرس‌وجوی زیاد ، نشان‌دادن ویزای کلمبیا و یادآوری به پلیس که درست در نودمین روز از اکوادور خارج می‌شوم، بألاخره مهر خروج را زدند. من هم با قدم‌هایی تند از آنجا خارج شدم و با شوق به سمت کلمبیا و پلیس مرزی‌اش رفتم.

ستاره‌ها در آسمان تاریک به من چشمک می‌زدند و تابلوی بزرگی رو به رویم می‌گفت: «به کلمبیا خوش آمدی!»
برعکس تصورم پلیس مرزی کلمبیا لبخند زد و پس از دیدن ویزا بدون هیچ پرسشی مهر ورود را در پاسپورتم زد. سپس دستش را دراز کرد و گفت: «به

کشورم خوش اومدی! خوش بگذره!» لبخند از روی لب‌هایم کنار نمی‌رفت. بیست دلار را به پزوی کلمبیا تبدیل کردم. با چند جهانگرد دیگر یک تاکسی به سمت نزدیک‌ترین ایستگاه اتوبوس گرفتم و با ناباوری از اینکه وارد کشور جدیدی شدم و در کلمبیا نفس می‌کشم؛ سوار اتوبوسی به سمت «کالی» شدم. کالی پایتخت سالسای دنیا، شهری که در خواب هم نمی‌دیدم که روزی به آن سفر کنم.

کالی، پایتخت سالسا

بین چرت‌های شبانه در اتوبوس، از مرز تا شهر کالی، تمام راه به کلاس‌های سالسا در ایران فکر کردم. به معلمم نغمه که در مورد سبک‌های مختلف سالسا توضیح می‌داد. به تمام شب‌هایی که در یوتیوب ویدئوی رقصنده‌های سالسای «کلمبیایی»[1] را نگاه می‌کردم. خواب بودم یا بیدار؟! از پنجره به جادهٔ تاریک خیره شدم و زیر لب تکرار کردم: «اگه این خوابه، ای‌کاش هیچ‌وقت بیدار نشم!» واقعاً داشتم به شهر آرزوهایم، به پایتخت رقص سالسا، کالی می‌رسیدم؟

پائولو کوئیلو در کتاب «کیمیاگر» گفته است اگر چیزی را با تمام وجود بخواهی و برایش قدم برداری، تمام دنیا دست‌به‌دست هم می‌دهند تا آن اتفاق بیافتد. آرزوی من رقصیدن و نفس‌کشیدن در شهر کالی بود، می‌دانستم کلمبیا شهرهای زیباتری در کوه‌های آند، آمازون و یا در سواحل دریای کارائیب دارد؛ اما تنها سی روز اجازه داشتم در کلمبیا بمانم، بدون امکان تمدید ویزا. به‌خاطر عشق زیادم به رقص سالسا، پایتخت سالسا را برای کار داوطلبانه در کلمبیا انتخاب کردم.

از چند هفته قبل، وقتی که در انتظار ویزای کلمبیا بودم، از طریق وب‌سایت «ورک اوی» در کالی به دنبال کار داوطلبانه گشتم. بین تمام میزبان‌ها، مادر و دختری به نام ساندرا و سوفیا را انتخاب کردم. دنبال کسی بودند که چند هفته با آن‌ها زندگی و در تدریس و نگهداری از کودکانی که در مهدکودک‌شان داشتند به آن‌ها کمک کند. ساندرا با صبر زیاد متوجه شرایط من شد و تا لحظهٔ آخر منتظر ماند تا من ویزایم را بگیرم. نوشته بود که بی‌صبرانه منتظرتند تا اولین داوطلبشان را میزبانی کنند. این‌که خانواده‌ای در کالی منتظر رسیدنم بودند به من احساس امنیت و آرامش می‌داد.

---

۱. سالسای «کلمبیایی» یا سالسای «کالی» یکی از سبک‌های رقص سالساست.

به ایستگاه اتوبوس که رسیدم آدرس را به یک تاکسی نشان دادم. بیست دقیقهٔ بعد روبه‌روی خانه‌ای قرمز پیاده‌ام کرد. به‌محض آن که روبه‌روی در ایستادم، در باز شد. یک زن جوان و بسیار زیبا با پوستی روشن، موهایی فر و چشم‌هایی درشت و قهوه‌ای به من لبخند زد. ساندرا را در آغوش گرفتم و از او تشکر کردم. کوله‌ام را روی دوشش انداخت و در مورد خستگی مسیر از من پرسید که یک‌دفعه دختری کوچک با موهای فر و بلند و چشم‌هایی درشت و قهوه‌ای درست مثل مادرش وارد سالن و به من خیره شد. نشستم تا هم‌قد او بشوم. خودم را به سوفیای پنج‌ساله معرفی کردم و در آغوش گرفتمش.

مرا به اتاقم در طبقهٔ دوم راهنمایی کردند. بعد ساندرا برای همه‌مان نیمرو و قهوه درست کرد. همان‌طور که طعم تلخ قهوهٔ کلمبیایی را می‌چشیدم، به سوفیا نگاه می‌کردم که با اسباب‌بازی‌هایش روبه‌رویم نشسته بود و به داستان زندگی ساندرا گوش می‌دادم. سوفیا انگلیسی بلد نبود و بیشتر به زبان اشاره با هم بازی می‌کردیم. با آن که فقط انگلیسی با او حرف می‌زدم؛ از او کلمه‌های اسپانیایی بسیاری یاد گرفتم.

ساندرا سی‌وشش سال داشت و بسیار خوش‌انرژی و مهربان بود. دو سال بود که از همسرش جدا شده بود و پس از آن، هر روز صبح تا عصر، از کودکان یک تا شش‌ساله در خانه‌اش نگهداری می‌کرد. کمی در مورد تجربیاتم و علاقه‌ام به تدریس برای کودکان گفتم و قرار شد روزی چند ساعت برای بچه‌های چهار تا شش‌ساله کلاس انگلیسی بگذارم و در کارهای خانه، درست‌کردن صبحانه برای سوفیا و نگهداری از بچه‌ها نیز کمکش کنم.

جمعه بود و آخرین روز هفته. ساندرا از من دعوت کرد تا برای تعطیلات آخر هفته به باغشان در دو ساعتی کالی بروم و آخر هفته را با او، دوستانش و کودکانشان بگذرانم. چشمانم برق زدند. چه چیزی بهتر از شناختن طبیعت کلمبیا همراه با چند خانوادهٔ کلمبیایی؟

جادهٔ سرسبز و مسیر کالی تا باغ مرا یاد سفرهای خانوادگی‌مان به شمال انداخت. درست مثل سفرهای خانوادگی در ایران، سه خانواده در دو ماشین پشت هم در پیچ‌وخم جاده‌ها رانندگی می‌کردند. گاهی صدای موسیقی بلند می‌شد و گاهی صدای خندهٔ بچه‌ها در باد می‌پیچید. در آن دو روز آخر هفته و گذراندن زمان با چند زوج کلمبیایی و ساعت‌ها بازی با کودکانشان در مزرعه‌ای سرسبز و بزرگ، متوجه شدم که کلمبیایی‌ها بسیار مهمان‌نواز و خون‌گرمند. هر شب

موقع کباب‌کردن گوشت روی منقل کمکشان می‌کردم و به تندتند اسپانیایی صحبت‌کردنشان گوش می‌دادم. ساندرا که گیاه‌خوار بود، سبزیجاتش را کباب می‌کرد و مدام از من می‌پرسید که به چیزی احتیاج دارم یا نه.

پس از تعطیلات و خوش‌گذرانی آخرهفته، روال روزمره و کار داوطلبانه شروع شد. صبح‌ها برای خودم و سوفیا نیمرو با شکلات داغ درست می‌کردم و بعد بقیهٔ بچه‌ها می‌آمدند و بازی را شروع می‌کردیم. یک پسر یک‌سالهٔ تپل به نام مالکوم هر روز و بقیهٔ دخترها هفته‌ای سه یا چهار بار از صبح تا عصر آنجا بودند. با فعالیت‌های مختلف مثل خمیربازی، نقاشی، لگو، آموزش با کارت، شعرخوانی، کتاب‌خوانی، اجرای نمایش و ... صبح را به عصر می‌رساندیم. در ایران در هیچ‌کدام از کلاس‌هایم با بچه‌ها فارسی صحبت نمی‌کردم؛ اما وقتی آن‌ها با هم فارسی حرف می‌زدند، متوجه حرف‌هایشان می‌شدم. این‌بار وقتی که بچه‌ها با هم اسپانیایی صحبت می‌کردند، حرف‌هایشان را نمی‌فهمیدم و گاهی با اشاره و کمک‌های ساندرا منظورشان را می‌فهمیدم.

تازه درحال یادگیری لغات و افعال اسپانیایی بودم؛ یک روز دو فعل «خواستن» و «داشتن» را با هم اشتباه گرفتم. درحالی که می‌خواستم از دوست چهارسالهٔ سوفیا بپرسم که آیا برای صبحانه شکلات داغ می‌خواهد یا نه؟ به او گفتم: «شکلات داری؟» دختر کوچک سری تکان داد و گفت: «نه.» من تعجب کردم که چرا شکلات نمی‌خواهد، چون معمولاً هر روز شکلات داغ می‌خورد و با اصرار چندین‌بار ازش پرسیدم: «چرا شکلات نداری؟» در اصل می‌خواستم بپرسم که چرا شکلات نمی‌خواهد. او هربار سری تکان می‌داد. آخرسر با بغض گفت: «واقعاً شکلات ندارم!» آنجا بود که سوفیای باهوش و فسقلی منظور من را متوجه شد و به دادم رسید. با زبان اشاره شکلات داغ را به دوستش نشان داد و فعل درست را تکرار کرد. دختر که انگار او هم متوجه اشتباه من شده بود، لبخند زد و گفت که شکلات داغ می‌خواهد.

همان روز اول شروع کار داوطلبانه، پس از پرس‌وجوهای زیاد و سرزدن به چند کلاس رقص، خودم را در یکی از آکادمی‌های معروف، که قیمتش بسیار به‌صرفه بود، ثبت‌نام کردم. از خانهٔ ساندرا تا کلاس رقص چهل‌دقیقه پیاده راه بود و من هر روز از ساعت چهار تا شش بعدازظهر کلاس داشتم. هیچ‌وقت روز اولی که وارد کلاس شدم را فراموش نمی‌کنم. احساس می‌کردم در یک فیلمم. در ایران کلاس خصوصی «سالسای لس‌آنجلس»[1] می‌رفتم. هیچ‌کدام از دوستان

---

۱. از سبک‌های سالسا.

پسرم علاقه‌ای به رقص سالسا نداشتند. معلمم زن بود و من تابه‌حال با یک مرد سالسا نرقصیده بودم.

در کالی اما تعداد مردان و زنان کلاس‌مان یکی بود. با نگاه به بقیه متوجه شدم از هر قاره‌ای در آن کلاس آدم هست. از اروپا تا آمریکا، از شمال آفریقا تا استرالیا و از کلمبیا تا ایران. علاقه به رقص سالسا همهٔ ما را به کالی آورده بود. نگاه‌ها، رنگ موها، چشم‌ها و پوست‌ها متفاوت بود. همان‌طور که در آینه به مربی نگاه می‌کردم و سعی می‌کردم قدم‌ها را همراه با ریتم آهنگ تکرار کنم، به زیبایی این تفاوت‌ها فکر می‌کردم. چیزی که در آن کلاس رقص تجربه کردم یگانگی بود.

اولین چیزی که مرا به سبک سالسای کالی علاقه‌مند کرد، راحتی مربی‌ها و بقیه در پوشیدن لباس بود. من تنها کسی نبودم که کفش کتانی داشت. در ایران همیشه موقع چرخیدن با کفش‌های پاشنه‌بلند مشکل داشتم و باعث می‌شد به‌جای لذت‌بردن از رقص، نگران تعادل و درد انگشت‌هایم باشم.

معلم توضیح داد که ما چند سبک مختلف در سالسا داریم و در این کلاس بیشتر «سالسا کالنا»[۱] می‌رقصیم که سالسای مخصوص کلمبیا است. رقص تندی است با حرکات پای زیاد. در ابتدا در بخش مبتدی بودم، نیم‌ساعت اول با قدم‌های مبتدی نرمش کردیم و بعد در ساعت دوم چندین حرکت یاد گرفتیم و دوتادوتا تمرین کردیم. قسمت هیجان‌انگیزش این بود که زوج‌ها مدام تغییر می‌کردند و همهٔ مردها با همهٔ زن‌ها می‌رقصیدند. این‌طوری به رقصیدن با یک نفر عادت نمی‌کردیم و موقع رقص با غریبه‌ها در بیرون از کلاس، می‌توانستیم راحت‌تر برقصیم. روز دوم معلم مرا از مبتدی به کلاس متوسط برد. خوشحال بودم که متوجه شده بود کمی با سالسا آشنایم. نیم‌ساعت آخر کلاس رقص‌های مختلف لاتین مثل «باچاتا»[۲]، «مرنگه»[۳] و «چاچاچا»[۴] را تمرین می‌کردیم. هر شب با یک لبخند بزرگ از کلاس به خانه برمی‌گشتم. آنچه زندگی می‌کردم را در وحشی‌ترین رویاهایم هم تصور نکرده بودم!

ماکوندو و کارائیب

در یکی از صبح‌های سرد پاییزی در کوه‌های اطراف تهران وقتی با «او» از قله به شهر برمی‌گشتیم، مردی را در کوه‌پایه دیدیم که روی زمین کتاب می‌فروخت.

2.Salsa Caleña 3.Bachata 4.Merengue 5.Cha_cha_cha

«او» نگاهی به کتاب‌ها کرد، کتاب «صد سال تنهایی» گابریل گارسیا مارکز را برداشت، خرید و به من هدیه داد. خواندن کتاب برایم سخت بود و ماه‌ها طول کشید. آن زمان که آن را می‌خواندم تصور نمی‌کردم روزی بتوانم به «ماکوندو»[1]ی جادویی سفر کنم، آن هم روزی نه‌چندان‌دور.

دو هفته از آمدن من به کلمبیا گذشته بود. تنها دو هفتهٔ دیگر فرصت داشتم تا آنچه را که می‌خواهم، در آن سرزمین ببینم و تجربه کنم. تصمیم گرفتم آخر هفته، بلیطی به سمت کارائیب بگیرم و به ماکوندو یا همان «آراکاتاکا»[2]ی امروزی و خانهٔ کودکی‌های گابریل گارسیا مارکز بروم. خانه تبدیل به یک موزه شده بود.

اوایل ماه آپریل بود، یعنی زمانی که قرار بود توماس در کارائیب و نزدیکی شهر کارتاهنا[3] باشد. سنگی که به من هدیه داده بود را همراه یک دست لباس اضافه داخل کوله‌ای کوچک گذاشتم و باذوق به فرودگاه رفتم. زمانش رسیده بود که آرزوی دیدار با گابریل گارسیا مارکز را برآورده کنم و همان‌طور که توماس خواسته بود سنگ را به دریای کارائیب بیندازم.

به بارانکیلا[4] رسیدم، شهری که شکیرا، خوانندهٔ لاتین مورد علاقه‌ام، در آن به دنیا آمده بود. هوا شرجی بود، آفتاب سراسر بدنم را می‌بوسید و صداهای زیاد از بودن در شهری شلوغ خبر می‌دادند. یک‌راست به سمت ایستگاه اتوبوس رفتم و به سمت آراکاتاکا راه افتادم.

ماکوندو از همان لحظهٔ اول به من حسی داد که می‌توانم آن را با کلمهٔ «جادو» توصیف کنم. سه ساعت مسیر را خواب بودم. از اتوبوس که پیاده شدم چند ثانیه طول کشید تا به‌یاد بیاورم دقیقاً کجایم و باید چه بکنم. پسر موتورسواری که انگار متوجه گیجی من شده بود، نزدیک شد و پرسید کجا می‌روم. گفتم: «گابو»، لقبی که دوستان گابریل با آن صدایش می‌زدند.
گفت:«می‌خوای بری خونه‌ش؟»
بالبخند پرسیدم: «چند می‌گیری؟»
لبخند پررنگی زد و گفت: «مهمون گابو، سوار شو!» سوار شدم، اجازه دادم باد بین موهایم بپیچد و کمی مرا بیدار کند. در کمتر از دو دقیقه رسیدیم.

انگار زمان را در اتوبوس جا گذاشته بودم. لغت‌ها و جملات کتاب برایم زنده

1.Macondo 2.Aracataca 3.Cartagena 4.Barranquilla

شدند. پلک زدم. من، ملیکا از ایران، حالا روبه‌روی خانهٔ کودکی‌های گابریل گارسیا مارکز ایستاده بودم. به‌جز یک مسئول کسی آنجا نبود. وقتی وارد شدم فهیدم که تنها مهمان خانه‌ام. آرام قدم زدم و به اطراف نگاه کردم. یاد دیدار اولم از خانهٔ مولانا افتادم، احساس مشابهی داشتم، حالتی میان خواب و بیداری، تجربهٔ جادوی زندگی، چیزی میان رویا و واقعیت. احساس آزادی.

دقایق زیادی را به‌آرامی در خانه قدم زدم. به تمام اتاق‌ها رفتم و نوشته‌ها را خواندم. ثانیه‌ها به یک میز، صندلی و یا چند موز خیره شدم. هم‌زمان چند جمله از نوشته‌های گابو در ذهنم تکرار می‌شد:

«ماکوندو از اول یک زمین بدون مرز بود.»

«وقتی کسی مرده‌ای زیر خاک ندارد، به آن خاک تعلق ندارد.»

خود را بدون مرز می‌دیدم، بدون تعلق به هیچ مکان خاصی از کرهٔ زمین. گرچه پدرم در خاک ایران خوابیده بود؛ اما احساس تعلق نداشتم. کرهٔ زمین را همانند ماکوندو بدون مرز می‌دیدم.

پس از دقایق زیادی پیاده‌روی، به درخت بزرگ و معروفی که معلوم بود صد سالی عمر دارد رسیدم. عظمت و انرژی‌اش بغضم را ترکاند. به‌جز من و پرنده‌ها کسی آن دوروبر نفس نمی‌کشید. زیر درخت نشستم و از خود عکسی یادگاری گرفتم. دیوار روبه‌روی درخت پر از نوشته به زبان‌های مختلف دنیا بود. خودکاری که در کیف داشتم را بیرون آوردم، یادگاری‌ای از خودم و اولین یادگاری به زبان فارسی را در خانهٔ گابریل گارسیا مارکز به‌جا گذاشتم و زیر درخت دراز کشیدم. به‌راستی اگر هرکدام از ما در آن شهر و خانه به دنیا می‌آمدیم و دقایقی از روزمان را زیر آن درخت می‌نشستیم یک گابریل گارسیا مارکز می‌شدیم.

حیران به بارانکیلای شلوغ برگشتم و شب را با داستان و خنده و رقص در خانهٔ میزبانی با هم‌خانه‌های برزیلی ـ آمریکایی گذراندم. صبح روز بعد سوار اتوبوسی به سمت کارتاهنا شدم. شهری رنگارنگ که تنها در عکس‌ها دیده بودمش. باد گرم از سمت دریای کارائیب می‌وزید و لابه‌لای موهام می‌رقصید. همان‌طور که گرمای آفتاب را روی پوستم حس می‌کردم، از اتوبوس پیاده شدم و به سمت مرکز شهر رفتم.

کارتاهنا شهری توریستی کنار دریای کارائیب است که به خانه‌های بلند و قدیمی و رنگارنگش، به سواحلش و شن‌های سفید و درخت‌های نخل بلندش معروف است. تنها آب‌وهوای کارائیب با کالی متفاوت نبود؛ بلکه مردمشان هم با

هم فرق داشتند. زن‌ها با پیراهن‌های بلند و رنگی به من لبخند می‌زدند و مردها با کلاه‌هایی سفید و بزرگ که معلوم بود به‌خوبی از تابش آفتاب روی صورت محافظت می‌کند، آب انبه و نارگیل تازه می‌فروختند.

خلوتی مرکز شهر به من یادآوری کرد که یکشنبه و صبح زود است. تصورم از مرکز کارتاهنا پر از صدا و موسیقی بود. اما به‌جز صدای باد گرم و قدم‌هایم، چیزی نمی‌شنیدم. نه کسی بود که از من و ساختمان‌های رنگی عکس یادگاری بگیرد و نه کسی که در دریای کارائیب همراهم شنا کند.

پس از خوردن صبحانه به ساحل رفتم. از تنها شناکردن در دریا، آن هم دریای کارائیب، که آن زمان برایم ناشناخته بود، می‌ترسیدم. اما به‌محض آن‌که پاهایم شن‌های ساحل را بوسیدند، حس عجیب عشق، آرامش و اعتماد را در وجودم احساس کردم. به دریای آبی روبه‌رویم نگاه کردم و به خود گفتم: «دقیقاً از چی می‌ترسی؟ از خیس‌شدن؟ از تنهایی شناکردن با مایو توی آب‌های آزاد که هنوز بهش عادت نکردی؟ از موج‌ها؟»

به دوروبرم نگاه کردم. همه گروهی و یا دونفره آمده بودند. تنها کسی که تنهایی به ساحل آمده بود من بودم. آن لحظه برای خودم بود، لحظهٔ رهایی در آغوش کارائیب. پتوی افغانی را روی شن‌ها پهن کردم، لباس‌هایم را درآوردم و با مایو روی پتو دراز کشیدم. چیزی در پس ذهنم نمی‌گذاشت با به‌تن‌داشتن لباس شنا در یک جای عمومی راحت باشم، هر چند دقیقه یک‌بار نگاه می‌کردم تا ببینم کسی به من خیره شده است یا نه. با آن حال سعی کردم از حس‌کردن نور خورشید روی بدنم لذت ببرم. چقدر پوستم به بوسه‌های آفتاب احتیاج داشت. نیم‌ساعتی گذشت و برای خنک‌شدن، آرام‌آرام وارد آب شدم و این‌بار روی آب دراز کشیدم. سعی کردم به ترس‌هایم فکر کنم و آن‌ها را به دریا بسپارم.

ناگهان با صدایی از جا پریدم. پلیس کلمبیایی کنار پتوی افغانی و کولهٔ من ایستاده بود و با اخم کلمه‌ای را تکرار می‌کرد. نزدیک شدم و گفتم که اسپانیایی بلد نیستم. تابلویی را به من نشان داد و گفت که ورود به آن منطقه ممنوع است. هیجان دیدار با دریای کارائیب باعث شده بود تابلو را نبینم! عذرخواهی کردم، لباس‌هایم را عوض کردم، کوله را روی دوشم انداختم و پیاده در گرمای شرجی به فرودگاه رفتم. پول کافی برای تاکسی نداشتم و تصمیم گرفتم که تمام سه کیلومتر را پیاده بروم.

کنار دریای کارائیب راه می‌رفتم که یادم افتاد سنگ توماس را داخل آب

نینداختم. سنگی که گفته بود اگر وارد کلمبیا شدم، داخل آب بندازمش. کمی جلوتر سنگ‌ها کنار دریا صخره‌ای ساخته بودند. بالای صخره رفتم، سنگ را از داخل کیفم بیرون آوردم و محکم در دست گرفتمش. آن سنگ به من امید داده بود، امید دیدن کلمبیا و آن امید باعث شده بود بتوانم صبوری کنم و دوران انتظار را بگذرانم. آرزویی نداشتم، تنها احساس خوشبختی داشتم و شکرگزار بودم. احساس می‌کردم خوشبخت‌ترین دختر بیست‌سالهٔ ایرانی‌ام. از توماس، از کلمبیا و از جهان هستی برای این فرصت تشکر کردم و سنگ را داخل آب انداختم. بعضی رویاها از آن‌چه فکر می‌کنیم به واقعیت نزدیک‌ترند. کافی است در راستای آن‌ها قدمی برداریم.

زیبایی تفاوت‌ها

با جرمی در کلاس سالسا آشنا شدم. یک پسر بیست‌وچهارسالهٔ فرانسوی با چشمانی روشن و موهایی کوتاه که مثل من علاقهٔ زیادی به یادگیری سالسا داشت و به همین دلیل به کالی آمده بود. یک روز عصر درحالی‌که در کالی قدم می‌زدیم و صحبت می‌کردیم؛ قرار گذاشتیم تا بعد از کلاس به یک سالسا بار برویم. اهل زندگی شبانه و شب‌بیداری نبودم؛ اما دلم می‌خواست زندگی شبانهٔ کالی را تجربه کنم. جرمی سه دوست دیگرش را هم دعوت کرده بود. اولیویای بیست‌وچهارساله که در غرب آفریقا به‌دنیا آمده و در فرانسه بزرگ شده بود. هانای کلمبیایی که به زبان انگلیسی مسلط بود و الکس بیست‌وشش‌سالهٔ آلمانی. یکدیگر را در تور کوکائین شناخته بودند. از من پرسیدند که آیا در ایران جوان‌ها سیگار و یا ماریجوانا می‌کشند و من هم از غیرقانونی بودن مشروبات الکلی و ماری‌جوانا و درعین‌حال دسترسی زیرزمینی به آن برایشان گفتم. هر چیزی را که برای ما «ممنوع» می‌کنند، بیشتر دلمان می‌خواهد آن را امتحان کنیم. اما اگر به ما آزادی انتخاب بدهند، ما تشنهٔ امتحان‌کردن نخواهیم بود و می‌توانیم آگاهانه آن‌طور که دوست داریم زندگی کنیم.

تمام شب حتی حین سالسا رقصیدن با جرمی و صحبت با دوستانش غرق یک خاطره بودم. الکس از برگ کوک و خواص ماری‌جوانا می‌گفت و هانا از خوشمزه‌بودن آبجوی در دستش. من بدنم آنجا بود و صورتم لبخند می‌زد اما ذهنم به دوران کودکی‌ام رفته بود. به هشت‌سالگی و زمانی که معلم قرآنم که او را بسیار دوست داشتم به ما گفت: «اونایی که مشروبات الکلی می‌خورن به جهنم می‌رن.» پدر و مادر من هر دو آبجو، ودکا و شراب می‌نوشیدند. نه هر شب اما

هر آخر هفته و من تا مدت‌ها به این فکر می‌کردم که دلم می‌خواهد کجا بروم؟ بهشت یا جهنم؟ همراه معلم قرآنم باشم یا پدر و مادرم؟ دوازده سال بعد، باور داشتم که بهشت و جهنم در همین دنیا است و انسان خوبی بودن یعنی داشتن پندار و گفتار و رفتار نیک، نه مشروب نخوردن.

جرمی برای امتحان‌کردن کوکائین به کلمبیا آمده بود و من برای رقص سالسا و بودن در کنار کودکان کلمبیایی. همان‌طور که اهداف آدم‌ها در زندگی متفاوت است؛ در سفر نیز همین‌طور است. دو نفر در یک سن‌وسال ممکن است به یک مکان یکسان سفر کنند، اما اگر با آن‌ها صحبت کنی هرکدام به دلایل متفاوتی آنجا باشند و تجربیات متفاوتی داشته باشند.

کمی قبل از نیمه‌شب با قدم‌هایی بسیار تند نیم‌ساعت را در تاریکی خیابان‌های کالی راه رفتم تا به خانه رسیدم. برخی خیابان‌ها احساس امنیت می‌دادند و برخی را با دویدن و تپش قلب تند رد کردم. سندرا می‌گفت به تاکسی‌های شهر اعتماد نکن.

قبل از خواب به زیبایی تفاوت‌هایمان فکر کردم. به این‌که چقدر تفاوت بیرونی و درونی ما آدم‌ها زیباست. هم‌صحبتی با یک نفر که از دنیای بسیار متفاوتی از تو می‌آید شاید آسان نباشد. شاید دلت بخواهد او را قانع کنی و یا بخواهی که از دریچهٔ دید تو دنیا را ببیند؛ اما کافی است که بشنوی و مشاهده کنی. کافی است از تفاوت نترسی و نفرت نداشته باشی. تفاوت یعنی زیبایی و تجربهٔ این زیبایی یکی دیگر از جادوی‌های سفر است.

شهر زنده، تاریخ زخمی

از پشت پنجرهٔ اتوبوس به صورت ساندرا و سوفیا خیره شدم. همان‌طور که اشک‌هایم جاری می‌شدند، صورت‌هایشان دور و دورتر و سپس ناپدید شدند. هنگام سوارشدن شنیدم سوفیا به ساندرا گفت: «مگه نگفته بودی ملیکا هیچ‌وقت نمیره؟» جدایی از کسانی که سه‌هفته زیر یک سقف مثل یک خانواده با آن‌ها زندگی کرده بودم، کار راحتی نبود. همان‌طور که اتوبوس حرکت می‌کرد، تمام خداحافظی‌های چهار ماه گذشته در ذهنم مرور شد و بعد به یادخداحافظی با خانواده‌ام افتادم. یادم آمد که مادرم با لبخند مرا در آغوش گرفت و برایم بهترین‌ها را آرزو کرد. با یاد مادرم به خواب رفتم.

وقتی بیدار شدم نزدیک چهار صبح بود و نزدیک مقصد بودیم. نزدیک به شهر همیشه بهاری مدجین، شهری که مدت‌ها بود انتظار دیدارش را داشتم. ساعت پنج صبح به مدجین[1] رسیدیم. به نقشهٔ گوگل در گوشی نگاه کردم و متوجه شدم که خانهٔ میزبانم از ایستگاه اتوبوس دور است. با کمک و راهنمایی نقشه، سوار دو اتوبوس مختلف شدم و یک‌ربع پیاده راه رفتم تا به خانهٔ آندرس برسم. از تردد با وسیلهٔ نقلیهٔ عمومی در شهرهای بزرگ و نگاه به مردم شهر بسیار لذت می‌برم.

تمام راه به غذا فکر می‌کردم. وقتی رسیدم آندرس، خواهرش و آتی و مهمان دیگری از چین، با یک صبحانهٔ خوشمزه و قهوهٔ داغ کلمبیایی در انتظارم بودند. آندرس درست مثل تعریفی که در کوچ سرفینگ ازش خوانده بودم خون‌گرم و عاشق سفر بود. مهمان‌های زیادی از سراسر دنیا به خانه‌اش آمده بودند و خوشحال بود که بالأخره مهمانی از خاورمیانه دارد.

روز اول به صحبت‌های طولانی با آندرس و آتی در مورد سفر و فواید کوچ سرفینگ گذشت. برای شام یک غذای خوشمزهٔ چینی را امتحان کردیم که آتی پخته بود ولی اسمش را به‌خاطر ندارم. در روز بعد صبح زود با آتی پیاده به مرکز شهر رفتیم. هر ثانیه که می‌گذشت بیشتر متوجه زیبایی مدجین می‌شدم. با هر قدم انگار صدای نفس‌های شهر را می‌شنیدم. مردم خوشحال بودند، صدای آهنگ از توی مغازه‌ها، کافه‌ها، خانه‌ها و دیوارهای رنگارنگ شنیده می‌شد. مدجین زنده، بزرگ و پر از تنوع بود. در میان ساختمان‌های بلند، ماشین‌ها و ترافیک تا فاولاها راه رفتیم. فاولا نام محله‌های فقیرنشین و زاغه‌نشین بود. راه رفتیم و زنده‌بودن شهر را مشاهده کردیم.

بعدازظهر که به خانه برگشتم، پیغامی از یک دوست ایرانی ساکن مدجین دریافت کردم. مرا برای شب به یک دورهمی ایرانی و کباب‌پزی دعوت کرده بود. با اشتیاق لباس پوشیدم و به هاستلی که آرش در آن زندگی می‌کرد رفتم. آرش پسری سی‌وسه‌ساله بود که دو سالی می‌شد به همراه دوستش کارشان را به‌عنوان کارمند بانک در ایران رها و به کلمبیا مهاجرت کرده بودند. از زمانی که وارد آمریکای جنوبی شده بودم از طریق فضای مجازی با هم در ارتباط بودیم.

آرش با لبخندی بزرگ در آغوشم گرفت و بعد به خانهٔ خانمی به نام سارا رفتیم که با همسر کلمبیایی‌اش خوزه در مدجین زندگی می‌کرد و یک مزرعهٔ قهوه داشت. شاید اگر در ترکیه، اروپا، آمریکا، کانادا و استرالیا بودم آن‌قدر از دیدن

1.Medellin

ایرانی‌ها هیجان‌زده و هم‌زمان متعجب نمی‌شدم؛ اما ملاقات با چند ایرانی در کشوری مانند کلمبیا برایم تجربه‌ای خاص بود.

وقتی سوار ماشین شدیم سارا به ما گفت از زمانی که وارد کلمبیا شده به چنین دورهمی‌ای با ایرانی‌ها دعوت نشده و من خیلی خوش‌شانسم که در روز دوم اقامتم در مدجین قرار است چنین تجربه‌ای داشته باشم.

شنیدن زبان فارسی در کلمبیا و دیدن کلی هم‌زبان در یک شب بارانی در مدجین، مثل یک معجزه بود. آهنگ «تولدت مبارک!» اندی پخش می‌شد و من به زوج‌های ایرانی - کلمبیایی نگاه می‌کردم که هرکدام داستان عجیب آشنایی و مهاجرت خودشان را داشتند. پس از سه هفته گیاه‌خواری در کالی با سامانتا بوی گوشت و کباب به دماغم می‌خورد و گیج به کودکانی گوش می‌کردم که فارسی، انگلیسی و اسپانیایی را به‌خوبی صحبت می‌کردند. با چند نفر از ایرانی‌ها هم‌صحبت شدم، برایشان جالب بود که با ویزای توریستی وارد کلمبیا شدم و تنها سفر می‌کنم. پس از خوردن کباب، همگی برای یکی از بچه‌ها که به بهانهٔ تولدش دور هم جمع شده بودیم به فارسی و اسپانیایی شعر «تولدت مبارک!» خواندیم. سه ساعت فرصت بسیار کمی بود تا داستان زندگی مهاجرت ایرانی‌های ساکن کلمبیا را بشنوم اما آن‌قدر کافی بود که احساس دلتنگی‌ام را برای ایران و زبان فارسی کم‌رنگ‌تر کند و باعث شود با انرژی بیشتر به مسیرم ادامه دهم.

مدجین اما به‌جز کباب کوبیده و زبان فارسی برایم هدیهٔ دیگری هم داشت. گاهی در سفر یک نفر را برای مدت کوتاهی می‌بینی، با هم یک هفته، یک ساعت و یا یک تجربهٔ به‌یاد ماندنی را زندگی می‌کنید و هنگام خداحافظی آرزو می‌کنی که کاش در این دنیای عظیم، دوباره هرچند برای مدتی کوتاه، هم‌مسیر شوید. در دوره‌ای که من زندگی می‌کنم با پیشرفت تکنولوژی پیداکردن دوست‌های قدیمی و یا ارتباط با آن‌ها بسیار راحت است و انگار واقعاً دنیا گاهی بسیار کوچک می‌شود و آدم‌ها فرای مرزهای جغرافیایی می‌توانند به هم برسند.

هنگامی که به ونزوئلا رسیدم، «اولا» هم‌اتاقی دورهٔ ویپاسانا در نپال، که با همسرش داخل یک قایق در کارائیب زندگی می‌کرد، به من پیغام داد که نزدیک بوده تا بر اثر یک گردباد جان خودشان را از دست بدهند، پس وقتی به سواحل کارائیب در شمال کلمبیا رسیدند با پیشنهاد کاری از یک شرکت کانادایی به همسرش در شهر مدجین، تصمیم گرفتند که مدتی در آنجا زندگی کنند. آن موقع به کلمبیا نزدیک بودم؛ اما تصورش را هم نمی‌کردم که چهار ماه بعد در رستورانی

در شهر مدجین به دیدارشان بروم.

اولا که موهای صاف و بلوندش را کوتاه کرده بود و پیراهنی صورتی و زیبا
تنش بود مرا محکم در آغوش گرفت. لیام همسرش هم با چشمان آبی‌اش به
من لبخند زد و با یک حالت برادرانه در آغوشم گرفت و خوش‌آمد گفت. احساس
عجیب و زیبایی بود، یک دقیقه هم پشت میز ساکت نبودیم. انگارنه‌انگار که در
دنیایی کاملاً متفاوت از نپال هستیم. تمام مدت در مورد خاطرات سفر، آشنایی‌ها
و چگونگی رسیدن به کلمبیا صحبت کردیم. اولا و لیام از آشنایی‌شان در دوران
نوجوانی گفتند، از سال‌ها زندگی در ونکوور کانادا و سه سال زندگی در اسپانیا، از
سفرهای بی‌وقفه و انتخاب خریدن قایق به‌جای بچه‌دارشدن. من هم از تأثیرات
ویپاسانا و تغییرات به‌وجود آمده در زندگی‌ام و دلایل سفرم به آمریکای جنوبی
برایشان گفتم. پس از صحبت‌های طولانی، اولا از من پرسید: «منطقۀ سیزده
و گرافیتی‌هاش رو دیدی؟» و هنگامی که با جواب منفی من روبه‌رو شد، اصرار
کرد روز بعد من را به منطقۀ سیزده ببرد و در مورد زندگی پابلو اسکوبار و تاریخ
مدجین برایم بگوید. صدالبته که تعارف نکردم و با اشتیاق دعوتش را قبول کردم.

- مدجین به شونزده منطقۀ شهری و پنج منطقۀ روستایی تقسیم شده.
در مجموع، این منطقه‌ها شامل ۲۵۰ محلهان. منطقۀ سیزده یکی
از مناطق غربیه که سال‌ها پیش به‌خاطر ارتفاع زیاد و آب‌وهوای
معتدلش، برای کشاورزی استفاده می‌شده. از وسطای قرن بیستم،
این منطقه به محل سکونت مهاجرای روستایی تبدیل می‌شه. تو
دهه‌های شصت و هفتاد میلادی، جمعیتش زیاد می‌شه و به خاطر
نبودن خدمات شهری مناسب و دسترسی سختش، فقر زیاد می‌شه.
به‌مرور زمان، کنترل منطقه می‌افته دست گروه‌های قاچاق مواد
مخدر و شبه‌نظامیا و درگیری‌هاشون با نیروهای دولتی زیاد می‌شه.

گوش‌هایم به حرف‌های اولا در مورد تاریخ منطقۀ سیزده و مدجین، پابلو
اسکوبار معروف و سریال «نارکوس»[1] گوش می‌دادند و چشم‌هایم محو تماشای
گرافیتی‌های رنگارنگ و بزرگ شده بودند. انگار هرکدام می‌خواستند پیغامی
برسانند. یک پسر بامزه نزدیک ما آمد و درخواست کرد که برایمان هیپ‌هاپ
برقصد. با چندین حرکت تند دور خودش چرخید و روی دست‌هایش ایستاد و بعد
از ما خواست که به او پول بدهیم. در کنار خیابان برخی مردم هنرهای دستی‌شان
را و برخی آرپای کلمبیایی با نوشیدنی‌های محلی می‌فروختند.

1.Narcos

راستش باورم نمی‌شد همین ده سال پیش، جایی که حالا درونش قدم برمی‌داشتم یکی از خطرناکترین مناطق مدجین بوده است. با آن‌که این منطقه توریستی شده بود و دولت برای تردد راحت مردم منطقه به مرکز شهر پله‌برقی ساخته بود، هنوز راه‌رفتن در آنجا و صحبت با مردم و دیدن گرافیتی‌ها حس عجیبی داشت. مطمئنم حتی اگر هیچ چیزی از منطقهٔ سیزده نمی‌دانستم و اتفاقی از کنارش رد می‌شدم، از نگاه‌های مردم متوجه اسرارآمیز بودنش می‌شدم.

صبح روز بعد من و اولا به همراه آتی به ایستگاه اتوبوس رفتیم تا به روستای گواتاپه[1] برویم که تنها در دو ساعتی مدجین قرار داشت. از پنجرهٔ اتوبوس به دریاچهٔ آبی نگاه می‌کردم که پر از جزایر کوچک بود. کمی بعد قبل از رسیدن به روستا جلوی یک سنگ عظیم پیاده شدیم. صخره‌ای که از بالای آن می‌شد منظرهٔ بسیار زیبای دریاچه و جزایرش را دید، باید ازحدود هفتصدپله بالا می‌رفتیم تا به بالای تخته‌سنگ برسیم. اول ذهنم خواست از بالارفتن منصرفم کند؛ اما بعد به خودم گفتم مگر چندبار در زندگی به کلمبیا و گواتاپه سفر می‌کنم و فرصت بالارفتن از چنین صخره‌ای را دارم؟ صعود اولین کسانی که به صورت ابتدایی، با چوب و طناب از آن بالا رفته بودند پنج روز طول کشیده بود و حالا من برای بالارفتن کافی بود از پله‌ها بالا برم. هر پنجاه پله می‌ایستادیم، نفس‌نفس می‌زدیم و پس از دقایقی دوباره ادامه می‌دادیم. دو پسر کلمبیایی هم همراهی‌مان کردند و برایشان جالب بود که ما از چین و ایران و روسیه با هم در کلمبیا سفر می‌کنیم. تمام عضلاتم درد گرفته و صورتم خیس عرق بود. آن‌قدر خسته بودم که دیگر حتی پله‌ها را هم نمی‌شمردم، تنها یادم است که درست در اوج خستگی، صدای چند نفر را از بالا شنیدم و متوجه شدم به مقصد نزدیکیم. انرژی عجیبی به درونم برگشت و با لبخند به راهم ادامه دادم.

همگی از حیرت منظرهٔ خیره‌کنندهٔ روبه‌رویمان دقایقی سکوت کردیم. به گوشه‌ای رفتم و به دریاچهٔ آبی و جزایر سبز خیره شدم. از بالا متوجه عظمتش شدم. نور خورشید رنگ‌ها را براق‌تر کرده بود. یادم نیست دقیقاً چقدر محو تماشا بودم که با شنیدن اسمم به زمان حال برگشتم. اولا و آتی برایم منگوی یخزده با آب‌نمک گرفته بودند، دقیقاً همان چیزی که در آن گرما به آن احتیاج داشتم.

گواتاپه شبیه به یک نقاشی بود. روستایی با رنگ‌های بسیار زنده شبیه به یک مهدکودک بزرگ. روستایی با خانه‌های سبز، زرد، بنفش و نارنجی، کافه‌های کوچک سفید و آبی و مغازه‌های صورتی. راه می‌رفتیم و تنها رنگ می‌دیدیم،

1.Guatape

در کوچه‌پس‌کوچه‌ها گم می‌شدیم و عکس می‌گرفتیم. آن‌قدر به‌خاطر آن همه رنگ هیجان‌زده بودیم که یادمان رفته بود ساعت پنج عصر است و هنوز ناهار نخوردیم، برای ناهار به یک کافهٔ کوچک رفتیم. به‌یاد دارم همان‌طور که وسط گواتاپهٔ رنگی نشسته بودم و ساندویچ داغ بزرگم را گاز می‌زدم، به اولا هم‌اتاقی دورهٔ ویپاسانا نگاهی کردم و احساسی درست شبیه به خوشبختی در سراسر وجودم بود. چه کسی فکرش را می‌کرد من هشت ماه بعد از نپال از کلمبیا و گواتاپه سردر بیاورم؟

خروج اجباری

دو روز بیشتر به انقضای ویزای کلمبیا نمانده بود. مقصد بعدی بولیوی بود که می‌دانستم پروسهٔ ویزایش پیچیده نیست و بلیط صدوبیست دلاری‌اش را دو هفته قبل خریده بودم، از بوگوتا[1] پایتخت کلمبیا به لاپاز[2] پایتخت بولیوی. آتی نیز مثل من راهی بوگوتا بود و از آنجا به برزیل می‌رفت. قبل از آن‌که به ایستگاه اتوبوس برویم و سوار یک اتوبوس شبانه از مدجین به بوگوتا بشویم، به خانهٔ یکی از دوست‌های مجازی آتی رفتیم. او پسری هندی به نام سراج بود.

سراج برای شرکت «هواوی»[3] کار می‌کرد و یک‌سالی بود که ساکن مدجین بود. همان‌طور که غذای تند هندی را می‌خوردیم، در مورد پاسپورت‌هایمان و سختی ویزاها صحبت می‌کردیم. آتی اصرار داشت که پاسپورت چینی جزو بدترین پاسپورت‌ها برای سفر است و سراج در اینترنت دنبال راهی می‌گشت تا به آتی نشان بدهد که پاسپورت هندی بی‌ارزش‌تر است. نمی‌دانستم چه بخورم که تندی غذا را کم کند و هم‌زمان در سکوت و با غمی بزرگ آن دو را مشاهده می‌کردم. سراج بالاخره اطلاعات مورد نظرش را پیدا کرد و با صدای بلند خواند: «با پاسپورت چینی به چهل کشور دنیا می‌شه بدون نیاز به ویزا سفر کرد. با پاسپورت هندی فقط به بیست‌وشش کشور می‌شه رفت. ۲۶ از ۱۹۷».

بعد به من نگاهی کرد و گفت: «الان ایران رو هم می‌بینم. با پاسپورت ایرانی، بدون ویزا یا با ویزای فرودگاهی می‌شه به شونزده‌تا کشور رفت». هر دو به من خیره شدند و سکوت کردند. لبخندی زدم و به غذاخوردن ادامه دادم. آتی نگاهی به چشمانم کرد و پرسید: «گریه می‌کنی؟»
خندیدم و گفتم: «نه به خوردن غذای تند عادت ندارم.»

1.Bogota 2. La Paz 3.Huawei

گرچه خودم هم نمی‌دانستم که اشک در چشمانم از غذای تند است یا از سختی‌ها و دردسرهایی که می‌دانستم در ادامهٔ سفر پیش‌رویم است.

بوگوتا مدرن و بسیار شلوغ بود. وقتی رسیدم یک‌راست به سفارت بولیوی رفتم و در مسیر به خیابان‌ها، گرافیتی‌ها، هنرمندهای خیابانی، تابلو و مردمی که با عجله راه می‌رفتند نگاه کردم. برخلاف تصورم در کنار سفارت جایی که بتوانم از مدارکم کپی بگیرم نبود. به کپی مدارکم نیاز داشتم ولی با این‌حال تصمیم گرفتم به داخل بروم. سفارت خلوت بود، آن‌قدر خلوت که انگار ماه‌هاست شخص جدیدی واردش نشده بود. به منشی توضیح دادم که ایرانی‌ام و فردا شب به بولیوی پرواز دارم. گفتم تمام مدارک به‌جز فرم همراهم است و با این‌که می‌توانم ویزای فرودگاهی بگیرم، آمده‌ام تا زودتر ویزا بگیرم چون هزینهٔ ویزای فرودگاهی سه‌برابر است. نگاهی به پاسپورتم کرد و بعد چیزی در کامپیوترش تایپ کرد و گفت: «متاسفم! دو تا سه روز طول می‌کشه تا ویزا صادر بشه.» همان لحظه تلفنش زنگ خورد و پس از چند دقیقه متوجه شدم شرایط من را توضیح می‌دهد. تلفن را که قطع کرد، از من خواست تمام مدارکم را نشانش بدهم. گفت سفیر گفته است ویزا می‌تواند همین امروز صادر شود. خودم فرم را با توجه به مدارکت پر می‌کنم و الان هم خودشان می‌آیند. با تعجب روی صندلی انتظار نشستم. دقایقی بعد سفیر وارد شد، به احترامش بلند شدم. پس از احوال‌پرسی گرم، دلیل سفرم به بولیوی و علاقه‌ام به آمریکای جنوبی را پرسید. گفتم: «فرهنگ لاتین، زبان اسپانیایی و رقص‌های مختلف لاتین همیشه برای من جالب بودن. بولیوی کشوری به‌ظاهر فقیر با یه فرهنگ غنیه. دلم می‌خواد مدتی با مردمش زندگی کنم، در مورد غذاها و رقص‌های محلی‌ش بیشتر یاد بگیرم و توی بزرگ‌ترین دشت نمک دنیا راه برم و نفس بکشم.»

چند ثانیه به من خیره شد، سپس لبخندی زد و گفت یک دختر نوجوان دارد که می‌خواهد در آینده سفر کند. منشی صحبت‌هایمان را قطع کرد، پاسپورت را به سمتم گرفت و گفت که ویزایم آماده است. با اشتیاق پاسپورت را باز کردم و به ویزای بولیوی که به من چشمک می‌زد، لبخند زدم. دلم می‌خواست جفتشان را محکم در آغوش بگیرم اما تنها با بغض تشکر کردم و از سفارت بیرون آمدم. درحالی‌که اشک شادی می‌ریختم به سمت مرکز شهر رفتم. انگار دنیا پس از تجربهٔ سخت ویزای کلمبیا به من جایزه داده باشد.

آن شب قرار بود در خانهٔ عزیزی بمانم که برایم دعوت‌نامه نوشته بود. مادر دوست زن‌عمویم، زنی به نام کلاودیا. آن‌ها اصلاً انگلیسی بلد نبودند و من هم

تنها چند کلمه و جملهٔ ابتدایی به اسپانیایی بلد بودم. آن شب با کلاودیا و همسرش که زوج میان‌سال بسیار مهربان و خوش‌قلبی بودند و از لحظهٔ اول مرا همچون دخترشان در آغوش گرفتند، تنها چند کلمه به اسپانیایی و یا به‌صورت پانتومیم صحبت کردم. مهمان‌نوازی هردویشان درست مثل مهمان‌نوازی ایرانی‌ها بود. دخترشان در آمریکا و پسرشان در آرژانتین زندگی می‌کرد. بعد از هر بار که تشکر می‌گفتند: «تو هم مثل دختر مایی». شب اول مرا برای شام به یک رستوران دعوت کردند و شب دوم قبل از پرواز محل کارشان را به من نشان دادند.

پروازم ساعت ده شب بود. در بهترین حالت ساعت هفت و در بدترین حالت ساعت هشت باید به فرودگاه می‌رسیدم؛ اما نه‌تنها فاصلهٔ محل کار تا فرودگاه زیاد بود بلکه آن شب ترافیک بوگوتا بسیار سنگین بود. تا قبل از ساعت هشت آرام بودم و امید داشتم که به پرواز برسم؛ اما زمانی که ساعت هشت شب شد و ما هنوز به فرودگاه نرسیده بودیم، دلشوره‌ام شروع شد، انگار در دلم رخت می‌شستند. کلاودیا برای کم‌کردن استرسم بی‌وقفه صحبت و با بیشترین سرعت ممکن رانندگی می‌کرد. ذهنم بی‌اختیار داشت برنامه‌ریزی می‌کرد: «اگه به پرواز نرسم، پول دارم با هواپیمای بعدی به بولیوی برم؟ اگه به ایرلاین زنگ بزنم هواپیما برای من صبر می‌کنه؟ قسمت اینه که یک روز بیشتر تو کلمبیا بمونم؟ اگه به پرواز نرسیدم باید به میزبانم توی بولیوی بگم که منتظرم نباشه؟» ذهنم لابه‌لای همین افکار می‌چرخید که بالأخره به فرودگاه رسیدیم، ساعت هشت‌ونیم شب بود. همراه کلاودیا و همسرش که کولهٔ سنگین مرا حمل می‌کرد، طول فرودگاه را به تندی یک یوزپلنگ دویدیم. احساس می‌کردم در یک سریال تلویزیونی‌ام، انگار از دست پلیس‌ها فرار می‌کردیم. هم استرس تمام وجودم را گرفته بود و هم از آنچه درحال تجربه‌اش بودیم خنده‌ام گرفته بود. یک‌ربع گذشت تا بالأخره کارت پرواز را دریافت کردم. زمان خداحافظی رسیده بود. اشک از چشمانم جاری شد، محکم در آغوششان گرفتم و بابت همه‌چیز تشکر کردم. بعد با عجله و تکرار جملهٔ: «عذر می‌خوام عجله دارم» تمام صف‌ها را جلو زدم. مهر خروج بر پاسپورتم کوبیده شد، از کنترل عبور کردم و نفس‌نفس زنان به پرواز رسیدم.

اگر می‌خواستم با خودم روراست باشم، اصلاً آمادگی درونی ورود به کشور جدید را نداشتم. دلم می‌خواست سه ‑ چهار ماه دیگر در کلمبیا بگردم، پایتخت را بهتر بشناسم، به سمت آمازون بروم، بلندترین نخل‌های دنیا را ببینم و بیشتر با مردمش زندگی کنم. اما چه کنم که تنها سی روز اجازهٔ ماندن در کشور را داشتم و ویزایم قابل تمدید نبود.

آخرین مسافری بودم که آن شب سوار آن هواپیما به مقصد لاپاز شد. با بغض به پنجره نگاه و در ذهنم تمام سی روز گذشته را مرور کردم. شکر کردم که به کشور جادویی کلمبیا سفر کردم و خودم را برای دیدار با بولیوی، مردمش و تمام چیزهای ناشناختۀ درپیش‌رو آماده کردم.

بولیوی

شهر صلح

هواپیما ساعت دو و نیم شب بر خاک لاپاز نشست. گیج و خواب‌آلود وارد بولیوی شدم. پلیس مهاجرت نیز به اندازۀ من خواب‌آلود بود و تایپ کلمۀ «ایران» در کامپیوترش سرگیجۀ او را بیشتر کرده بود. بیست‌دقیقه پس از دیدن پاسپورت و ویزا و پرسش‌های مختلف، احتمالاً چون صبر زیادی برای شنیدن آرام و کلمه‌کلمه اسپانیایی صحبت‌کردن من نداشت، مهر ورود را زد و اجازه داد وارد خاک بولیوی شوم. بیست‌وهشتم ماه آوریل بود، قرار بود از دوم ماه می به مدت سه هفته در مدرسۀ یک روستا نزدیک پایتخت کار داوطلبانه بکنم. به همین دلیل از کوچ سرفینگ میزبانی برای چند شب در لاپاز پیدا کرده بودم.

نصف‌شب بود و هوا در تاریک‌ترین حالت خود قرار داشت. ترس اولین احساس من در بولیوی بود. نمی‌دانستم که می‌توانم به راننده تاکسی اعتماد کنم یا نه؛ اما چارۀ دیگری نداشتم. تمام مسیر در تاریکی به مولانا فکرکردم. فکرکردن به او و قونیه و بودن تسبیح دور گردنم دلم را آرام می‌کرد. یادآوری قونیه باعث می‌شد به مسیر اعتماد کنم.

ماریو را به دلیل نظرات خوب زیادی که در کوچ سرفینگ درباره‌اش نوشته بودند و مهمان‌های زیادی که از سراسر دنیا پذیرفته بود انتخاب کردم. هنگام انتخاب میزبان به این فکر نمی‌کردم که مرد است یا زن، هم‌سن من است یا هم‌سن مادرم، آیا به نظر من زیباست یا نه؟ بلکه بعد از خواندن پروفایلش به این فکر می‌کردم که چقدر حرف مشترک با او دارم و وقتی که نظرات دیگران را می‌خواندم با خودم فکر می‌کردم که بر اساس آن‌ها هم‌نشینی با آن فرد چه تأثیری بر من خواهد داشت؟ و بالعکس.

ماریو بنا بر اطلاعات حساب کاربری‌اش در کوچ سرفینگ، از نوجوانی بسیار سفرکرده بود. از آنجایی که چیزی در مورد بولیوی نمی‌دانستم و هنوز اسپانیایی‌ام درحدی نبود که بتوانم با بومی‌ها مکالمهٔ عمیقی داشته باشم، فکر کردم می‌توانیم صحبت‌های جالبی بکنیم و در مورد زندگی در بولیوی و فرهنگشان از او یاد بگیرم.

روبه‌روی ساختمانی سیاه پیاده شدم و زنگ نگهبان را زدم. دو دقیقه صبر کردم اما هیچ‌کس در را باز نکرد. به عقب نگاه کردم، تاکسی رفته بود و من ساعت سه نصفه‌شب در تاریکی شهر لاپاز و در ابتدای ورودم به آن، با تمام تعلقاتم پشت در یک ساختمان منتظر ایستاده بودم.

فراموش کرده بودم تا در فرودگاه سیم‌کارتی برای گوشی بخرم و هیچ راه تماسی با ماریو نداشتم. دوباره زنگ نگهبان را زدم ولی کسی در را باز نکرد. بیست‌ثانیه دستم را روی زنگ نگه داشتم ولی کسی در را باز نکرد. به اطراف نگاه کردم، جلویم یک میدان بود با چند مغازه و ساختمان که همه بسته بودند. چشمم به هتلی افتاد. فکر کردم اگر کمی بیشتر معطل شدم، به هتل که احتمالاً باز است می‌روم و از آنجا با وصل‌شدن به اینترنت به ماریو زنگ می‌زنم. ذهنم در سفر تنهایی یاد گرفته بود چطور در مواقع بحرانی به‌سرعت دنبال راه‌حل بگردد.

دوباره دستم را روی زنگ نگه داشتم؛ این‌بار با تمام وجود از جهان هستی خواستم که در را باز کند. چند لحظه بعد در باز شد. در را به جلو هل دادم و با یک پیرمرد عصبی روبه‌رو شدم. نگهبانی که احتمالاً تازه از خواب بیدار شده بود. با استرس از او تشکر کردم و گفتم که می‌خواهم به خانهٔ ماریو بروم. نگاهی به ساعت کرد و گفت: «ساعت سه‌وربع نصفه‌شبه، من رو بیدار کردی.» جمله‌اش را با عصبانیت ادامه داد اما من تنها دو جملهٔ اول را متوجه شدم. سعی کردم کمی کلماتی که یاد گرفته بودم را به‌خاطر بسپارم اما آن‌قدر قلبم تند می‌زد و خسته بودم که حتی نتوانستم عذرخواهی کنم. به انگلیسی گفتم: «لطفاً بگو ماریو کدوم طبقه است؟» نمی‌دانم ارتفاع لاپاز باعث سرگیجه‌ام شده بود یا خستگی و بی‌خوابی. یک‌ربع همان‌طور که کولهٔ سنگین روی دوشم بود با پیرمرد عصبی سروکله زدم تا بالأخره جوابم را داد. هم از دست خودم عصبی بودم که چرا سیم‌کارت نخریدم و هم از دست پیرمرد نگهبان.

ماریو خسته و خواب‌آلود در را باز کرد. با لبخند از او تشکر کردم و داستان پیرمرد را توضیح دادم. او هم مرا به اتاق مهمان راهنمایی کرد و شب‌بخیر گفت.

وسایلم را گوشه‌ای گذاشتم، لباس‌هایم را عوض کردم و سپس در اتاق ماریو را زدم تا رمز اینترنت را بپرسم و به میزبانانم در بوگوتا خبر بدهم که سالم وارد بولیوی شدم.

ماریو قدبلند بود، باید سرم را کمی بالا می‌گرفتم تا صورتش را ببینم. بسیار بی‌حوصله در را باز کرد و گفت: «می‌شه فردا صبح بهت رمز رو بدم؟ ساعت چهار صبحه. می‌خوام بخوابم.» و بعد در را بست. از این‌که متوجه زمان و ایجاد مزاحمت نبودم بسیار خجالت کشیدم. به اتاق برگشتم، زیر پتوی گرم دراز کشیدم و یک‌دفعه زدم زیر گریه. نمی‌دانم فشار مسیر بود یا از خستگی و انتظار زیاد. تنها به‌یاد دارم که آن‌قدر بی‌صدا گریه کردم تا بالأخره خوابم برد.

آشنایی با ماریو

گاهی درازکشیدن و بستن چشم‌هایم تنها راه‌حل مواجهه با فشار زیاد سختی‌های تنها سفرکردن و ویزاگرفتن بود. گاهی خوابیدن تنها چیزی بود که برای ادامهٔ مسیر کمکم می‌کرد. تنها باید به بدنم گوش می‌کردم و از جایم بلند نمی‌شدم. ساعت دو بعدازظهر از خواب بیدار شدم، دوش گرفتم و به سالن رفتم. ماریو با لبخند نگاهم کرد و گفت: «منتظر بودم ساعت چهار عصر بشه تا در بزنم ببینم زنده‌ای یا نه؟ چایی می‌خوری؟»

با چای داغ و شکلات صحبت را شروع کردیم. ماریوی سی‌وهشت‌ساله در بولیوی به دنیا آمده و در مونترآل کانادا بزرگ شده بود. به چهار زبان انگلیسی، فرانسوی، اسپانیایی و پرتغالی مسلط بود. زبان پرتغالی را سال‌ها پیش در سفر شش‌ماهه‌اش به برزیل یاد گرفته بود. در نوجوانی از کانادا تا برزیل را زمینی سفر کرده و سپس تصمیم گرفته بود در بولیوی زندگی کند. حالا پس از پانزده سال شرکت بزرگی در زمینهٔ گردشگری داشت و جوانان بسیاری برایش کار می‌کردند.

خانه‌اش پر از تابلوها و مجسمه‌های مختلف از سراسر دنیا بود. دلم می‌خواست ساعت‌ها به قفسهٔ کتاب‌هایش نگاه کنم. یک اتاق و حمام و دستشویی جدا هم برای مهمان‌ها داشت. در همان دقایق اول متوجه شدم که قلب بسیار بزرگی دارد. قدِ بلند، موهای مشکی کوتاه و چشم‌های بزرگ و مهربانی داشت. هجده‌سال از من بزرگ‌تر بود اما نمی‌توانستم منکر جذابیتش برای خودم شوم. عمق نگاهش فریاد می‌زد که داستان‌های زیادی برای گفتن دارد.

قبل از تاریکی هوا کمی داخل شهر قدم زدم. مشخص بود ماریو در منطقهٔ مدرن شهر زندگی می‌کند، چرا که هرچقدر به مرکز شهر نزدیک‌تر می‌شدم، تعداد زنان دست‌فروش کنار خیابان بیشتر می‌شد. راه‌رفتن در لاپاز همانند کوه‌نوردی بر کوه‌های البرز بود. خیابان‌ها پر از سراشیبی بودند. ارتفاع زیاد نفس‌کشیدن را سخت‌تر و هر بلندی قدم‌هایم را کندتر می‌کرد.

بعد از خوردن ساندویچ در یک رستوران محلی به پارک رفتم و به مردم خیره شدم. لباس‌های رنگی‌رنگی و دامن و کلاه زن‌های بومی، فلوتی که مرد روبه‌رویم می‌نواخت و بازی بچه‌ها، همه به زیبایی لاپاز افزوده بودند. یادم آمد کلمهٔ «پاز» به‌معنای «صلح» است و «لاپاز» یعنی «شهر صلح».

فقر را می‌شد دید و حس کرد. در راه برگشت به خانهٔ ماریو برای چندتا از خانم‌های دست‌فروش آب و نان خریدم. وقتی به خانه رسیدم دیدم سوپ خوشمزه‌ای درست کرده است و سریال فرندز را تماشا می‌کند. به او گفتم: «سالن خونه‌ات تو این لحظه حس خونه‌مون توی تهران رو برام زنده کرد. من و خواهرام هر روز این سریال رو نگاه می‌کردیم و بارها هر ده فصلش رو تموم کردیم.» ماریو زیاد صحبت نمی‌کرد؛ اما از رفتار و نگاهش می‌شد فهمید که حرف‌های زیادی برای گفتن دارد. یادم نیست چطور وارد بحث ادیان شدیم؛ اما متوجه شدم به دانستن هر آنچه نمی‌داند علاقهٔ زیادی دارد. سال‌ها در مورد ادیان مختلف تحقیق کرده است و داستان‌های بسیاری می‌داند.

برایش از عشقم به مولانا و سماع گفتم. رقص سماع بسیار توجهش را جلب کرد و از من خواست تا آهنگی بگذارم و سماع کنم. صدای علیرضا قربانی که با تمام وجود می‌گفت: «آن سو مرو، این سو بیا» در سالن خانه‌اش پخش شد و من شروع کردم به چرخیدن. پس از چند ثانیه خودش هم همراهی‌ام کرد و دقایقی با صدای علیرضا قربانی دور خود چرخیدیم. در تصوراتم هم نمی‌گنجید که روزی در ارتفاعات لاپاز بچرخم و سماع کنم.

قبل از خواب پیغامی از طرف میزبانم در روستا دریافت کردم. نوشته بود که برای سفر مهمی مجبور است از کشور خارج شود و نمی‌تواند مرا به‌عنوان داوطلب بپذیرد. صبح روز بعد وقتی که داستان را برای ماریو تعریف کردم، گفت که می‌توانم بیشتر در خانه‌اش بمانم و جای نگرانی نیست. همچنان گفت که دوم ماه می سی‌ونه‌ساله می‌شود، چندتا از دوستانش قرار است به دیدنش بیایند و از من هم دعوت کرد تا به آن‌ها ملحق شوم.

در یکی از صبح‌ها در آشپزخانه منتظر نشسته بودم تا ماریو بیدار شود و از او بپرسم که اجازه دارم نیمرو و چای درست کنم یا نه. وقتی بیدار شد و از او سوال کردم، با تعجب نگاهم کرد و گفت: «اینجا خونهٔ خودته، راحت باش! وقتی مهمونام راحتن و بیدار که می‌شم اونا رو مشغول یوگا، فیلم‌دیدن و آشپزی‌کردن می‌بینم، من هم احساس راحتی می‌کنم. اما الان با این سوال تو و معذب بودنت، من هم معذب شدم. فکر کنم همهٔ میزبانا دلشون می‌خواد مهموناشون احساس کنن که توی خونهٔ خودشونن. تو توی خونهٔ خودتون برای نیمرو درست‌کردن از کسی اجازه می‌گرفتی؟» راست می‌گفت. من همیشه همه‌جا معذب بودم، در خانهٔ هر میزبانی باید حتماً برای انجام هر کاری اجازه می‌گرفتم. قبلاً چندبار میزبان‌ها از من خواسته بودند تا بی‌دلیل عذرخواهی نکنم اما هیچ‌کدام به واضحی ماریو نگفته بودند.

پس از صبحانه از خانه بیرون زدم و پیاده به سمت بازار «جادوگرها» رفتم. بازاری پر از کیف و لباس‌های رنگی که همه کار دست زنان بولیویایی بود. لاپاز سرد بود و من تنها یک آستین‌بلند بافتنی سفید در کوله‌ام داشتم. برای همین یک لباس آبی بسیار سبک خریدم، کمی در بازار قدم زدم و به یک رستوران کوچک محلی رفتم تا ناهار بخورم.

برای دو میزبان مختلف درخواست کار داوطلبانه ارسال کرده بودم. یک مدرسه در شهر سوکره[1] در بولیوی و یک خانوادهٔ کانادایی با سه بچه در درهٔ مقدس[2] اطراف شهر کوسکو[3] در پرو. در کمال تعجب زمانی که به اینترنت وصل شدم از هر دو میزبان پیغام داشتم. مدرسهٔ سوکره حساب کاربری‌ام را دوست داشتند اما تا ماه آینده احتیاجی به داوطلب جدید نداشتند و خانوادهٔ کانادایی در پرو از من پرسش‌هایی در مورد تجربیاتم با کودکان و کارهایی مثل باغبانی پرسیده و گفته بودند برای تاریخی که اعلام کرده‌ام به داوطلب احتیاج دارند. اصلاً دلم نمی‌خواست به مقصد و کشور بعدی حتی فکر کنم اما چاره‌ای نداشتم چون تنها سی روز اجازهٔ ماندن در بولیوی را داشتم و باید قبل از آن‌که دیر می‌شد ویزای مقصد بعدی را می‌گرفتم.

گاهی خودم را با جوانان اروپایی، آمریکایی و لاتین مقایسه می‌کردم که بی‌دغدغهٔ ویزا سفر می‌کردند و این افسرده‌ام می‌کرد. فکر می‌کردم که جابه‌جایی آزادانه در کرهٔ زمین «حق» یک انسان است. حقی که من ندارم.

1.Sucre 2.Sacred Valley 3.Cusco

چیزی که مرا از تلخی مقایسه‌کردن نجاتم می‌داد، شکرگزاری بود. به زندگی‌ام نگاه و برای تمام چیزهایی که داشتم شکر می‌کردم. داشته‌هایم خیلی بیشتر از حق و حقوقی بود که ندارم. درنهایت قبول کرده بودم که سفر با پاسپورت ایرانی آزادی‌های زیادی را از من خواهد گرفت. از اول می‌دانستم که مسیرم آسان نخواهد بود.

در راه برگشت به خانهٔ ماریو سری به سفارت پرو زدم، متوجه شدم که دو هفته طول می‌کشد تا ویزا آماده شود. لیست مدارک مورد نیاز و یک وقت مصاحبه برای روز بعد گرفتم. مدارک مورد نیاز برای ویزای پرو درست شبیه ویزای کلمبیا و بولیوی بود. لازم بود رزرو هتل و بلیط داشته باشم، که اولی را رایگان و آنلاین انجام می‌دادم و دومی را خواهرم در ایران از یک آژانس هواپیمایی می‌گرفت و پی‌دی‌افش را برایم می‌فرستاد. به همین ترتیب پنج روز دیگر در لاپاز گذشت. نه‌تنها برای ویزای پرو اقدام کردم بلکه برای کار ترجمه و نوشتن سفرنامه به انگلیسی رزومه‌ای آماده کردم و به بیست وبسایت مختلف فرستادم. بعد از شمردن پول‌هایم که همه را جایی در کوله‌ام قایم کرده بودم، متوجه شدم که تنها سیصدوپنجاه دلار از هزاروپانصد دلار برایم باقی مانده است و با این مقدار پول تنها یک ماه دیگر با کار داوطلبانه می‌توانم به مسیر ادامه دهم.

فکرکردن به آینده و بی‌پولی مرا هم می‌ترساند و هم باعث هیجانم می‌شد. برخی شب‌ها کابوس می‌دیدم که با گریه به ایران برگشته‌ام؛ اما چیزی ته دلم می‌گفت که به مسیر اطمینان داشته باش، همه‌چیز درست می‌شود. برای داشتن صلح درونی در بلاتکلیفی کافی بود روی قدم بعدی تمرکز کنم. کافی بود ذهنم را به زمان حال و «اینجا» بیاورم. بلاتکلیفی و بی‌پولی در قاره‌ای دورافتاده میان انسان‌هایی که همزبان من نبودند، استرس‌آور بود؛ اما هربار تصمیم می‌گرفتم به‌جای گوش‌کردن به صدای ذهنم که از «ترس» می‌آمد، به صدای دلم گوش کنم که از «عشق» می‌آمد.

اگر کسی بخواهد مرا در شب تولّدم خوشحال کند، دلم می‌خواهد به تعداد سنم شمع بخرد تا بتوانم چشم‌هایم را ببندم و قبل از فوت‌کردن آرزو کنم. برای همین تصمیم گرفتم همین کار را برای ماریو انجام دهم. شب تولّد ماریو شب عجیبی بود. صبح در شهر سی‌ونه شمع و یک کیک سفید خامه‌ای خریدم. به خانه برگشتم و به‌جای در زدن در را با کلیدی که ماریو داده بود باز کردم و کیک را در یخچال قایم کردم. با این‌که می‌دانستم حتما کیک را در یخچال دیده است و به روی خودش نیاورده، ده دقیقه قبل از نیمه‌شب کیک را بیرون آوردم،

شمع‌ها را روشن و ماریو را صدا کردم. با دیدن کیک و شمع‌ها لبخندی زد و روی صندلی نشست. نمی‌دانم چرا قلبم بسیار تند می‌زد. برایش به فارسی و انگلیسی شعر «تولد مبارک!» خواندم و سپس از او خواستم درحالی‌که از سی‌ونه تا یک می‌شمارم، چشم‌هایش را ببندد و آرزو کند. چقدر دلم می‌خواست بدانم دقیقاً در آن لحظه به چه چیزی فکر می‌کند و چه آرزویی دارد. پس از فوت‌کردن شمع‌ها یکدیگر را در آغوش گرفتیم. در عظمت وجودش، بخش‌هایی از خود را می‌دیدم.

تصمیم گرفتم تا وقتی که از طرف سفارت جواب ویزای پرو بیاید، به جنوب بولیوی و شهر اویونی[1] بروم تا بزرگ‌ترین دشت نمک دنیا را از نزدیک ببینم. البته کارهای زیادی بود که دلم می‌خواست در بولیوی انجام دهم، مثل پیاده‌روی شبانه در جنگل‌های آمازون، اسپانیایی یادگرفتن در شهر سوکره، خوردن میوه‌های تازه در کوچابامبا[2]، دوچرخه‌سواری در «جادهٔ مرگ»[3] و دیدن دلفین‌های صورتی در شمال کشور. بولیوی کشور بسیار ارزانی بود؛ اما بودجهٔ من آن‌قدر کم بود که حتی در ارزان‌ترین کشور آمریکای جنوبی هم نمی‌توانستم با خیال راحت سفر کنم. سرانجام پس از ساعت‌ها نگاه به نقشه، بین تمامی مقاصد، دریاچهٔ نمک اویونی را انتخاب کردم.

روز تولد ماریو دوستان و همکارانش با غذاهای خوشمزه به خانه آمدند. دور میز نشستند، به ماریو و دو دوست کانادایی‌اش نگاه می‌کردم. هر دو بزرگ شدهٔ مونترآل بودند و چند سالی بود که در لاپاز زندگی می‌کردند. سعی می‌کردم چند کلمهٔ فرانسوی را از بین حرف‌هایشان متوجه شوم. نمی‌دانم چه شد که بحث به موضوع سفر کشید و ماریو شروع کرد به تعریف خاطره از دوران جوانی‌اش، یعنی زمانی که هم‌سن من بوده است و در آمریکای جنوبی سفر می‌کرده. از هیچهایک‌هایش گفت و داستان روزی را تعریف کرد که با یکی از دوستانش ساعت‌ها کنار جاده منتظر ماشین ایستاده بود. معتقد بود که آدم‌های مهربان در این دنیا زیادند و در دوران جوانی ریسک‌پذیرتر بوده است و از روبه‌روشدن با ترس‌هایش و خطرهای مختلف گفت. وقتی دوستانش از من پرسیدند که آیا تابه‌حال هیچهایک کردم یا نه، گفتم: «توی پنج ماه اخیر کوله‌گردهای زیادی رو دیدم که هیچهایک می‌کنن اما همیشه سوار ماشین غریبه‌ها شدن و تنها کنار جاده وایستادن برام ترسناک بوده». نمی‌دانم آن شب چه شد؛ اما پس از ساعت‌ها شنیدن داستان سفرهای ماریو و دوستانش، صدایی از درونم به من گفت که

1.Uyuni　　　2.Cochabamba

۳.Yungas Road: جاده‌ای میان لاپاز وکورویکو که در سال (۱۹۹۵) خطرناک‌ترین جادهٔ جهان نام گرفت.

زمانش رسیده تا «سواری مجانی» یا همان هیچهایک را امتحان کنم و همان‌طور هم شد. فردای آن روز ساعت شش صبح از خواب بیدار شدم، کوله‌ام را جمع کردم، ماریو را محکم در آغوش گرفتم و برای رفتن به اویونی از خانه خارج شدم.

اولین هیچهایک

همان‌طور که پیاده به آن طرف میدان می‌رفتم تا سوار اتوبوسی شوم، یاد آخرین حرف ماریو افتادم: «همیشه توی لاپاز یه خونه داری و وقتی که از جنوب برگشتی می‌تونی دوباره اینجا بمونی.» یک لبخند بزرگ روی لبم نشست.

هیجان و استرس زیادی داشتم. قدم‌هایم را تندتر کردم تا به اتوبوس برسم. مقصد اتوبوس‌ها روی شیشهٔ جلو نوشته شده بود. وقتی تابلوی جادهٔ اویونی را دیدم نفس در سینه‌ام حبس شد. سوارشدم و همان‌طور که از پنجره به آدم‌ها نگاه می‌کردم، صدای دوست ماریو در گوشم می‌پیچید که گفته بود: «هیچهایک‌کردن توی شهرها زمان زیادی می‌بره و انرژی زیادی می‌خواد. بهتره خودت رو با اتوبوس به جاده‌ای برسونی که تو رو به مقصدت می‌بره و سر جاده، جایی که ماشین می‌تونه توقف کنه رو پیدا کنی. با دست علامت مستقیم رو نشون بده و به حس درونت اطمینان کن. قبل از سوارشدن با راننده‌ها صحبت کن و مطمئن شو که مسیرشون تا یه جایی با تو یکسانه. ماشین بعدی که قراره سوارش بشی رو تصور کن و با لبخند استرس‌هات رو بشور.»
با وجود آن‌که فکر می‌کردم تمامی افراد داخل اتوبوس می‌توانند صدای تپش‌های قلبم را بشنوند، لبخند بزرگی زدم و سعی کردم به صدای درونم اطمینان کنم. صدایی که هیچ‌وقت بی‌دلیل حرفی نمی‌زد.

کنار جاده با کولهٔ زرد و سنگینم تنها ایستادم. به ماشین‌هایی که از دور و با سرعت زیاد به سمتم می‌آمدند نگاه کردم، نفس عمیقی کشیدم و دستم را بالا آوردم. چند دقیقهٔ اول هیچ فکری از مغزم عبور نمی‌کرد، انگار مغزم شوکه شده باشد. مثل یک مجسمه ایستاده بودم و از دور به ماشین‌ها نگاه می‌کردم که یک ون کوچک با کلی مسافر جلویم ایستاد. گفت: «اُرورو»[1]. به اسپانیایی گفتم: «مستقیم؟» گفت: «بله!» گفتم «پول ندارم». گفت: «سوار شو!»

بعد از سوارشدن متوجه شدم اتوبوس مردم محلی است و من تنها خارجی‌ام. کوله‌ام را روی پای چپم گذاشتم، خودم را بین کوله و پنجره جا کردم و سرم را

به شیشهٔ پنجره تکیه دادم. بعد گوشی را از کیف کوچکم درآوردم تا به نقشه نگاه کنم. شهر اورورو[1] سه ساعتی با لاپاز فاصله داشت و درست در وسط مسیرم به سمت اویونی بود. با خیال راحت هندزفری را در گوش‌هایم گذاشتم و به جاده‌های لاپاز خیره شدم. بین راه ون چندین‌بار توقف کرد. هربار یک زن بولیویایی با پیراهنی بلند، ضخیم و رنگی و بقچه‌ای روی سرش سوار شد و چندین نفر پیاده شدند. نگاه سنگین مردم را روی خودم حس می‌کردم، انگار با چشم‌هایشان از من می‌پرسیدند آنجا چه می‌کنم، من هم در جواب نگاهشان می‌کردم و با چشمانم لبخند می‌زدم. مطمئنم که ترس را هم در چشمانم می‌خواندند. هربار که با یکی چشم‌درچشم می‌شدم، نگاه پرسشگرش به نگاهی دلسوزانه و تعجبش به لبخند تبدیل می‌شد.

حدود ساعت یک ظهر به اورورو رسیدیم. هرچه سکه داشتم شمردم و درنهایت با آن‌که گفته بودم پولی ندارم، پنج بولیویانو[2] به نشانهٔ سپاس در دست‌های راننده گذاشتم. شهر شلوغی بود. دور یک میدان پیاده شدم و همان‌طور که قدم‌زنان راه می‌رفتم و موز و ساندویچی که از قبل درست کرده بودم را می‌خوردم، چشمم به یک تابلوی انگلیسی افتاد: «حمام، دستشویی، خواب». حسی به من می‌گفت که شب را در اورورو بمانم و صبح روز بعد ادامهٔ مسیر را هیچهایک کنم. شب را در یک اتاق خصوصی کوچک با حمام و دستشویی عمومی به قیمت بیست بولیویانو (حدود سه دلار) گذراندم و ظهر روز بعد سر ساعت دوازده پیاده به آن طرف میدان و به سمت جادهٔ اصلی رفتم. وقتی یک مکان خوب برای ایستادن ماشین‌ها پیداکردم، کوله‌ام را روی زمین گذاشتم و در ذهنم جاده را از هرگونه اتفاق ناخوشایندی پاک‌سازی کردم. پس از حدود بیست‌دقیقه کامیونی بزرگ و قرمز سرعتش را کم کرد و جلوی من ایستاد. یادم افتاد که ماریو گفته بود گاهی کامیون‌ها بهترین گزینه‌اند، چرا که مسافت‌های طولانی را طی می‌کنند؛ اما اگر بیشتر از یک مرد در کامیون بود، سوار نشوم. پیرمرد در را باز کرد و مقصدم را پرسید، نگاهی به داخل کامیون کردم، پیرمرد تنها بود. به او گفتم به اویونی می‌روم، گفت می‌تواند مرا تا روستای هواری ببرد. روستا در وسط مسیر بود برای همین سوار شدم و راه افتادیم، جاده از داخل کامیون زیباتر هم بود. توانستم با چند کلمهٔ اسپانیایی که یاد گرفته بودم خودم را معرفی کنم و بگویم که ایرانی‌ام. راننده هم خودش را معرفی کرد و البته بعد از کمی صحبت به صورت من نگاه کرد و فهمید که خیلی متوجه حرف‌هایش نمی‌شوم، لبخندی زد و آهنگ را زیاد کرد. بیش از یک ساعت به آهنگ آرامش‌بخش بولیویایی گوش کردم و به جاده‌ها

1.Oruro

۲. Boliviano: واحد پول بولیوی.

و رنگ‌های سفید، کرم، طوسی و قرمز خاک نگاه کردم تا به هواری رسیدیم. از پیرمرد تشکرکردم و پیاده شدم. همان‌طور که سعی داشتم با قدم‌های تند به آن طرف روستا برسم، با تعدادی کودک و جوان مواجه شدم که ساز می‌زدند و می‌رقصیدند. لبخند روی لبم نشست و فکر کردم اگر با اتوبوس سفر می‌کردم امکان نداشت چنین تصویری را ببینم. پس از نیم‌ساعت پیاده‌روی و خروج از روستا، جای مناسبی برای ایستادن پیدا کردم. با نگاه به اطرافم، برای اولین‌بار در این دو روز، تمام وجودم پر از ترس شد. ساعت سه بعدازظهر بود و من در بیابان بودم. هیچ آدم، ماشین و حتی حیوانی نمی‌دیدم. نه کیسه‌خواب داشتم و نه می‌دانستم که شب کجا قرار است چشم‌هایم را روی‌هم بگذارم؟ در همین افکار وحشتناک بودم که یک‌دفعه صدایی از ته قلبم به من گفت به جاده نگاه و ماشینی را تصور کن که مستقیم به اویونی می‌رود. چشمانم را بستم و کامیونی به مقصد اویونی را تصویرسازی کردم، تا چشمانم را باز کردم یک کامیون بزرگ را دیدم که از دور به سمتم می‌آمد. دستم را تکان دادم و لبخند زدم. کامیون کمی جلوتر ایستاد. دوان‌دوان به سمتش رفتم. راننده‌ی جوانی که به‌نظر هم‌سن خودم بود با کنجکاوی نگاهم کرد. پرسیدم: «مقصدت کجاست؟» گفت: «آرژانتین» پرسیدم: «از اویونی می‌گذری؟» گفت: «بیا بالا». باور دارم خوشبختی‌ای را که در آن لحظه احساس کردم قبلاً در زندگی تجربه نکرده بودم. پس از کمی صحبت با رانندهٔ جوان، دوباره در سکوت به جاده‌ها و رنگ عجیب خاک خیره شدم. کلمهٔ «آرژانتین» در ذهنم تکرار می‌شد و دقایقی به این فکر کردم که آیا روزی در مسیر از آرژانتین رد خواهم شد یا نه؟

حدود ساعت شش عصر به اویونی رسیدیم. شهری که تصور می‌کردم توریستی و مدرن باشد، شبیه روستایی کوچک و محلی وسط بیابان بود، پر از دست‌فروش. یک هاستل ارزان و پنج دلاری پیدا کردم و یک تور یک‌روزهٔ چهارده دلاری برای دیدن بزرگ‌ترین دریاچهٔ نمک دنیا خریدم. تورهای سه‌روزه‌ای هم بودند که برای دیدن فلامینگوها و دریاچه‌ای صورتی تا نزدیک مرز شیلی می‌رفتند؛ اما بودجهٔ من برایشان خیلی کم بود. از دست‌فروشی سیب‌زمینی سرخ‌کرده خریدم و از خستگی بیش‌ازحد به خواب رفتم. پس از دو روز پرماجرا، بالأخره به مقصدی موقتی اما هیجان‌انگیز رسیده بودم.

بزرگ‌ترین دشت نمک دنیا

هفت نفر بودیم، یک زن و شوهر برزیلی، دو زن بولیویایی، یک پسر و دختر

اسرائیلی، من و راننده. همه به‌جز من با همراه به سفر آمده بودند. در دلم آرزو کردم که کاش تنها برای آن روز یک هم‌سفر داشتم. گرچه خوشحال بودم که در صندلی تکی و راحت جلو نشسته‌ام و مثل بقیه در پشت ماشین جایم تنگ نیست. راهنمای تور به انگلیسی مسلط نبود برای همین هیچ چیزی از توضیحاتش متوجه نشدم، تنها به بیرون نگاه کردم و از مناظر لذت بردم. اول ما را روبه‌روی چند قطار رها شده در خیابان پیاده کردند. لوکومیتوها و واگن‌ها بسیار قدیمی بودند و دیگر استفاده نمی‌شدند و در جنوب بولیوی در بیابان استراحت می‌کردند.

پس از عکاسی در واگن‌های رها شده، به سمت دشت نمک حرکت کردیم. از دور به زمینی سفید نزدیک و نزدیک‌تر می‌شدیم. وقت ورود به آن سکوت عجیبی در ماشین حاکم شد و همه تنها از پنجره به بیرون نگاه می‌کردند. زمین در سفیدترین حالت ممکن بود و هرچه می‌رفتیم سفیدی بیشتر و بیشتر می‌شد. دقایق زیادی با سرعت زیاد روی زمینش حرکت کردیم. از عظمت آن زبانم بند آمده بود. پیاده که شدیم برعکس همه که سریع گوشی‌هایشان را بیرون آوردند و مشغول عکاسی شدند؛ من قدم زدم و بعد گوشه‌ای روی نمک‌ها نشستم و چشمانم را بستم. یاد حرف ماریو افتادم که می‌گفت: «هیچکی بعد از دیدن اونجا، آدم قبلی‌ای نیست که بود.»

دروغ چرا، من هم دلم می‌خواست کسی بود تا از من در آن فضا عکس بگیرد یا با من در آن فضا راه برود. انگار تنهایی و کوچکی‌ام در عظمت دشت بیشتر حس و دیده می‌شد. دو ساعتی در حیرت گذشت. با این‌که می‌دانستم هیچ‌کدام از عکس‌ها نمی‌توانند عظمت این مکان، حس راه‌رفتن روی آن و بادی که به صورتم می‌وزید را بیان کنند، برای این‌که در آینده باورم شود این یک خیال نیست، لحظات را ثبت کردم. ناهار مفصل و خوشمزه‌ای وسط دشت خوردیم و به قول راهنما به سمت «آینه‌های طبیعی» رفتیم تا از آنجا به غروب آفتاب نگاه کنیم.

نوجوان که بودم تصور می‌کردم نهایت هیجان را با رنجر سوارشدن در یک شهربازی و برعکس‌شدن و معلق‌بودن در هوا تجربه می‌کنم، اما آن روز زمان تماشای غروب آفتاب و تصویر خودم در آب‌های دریاچهٔ نمک هیجانی وصف‌نشدنی را تجربه کردم. انگار زیباترین نمایش زندگی‌ام را دیده باشم. آسمان به‌سرعت تغییر رنگ می‌داد، آبی، قرمز، نارنجی، زرد، سبز، صورتی، بنفش... چندین‌بار پلک زدم، بدنم را تکان دادم و به اطراف نگاه کردم، تصویر روبه‌رویم بخشی از بهشت بود که در همین دنیا و روی زمین افتخار دیدنش را داشتم.

قرار نیست بدانی که چه اتفاقی رخ خواهد داد، تنها قرار است که قدمی برداری. برای مسافری که برای ورود به هر کشور باید اجازه بگیرد و وقت و پول خود را سرمایه‌گذاری کند، لحظهٔ گرفتن مجوز ورود می‌تواند جزو زیباترین لحظات سفرش باشد. به‌محض برگشت از تور و وصل‌شدن به اینترنت، ایمیلی از سفارت دریافت کردم که می‌گفت ویزای شش‌ماههٔ پرو را گرفته‌ام و باید برای دریافت پاسپورت و ویزا به سفارت بروم. آن‌قدر از خواندن ایمیل ذوق کردم که به ماریو خبر دادم و تصمیم گرفتم روز بعد خودم را مهمان اتوبوس شبانه‌ای بکنم و از اویونی دوباره به لاپاز برگردم.

اتفاقات و برنامهٔ سفر بولیوی آن‌طور که فکر کرده بودم پیش نرفت. هرچقدر فکر می‌کنم می‌بینم شاید به بولیوی رفتم تا ماریو را ببینم. موقع برگشت چنان در آغوشش گرفتم که انگار ماه‌ها از او دور بوده‌ام. از چشمانش پیدا بود که از موفق‌بودن هیچ‌هایک‌ها و گرفتن ویزای پرو و دیدن دوبارهٔ من خوشحال است. مثل همیشه آرام و با لبخند از من خواست تا احساس راحتی کنم و مهمان جدیدش از پراگ را که ماه‌ها بود در آمریکای لاتین سفر می‌کرد را به من معرفی کرد. با دختر زیبا و جوان اهل پراگ که اسمش را فراموش کرده‌ام صبحانه خوردیم و بیرون رفتیم. او برای پیاده‌روی به مرکز شهر رفت و من برای گرفتن ویزا به سفارت رفتم. گرفتن ویزای شش‌ماهه‌ای که محدودیتی در تعداد ورود و خروج نداشت، باری را از روی دوشم برداشت. تصور آن‌که تا شش‌ماه خیالم از بابت گرفتن ویزای جدید راحت است، لبخند بزرگی روی لبم می‌نشاند.

دو روز آخر در لاپاز با ماریو از هر دری صحبت کردیم. صحبت به ادیان که رسید متوجه شدم پس از سفرش به قارهٔ آفریقا، یکی از ادیان آفریقایی را برای خود انتخاب کرده است. می‌گفت به‌نظرش هر آدمی با هر دین و هر جهتی که دوست دارد می‌تواند خدا را عبادت کند. می‌گفت همهٔ آدم‌ها، حتی آن‌هایی که وجود خدا را انکار می‌کنند، ته دلشان به یک نیروی برتر ایمان دارند. فرق نمی‌کند که چشمانت را می‌بندی و مراقبه می‌کنی یا پنج صبح برای نماز از خواب بیدار می‌شوی، فرق نمی‌کند که هر یکشنبه به کلیسا می‌روی و یا ذکر هارهٔ کریشنا می‌خوانی، هر آدمی از یک طریق عبادت می‌کند، هر آدمی از یک راه به خودش می‌آید و از درون خودش به آن نیروی برتر نزدیک می‌شود.

نمی‌دانم چه شد که بحث به ایران رسید؛ اما یادم است هنگامی که به او گفتم ما در ایران در سال (۱۳۹۷) هستیم، چشم‌هایش چنان گرد شد که انگار یک آدم‌فضایی دیده است.

- حس نمی‌کنی در آینده‌ای؟

سؤالش هم خنده‌دار بود و هم تلخ. به او گفتم که همه‌چیز از چهل سال پیش و زمان انقلاب تغییر کرده است، حتی سالی که در آن زندگی می‌کنیم. وگرنه تاریخ ایران به بیش از دوهزاروپانصد سال پیش برمی‌گردد. انگار دولت به‌راستی می‌خواسته ما به عقب برگردیم و در گذشته زندگی کنیم.

آن شب او یک گردن‌بند نازک و بلند از هند و یک کیف‌پول رنگی کوچک به من هدیه داد. گفت: «هرچیزی توی این کیف پول بذاری جاش همیشه امنه و هروقت که گردن‌بندت پاره شد، رهاش کن و بذار همون‌جا بمونه.»

هرجا عشق باشد، دیر یا زود جدایی هم هست. خداحافظی با ماریو سخت‌ترین قسمت سفرم به بولیوی بود. صبح روز بعد با بغض یکدیگر را در آغوش گرفتیم. هیچ‌وقت حرف آخرش را فراموش نمی‌کنم که گفت: «کاش یه جایی همین نزدیکی‌ها و پیوسته تو رو در زندگی‌م داشتم.» هم‌زمان چشمانش مطمئن بودند که روزی همدیگر را خواهیم دید، شاید سال‌ها بعد در گوشهٔ دیگری از دنیا.

تمام راه از لاپاز تا شهر مرزی کوپاکابانا[1] گریه کردم. درست مثل روزی که از «او» در تهران خداحافظی کردم، قلبم درد می‌کرد. انگار عزیزی را از دست داده باشم. چقدر دلم می‌خواست بیشتر با ماریو وقت بگذرانم، واضح برایش بگویم که چقدر از او یاد گرفتم و دیدارش به زندگی‌ام نور بخشیده است. وقتی در شهر کوپاکابانا به دریاچهٔ «تی‌تی‌کاکا»[2] رسیدم، حسی بهم گفت که درد دوست‌داشتن روحی نازنین چون ماریو خود یک نعمت است. این‌که انسانی سر راهت قرار بگیرد و با حضورش وجودت را بلرزاند یک نعمت است. اگر چیزی را در سینه‌ام احساس می‌کنم یعنی زنده‌ام و زنده‌بودن یعنی احساس‌کردن.

جادوی تی‌تی‌کاکا

دریاچهٔ تی‌تی‌کاکا در مرز بولیوی و پرو است و برای تمدن اینکاها مکانی مقدس بوده است. جزایر معلق زیادی در این دریاچه وجود دارند و بین آن‌ها دو جزیرهٔ معروف به نام «خورشید» و «ماه» وجود دارد که بعدازظهر روز بعد تصمیم گرفتم به دیدنشان بروم.

1.Copacabana 2.Titicaca

در هوایی سرد با چندین جوان توریست یک‌ساعت‌ونیم در قایق روی آب شناور بودیم تا به جزیرهٔ خورشید برسیم. جزیره‌ای که روزی خانهٔ اینکاها بوده است و هنوز پس از پانصدسال برخی بناهایشان آنجا وجود دارد. ساعت چهار به جزیره رسیدیم و متوجه شدیم که آخرین قایق ساعت پنج به کوپاکابانا برمی‌گردد. یک ساعت تا معبد خورشید راه بود و من هم که از عجله دوری می‌کردم، تصمیم گرفتم دور از سروصدا روی یکی از سنگ‌ها بنشینم و به صدای آب گوش دهم. آن لحظه خیره به دریاچه تمام دو هفتهٔ اخیر در بولیوی را مرور کردم. آن‌قدر اتفاق افتاده بود که باورم نمی‌شد همین دو هفتهٔ پیش در کلمبیا بودم و فردا قرار است به پرو بروم. آب آن‌قدر آرام بود که پس از چند دقیقه نگاه به آن آرام‌تر شدم. در راه برگشت، در قایق با پسری آلمانی به نام متیو آشنا شدم که مرا با چشم‌های بسته روی سنگ دیده بود. از من پرسید که چه جور مراقبه‌ای انجام می‌دهم. پس از صحبت از انواع مراقبه و نظرم در مورد آن‌که معنای مراقبه برای هر آدمی متفاوت است، صحبت به ویپاسانا رسید و متیو جذب توضیحاتم شد. گفت می‌خواسته با پنج‌هزار دلار پس‌اندازش به قطب جنوب سفر کند؛ اما زمانی که به جنوبی‌ترین نقطهٔ آرژانتین در پاتاگونیا می‌رسد، نظرش عوض می‌شود و تصمیم می‌گیرد با آن پول چندین ماه در سطح آمریکای لاتین سفر کند. متیو هم عصر روز بعد راهی پرو و شهر کوسکو بود، من اما بلیطم را برای ساعت نه صبح گرفته بودم. قرار گذاشتیم تا در کوسکو باز یکدیگر را ببینیم.

نمی‌دانم این را قبل‌تر گفته‌ام یا نه، همه‌چیز در آمریکای جنوبی بسیار کند پیش می‌رود. تأخیر اتوبوس‌ها و دیرکردن آدم‌ها طبیعی است. آن‌قدر در اکوادور و کلمبیا در ایستگاه‌های اتوبوس منتظر مانده بودم که وقتی صبح روز بعد با پنج دقیقه تأخیر به ایستگاه رسیدم و متوجه شدم که اتوبوس رفته است، از شدت شوک نمی‌دانستم بخندم یا گریه کنم. از آنجایی که بودجه‌ام خیلی محدود بود، اول فکر کردم پولم را از دست داده‌ام و مجبورم بلیط دیگری بخرم؛ اما خانمی پس از دیدن چهرهٔ نگرانم گفت که می‌تواند من را به مرز برساند و تنها ده دقیقه با آنجا فاصله داریم. گفت اتوبوس نیم‌ساعت در مرز توقف دارد و هنوز آنجاست. وقتی که به مرز رسیدیم زن در آغوشم گرفت، برایم آرزوی داشتن سفری خوش کرد و با وجود اصرار و تعارف، پولی نگرفت.

دوان‌دوان به اتوبوس رسیدم، کولهٔ بزرگم را تحویل دادم و برای زدن مهر خروج به سمت پلیس مرزی بولیوی رفتم. مهر بدون هیچ پرسشی بر پاسپورت کوبیده شد. سپس پیاده مرز خلوت بولیوی به پرو را رد کردم و با هیجان زیاد

سمت پلیس مرزی پرو رفتم. برعکس تصورم این‌بار همه‌چیز در آرامش پیش رفت، بدون هیچ پرسش و بدرفتاری‌ای وارد خاک پرو شدم. آرامش در ورود به یک کشور جدید برای بیشتر آدم‌ها یک حق بدوی و چیزی عادی است؛ اما برای من شبیه به معجزه بود.

ساعت نه‌ونیم صبح لب مرز سوار اتوبوس شدم و ساعت ده شب در تاریکی مطلق و با گیجی و خستگی، بدون داشتن مکانی برای خواب به کوسکو رسیدم. آن‌قدر همه‌چیز سریع و دقیقه‌نودی اتفاق افتاده بود که نه انتظاری از کوسکو داشتم و نه برنامه‌ای برای آن.

پرو

بر فراز کوه‌های آند

در کوسکو و کشور پرو هیچ کسی را نمی‌شناختم. هیچ میزبانی جوابم را در کوچ سرفینگ نداده بود. ساعت ده شب بدون هیچ مقصد خاصی سوار یک تاکسی شدم تا مرا از ایستگاه اتوبوس به مرکز شهر ببرد. به راننده گفتم دنبال یک هاستل خوب، تمیز و ارزانم. پرسید: «اهل کجایی؟» قند در دلم آب شد چون از همان دقایق اول لهجهٔ پرویی را می‌فهمیدم. گفتم: «ایران»، راننده لبخندی زد و گفت که می‌داند مرا کجا ببرد.

روبه‌روی هاستلی به نام «اینکاهای وحشی» پیاده شدم، صدای موسیقی‌اش از آن طرف خیابان هم شنیده می‌شد. هاستلی بزرگ و دوطبقه که در یک طرفش مسافرها پینگ‌پنگ بازی می‌کردند و در سمت دیگرش نوشیدنی‌ای به نام «اینکا کولا» می‌خوردند و می‌رقصیدند. برای پنج شب تختی در یک اتاق دخترانه گرفتم که به همراه صبحانه قیمتش بسیار مناسب بود. مرا به اتاقم در طبقهٔ بالا راهنمایی کردند. گفتند به دلیل آن‌که کوسکو در ارتفاع چهارهزار متری از سطح زمین قرار دارد، به‌طورمعمول تازه‌واردها در چند روز اول سردرد و سرگیجه دارند، بنابراین هروقت سرگیجه داشتم، می‌توانم از هاستل درخواست کمک کنم یا برای بهترشدن حالم «برگ کوک»[1] بجوم. اتاق ده تخته بود، به‌محض ورود به بقیهٔ

---

۱. برگ کوکا (Coca Leaf) در طب سنتی آمریکای جنوبی برای کاهش علائم ارتفاع‌زدگی استفاده می‌شود. مردم محلی در کشورهایی مانند پرو، بولیوی و اکوادور برگ کوکا را می‌جوند یا به‌صورت چای دم می‌کنند و می‌نوشند.

هم اتاقی‌ها سلام کردم و کمی بعد متوجه شدم که همه به یک زبان صحبت می‌کنند؛ اما نتوانستم حدس بزنم چه زبانی است. دوش آب گرم گرفتم، وسایلم را داخل کمدی کوچک گذاشتم و درش را قفل کردم و به مادرم و ماریو خبر دادم که سالم به پرو رسیدم و به خوابی عمیق فرو رفتم.

صبح روز بعد وقت خوردن صبحانه متوجه شدم که تمام مسافران اطرافم به همان زبانی صحبت می‌کنند که هم‌اتاقی‌هایم دیشب حرف می‌زدند. پس از صحبت با دختری که تنها سر میز من نشسته بود فهمیدم وارد یک هاستل اسرائیلی شدم. بدنم یخ کرد. ترس برای چند لحظه از فرق سر تا نوک پایم بالا و پایین رفت و قلبم را به تپش درآورد. از اسرائیل چیز زیادی نمی‌دانستم، تنها از کودکی در مدارس مغز ما را شست‌وشو داده بودند که بگوییم: «مرگ بر اسرائیل!» در صفحهٔ آخر پاسپورتم هم نوشته شده بود دارندهٔ این پاسپورت به‌هیچ وجه نمی‌تواند به اسرائیل سفر کند. فکر کردم یا راننده تاکسی تفاوت ایران و اسرائیل را نمی‌دانست یا می‌دانست این دو کشور درحال‌حاضر دشمنند و مرا به آنجا برده تا بعدها داستانی برای تعریف‌کردن داشته باشم.

کوسکو شهری جادویی بود. بدون هیچ مقصدی سه ساعت در کوچه‌پس‌کوچه‌هایش قدم زدم. درست مثل لاپاز مرتفع بود و سربالایی‌هایش هم زیاد بودند. شهری توریستی اما آن‌قدر دلنشین که با وجود شلوغی‌اش از آن خسته نمی‌شدم. کف خیابان‌ها سنگی و اطرافش پر از رستوران‌های محلی بود که با پرچم سفید و قرمز زیبای پرو همه‌جایش را تزئین کرده بودند. فروشنده‌ها با لباس‌های محلی و رنگارنگ اینکایی به من لبخند می‌زدند و دعوتم می‌کردند تا ساخته‌های دست‌سازشان را ببینم. صدای سازهای بادی نوازنده‌های پرویی در خیابان می‌پیچید. کوسکو سرد بود اما گرمای محبت مردمش باعث می‌شد سرما را حس نکنم. بیشتر مردم برای دیدن «ماچو پیچو»[1]، معروف‌ترین بنای اینکاها که یکی از عجایب هفتگانهٔ شناخته شده بود به کوسکو می‌آمدند. کوسکو، پایتخت امپراتوری اینکا بود. من اما قبل از دیدن ماچو پیچو دلم می‌خواست بقیهٔ بناهای اینکاها را ببینم و در موردشان اطلاعات بیشتری کسب کنم. هنوز بسیاری از بناهایشان بدون بازسازی در کوسکو پابرجا بود.

برای خوردن ناهار به رستورانی محلی رفتم و با اتصال به اینترنت یاد متیو افتادم و فکر کردم که احتمالاً باید تازه به کوسکو رسیده باشد. پیغامی به او دادم و قرار شد ساعت چهار همدیگر را در میدان مرکز شهر ببینیم و به بازار معروف

---

[1] Machu Picchu

کوسکو برویم. متیو سفرش را از جنوب آمریکای جنوبی شروع کرده بود و به سمت اکوادور و کلمبیا می‌رفت. من دربارهٔ مقصد بعدی‌ام نمی‌دانستم و آرزو می‌کردم که بتوانم روزی به شیلی، آرژانتین و برزیل سفر کنم. داستان‌های زیادی داشتیم تا برای هم تعریف کنیم. در بازاری پر از میوه، سبزیجات، حبوبات، آجیل و محصولات کشاورزی قدم زدیم و خاطره تعریف کردیم. در جایی از صحبت‌هامون گفت: «یه مرکز ویپاسانا توی کلمبیا پیدا کردم و برای یه دورهٔ سکوت تو ماه جولای ثبت‌نام کردم. نشونه‌ها همیشه توی زندگی آدم وجود دارن. ما می‌تونیم بی‌تفاوت از کنارشون رد بشیم یا بهشون توجه کنیم و به سمتشون بریم. بعد از دیدن تو که سنت از من کمتره، دختری، از ایران می‌آی و به اندازهٔ من تو کشورت آزادی نداری، می‌خوام بعد از سال‌ها شنیدن اسم ویپاسانا، این‌بار به این نشونه توجه کنم و به سمتش برم. می‌دونم که تجربهٔ سختی می‌شه اما توی زندگی‌م تغییرای زیادی به‌وجود می‌آره».

در قسمتی از اپلیکیشن کوچ سرفینگ، می‌توانی دربارهٔ برنامه‌ها و مراسمی که در اطرافت برگزار می‌شود اطلاعات کسب کنی. صبح روز دوم اقامتم در کوسکو موقع گشتن درکوچ سرفینگ چشمم به یک مراسم «هاره کریشنا» افتاد که ساعت هفت شب شروع می‌شد و تنها ده دقیقه پیاده با هاستل فاصله داشت. با آن‌که سعی کرده بودم با آدم‌های هاستل ارتباط برقرار کنم ولی چون بیشترشان گروهی و یا دونفره سفر می‌کردند، نتوانستم وارد جمعشان شوم. به‌علاوه بخشی از وجودم از اسرائیلی‌ها می‌ترسید و نمی‌دانست که چطور می‌تواند با آن‌ها ارتباط برقرار کند. برای همین به یکی از آژانس‌های مسافرتی کوسکو رفتم، در مورد دیدنی‌های داخل و اطراف شهر اطلاعات گرفتم و یک بلیط خریدم که با آن می‌شد به ده بنای مختلف اینکاها در اطراف کوسکو و چند موزه در داخل شهر رفت. دوباره با قدم‌زدن در زیبایی کوسکو گم شدم و ساعت هفت شب خودم را به خانه‌ای رساندم که در آن مراسم «هاره کریشنا» برگزار می‌شد. کسی مرا نمی‌شناخت اما مثل یک دوست از من استقبال و مرا به داخل دعوت کردند. بیست‌وپنج نفر در اتاقی کوچک دور هم جمع شدیم، دو ساعتی ساز زدیم، ذکر گفتیم و رقصیدیم. تمامی مراسم در دلم دعا می‌کردم که بتوانم راهی برای کسب درآمد پیدا کنم تا به سفر و کار داوطلبانه ادامه دهم. هر روز یک قدم به اتمام بودجه‌ام نزدیک‌تر می‌شدم و با وجود آن‌که سعی می‌کردم از زمان حال لذت ببرم قسمتی از ذهنم مدام به آینده فکر می‌کرد. آیا پس از تمام‌شدن بودجه به ایران برمی‌گشتم، یا کاری پیدا می‌کردم و به سفر ادامه می‌دادم؟

پس از مراسم، به خوردن شامی گیاهی و بسیار خوشمزه دعوتمان کردند و از من و یک پسر جوان دیگر که تنها نفرات غیرپرویی بودیم، پرسیدند که چرا به مراسم آمدیم؟ به آن‌ها گفتم در ایران چندبار به مراسم هاره کریشنا رفته بودم و مادرم در مورد کریشنا و راما داستان‌های زیادی برایم تعریف کرده بود. جاناتان که موهای بلند، صاف و بوری داشت و از آلمان به پرو آمده بود، گفت که مدت‌هاست وگان است، یعنی هیچ محصول حیوانی مصرف نمی‌کند، به‌تازگی خواندن کتاب «بهاگاواد گیتا»[1] را شروع کرده و مشتاق است بیشتر در مورد کریشنا بداند. پس از مراسم با جاناتان هجده‌ساله هم صحبت شدم. چند هفته‌ای می‌شد که در کوسکو اقامت داشت و وقتی متوجه شد من تازه‌واردم، پیشنهاد داد که فردا شهر را نشانم دهد.

پس از برگشت به هاستل، وصل‌شدن به اینترنت و چک‌کردن ایمیل‌هایم متوجه شدم یکی از وبسایت‌هایی که برای سفرنامه‌نویسی به آن ایمیل زده بودم، به ایملم پاسخ داده است. گفته بودند که از رزومه و داستان سفرهایم بسیار خوششان آمده است، اما دنبال سفرنامه‌نویس نیستند. هم‌اکنون دنبال برنامه‌ریز سفرند و مشتاقند تا با من یک مصاحبهٔ تصویری داشته باشند. باورم نمی‌شد آن‌قدر زود جواب تلاش‌ها و دعاهایم را گرفته باشم. آن ایمیل برایم مثل نوری بود در تاریکی آینده، نوری که دوباره امید را در دلم زنده کرد.

روز بعد با خوشحالی و هیجان، یک‌بار دیگر و این‌بار از چشم جاناتان کوسکو را دیدم. در بازار خوشمزه‌ترین آبمیوه‌های طبیعی زندگی‌ام را خوردم، به بهترین طبل‌زن کوسکو نیم‌ساعتی گوش دادم و به شکلات‌فروشی محلی سر زدم تا خودم را مهمان طعم تلخ و شیرین شکلات‌ها بکنم. جاناتان اولین پسر کوچک‌تر از خودم بود که توانستم با او صحبت‌های عمیقی در مورد زندگی داشته باشم و از آرامش و محبتش درس بگیرم. راهی بولیوی بود، هنگامی که محکم در آغوشش گرفتم، حس کردم که مدت‌هاست میشناسمش و به او گفتم که حس می‌کنم سال‌ها بعد، یک روزی در گوشه‌ای از دنیا، دوباره هم را خواهیم دید.

گاهی در زندگی باید درها را باز بگذاریم. بگذاریم آدم‌ها راحت وارد و خارج شوند. هر آدمی که وارد زندگی ما می‌شود، قرار نیست که همیشه در آن بماند، قرار است بیاید و با آمدنش درسی به ما دهد. شاید من از زندگی متیو گذر کردم تا به او مسیر ویپاسانا را نشان دهم. جاناتان، که دلم می‌خواست بسیار بیشتر با او وقت بگذرانم، قرار بود سر راهم سبز شود تا دانهٔ انتخاب گیاه‌خوارشدن را در ذهنم

1. Bhagavad Gita

بکارد و با آرامش وجودش به من صبر بیشتری هدیه دهد. دیدار من با هیچ‌کدام از آن آدم‌ها اتفاقی و شانسی نبود. باور دارم هرکسی در زمانی معین وارد زندگی آدم می‌شود و در زمانی هم که باید خارج می‌شود، حتی اگر تلاش کنیم و دلمان بخواهد که بیشتر بماند.

روزها پشت‌سرهم می‌گذشتند. من هر روز به یک مکان باستانی جدید می‌رفتم و اطلاعات بیشتری در مورد فرهنگ پرو و اینکاها کسب می‌کردم. یک روز با تور به کوه «وینیکونکا» رفتم، کوهی که خاکش به رنگ رنگین‌کمان است. کوه رنگین‌کمان در ارتفاع ۵۲۰۰ متری قرار دارد. همراه با دو دختر انگلیسی و یک مرد چهل‌ساله از السالوادور[1] که تولّدش بود سه‌ساعت کوه‌نوردی سخت داشتیم. مسیر کوه‌نوردی سخت نبود اما ارتفاع زیاد باعث سختی تنفس و کندترشدن حرکت می‌شد. بعد از امتحان ال‌اس‌دی در اکوادور، می‌ترسیدم چیزی که از آن شناختی ندارم را از دست کسی قبول کنم؛ اما برای این‌که بتوانم ادامه دهم و سردرد و سرگیجه‌ام بیشتر نشود، با دخترها سه عدد آب‌نبات درست شده با برگ کوک خوردم. رسیدن به قله و دیدن آن منظره شبیه بودن وسط یک فیلم بود، شلوغی و جمعیت زیاد آدم‌ها ذره‌ای از زیبایی و حیرت‌انگیزی کوه رنگین‌کمان کم نمی‌کرد. هرچه عکس گرفتم بی‌فایده بود، رنگ‌ها در حالت طبیعی زیباتر بودند.

روز بعد به روستایی به نام اوروبامبا[2] رفتم. حوالی شهر کوسکو و در مسیر ماچو پیچو دره‌ای به نام «درهٔ مقدس»[3] وجود دارد که بناهای مختلفی از اینکاها درونش قرار دارند و با بلیطم می‌توانستم به تمامشان سر بزنم. یک روز به بناهای پیزاک[4] رفتم، ساعت‌ها بین بناهای چندصدساله قدم زدم و خودم را بین اینکاهایی که بنا را ساخته بودند تصور کردم.

تمدن اینکاها به حدود پانصد سال پیش برمی‌گردد. از (۱۴۳۸) تا (۱۵۳۳) حکومت کردند و بعد اسپانیایی‌ها به آن‌ها حمله کردند. اینکاها به زبانی به نام «کچوا»[5] صحبت می‌کردند. در زبان کچوا «اینکا» به‌معنای «خدا در زمین» است. هر بنایی خاصیت خودش را داشت اما در تمام بناها یک معبد «خورشید» وجود داشت که اغلب زیباترین معبد بود.

بعد از آن به دیدن حوضچه‌های تبخیر نمک معروف و سپس به بناهای گرد و متفاوت «مورای» رفتم. اینکاها همیشه بیرون از شهر انبارهایی داشتند تا برای زمستان غذا ذخیره کنند و ساختمان‌هایشان را بدون ملاط می‌ساختند. به همین

1.El Salvador 2.Urubamba 3.Sacred Valley 4.Pisac 5.Qhichwa

دلیل این روزها از آن‌ها به عنوان شهرسازانی ماهر یاد می‌شود.

روزهای قبل از رفتن به ماچو پیچو را در روستای اولان تایتامبو[1] گذراندم. روستایی کوچک که از لحظهٔ اول انرژی زیادش را حس کردم. نزدیکی میدان بنایی قدیمی و پرعظمت قرار داشت که در نگاه اول باعث شد چند ثانیه نفس در سینه‌ام حبس شود. بدون کنترل به سمتش قدم برداشتم و از پله‌های بلندش بالا رفتم تا خودم را در عظمتش گم کنم. اولان تایتامبو پر از معبد بود، پر از اتاق، پنجره، پله و منظره. حیرت‌زده راه می‌رفتم و هم‌زمان فکر می‌کردم که چطور خودم را از آنجا به روستای آگواس کالینتس[2] برسانم.

آگواس کالینتس در زبان اسپانیایی به‌معنای «آب‌های گرم» است. آنجا روستای کوچکی در دامنه‌های کوه‌های آند و دروازهٔ ورود به ماچو پیچو است. برای رسیدن به آنجا باید از کوسکو و یا اولان تایتامبو سوار قطار می‌شدم و یا با اتوبوس به ایستگاهی به نام هیدروالکتریکا[3] می‌رفتم و از آنجا سه ساعت کنار ریل قطار در وسط جنگل‌ها پیاده‌روی می‌کردم. بنا بر صحبت با بقیهٔ مسافرها و همین‌طور جیب بسیار خالی‌ام، گزینهٔ دوم مدنظرم بود.

چشمم به دختری قدبلند افتاد که او هم به‌تنهایی در بنا قدم می‌زد و عکس می‌گرفت. از او خواستم کنار پنجره‌ای اینکایی از من عکس بگیرد و بعد صحبت کردیم، کامیل بیست‌وسه‌ساله از فرانسه همراه دوست بیست‌وپنج‌ساله‌اش جولیا سفر می‌کرد. آن‌ها هم می‌خواستند از راه دوم و پیاده به روستای آگواس کالینتس برسند. پس از ساعت‌ها صحبت با کامیل، به دیدن جولیا، که در هاستل مانده بود، رفتیم. قرار شد روز بعد، من هم همراهی‌شان کنم و با هم به دیدن ماچو پیچو برویم. آن روز عصر زمانی که پس از مدتی کوهنوردی بالای صخره‌ای نشستیم و با نگاه به منظرهٔ زیبای روستای اولان تایتامبو با هم صحبت کردیم؛ در دلم از کائنات تشکر کردم که به زیباترین حالت ممکن خواسته‌ام را اجابت کرده است.

صبح روز بعد کوله‌های سنگین‌مان را در هاستل من در اولان تایتامبو گذاشتیم و با دو دست لباس، پاسپورت، پول و یک کولهٔ کوچک به‌راه افتادیم. سوار یک ون کوچک شدیم که ما را تا ایستگاه هیدروالکتریکا برد و بعد پیاده کنار ریل قطار راه رفتیم. به‌جز ما آدم‌های بسیاری این مسیر را انتخاب کرده بودند. نه احساس ترس داشتیم و نه تنهایی. مسیر بدون سربالایی و سرپایینی و مستقیم بود. ما هم پشت‌سرهم و در سکوت، بین جنگل‌های سرسبز، آهسته و پیوسته سه

1.Ollantaytambo   2.Aguas Calientes   3.Hidroeléctrica

ساعت راه رفتیم. انگار همه می‌دانستیم که حرکت در این مسیر، راهی نیست که هر روز طی کنیم و احتمالاً فقط یک‌بار در زندگی‌مان اتفاق می‌افتد. برای همین درعین‌حال که با هم و پشت‌سرهم حرکت می‌کردیم، هرکس در خلوت خودش سر می‌کرد، طوری که اگر از هرکدام‌مان جداگانه در مورد مسیر بپرسی، به احتمال زیاد چیزهای متفاوتی برای تعریف‌کردن داریم.

پس از دو ساعت پیاده‌روی مداوم و انتظار برای رسیدن، همان‌طور که به صدای قدم‌هایم گوش می‌کردم که با صدای رودخانه و پرنده‌ها آمیخته شده بود، یاد حرف «او» افتادم: «کسی که ماچو پیچو رو دیده با کسی که اون رو ندیده خیلی فرق داره.» بقیۀ راه را به‌معنای این جمله فکر کردم.

به روستای آگواس کالینتس رسیدیم. از لرزش پاهایم متوجه شدم که چه مسیر بلندی را پیاده‌روی کردیم. دیدن آن همه گردشگر که خوشحال در رستوران‌ها و ایستگاه قطار نشسته بودند و یا در روستا قدم می‌زدند به من استرس داد چون ما نه بلیط ورودی ماچو پیچو را داشتیم و نه جایی برای خواب رزرو کرده بودیم. با آن که همه گفته بودند که به‌احتمال زیاد غیرممکن است بتوانیم یک روز قبل بلیط پیدا کنیم، درکمال‌تعجب در آخرین لحظات سه بلیط آخر باقی‌مانده را برای صبح روز بعد خریدیم و پس از پرس‌وجو در جایی دورتر از مرکز شهر یک اتاق کوچک و ارزان سه‌تخته پیدا کردیم و برای دو شب رزروش کردیم.

از آنجا دو راه برای رسیدن به ماچو پیچو وجود داشت. می‌توانستیم سوار اتوبوسی یازده دلاری شویم و چهل دقیقه در جاده باشیم و یا یک ساعت از هزار پلۀ اینکایی، بزرگ و سنگی وسط جنگل‌ها بالا برویم. به‌خاطر تجربۀ تکرارنشدنی‌اش، شما بخوانید جیب خالی، تصمیم گرفتیم راه دوم را انتخاب کنیم.

روزانه بین سه تا پنج‌هزار نفر از ماچو پیچو دیدن می‌کنند، برای آن که دقایقی زودتر از اوج شلوغی به آنجا برسیم، ساعت سه‌ونیم صبح از خواب بیدار شدیم. در تاریکی به همراه صدها نفر دیگر مسیر را دنبال کردیم. جایی بین جنگل‌های سرسبز و وحشی در کوه‌های آند، در مسیری که پانصدسال پیش مسیر رفتن به ماچو پیچو برای اینکاها بوده است، از بزرگ‌ترین و با فاصله‌ترین پله‌های سنگی‌ای که در زندگی‌ام دیده بودم، بالا رفتیم. همان دقایق اول کامیل و جولیا را بین جمعیت گم کردم. پشت‌سرم پر از آدم‌هایی بود که با قدم‌هایشان و نزدیک‌ترشدن به من تشویقم می‌کردند که یک قدم دیگر بردارم و از یک پلۀ دیگر هم بالا بروم و جلویم صدها نفر بودند که با قدم‌هایشان برای ادامه‌دادن به من انگیزه

می‌دادند. انگار عقربه‌های ساعت ایستاده بودند. هر لحظه ارتفاع بیشتر و تنفس سخت‌تر می‌شد. هوا تاریک بود و در جایی از مسیر حس کردم قبل از رسیدن به ماچو پیچو بیهوش خواهم شد. هرچقدر بالاتر می‌رفتیم پله‌ها تمام نمی‌شدند. در آن مسیر که چاره‌ای جز قدم‌برداشتن نداشتیم، لحظه‌ای به این فکر کردم که اگر رسیدن به ماچو پیچو آن‌قدر سخت است، پانصدسال پیش اینکاها چطور این مکان را پیدا کردند؟

عقربه‌های ایستادهٔ ساعت در کندترین حالت ممکن حرکت می‌کردند. یک ساعت گذشت. هوا کم‌کم از تاریکی به روشنی رسید و با رسیدن آفتاب، ما هم بالأخره به قله رسیدیم. در قله دوباره به کامیل و جولیا ملحق شدم، آن‌ها هم در مسیر یکدیگر را در جمعیت گم کرده بودند.

نفس‌نفس می‌زدیم و عرق‌هایمان را پاک می‌کردیم. روبه‌رویمان چیزی جز مه نبود. از خستگی و حیرت زیاد در سکوت و در مه کنار هم نشستیم تا نفسمان به حالت عادی برگشت و عرق‌هایمان خشک شدند. برگ کوکی که در جیبم گذاشته بودم را درآوردم و جویدم. ماچو پیچو آرام‌آرام با طلوع آفتاب از بین مه پدیدار شد. درست در آن لحظه بود که متوجه حرف «او» شدم. اهمیت دیدن ماچو پیچو دراصل در آن بناها و شهری نیست که از اینکاها به یادگار مانده است، بلکه در مسیری است که از کوسکو می‌آیی تا به آنجا برسی. انگار آنجا حکم مرگ را داشته باشد و آن هزاران پله حکم زندگی. رسیدن به مقصد و راه‌رفتن بین بنای ماچو پیچو و دیدن معبد خورشید بسیار لذت‌بخش بود؛ اما لذت و حیرتش به‌خاطر مسیر طولانی و عجیبی بود که آمده بودیم تا آن را ببینیم. در اصل ماچو پیچو هم مثل اولان تایتامبو و پیزاک، فقط یک بنای باقی‌مانده بود؛ اما موقعیت و مکان این بنا بود که آن را یکی از عجایب هفتگانهٔ دنیا کرده بود. این را تنها می‌شود از نزدیک دید و تجربه کرد، از کتاب‌ها و عکس‌ها نمی‌شود احساسش را درک کرد.

ملیکایی که از کوسکو خارج شد، سه ساعت پیاده در جنگل‌ها پیاده‌روی کرد و از هزار پله بالا رفت تا ماچو پیچو را ببیند، با ملیکایی که همان مسیر را پیاده پایین آمد و به کوسکو برگشت فرق می‌کرد. نه به‌خاطر آن‌که شهر ماچو پیچو را دیده بود، بلکه به‌خاطر آن‌که جایی بین پله‌های سنگی وسط کوه‌ها، متوجه شده بود گاهی در زندگی چاره‌ای جز ادامه‌دادن و قدم‌برداشتن ندارد. نه می‌تواند به عقب برگردد و نه می‌تواند بایستد؛ فقط نباید ناامید شود چرا که همان قدم‌های کوچک و پیوسته او را به مقاصد بزرگی می‌رسانند.

جیب خالی، پر از داستان

پس از برگشت به کوسکو به‌خاطر تفاوت در مسیر سفرمان راه من از کامیل و جولیا جدا شد. نمی‌دانستیم که دوباره همدیگر را خواهیم دید یا نه؛ اما می‌دانستیم که خاطرهٔ رفتن به ماچو پیچو هیچ‌وقت از ذهنمان پاک نخواهد شد و تا همیشه در قلبمان زنده خواهد بود.

چهار روز آخر در کوسکو مهمان خانهٔ داوید بودم. پسر جوانی که در یک آژانس مسافرتی کار می‌کرد و با پذیرفتن مهمان‌هایی از سراسر دنیا به خانه‌اش، آرزوی شناخت کشورهای مختلف را برآورده می‌کرد. هم بدن و هم ذهنم پس از آن کوه‌نوردی‌های سخت و طولانی در ارتفاعات بسیار خسته بودند. دلم می‌خواست چند روز فقط دراز بکشم و کاری نکنم ولی وقتی بعد از یک مصاحبهٔ کاری موفق‌آمیز به‌عنوان دستیار برنامه‌ریز سفر در یک شرکت کوچک استخدام شدم تمام خستگی از بدن و ذهنم دور شد. حس می‌کردم آن‌قدر انرژی دارم که می‌توانم دوباره همان مسیر را تا ماچو پیچو بروم و برگردم.

شرکتی که در آن استخدام شدم دراصل دنبال کسی بودند که روزی هشت ساعت کار کند و ماهی دوهزار دلار حقوق بگیرد؛ اما با توجه به اینکه من نمی‌خواستم روزی هشت ساعت شبیه به ربات پشت لپ‌تاپ بنشینم. از طرفی می‌خواستم کار داوطلبانه و حضوری را ادامه دهم و آن‌ها نیز نیاز شدیدی به برنامه‌ریز سفر داشتند، پس قرار شد به‌صورت نیمه‌وقت دستیار یکی از برنامه‌ریزها باشم. در جست‌وجوی مقاصد و پیداکردن اطلاعات در مورد نقاط مختلف جهان کمکشان کنم و ماهی پانصد دلار از طریق «وسترن یونیون»[1] برایم بفرستند. البته قبل از نوشتن قرارداد شش‌ماهه از من خواستند تا ده روز آزمایشی برایشان کار کنم و اگر همه‌چیز خوب پیش رفت همکاری را رسمی ادامه دهیم. از آنجایی که در ایران تنها بانک‌های ملی داریم و راهی برای فرستادن و گرفتن پول از کشورهای مختلف وجود ندارد، فکر می‌کردم برای من که در خارج از ایران حساب بانکی ندارم، پیداکردن کار آنلاین غیرممکن باشد؛ اما خوشبختانه در مصاحبه شرایطم را توضیح دادم و برای حل این مشکل همکاری کردند.

با یک پرواز کوتاه، کوله‌ای پر از لباس و پنجاه دلاری که از بودجه‌ام باقی مانده بود، به لیما رفتم. قرار بود برای کار داوطلبانه به‌مدت دو هفته در یک هاستل باشم و سپس در روستایی نزدیک لیما، یک ماه با یک خانوادهٔ پرویی زندگی کنم و به

1.Western Union

کودکان انگلیسی بیاموزم.

برخلاف تصوراتم لیما و اقیانوس آرام سرد بود. یادم رفته بود که در نیم‌کرهٔ جنوبی و در آستانهٔ زمستانم. برای رسیدن به هاستل در محلهٔ میرافلورس سوار اتوبوس درون‌شهری شدم. از داخل اتوبوس به خیابان‌های شلوغ لیما نگاه و فکر کردم که کار موقت در هاستل تجربه‌ای جدید و لازم است و به تقویت اسپانیایی‌ام کمک می‌کند.

فدریکو داوطلب آرژانتینی و مانیکای اهل پرو که مسئول نگهداری و نظافت بود، با لبخندی بزرگ و آغوشی باز به من خوش‌آمد گفتند. هاستل یک ساختمان سه‌طبقهٔ سفید در محلهٔ میرافلورس و کمی مدرن‌تر از بقیهٔ مناطق لیما بود. بیشتر خارجی‌ها آنجا ساکن بودند. آشپزخانه با تلویزیونی بزرگ و مبل‌هایی راحت در طبقهٔ اول بود و فضای گرمی را برای مهمان‌ها ایجاد می‌کرد. در طبقهٔ دوم و سوم هم هشت اتاق قرار داشت که یکی از آن‌ها اتاق داوطلب‌ها بود. پس از گذاشتن وسایل در اتاقی که با فدریکو و توماس، داوطلب فرانسوی، تقسیم می‌کردم، به طبقهٔ پایین رفتم تا مانیکا در مورد کار و وظایفم توضیحاتی دهد.

پنج ساعت در روز و پنج روز در هفته در یکی از دو شیفت صبح یا عصر کار می‌کردم. در شیفت صبح بیشتر در تمیزکردن هاستل، اتاق‌ها و دستشویی‌ها به مانیکا کمک می‌کردم و در شیفت عصر بیشتر پشت میز بودم. مهمان‌ها را راهنمایی می‌کردم و جواب تلفن می‌دادم. برای من که زمانی دست به سیاه و سفید نمی‌زدم و اتاق خودم را هم به‌زور تمیز می‌کردم، تمیزکردن سرویس‌بهداشتی‌ای که ده‌ها آدم از آن استفاده می‌کردند و طی‌کشیدن زمین کار راحتی نبود. روز اول وقتی که مانیکا برایم توضیح داد که چطور باید دستشویی‌ها را تمیز کنم، نزدیک بود بزنم زیر گریه. می‌دانستم که این انتخاب خودم بوده و برایم لازم است چنین تجربه‌ای را داشته باشم، ولی بااین‌حال انجام کاری که اغلب کارگرها در خانه‌مان انجام می‌دادند، برایم سخت بود. چیزی در نفسم خورد می‌شد، اما حسی در درونم می‌گفت که این شکسته‌شدن نفس لازم است. مانیکا و فدریکو هر دو انگلیسی را روان صحبت می‌کردند اما برای تقویت زبان اسپانیایی از آن‌ها خواستم تا جایی که می‌توانیم اسپانیایی با هم صحبت کنیم.

با آن‌که در دفترچه‌ای تمام کلمات لازم برای سوالات رایج مهمان‌ها را نوشته بودم، اکثر مواقع هنگام صحبت با آن‌ها استرس می‌گرفتم. مثل زمانی که یک مهمان به طبقهٔ پایین می‌آمد و در مورد شیر حمام سوالی می‌پرسید و یا در مواقعی

که تلفن زنگ می‌زد و یک نفر با لهجه‌ای متفاوت و تند صحبت می‌کرد، مغزم برای لحظه‌ای خاموش می‌شد و درنهایت از فدریکو و مانیکا کمک می‌گرفتم.

به خودم قول داده بودم تا تمرین آشپزی کنم و یکی از فواید کار در آنجا هم این بود که به‌جز صبحانه، وعدهٔ غذایی دیگری به من داده نمی‌شد و باید خودم آشپزی می‌کردم. البته به‌خاطر بودجهٔ بسیار کم دو هفته تنها نیمرو و املت خوردم.

در بیشتر روزهای تعطیل به پیاده‌روی می‌رفتم. در کوچه‌پس‌کوچه‌های مرکز شهر لیما قدم می‌زدم و با دست‌فروش‌ها صحبت می‌کردم. یک روز به‌محض بیدارشدن به فکر کوتاه‌کردن موهایم افتادم. به نزدیک‌ترین آرایشگاه در محلهٔ میرافلورس رفتم. آرایشگر گفت که هشتاد سول هزینهٔ کوتاهی مو است. از آنجا بیرون آمدم، به قدم‌زدن ادامه دادم و پس از نیم‌ساعت یک آرایشگاه دیگر پیدا کردم که گفت دستمزدش پنجاه سول است، اما پنجاه سول هم برای من زیاد بود. پس از دو کیلومتر آرایشگاه بعدی گفت سی سول. فکر کردم بهتر است برگردم؛ اما حسی درونم می‌گفت که کمی دیگر ادامه بده، کم‌کم وارد محلهٔ فقیرنشین لیما شدم.

خیابان‌های شلوغ، صدای موسیقی رگیتون[1] و غذاهای خیابانی، چقدر آنجا شبیه به میدان انقلاب بود. از مردی که داد می‌زد نان‌هایش تنها یک سول هستند، پرسیدم آرایشگاه این نزدیکی‌ها کجاست؟ به خیابان بعدی اشاره کرد. وقتی رسیدم و لبخند زن آرایشگر را دیدم، متوجه شدم که این همه راه آمده‌ام تا او موهایم را کوتاه کند. از هشتاد سول در یکی از بهترین محله‌های لیما به دوازده سول در محلهٔ فقیرنشین رسیده بودم. برایش توضیح دادم که از رنگ بلوند و غیرواقعی موهایم خسته شدم و می‌خواهم موهای طبیعی خودم را داشته باشم. او هم بیش از نصف موهایم را، که زرد بدرنگی شده و تا نزدیکی کمرم بود، در یک حرکت کوتاه کرد. در آینه به موهای قهوه‌ای و فر خودم نگاه کردم که بلندی‌شان به زیر گوشم می‌رسید. انگار موهای بلند متعلق به ملیکای قبل از سفر بود و حالا بخشی از من که به گذشته تعلق داشت با حرکت قیچی از من جدا شد. حالا موهایی طبیعی، شاداب و سرحال داشتم. نگهداری از آن‌ها در سفر راحت‌تر بود و آماده بودند تا با من نفس‌کشیدن در شهرها و کشورهای مختلف را تجربه و رشد کنند. این‌گونه شش‌ماهگی سفر را جشن گرفتم و با اتوبوسی به هاستل برگشتم،

۱.Reggaeton: سبکی در موسیقی که در دههٔ ۹۰ در پورتوریکو شکل گرفت و ترکیبی از هیپ‌هاپ لاتین و موسیقی کارائیبی است. ریتم اصلی آن «دِمبو» نام دارد و شامل ضرب‌آهنگ‌های تکرارشونده، ملودی‌های شاد و اشعار ریتمیک است.

جایی که دو هفته بود که خانه‌ام شده بود و تنها یک روز دیگر مهمان آن بودم.

در آن دو هفته نه‌تنها قرارداد کاری بسته بودم و خیالم بابت شش‌ماه باقی‌ماندهٔ سفر راحت شده بود؛ بلکه از طریق فضای مجازی که در آن سفرنامه می‌نوشتم و حالا حدود سی‌هزار نفر نوشته‌هایم را دنبال می‌کردند، با زنی ایرانی در پایتخت شیلی آشنا شدم. او برایم دعوت‌نامه‌ای نوشت تا بتوانم به مسیرم راحت‌تر ادامه دهم و برای ویزای شیلی اقدام کنم.

کلمهٔ «شیلی» برایم بسیار غریب بود. کشوری که حتی تصورش را هم نمی‌کردم روزی در این مسیر بخواهم از آن گذر کنم، حالا رویای من شده بود. روبه‌روی سفارتش در لیما با ده‌ها مدرک منتظر مصاحبه ایستادم. به زمین خیره شده بودم و در این فکر بودم که چطور از اتاقم در شهرک اکباتان در تهران به سفارت شیلی در لیما رسیدم که بیتی از عطار به یادم آمد: «تو پای به ره در نه و از هیچ مپرس/ خود راه بگویدت که چون باید رفت»

خداحافظی با مانیکا و فدریکو که مثل خواهر و برادر از من در دو هفتهٔ گذشته مراقبت کرده بودند کمی قلبم را فشرد. مانیکا از من خواست تا وقتی نزدیک لیما هستم به او سر بزنم و فدریکو با اطمینان می‌گفت که ویزای شیلی را خواهم گرفت و سپس به کشورش آرژانتین هم سفر خواهم کرد.

چند محله آن طرف‌تر میزبان جدید به همراه دو داوطلب دیگر در ماشینی قرمز منتظرم بودند. هنوز خاطرات دو هفتهٔ اخیر را مرور و هضم نکرده بودم که با نشستن در ماشین قرمز به زندگی و کار داوطلبانه‌ای جدید وارد شدم. در سفرهای طولانی غم خداحافظی با آدم‌هایی که در مسیر سفر می‌بینی زیاد باقی نمی‌ماند چون به‌محض آن‌که از آن‌ها جدا شوی، آدم‌های دیگری با داستان‌های متفاوت وارد زندگی‌ات می‌شوند و تلخی رفتن آدم‌های قبلی را از ذهنت پاک می‌کنند.

به‌محض سوارشدن روبرتو خوش‌آمد گفت و داوطلب‌های دیگری را که در ماشین نشسته بودند و روز آخر کارشان بود به من معرفی کرد. سه دختر بیست‌ودوساله از آمریکا و انگلیس که یک ماهی می‌شد با روبرتو و همسرش جکی در روستای کوچک پونتا نگرا[1] زندگی می‌کردند روستایی که با لیما یک ساعت فاصله داشت.

اول به یک مجموعهٔ فرهنگی ورزشی رفتیم و آنجا با چهار کودک بین هفت

1.Punta Negra

تا ده سال کلاس داشتیم. از آنجایی که روز آخر کار داوطلب‌های قبلی بود در کلاس‌ها کنارشان بودم تا با روش تدریسشان آشنا شوم و بتوانم در روزهای بعد کلاس‌ها را ادامه دهم.

در بین راه تا خانه، روبرتو برایم توضیح داد که پنج روز در هفته از روستا تا لیما می‌آیند و برمی‌گردنند. با کودکان و نوجوانان در سطح‌های مختلف کلاس خصوصی و نیمه‌خصوصی خواهیم داشت و هر روز هر داوطلب در سه کلاس یک‌ساعته تدریس خواهد کرد.

از آن‌که پنج روز در هفته باید این همه‌وقت در ماشین بنشینم و ترافیک لیما را تحمل کنم زیاد خوشحال نشدم؛ اما رفتن به خانهٔ مردم مختلف در لیما و تدریس انگلیسی به کودکان و نوجوانان مختلف برایم بسیار جالب بود. بهترین روش برای ورود به فرهنگ یک کشور وقت‌گذراندن و زندگی با مردمش است. می‌دانستم که در یک ماه آینده چیزهای زیادی دربارهٔ فرهنگ پرو یاد خواهم‌گرفت.

روبرتو و جکی درون خانه‌ای سفید در پنج قدمی اقیانوس آرام زندگی می‌کردند. به‌محض ورودم جکی با آغوشی باز به من خوش‌آمد گفت. دختر کوچک چهارساله‌شان که موهایی به سفیدی برف داشت و پس از کمی بازی متوجه شدم که سندروم‌دان دارد، آرام در گوشه‌ای نشسته بود. پسر سه‌ماهه‌اش را هم به من معرفی و سپس مرا به اتاق داوطلب‌ها راهنمایی کرد، آنجا تختی دوطبقه و یک کمد کوچک داشت. ناهار پلو، عدس، سیب‌زمینی و هویج پخته خوردیم و بدین‌ترتیب کار داوطلبانهٔ جدید من آغاز شد.

پس از ماه‌ها زندگی با خانواده‌های مختلف در روستاها و شهرهای مختلف آمریکای جنوبی یاد گرفتم که هر خانه‌ای قانونی دارد و به‌عنوان مهمان بهتر است قوانین هر خانه را رعایت کنم. خانهٔ روبرتو و جکی قانون‌های زیادی داشت مثل تکان‌دادن کفش‌ها قبل از ورود به خانه، خشک‌کردن ظرف‌ها بعد از شستن و همیشه قبل از خود روبرتو دم در آماده‌بودن. قوانین را همان هفتهٔ اول متوجه شدم؛ اما لحن صحبت روبرتو موقع گفتن قوانین به یک داوطلب تازه‌وارد زیاد جالب نبود. مثلاً پس از خوردن اولین ناهار در خانه هنگامی که ظرفم را شستم و کنار گذاشتم، با لحن تندی به من تذکر داد که باید ظرف‌ها را خشک کنم. با تعجب زیاد عذرخواهی و یادآوری کردم که تنها بیست دقیقه است که وارد خانه شده‌ام و قوانین را نمی‌دانستم.

چون منتظر ویزای شیلی بودم و امکان داشت هر لحظه از سفارت خبری بیاید

باید نزدیک لیما می‌ماندم. درعین‌حال دلم نمی‌خواست مدت طولانی در پایتخت باشم و می‌خواستم از زندگی مردم در روستاهای کوچک اطراف لیما هم باخبر شوم، به همین دلیل کار داوطلبانه و زندگی با روبرتو و جکی بهترین گزینه بود. به‌علاوه تدریس زبان انگلیسی که تخصص و علاقه‌ام بود را به هر کار دیگری ترجیح می‌دادم.

اواسط ماه ژوئن و اقیانوس آرام بسیار سرد بود. دو هفتهٔ اول داوطلب دیگری جز من آنجا نبود. در زمان‌های آزادم کتاب می‌خواندم و یا پتوی افغانی را روی ساحل پهن و نی تمرین می‌کردم. بقیهٔ زمانم را با دختر روبرتو و جکی و نوجوانان مختلف در لیما می‌گذراندم.

در دو سال اخیر این اولین‌باری بود که روبرتو و جکی تنها یک داوطلب داشتند. همیشه میزبان سه تا پنج داوطلب بودند. می‌دانستم که تنهایی من در این دو هفته حتماً دلیلی دارد. هیچ اتفاقی بی‌دلیل نیست. مثل کنسل‌شدن کار داوطلبانه‌ام در بولیوی و بیشترماندن من در خانهٔ ماریو و درس‌هایی که از او گرفتم و مثل نگرفتن ویزای برزیل که باعث شد به کلمبیا سفر کنم. این‌بار هم تنهایی من در آن خانه بی‌دلیل نبود. اگر داوطلب‌های دیگری هم بودند شاید هیچ‌وقت با آندریا آشنا نمی‌شدم.

آندریا دختر جوانی بود که در تنها سوپرمارکت روستا کار می‌کرد. هربار که برای خریدن دستمال کاغذی به سوپرمارکت می‌رفتم، می‌دیدمش. یک‌بار با هم حرف زدیم و وقتی فهمید که من زمان زیادی در روستا تنها وقت می‌گذارنم پرسید که آیا دلم می‌خواهد آخر هفته با او به لورین[1] بروم یا نه. با این‌که نمی‌دانستم که لورین اسم چجور جایی است. مغازه است یا بازار یا... قبول کردم و به همین ترتیب شنبه ساعت هفت شب با آندریای بیست‌ودوساله که معلوم بود مثل من خیلی هیجان‌زده است، سر خیابان ایستادیم و منتظر اتوبوس شدیم.

پس از ده دقیقه ون کوچک و سفیدی آمد. آندریا پرسید که آیا از لورین رد می‌شود یا نه و با جواب مثبت راننده جفتمان سریع سوار شدیم. پس از کمی صحبت متوجه شدم آندریا از بچگی عاشق زبان انگلیسی بوده و بسیار روان صحبت می‌کند. از او خواستم تا برای روان‌ترشدن اسپانیایی‌ام فقط اسپانیایی با هم صحبت کنیم. پس از شش‌ماه سفر تازه احساس می‌کردم توانایی یادگیری یک زبان جدید را دارم. تصمیم گرفته بودم تا جایی که می‌توانم با آدم‌های اطرافم

1.Lurin

اسپانیایی حرف بزنم.

لورین بیست دقیقه با پونتا نگرا فاصله داشت. روستایی کوچک و غیرتوریستی کنار آب که به‌نظر تنها روستای آن اطراف بود که مغازه و بازار داشت. دو ساعتی در بازار قدم زدیم، آبمیوهٔ محلی خوردیم و آندریا هدیه‌ای کوچک برای دوستش خرید. سپس ساعت نه‌ونیم شب پیاده کنار ساحل اقیانوس آرام آن‌قدر قدم زدیم تا به چند خانهٔ کوچک و کوچه‌هایی باریک رسیدیم. نمی‌دانستم که کجاییم و کجا می‌رویم اما ترجیح دادم به آندریا اطمینان کنم و سوالی نپرسم. بین کوچه‌پس‌کوچه‌های خلوت و تاریک صدای موسیقی بلندی از یک خانه می‌آمد و ما هم به سمت صدا می‌رفتیم. به خانه که رسیدیم با دیدن بادکنک‌های چسبیده به دیوار، جوان‌هایی که درحال خوردن «رام» بودند و با آهنگ رگیتون می‌رقصیدند، متوجه شدم که جشن تولد «کوین» دوست آندریا است. مدتی نامعلوم آنجا با جوانان پرویی رقصیدم و پاستیل‌های ودکایی خوردم. سپس دوباره کمی راه رفتیم و وارد یک خانهٔ دیگر و دنیای متفاوتی شدیم. آن‌قدر روستای پونتا نگرا خلوت بود که به‌جز روبرتو و جکی، نمی‌دانستم که بقیهٔ مردم چطور زندگی می‌کنند. حالا متوجه شده بودم بیشترشان به دلیل سرما بیرون نمی‌آیند و برعکس خیابان خلوت و خالی داخل خانه‌ها پر از داستان و اتفاق است. حدود بیست خانواده با کودکانشان دور میز جمع شده بودند و برای پسربچه‌ای کوچک شعر «تولد مبارک!» می‌خواندند. برعکس خانهٔ کوین این خانه بسیار بزرگ و پر از تزئینات تولد بود. در یک شب شرکت در دو جشن تولد و دیدن دو زندگی متفاوت در یک روستا را تجربه کرده بودم.

پس از آن روز و دوستی با آندریا همه‌چیز در پونتا نگرا و خانهٔ روبرتو و جکی تغییر کرد. روزهای پر از سکوت و مشابه به هم به روزهایی پر از اتفاق تبدیل شدند. دو هفته گذشت و سه داوطلب دیگر هم به من اضافه شدند. استفانی دختر بیست‌وهفت‌سالهٔ آمریکایی که هم‌اتاقی من شد و دو داوطلب دیگر از انگلیس که در اتاق بغلی ساکن شدند. استفانی عادت داشت شب‌ها زود بخوابد و اول صبح قبل از شروع هر کاری انجیل بخواند. به‌یاد دارم ساعت‌ها با هم در مورد خدا حرف می‌زدیم. یک‌بار همراهش به کلیسای کاتولیک کنار خانه رفتم تا دلیل اشتیاق استفانی برای رفتن به کلیسا را متوجه شوم. برعکس تصورم کلیسا پر از آدم‌های کوچک و بزرگ بود که در سکوت به حرف‌های پدر گوش دادند، یک‌صدا شعر خواندند و سپس هرچقدر سکه در جیبشان بود را به کلیسا پرداخت کردند. سکه‌هایی که معلوم بود به‌راحتی به‌دست نیاوردند.

قبل و بعد از کلاس‌ها در بیشتر مواقع با داوطلب‌های دیگر در ساحل قدم می‌زدیم و یا برای خوردن کیک شکلاتی به کافه‌ای کوچک در روستای کناری می‌رفتیم. آندریا هم گاهی همراهمان می‌آمد و به داستان سفرهایمان گوش می‌داد. امبر یکی از داوطلبان انگلیسی گیاه‌خوار بود و من هم تصمیم گرفته بودم آن یک ماهی که کنار هم هستیم با او گیاه‌خوار شوم. جکی برایمان پلو، عدس، لوبیا، سبزیجات و سالادهای متنوع درست می‌کرد و برای بقیه کنار غذا گوشت و مرغ هم سرو می‌کرد.

یک آخر هفته به‌جای آنکه با روبرتو از لیما به پونتا نگرا برگردم، به دعوت ادیت، دوست تایوانی‌ام، در لیما ماندم. دوستی که از کوچ سرفینگ پیدا کرده بودم و هنگامی که در هاستل کار داوطلبانه می‌کردم یک‌بار در کافه‌ای دیده بودمش. ادیت به‌جز من یکی از دوستانش از هندوراس و دیگری از پرو را هم دعوت کرده بود. تصمیم گرفتیم به سوپرمارکت برویم، خرید کنیم و برای پختن شام و دیدن فیلم به خانهٔ ادیت برگردیم. موقع پرداخت پول در سوپرمارکت متوجه شدم صد سولی که فکر می‌کردم در کیف پولم است را لابه‌لای پوشه‌هایم در کوله جاگذاشته‌ام و حالا تنها با ده سول در لیما ماندم. با بغض، خجالت و استرس داستان را برای دوستانم تعریف کردم و برعکس تصورم هر سه شرایط را درک کردند. ادیت به من بیست سول قرض داد و گفت می‌توانم دفعهٔ بعدی که به لیما آمدم پول را به او برگردانم. آن شب را در خانهٔ ادیت با خوردن سانگریا[1]، دیدن فیلم و حرف‌های دخترانه گذراندیم. روز بعد در راه پونتا نگرا به خودم قول دادم تا هروقت کمکی از دستم برمی‌آمد از کسی دریغش نکنم، چه برای آشنا و چه غریبه.

خداحافظی از روبرتو و جکی راحت بود. روبرتو در روزهای آخر کمی تندتر شده بود و نه‌تنها من بلکه بقیهٔ داوطلب‌ها هم از لحن صحبتش ناراضی بودند. یک شب پس از شام، داشتم کیکی را که جکی برای داوطلبان پخته بود به تعداد نفرات دور میز تقسیم می‌کردم که روبرتو با لحن خشنی ازم خواست تا آن را به پنج قسمت تقسیم کنم چون خودش کیک نمی‌خورد. می‌توانست آن جمله را با لحن بهتری بگوید و درنهایت یک برش دیگر در کیک مشکل بزرگی نبود؛ اما لحن صحبتش و صدای بلندش باعث شد که تصمیم بگیرم پس از یک ماه زندگی در آن خانه، روز بعد وسایلم را جمع کنم و همراه دوستان انگلیسی‌ام از آنجا بروم. بقیه هم بسیار تشویقم کردند و گفتند ماندن در خانه‌ای که میزبانش

1.Sangria

نه‌تنها مهربان نیست بلکه ادب را هم هنگام صحبت با داوطلبان رعایت نمی‌کند، تصمیم درستی نیست.

صبح روز بعد جکی را که از رفتن ناگهانی‌ام ناراحت بود و از رفتار نادرست همسرش عذرخواهی کرد، محکم در آغوش گرفتم و به همراه دوستانم از خانهٔ سفید روبه‌روی اقیانوس آرام و از پونتا نگرا رفتم. باید به خودم یادآوری می‌کردم که به چه دلیل کار داوطلبانه می‌کنم و چرا این همه سختی را برای سفر تحمل می‌کنم. اگر ماندن در جایی نه‌تنها باعث رشد من نمی‌شود، بلکه حال من را نیز خوب نمی‌کند، بهتر است از آنجا بروم.

اوایل زمستان و اواراز[1] بسیار سرد بود. به همراه امبر و ایزی برای کوه‌نوردی در طبیعت بی‌نظیر اطراف شهر هواراز رفتیم. اواراز در شمال کشور و معروف به سوئیس پرو است. در یک ماه گذشته در پونتا نگرا تنها پنجاه دلار خرج کرده بودم و هنوز بودجهٔ کوچکی برای بلیط اتوبوس و چند شب اقامت در یک هاستل داشتم.

روز اول به دیدن دریاچهٔ ویلکاکوچا[2] رفتیم. راهی که به‌طور معمول باید با تور رفت را بدون تور و پیاده طی کردیم. سختی راه و سربالایی‌ها باعث شده بود سرما را حس نکنیم؛ اما از ارتفاع نمی‌توانستیم فرار کنیم و گاهی برای تنفس بهتر مجبور بودیم چند دقیقه بایستیم. یادم می‌آید که در یک دوراهی قرار گرفتیم و مطمئن نبودیم از چه راهی می‌توانیم به دریاچه برسیم. در همین حین مردی به نام فرناندو که متوجه گم‌شدن ما شده بود، راهنمایی‌مان کرد و ادامهٔ راه تا دریاچه را به همراه او و هیرالدو بالا رفتیم. هیرالدو چوپانی هفتادساله بود که سال‌ها روزی دوبار آن راه را رفته و برگشته بود. فرناندو راجع به ایران اطلاعات زیادی داشت و می‌گفت آرزویش این است که روزی به شیراز، شهر حافظ و سعدی، سفر کند. هیرالدو در سکوت تنها به قدم‌هایش نگاه می‌کرد. دلم می‌خواست بنشینم و ساعت‌ها با او در مورد معنای زندگی صحبت کنم، اما پس از رسیدن به دریاچه به سمت خانه‌اش در بالای کوه رفت.

یک روز دیگر هم با ذوق و شوق به دیدن کوه‌های یخی در پارک معروف هواسکاران[3] رفتیم. هوا آن‌قدر سرد و ارتفاع آن‌قدر زیاد بود که تمام مدت فین‌فین می‌کردم و نفس‌نفس می‌زدم. در ارتفاع ۵۲۰۰ متری درحالی‌که استخوان‌هایم از سرما می‌لرزیدند، سعی می‌کردم از مناظر لذت ببرم و به پیاده‌روی ادامه دهم.

1.Huaraz   2.Wilcacocha   3.Huascaran

پس از رسیدن به قله و سرمایی که از فرق سرم تا نوک انگشتان پایم را گرفته بود، حس می‌کردم هر لحظه ممکن است من نیز همانند آب‌ها به یخ تبدیل شوم. به این نتیجه رسیدم که برای من دیدن عکس‌های کوه‌های یخی لذت‌بخش‌تر است و به تحمل این سرمای طاقت‌فرسا نمی‌ارزد.

آن شب وقتی به هاستل برگشتم و به اینترنت وصل شدم، ایمیل سفارت شیلی را دریافت کردم که با درخواست ویزایم موافقت کرده بودند و می‌توانستم پس از پرداختن نودویک دلار به‌صورت حضوری ویزای سی روزهٔ شیلی را دریافت کنم.

پنجشنبه شبی در اواسط ماه جولای از دوستانم در اواراز خداحافظی کردم و با اتوبوسی شبانه به لیما برگشتم. تنها صد دلار نقد داشتم و قرار بود همان روز حقوقم را از وسترن یونیون دریافت کنم. آن‌قدر برای دریافت ویزا هیجان داشتم که پس از رسیدن به لیما، بدون خوردن صبحانه، یک‌راست به سفارت شیلی رفتم. پس از پرداخت پول در نزدیک‌ترین بانک و تحویل فیش به سفارت، پاسپورتم را با مهر ویزای سی‌روزهٔ یکبار ورود دریافت کردم. با خوشحالی به سمت نزدیک‌ترین کافه رفتم.

میزبانی پیدا کرده بودم تا سه شب آخر را در لیما با او و خانواده‌اش بگذرانم. پسری موزیسین به نام روی. به‌محض وصل‌شدن به اینترنت، پیغامی از رئیسم دریافت کردم که نوشته بود نمی‌تواند امروز به بانک برود و دوشنبه اول صبح حقوقم را واریز خواهد کرد. پیغام را چندبار خواندم. عرقی روی پیشانی‌ام نشست و دست‌هایم سردتر از قبل شد. پس از خوردن صبحانه‌ای که از قبل هزینه‌اش را پرداخت کرده بودم، بطری آبم را پر کردم و پیاده رفتم به‌سمت خانهٔ روی که آن سر شهر قرار داشت. قلبم تند می‌زد و پاهایم قدم‌هایشان را با تپش‌های قلبم هماهنگ می‌کردند. از شمردن اسکناس‌ها و سکه‌های در جیبم می‌ترسیدم. بالأخره پس از نیم‌ساعت راه‌رفتن در پارکی نشستم و دستم را داخل جیبم کردم تا هر آنچه دارم را بشمارم. پس از دیدن سکه‌ها آهی کشیدم و به مسیر ادامه دادم. چاره‌ای نداشتم، باید کل آخر هفته را با چهار دلار یعنی دوازده سول سر می‌کردم.

لیما را همانند کف دستم می‌شناختم، از خاویر پرادو تا آنگاموس، از میرافلورس تا لامولینا، از بارانکو تا سن ایسیدرو. پیداکردن خانهٔ روی کار سختی نبود. مادرش با لبخند بزرگی در را به‌رویم باز کرد. در ثانیهٔ اول مرا بسیار به‌یاد مادر خودم انداخت. پس از احوال‌پرسی تمام خانه را نشانم داد. گفت که روی به‌زودی به خانه می‌آید و می‌توانم تا آمدنش در اتاق پذیرایی منتظر بمانم و از من خواست

که راحت باشم. خودش نیز که مشغول ترجمهٔ یک کتاب بود، به اتاقش برگشت تا به کارش ادامه دهد.

پس از قراردادن کوله‌ام در گوشه‌ای، روی مبلی راحت نشستم و به اطراف نگاه کردم. مجسمهٔ بودای روبه‌رویم که با آرامش نشسته بود و آن طرف‌تر در ایوان، سازهای بادی از جنس بامبو توجهم را جلب کردند. همه‌چیز مرا به‌یاد نپال و هندوستان می‌انداخت، حتی تشک‌های خانه‌شان شبیه به آن‌هایی بود که مادرم از هند آورده بود. غرق در افکارم به اطراف نگاه می‌کردم که صدای چرخش کلید در قفلِ در مرا به زمان حال برگرداند. روی با موهایی بلند، ریش کوتاه و آغوشی باز به سمتم آمد.

«خیلی خیلی خوش‌اومدی! ایران... یه جورایی غیرممکنه کسی از ایران به من پیغام بده. برای همین تو همون ثانیهٔ اول درخواستت رو قبول کردم و از دیدنت هیجان‌زده‌م. من از تمرین برگشتم و خیلی گشنمه. غذای وگن می‌خوری؟ بیا توی آشپزخانه تا آشپزی می‌کنم حرف بزنیم. بگو ببینم چی شد که از ایران به اینجا رسیدی؟»

روی لازم نبود صحبت خاصی کند، تنها حضورش باعث آرامشم می‌شد. از آنجایی که تنها دو هفته بود دوباره گیاه‌خواری را شروع کرده بودم، برای خوردن غذای گیاهی خیلی هیجان داشتم و وقتی روی قبل از خوردن غذا چشمانش را بست و دعا کرد، من نیز با تمام وجودم برای داشتن غذای گیاهی شکر کردم. هنگام صحبتمان متوجه شدم که تمام روز روزه بوده و تابه‌حال چهاربار دورهٔ ده‌روزهٔ سکوت ویپاسانا را گذرانده است. یادآوری ویپاسانا و روزه‌گرفتنش انگیزه‌ای شد تا آن آخر هفته، گرسنگی را راحت‌تر بگذرانم.

شب اول به همراه روی و دو نفر از دوستانش در خیابان‌های بارانکو قدم زدیم، غروب آفتاب را تماشا کردیم و درنهایت سر از یک کلاب درآوردیم. روی درحالی‌که بسیار رها بود و بدنش را با ریتم موسیقی تکان می‌داد، گفت مدت‌هاست که به کلاب نیامده است و مشروب نمی‌خورد. من نیز که برای اولین‌بار زندگی شبانه و تفریحات جوانان پرویی را می‌دیدم، با کنجکاوی به اطراف نگاه می‌کردم و می‌رقصیدم.

روز دوم بعد از هم‌صحبتی با مادرش و خوردن یک موز، از خانه بیرون رفتم و برای ناهار خودم را به یک نان و بیسکویت دعوت کردم. عصر به دعوت روی به یک دورهمی رفتم که پر از جوانان هنرمند، موسیقی‌دان و رقصنده بود. گروهی

موسیقی‌دان ازجمله روی، در گوشه‌ای ساز می‌زدند و بقیه بدن‌هایشان را با ریتم موسیقی تکان می‌دادند و از طریق رقص با هم ارتباط برقرار می‌کردند. به نوع رقصشان که اولین‌باری بود که می‌دیدم «رقص ارتباطی»[1] می‌گویند.

رقصنده‌ها بسیار رها، با نگاه و با تماس بدنی به‌صورت بداهه ارتباط عمیقی با یکدیگر برقرار می‌کردند. ارتباطی که از بیرون شبیه به مکالمه‌ای بدون کلام بود. انگار تماشاچی یک نمایش زنده باشم، تمام مدت در سکوت به هنرمندان پرویی نگاه کردم و از نمایش لذت بردم.

روز بعدش هیچ انرژی‌ای در بدنم باقی نمانده بود. هرکدام از افراد خانه سر کار خودشان بودند و من نیز تمام روز را با آب، دو عدد موز و یک تکه نان سر کردم. دوشنبه صبح پس از آن که رسید حقوقم را دریافت کردم، با همان شش سولی که در جیبم باقی‌مانده بود، سوار اتوبوس شدم، به نزدیک‌ترین وسترن یونیون رفتم و اولین حقوقم را نقدی دریافت کردم. بعد برای جمع‌کردن وسایلم به خانهٔ روی برگشتم. روی که تازه از خواب بیدار شده بود، با تعجب به من نگاه کرد و گفت: «مگه قرار نبود یه شب دیگه هم بمونی؟» حس می‌کردم هرچقدر بیشتر بمانم، رفتن برایم سخت‌تر می‌شود. بهانه‌ای آوردم و مشغول جمع‌کردن کوله‌ام شدم. سپس نگاهم به ساز نی که امیر در آمازون بهم هدیه داده بود افتاد و آن را به روی هدیه دادم. روی با چوب بامبو انواع فلوت‌ها و سازهای بادی را می‌ساخت. او هم برای خداحافظی در ایوان کوچک خانه، قطعه‌ای بسیار زیبا و درعین‌حال غمناک با فلوت برایم نواخت. در سکوت همدیگر را در آغوش گرفتیم، از مادرش خداحافظی کردم و با بغضی که تمام گلویم را فشرده بود از خانه بیرون آمدم و به سمت ایستگاه اتوبوس در جادهٔ نزدیک به خانه رفتم.

با هر قدمی که برمی‌داشتم احساس می‌کردم غم بیشتری بر قلبم سنگینی می‌کند. غمی که نمی‌دانستم به‌خاطر سختی دو روز گرسنگی بود، از علاقه به روی بود و یا از عشق زیاد به شهر لیما. شهری که در گوشه‌گوشه‌اش دوست و خاطره داشتم. پایتختی که با وجود تمام تفاوت‌هایش، مرا به‌یاد تهران نازنینم می‌انداخت.

1.Contact Dance

سواری بر شن‌های بی‌پایان

ده روز زمان داشتم تا خودم را آرام‌آرام به مرز شیلی برسانم. برای رفتن به سانتیگو، پایتخت شیلی، می‌توانستم بلیط هواپیما بگیرم، که احتمالاً راحت‌ترین و ارزان‌ترین گزینه بود، اما به دو دلیل تصمیم گرفته بودم این مسیر را زمینی طی کنم. دلیل اول آن‌که به خودم قول داده بودم به‌خاطر تاثیرات بد پرواز بر گرمایش کرهٔ زمین، تا زمانی که می‌توانم زمینی سفر کنم. دلیل دوم هم آن بود که بین این دو پایتخت، از لیما تا سانتیگو، مکان‌های زیاد و طبیعت بکری وجود داشت که دلم می‌خواست آن‌ها را از نزدیک ببینم.

اولین مقصدم شهر ایکا[1] بود که حدود سه ساعت با لیما فاصله داشت. به هاستل ارزانی رفتم و روز بعد با ماشین‌های سه‌چرخه‌ای کوچکی که در پرو به آن «توک‌توک» می‌گفتند در عرض پنج‌دقیقه به هواکاچینا[2] رسیدم.

هواکاچینا روستای کوچکی بود که درست در وسط کویر و دورتادور دریاچه‌ای کوچک قرار داشت. توریستی‌بودن روستا اولین چیزی بود که نظرم را جلب کرد و مورد بعدی گرمای زیاد کویر در فصل زمستان بود. هتل‌های بسیاری در اطراف دریاچه وجود داشتند و تورهای زیادی که با ماشین‌های چهارچرخهٔ «بوگی»، به‌مدت چهار ساعت ما را برای شن‌سواری و دیدن غروب آفتاب به کویر می‌بردند. پس از پرس‌وجوی زیاد، یک تور ارزان پیدا کردم و همراه گروهی جوان، سوار یک بوگی شدم و به دل کویر رفتم.

برای منی که تجربهٔ اسکی نیز نداشتم، سوار تخته‌شدن و باسرعت سرخوردن روی شن‌ها در ارتفاعات زیاد کویر، هم بسیار ترسناک و هم بسیار هیجان‌انگیز بود. آن‌قدر ارتفاع تپه‌ها زیاد بود که وقتی از بالا سوار تخته می‌شدی، افرادی که در پایین تپه بودند را اندازهٔ یک نقطه می‌دیدی.

درست قبل از غروب آفتاب، به گوشه‌ای رفتم تا در سکوت کویر کمی با خودم خلوت کنم. درست برعکس جنگل که در سکوت صدای انواع و اقسام پرنده‌ها و موجودات را می‌شنوی، در کویر هیچ‌صدایی نمی‌آمد؛ حتی صدای باد. به خورشید و عظمتش نگاه کردم، با غرور نورش را بر زمین می‌تاباند. هرچقدر که به غروب آفتاب نزدیک‌تر می‌شدیم، آسمان و هالهٔ دور خورشید بیشتر رنگ عوض می‌کرد. از آبی به زرد، از زرد به نارنجی، از نارنجی به قرمز، از قرمز به بنفش... رقص

1.Ica 2.Huacachina

خورشید و آسمان مرا حیرت‌زده کرده بود. با چشم‌هایم همهٔ رنگ‌ها را در ذهنم ثبت کردم، اما می‌دانستم آن‌قدر غروب خواهم دید که آن رنگ‌ها نیز روزی از خاطرم می‌روند.

کولکا کنیون

از کودکی به من آموخته بودند که با غریبه‌ها صحبت و به آن‌ها اطمینان نکنم. اما چطور بود که غریبه‌ها در آن سر دنیا، به منی که از یک قارهٔ دور می‌آمدم، نه‌تنها اطمینان می‌کردند بلکه بدون شناخت مرا به خانهٔ خود دعوت می‌کردند؟

از ایکا تا آرکیپا[1] یازده ساعت راه بود. پس از پیاده‌شدن از اتوبوس، کمرم را که از نشستن مداوم درد می‌کرد، کمی ماساژ دادم و سپس به بیرون ایستگاه رفتم تا با ماریا ملاقات کنم. ماریای چهل‌وپنج‌ساله را از طریق یک گروه در واتساپ می‌شناختم. گروهی که برای تقویت زبان اسپانیایی‌ام به آن ملحق شده بودم. حدود سه ماه پیش هنگامی که در مرز بولیوی و پرو بودم در گروه پیغامی فرستادم که به‌زودی تا زمانی نامعلوم وارد پرو خواهم شد. ماریا به من پیغام داد و گفت: «هر وقت توی مسیرت به آرکیپا اومدی حتماً خبرم کن. خونهٔ من خونهٔ خودته. می‌تونی برای بهترشدن انگلیسی من، باهام انگلیسی صحبت کنی و برای بهترشدن اسپانیایی خودت، با خانوادهٔم اسپانیایی حرف بزنی.» ماریا را از موهای صاف، کوتاه و مشکی‌اش که درست شبیه به عکس واتساپش بود شناختم. کنار ماشینی طوسی ایستاده بود و از پشت عینک‌آفتابی‌اش به من لبخند می‌زد.

همدیگر را در آغوش گرفتیم و سپس سوار ماشین شدیم و به سمت خانه‌اش رفتیم. از خانه‌اش تا مرکز شهر حدود بیست‌دقیقه با اتوبوس و چهل‌دقیقه پیاده راه بود. خوشحال بودم که از محله‌های توریستی دورم و می‌توانم زندگی واقعی مردم آرکیپا را از نزدیک ببینم و تجربه کنم. وارد خانه‌ای قدیمی و سه‌طبقه شدیم که در طبقهٔ همکفش اتاقی جدا برای من آماده کرده بود. به من توضیح داد که باید سر کار برود و دیروقت برمی‌گردد. دختر بیست‌ویک‌ساله‌اش همراه نوهٔ دوساله‌اش در اتاق بغلی خواب بودند و پدر و مادر و مادربزرگش در طبقهٔ بالا زندگی می‌کردند. به‌محض رفتنش به این فکر کردم که ماریا چطور به کسی که تقریباً هیچ شناختی از او ندارد اطمینان می‌کند و من را با خانواده‌اش در خانه تنها می‌گذارد؟

1.Arequipa

نزدیک ظهر بود که در اتاقم زده شد. پیرزنی با کمری بسیار خم و لبخندی ملیح وارد اتاق شد و من را برای خوردن ناهار به طبقهٔ بالا دعوت کرد. بدون هیچ شناختی از من، مادر مهربان ماریا تمام پله‌ها را به‌سختی پایین آمده بود تا دختری از ایران را به‌صرف خوردن ناهار به خانه‌اش دعوت کند، جایی که احتمالاً به‌جز اخبار بد هیچ از آن نشنیده است. با اشتیاق خودم را معرفی کردم و همراهش به طبقهٔ بالا رفتم. تمام اعضای خانواده، پدر، مادر، مادربزرگ، دختر و نوهٔ یک‌سالهٔ ماریا پشت میز نشسته و منتظر من بودند. بوی مرغ و سیب‌زمینی تمامی اتاق را گرفته بود. بشقاب پر از پلو، سیب‌زمینی و مرغم را تحویل گرفتم، کنار مادربزرگ نشستم، با خجالت تشکر کردم و گفتم که مرغ نمی‌خورم. مادر ماریا که مهمان‌نوازی‌اش مرا بسیار یاد مادربزرگ خودم، مامان فرزانه، انداخت. با لبخند بشقاب را از من گرفت، مرغ را جدا کرد و کمی لوبیا هم برایم آورد.

هنوز اسپانیایی‌ام آن‌قدر خوب نبود که بتوانم تمام جزئیات مکالمه‌هایشان را متوجه شوم، اما فهمیدم که درطول خوردن ناهار، در مورد قیمت مرغ، آب‌وهوا، ایران و مسافرهای کوله‌به‌دوش صحبت کردند. اصرار کردم که ظرف غذایم را خودم بشورم اما مادرش مرا روی صندلی نشاند و گفت: «مهمون که ظرف نمی‌شوره!»

پس از خوردن ناهار، چند ساعتی کنار خانواده ماندم تا با همان کلمات و جملاتی که بلد بودم با آن‌ها معاشرت کنم. پدر ماریا در مورد انقلاب ایران در روزنامه‌ها خوانده بود و تخت‌جمشید و شهر شیراز را می‌شناخت. مادر ماریا مدام در مورد خطرهای تنهایی سفرکردن از من می‌پرسید و می‌گفت که نمی‌تواند حتی تصور کند که چطور می‌توانم تنها از مرز کشورها رد شوم و با یک کوله سفر کنم.

برعکس پدر و مادربزرگش، کلاودیا که تنها یک سال از من بزرگ‌تر بود تمام مدت سکوت کرده بود و انگار در فکر فرو رفته بود. وقتی به طبقهٔ پایین برگشتیم و پسر یک‌ساله‌اش به خواب رفت، به اتاقم آمد و بدون‌مقدمه در مورد رابطه‌اش با پدر پسرش، که نه همسرش بود و نه دوست‌پسرش، صحبت کرد و از من پرسید که آیا تابه‌حال عاشق شده‌ام یا نه؟

همان‌طور که با کلمات مبتدی اسپانیایی بازی می‌کردم برایش از داستان‌های عاشقی‌ام گفتم. چشم‌های درشت و مشکی پر از پرسش او به من خیره شده بودند و گوش‌هایش با صبوری آرام صحبت‌کردنم را تحمل می‌کردند. از همان شب رابطه‌ای گرم و صمیمی بین من و کلاودیا شکل گرفت.

ماریا هر شب از سختی‌ها و موفقیت‌های زندگی‌اش برایم می‌گفت. هر روز صبح با پسر کلاودیا بازی می‌کردم و هر بعدازظهر داستان زندگی پدر و مادر ماریا را می‌شنیدم که سال‌ها پیش از تکنا، شهری در مرز پرو و شیلی، به آرکیپا مهاجرت کرده و تابه‌حال از پرو بیرون نرفته بودند.

با این که دو بار با کلاودیا به مرکز شهر، قسمت‌های توریستی‌اش و شهربازی رفتیم، احساس می‌کردم که تنها دلیل آمدن من به آرکیپا دیدن ماریا، خانواده‌اش و شنیدن داستان زندگی‌شان بوده است. خانواده‌ای که با آن که آب خانه‌شان قطع بود، آن‌قدر فضای خانه را با عشقشان گرم کرده بودند که من پنج روز با اشتیاق با آن‌ها زندگی کردم.

صبح روز ششم وقتی به قصد ادامهٔ سفر به مقصد کولکا کنیون[1]، دومین درهٔ بزرگ دنیا از خانه خارج می‌شدم، احساس کردم بار دیگر از خانواده‌ام جدا می‌شوم. چشم‌های ماریا، کلاودیا، مادربزرگ و پدربزرگ نیز می‌گفتند که آن‌ها هم احساس مشابهی دارند. گاهی یک لبخند، یک آغوش، بشقاب غذا یا حتی یک صحبت کوتاه دوستانه، یک غریبه را به یک آشنا تبدیل می‌کند. برای اعتمادکردن به غریبه‌ها، گاهی تنها کافی است که سر صحبت را با آن‌ها باز کنی.

دو ساعتی می‌شد که اتوبوس به دلیل یک مشکل فنی در بین کوه‌ها توقف کرده بود. هوا سرد بود، خیلی سرد. در این فکر بودم که بهتر است در اتوبوس بمانم و از پنجره به طبیعت بیرون و جوانان درحال صحبت نگاه کنم، یا برای راحت‌تر گذشتن این انتظار موقعیتم را تغییر دهم که رانندهٔ اتوبوس اعلام کرد اتوبوس دیگری برای رساندن ما به مقصد در راه است و حدود سه ساعت دیگر می‌رسد. برخی مسافران عصبانی شدند و گفتند اگر پیاده حرکت کنیم زودتر به مقصد می‌رسیم، برخی تصمیم گرفتند یک تاکسی پیدا کنند و برخی مثل من در سکوت به فکر فرو رفتند. بین برف‌ها در ارتفاعات گیر کرده بودیم. تا روستای کاباناکنده[2]، که قرار بود شب را آنجا بمانم و بعد از آنجا به کولکا کنیون بروم، تنها چهل دقیقه با اتوبوس راه بود، اما جاده مناسب پیاده‌روی نبود.

برعکس دیگران نگران دیررسیدن به مقصد و تاریکی شب نبودم. تنها نگران شکمم بودم که از گرسنگی به خود می‌پیچید. از اتوبوس پیاده شدم و به اطراف نگاه کردم. کمی دورتر زنی با یک سبد پر روی زمین نشسته بود، نزدیک‌تر رفتم. سبد پر از نان‌های تازه بود. با خوشحالی از او چند نان خریدم، کنارش نشستم و

1.Colca Canyon   2.Cabanaconde

مشغول خوردن نان‌ها شدم که پسری جوان و قدبلند با هیکلی درشت و موهایی صاف، بلند و مشکی که در پشت سرش بسته بود، به ما پیوست.

لوکاس بیست‌ودو سال داشت. حدود شش ماه پیش از کشورش ایتالیا به شیلی رفته بود و در شهر والپارایسو[1] پنج ماه درس خوانده بود و حالا قبل از برگشت به کشورش تصمیم گرفته بود یک ماه به پرو سفر کند. او تازه وارد پرو شده بود و اطلاعات زیادی در مورد این کشور نداشت و من به‌زودی وارد شیلی می‌شدم که برایم کشوری به‌کل ناشناخته بود. به همین دلیل اطلاعات مفید زیادی برای گفتن به هم داشتیم. روی نقشه کویر آتاکاما[2]، خشک‌ترین کویر دنیا که در شمال شیلی قرار دارد را به من نشان داد و گفت حتما ارزش دیدن دارد و من از دیدنی‌های اطراف کوسکو برایش گفتم.

نکتهٔ جالب این گفت‌وگو آن بود که لوکاس یک کلمه هم انگلیسی صحبت نمی‌کرد و اسپانیایی را که تازه و در سفر یاد گرفته بود با لهجهٔ ایتالیایی حرف می‌زد. بین جملاتش هم کلمات ایتالیایی زیادی به‌کار می‌برد. من نیز تازه درحال یادگیری اسپانیایی بودم و تنها زمان حال را بلد بودم و دایرهٔ واژگانم نیز بسیار محدود بود.

سه‌ساعت‌ونیم در هوای سرد و زیر آسمانی که هر ثانیه تاریک‌تر می‌شد نشستیم و با جملاتی از سه زبان اسپانیایی، ایتالیایی و انگلیسی برای هم داستان تعریف کردیم. به‌راستی قصه‌گویی و داستان‌سرایی دردها را دوا می‌کند چرا که هیچ متوجه گذر زمان نشدیم و تنها زمانی که اتوبوس دوم برای رساندن ما به مقصد از راه رسید، متوجه شدیم که چقدر در سرما روی زمین پر از سنگ نشسته بودیم.

لوکاس نیز مثل من هاستلی رزرو نکرده بود، برای همین ساعت هشت شب در تاریکی در روستای کاباناکنده دنبال جایی برای خوابیدن گشتیم. پربودن اکثر هتل‌ها و هاستل‌ها نشانهٔ توریستی‌بودن کاباناکنده بود.

بالأخره پس از بیست‌دقیقه پیاده‌روی با کوله‌های سنگین، هتلی ارزان (نفری هشت دلار) و مناسب با دو جای خالی پیدا کردیم. اما درکمال تعجب به‌جای یک اتاق دوتخته، یک اتاق با تخت دونفره تحویل گرفتیم. پس از صحبت با مسئولین متوجه شدیم تنها اتاقی خالی باقی‌مانده همان اتاق است و هیچ‌کجای روستا دیگر اتاقی با این قیمتی پیدا نخواهیم کرد. از آنجایی که بسیار خسته بودیم و صبح زود

1.Valparaiso   2.Atacama

قرار بود به دره‌نوردی برویم، اتاق را تحویل گرفتیم.

لوکاس که انگار متوجه استرس من شده باشد، کوله‌اش را آن طرف تخت گذاشت، مسواک زد و سپس پشت به من روی تخت دراز کشید. من که پس از روزها آب نداشتن در آرکیپا تشنهٔ یک حمام آب گرم بودم، به حمام رفتم. سپس درحالی‌که از خستگی پلک‌هایم روی چشمانم احساس سنگینی می‌کردند، پشت به او دراز کشیدم و به خوابی عمیق فرو رفتم.

صبح با صدای بسته‌شدن در دستشویی از خواب بیدار شدم. به کولهٔ آمادهٔ لوکاس نگاه کردم، سریع لباس‌های کوه‌نوردی را تنم کردم و خوشحال از اطمینانم به لوکاس، با او برای خوردن صبحانه و شروع دره‌نوردی از هتل خارج شدم.

اکثر مردم برای امنیت بیشتر هنگام کوه‌نوردی در درهٔ عمیق کولکا[1] با تور همراه می‌شوند؛ اما لوکاس راهی غیر از راه توریستی از روی نقشه پیدا کرده بود که خلوت و پرشیب بود و ما را سریع‌تر به رودخانهٔ انتهای دره می‌رساند.

یک ساعت اول به‌سرعت گذشت. تنها به جلوی پایم نگاه می‌کردم و پشت‌سر لوکاس از صخره‌ها پایین می‌رفتم. پس از حدود یک ساعت سنگینی کوله را روی شانه‌هایم حس کردم و از او خواستم تا بایستیم. نه حرفی برای گفتن داشتیم و نه غذایی برای خوردن. لوکاس یک آهنگ ایتالیایی گذاشت، به آسمان خیره شد و من نیز در سکوت آب نوشیدم. به همین ترتیب پنج ساعت گذشت و ما آرام‌آرام پایین و پایین‌تر رفتیم. هرچقدر به عمق دره نزدیک‌تر می‌شدیم، خسته‌تر می‌شدم اما چاره‌ای به‌جز قدم‌برداشتن و ادامه‌دادن نداشتم. وقتی به رودخانه رسیدیم آن‌قدر گرسنه بودم که حس می‌کردم صدای شکمم را نه‌تنها لوکاس، بلکه پرنده‌هایی که در آسمان درحال پروازند هم می‌شنوند. ته کیفم تکه نانی برای خوردن پیدا کردم، روی سنگ‌های کنار رودخانه نشستم، از دور به بخاری که از آب‌های داغ آن طرف رودخانه بلند می‌شد نگاه و شروع به جویدن نان کردم. در یکی از بکرترین طبیعت‌های آمریکای جنوبی نشسته بودیم و در سکوت به گذر آب نگاه می‌کردیم.

می‌دانستم به‌هیچ‌وجه توان برگشتن به کاباناکنده و بالارفتن از آن همه صخره را ندارم. درعین‌حال آن‌قدر خسته و گرسنه بودم که دلم نمی‌خواست از جایم بلند شوم.

1.Colca Canyon

لوکاس از روی نقشه موقعیتمان را پیدا کرد و گفت که در یک کیلومتری ما رستوران و هتلی می‌بیند. تصور خوردن ناهار انگیزه‌ای شد تا پس از نیم‌ساعت از جایم بلند شوم. بیست دقیقهٔ دیگر در مسیری که نقشه به ما نشان می‌داد حرکت کردیم تا به تابلویی رسیدیم که رویش نوشته بود: «غذای گیاهی، استخر آب‌گرم طبیعی و هتلی با تخت‌های راحت.»

از پله‌های سنگی پایین رفتیم تا به رستوران و هتلی چوبی رسیدیم. وقتی قیمت اتاق‌ها و منوی غذا را دیدم، احساس می‌کردم به بهشت رسیدم. نفری هفت دلار برای یک شب اتاق خصوصی با صبحانه و ناهار گیاهی. پس از خوردن ناهاری گرم و خوشمزه و گذاشتن وسایل در اتاق، به دیدن استخرهای آب گرم رفتیم. به جز ما چند نفر دیگر هم در استخرها نشسته بودند و به منظرهٔ بی‌نظیر کوه‌ها و رودخانهٔ خروشان نگاه می‌کردند.

گرمای آب بدنم را نوازش می‌کرد، طوری که پس از چند دقیقه تمام خستگی کوه‌نوردی آن روز از بدنم خارج شد. همان‌طور که به طبیعت اطرافم خیره شده بودم، به این فکر کردم که چقدر خوب شد که اتوبوس در راه خراب شد. اگر اتوبوس‌مان خراب نمی‌شد من هیچ‌وقت با لوکاس آشنا نمی‌شدم و در مسیری متفاوت با مسیر توریستی به کوه‌نوردی نمی‌آمدم. اگر اتوبوس خراب نمی‌شد شاید هیچ‌وقت به این مکان رویایی پا نمی‌گذاشتم و هیچ‌وقت طعم خوش اطمینان به لوکاس را نمی‌چشیدم. کسی که روز اول برایم تنها یک غریبه بود و بعد تبدیل به یک آشنا شد. غریبهٔ آشنایی که چهار روز آخرم در پرو را همراهش در درهٔ کولکا گذراندم و سپس در ایستگاه اتوبوس شهر آرکیپا از او خداحافظی کردم. با یک‌عالمه خاطره که به هم هدیه داده بودیم از هم خداحافظی کردیم، بدون آن‌که هیچ راه تماسی با هم ردوبدل کنیم. لوکاس سوار اتوبوسی به سمت کوسکو شد و من سوار اتوبوس دیگری شدم به سمت شهر تکنا در مرز شیلی.

با آن‌که برای دیدن و تجربهٔ زندگی و سفرکردن در شیلی هیجان زیادی داشتم، خداحافظی با پرو برایم کار راحتی نبود. از تکنا شهر مرزی در پرو تا آریکا شهر مرزی در شیلی به ده هفتهٔ گذشته فکر کردم. به همه آدم‌هایی که با آمدن و رفتنشان از زندگی‌ام به من درس‌های بسیاری داده بودند.

این‌بار مهر ورود و خروج در یک باجه در پاسپورتم کوبیده شد. درحالی‌که از شوق رهایی و رسیدن به شیلی از چشمانم اشک جاری می‌شد، با کلی عشق پایم را از خاک پرو بیرون گذاشتم و روبه‌جلو حرکت کردم. پرچم شیلی با وزش باد

می‌رقصید. شیلی با رقص پرچمش به من که از ایران بودم خوش‌آمد گفت و باد با وزشش صلح را در گوشم زمزمه کرد.

شیلی

دوچرخه‌سواری در درهٔ مرگ

آخرین روزهای ماه جولای، درست در سردترین روزهای سال در نیمکرهٔ جنوبی وارد شیلی شدم. از همان دقایق اول لهجهٔ عجیب و تند مردم شیلی در اتوبوس توجهم را جلب کرد. آن‌قدر تند و متفاوت صحبت می‌کردند که اگر نمی‌دانستم اسپانیایی صحبت می‌کنند، حتماً فکر می‌کردم زبانشان با زبان پرویی‌ها متفاوت است.

برای رفتن از آریکا به روستای کوچک سَن پدرو در آتاکاما[1]، خشک‌ترین کویر دنیا، سوار اتوبوس شدم. هنگام تبدیل پول از سول[2] به پزو[3]، متوجه ارزش بالای پول شیلی شدم. قیمت همه‌چیز از آب‌میوه و ساندویچ گرفته تا اتوبوس و دستمال‌کاغذی چندبرابر پرو بود. سعی می‌کردم به سرمای هوا، گرانی شیلی و لهجهٔ تند مردم توجه نکنم. با ذهنی درگیر و کمی استرس، نشسته روی صندلی راحت اتوبوس، به خواب رفتم.

ساعت پنج صبح، با توقف اتوبوس و صدای پای مسافران که آرام‌آرام از اتوبوس خارج می‌شدند، از خواب بیدار شدم. درحالی‌که راننده کمکم می‌کرد تا کولهٔ سنگینم را روی دوشم بندازم، به اطراف نگاه کردم. خیابان خلوت بود و مغازه‌های اطرافمان نیز بسته بودند. اکثر مسافرها سوار تاکسی شدند تا به هتل‌هایی بروند که لابد از قبل رزرو کرده بودند. درست روبه‌رویم کافهٔ کوچک چوبی‌ای قرار داشت که روی درش نوشته شده بود: «باز است.» از آنجا که هم گرسنه بودم و هم برای پیام‌دادن به میزبانم و خانواده به اینترنت احتیاج داشتم، وارد کافه شدم.

به جز من یک مرد دیگر هم در کافه، درست در میز روبه‌رویی‌ام نشسته بود. موهای بلند و بورش را از پشت بسته بود و با چشم‌های سبزش به گوشی تلفنش خیره شده بود.

1.Atacama 2.Sol 3.Peso

پس از تماس تلفنی با مادرم و پیغام‌دادن به میزبانم اسکار، قهوه و تستی سفارش دادم و در گوگل، به زبان انگلیسی، کویر آتاکاما را جست‌وجو کردم. کویر آتاکاما خشک‌ترین بیابان روی کرهٔ زمین است که بین سه کشور بولیوی، پرو و شیلی قرار دارد. بیابان آتاکاما از یک طرف توسط کوه‌های آند و از طرف دیگر توسط بلندی‌های اقیانوس آرام محاصره شده است. از پشت پنجره به آفتابی که کم‌کم از لای ابرها بیرون می‌آمد خیره شدم. درست در گرم‌ترین ماه در تهران، من در باریک‌ترین کشور نیمکرهٔ جنوبی یخ می‌زدم.

سنگینی نگاه مرد روبه‌رویی باعث شد سرم را به سمتش بچرخانم. وقتی لبخند زدم، سلام کرد و گفت که تنها یک روز در سن پدرو توقف دارد و می‌خواهد با دوچرخه به دو درهٔ «ماه»[1] و «مرگ»[2] برود؛ اما ترجیح می‌دهد همراهی داشته باشد. از من پرسید برنامه‌ام برای آن روز چیست و آیا دوست دارم که همراهش بروم یا نه.

با این‌که او را نمی‌شناختم، پیشنهادش را قبول کردم. تجربه نشان داده بود که گاهی سوارشدن بر موج‌های از قبل پیش‌بینی‌نشدهٔ زندگی، ماجراجویی‌های عجیبی را به‌همراه می‌آورد. بعد از خوردن صبحانه و معاشرت با گابریل سی‌وپنج‌سالهٔ برزیلی راهی مرکز روستا شدیم. او برای یک سفر دو هفته‌ای از سائو پائولو به شیلی آمده بود.

سن پدرو روستای کوچکی بود. درست وسط بیابان بزرگ آتاکاما. همان‌طور که در کوچه‌پس‌کوچه‌های خاکی آن قدم می‌زدیم تا جایی را برای کرایهٔ دوچرخه پیدا کنیم، به آژانس‌های مختلف مسافرتی هم سر زدیم تا از قیمت تورها و جاهای دیدنی باخبر شویم. متوجه شدم در اطراف این کویر بزرگ، فلامینگوهای صورتی، دریاچه‌های نمک، چشمه‌های آب‌گرم و آتش‌فشان نیز یافت می‌شود.

بالأخره دو دوچرخه با اندازه و قیمت مناسب پیدا و برای کل روز اجاره‌شان کردیم. کولهٔ بزرگم را به‌امانت همان‌جا در مکان کرایهٔ دوچرخه‌ها گذاشتم و با یک آب معدنی، کمی پول، دو عدد سیب، یک ساندویچ و گوشی موبایل سوار دوچرخه شدم. از آخرین‌باری که مسافتی طولانی را با دوچرخه طی کرده بودم بیش از یک‌سال می‌گذشت؛ اما آن‌قدر مسیر شگفت‌انگیز و هیجان رکاب‌زدن در کویر آتاکاما زیاد بود که نیم‌ساعت اول بدون‌توقف پشت سر گابریل ادامه دادم. تجربه‌ای که می‌دانستم احتمال دارد تنها یک‌بار در زندگی‌ام رخ دهد.

1.Valle de la Luna

۲.Valle de marte: درهٔ مارس یا مرگ: نام دیگر آن درهٔ «مرگ» است: Valle de la muerte

مقصد اولمان «درهٔ مرگ» بود. پس از یک‌ساعت به ورودی دره رسیدیم. جایی که مجبور بودیم از آسفالت دل بکنیم و روی خاک‌ها و سنگ‌های سخت به رکاب‌زدن ادامه دهیم. باد درست در جهت مخالف ما می‌وزید. شن‌ها با باد در هوا می‌رقصیدند و من به جز مه روبه‌رویم چیزی نمی‌دیدم. از دوچرخه پیاده شدم و درحالی‌که برای جلوگیری از رفتن خاک به چشمانم آن‌ها را نیمه‌بسته نگه داشته بودم، پیاده و دوچرخه به‌دست پشت سر گابریل حرکت کردم. او عینک‌آفتابی زده بود و می‌توانست تعادل خود را روی سنگ‌های نمکی حفظ کند. هر لحظه وزش باد بیشتر و سرعت ما کمتر می‌شد. به‌یاد دارم حدود نیم‌ساعت کنار یک غار نمکی وسط درهٔ مرگ نشستیم و به اطراف نگاه کردیم. دورترها تپه‌های سنگی بنفش، زرد، کرم و سفید قرار داشتند. هرجا که نگاه می‌کردم خاک بود. با خنده از گابریل پرسیدم: «چرا تو نامناسب‌ترین فصل به آتاکاما اومدیم؟» گفت: «می‌دونستم وقت مناسبی برای اومدن نیست؛ اما نمی‌دونستم کی دوباره به شیلی برمی‌گردم و می‌خواستم حتماً این دو تا دره رو ببینم.» تا زمانی که وزش باد کمی آرام‌تر شود کنار غار نمکی نشستیم و ساندویچ خوردیم.

ادامهٔ مسیر از درهٔ مرگ تا درهٔ ماه را با باد همراه شدیم. درهٔ ماه پر از تپه‌های ماسه‌ای بزرگ و سازه‌های سنگی بود. رنگ منحصربه‌فرد خاکش باعث می‌شد که به‌راستی احساس کنم که در کرهٔ ماه قدم می‌زنم. به پیشنهاد گابریل، همان اوایل دره، روی زمین کنار یکی از تپه‌ها نشستیم و به آفتاب، که کم‌کم داشت غروب می‌کرد، خیره شدیم. برعکس تصوراتم در تمام روز به جز یک گروه چهارنفره که با دوچرخه به درهٔ مرگ آمده بودند، کسی را ندیدیم.

آسمان در یک ساعت از آبی کم‌رنگ به صورتی، از صورتی به بنفش کم‌رنگ، از بنفش کم‌رنگ به نارنجی و از نارنجی به قرمز تغییر رنگ داد. نگاه‌کردن به ماه کامل در درهٔ ماه، حس آدم‌فضایی‌بودن را به من می‌داد. چندین‌بار پلک زدم تا مطمئن شوم که خوابم نیستم. ناگهان باد ضربهٔ محکمی به صورتم زد. بیدار بودم و در خشک‌ترین نقطهٔ کرهٔ زمین، به غروب آفتاب و ماه کامل نگاه می‌کردم. همراهم مردی بود که جز اسمش چیزی از او نمی‌دانستم. گابریل بدون آن‌که چیزی از افکارم بداند، در مورد یکی از نقش‌هایش به‌عنوان آدم‌فضایی، در یک اجرای تئاتر صحبت کرد. پس کسی که تمام روز همراهم بود، یک بازیگر تئاتر بود.

یک گوشم صدای باد را و گوش دیگرم داستان‌های گابریل را می‌شنید. دقایقی طولانی برایم از زندگی به‌عنوان یک هنرمند و انواع تئاتر در برزیل و سائو پائولو

گفت. من نیز هر آنچه در مورد تئاتر ایران می‌دانستم را در اختیارش گذاشتم. درهٔ «ماه» آن‌قدر ما را از زندگی در زمین دور کرده بود که زمان را نیز به‌کل فراموش کرده بودیم. رنگ آسمان داشت از قرمز به سیاه تبدیل می‌شد. به خود آمدیم و با عجله سوار دوچرخه‌هایمان شدیم.

این‌بار اما درست برعکس صبح، دوچرخه‌سواری در کویر آتاکاما لذتی وصف‌نشدنی را به‌همراه داشت. جادهٔ برگشت سرپایینی بود. بدون نیاز به هیچ نیرویی، محکم میله‌های جلوی دوچرخه را گرفتم و پاهایم را روی پدال‌ها گذاشتم. باد از پشت مرا هل می‌داد و راه شبیه به یک سرسرهٔ طولانی بود. ماه از بالای سر با نورش سرم را نوازش می‌کرد و آسمان تاریک من و گابریل را همانند کودکانش در آغوش گرفته بود. وقتی به روستا برگشتیم متوجه شدیم به دلیل وزش باد و نامناسب‌بودن آب‌وهوا، بسیاری از تورهای به‌سمت دره‌ها را کنسل کرده‌اند. دوچرخه‌هایمان را پس دادیم، کوله‌هایمان را تحویل گرفتیم و درحالی‌که مشتاقانه امپاناداهای[1] ونزوئلایی‌مان را گاز می‌زدیم، در بازار رنگی سن پدرو قدم زدیم. از این‌که هنگام دیدن گابریل به حسم اعتماد کردم، بسیار خوشحال بودم. هنگام خداحافظی هر دو می‌دانستیم که هرگز آن روز و تجربهٔ رکاب‌زدن در کویر آتاکاما را فراموش نخواهیم کرد. این‌بار براساس تجربه‌ام با لوکاس، برای اینکه دیگر حسرت نبود امکان تماس مجدد را نخورم، شماره تلفنی از او گرفتم تا اگر روزی گذرم به برزیل و شهر سائو پائولو[2] افتاد، دوباره ببینمش. قدم‌زنان از روی نقشه به سمت خانهٔ اسکار رفتم. مردی کلمبیایی که از طریق کوچ سرفینگ پیدایش کرده بودم و قرار بود دو شب در سن پدرو مهمان خانه‌اش باشم.

گم‌شدن کفش‌هایم

در تاریکی با نور گوشی، به انتهای باغ رفتم و به خانه‌ای کوچک در انتهای آن رسیدم. چراغ خانه روشن و پنجره باز بود. صدای بلند یکی از آهنگ‌های محبوب کلمبیایی‌ام از داخل خانه می‌آمد. با لبخند قدم‌هایم را تندتر کردم، به پشت در رسیدم و در زدم.

مردی با قد متوسط، کلاهی بر سر و قیافه‌ای خندان و خسته در را باز کرد و به داخل دعوتم کرد. شاید اگر دو اتاق خانه‌مان در اکباتان را روی هم بگذارم، بشود اندازهٔ خانهٔ کوچک اسکار. روی زمین تشک بزرگی داشت که مال خودش

1.Empanada   2.São Paolo

بود و آن طرف‌تر تشک دیگری بود که گفت مال من است و می‌توانم وسایلم را آنجا بگذارم.

دستشویی، حمام و آشپزخانه همه در اتاقکی کوچک بودند که با پرده از بقیهٔ خانه جدا می‌شدند. از صبح تا شب رکاب‌زدن با گابریل و همین‌طور تازه رسیدن به شیلی و سفر شبانه خسته‌ام کرده بود، بااین‌حال دلم می‌خواست از دلایل مهاجرت این مرد از کلمبیا به شیلی و سبک زندگی‌اش بپرسم. موقع خوردن شامی که برایم درست کرده بود، به داستان‌های عجیب زندگی و مهاجرتش گوش سپردم.

اسکار در یک شهر خیلی کوچک بزرگ شده بود. جایی دقیقاً در وسط کلمبیا، شهری بدون اینترنت و تکنولوژی که بین کوه‌های آند و دریای کارائیب قرار دارد. در خانواده‌ای پرجمعیت همراه با سیزده خواهر و برادر و پدر و مادری که تابه‌حال پایشان را از آن روستا بیرون نگذاشتند. بعد از اتمام درسش، در سی‌سالگی تصمیم گرفته بود به آرژانتین و شیلی سفر کند و در طول سفرش وقتی به روستای سن پدرو و کویر آتاکاما رسیده بود، مطمئن شده بود که «خانهٔ» خودش را پیدا کرده است.

- چرا؟

+ عاشق شدم.

- عاشق کی؟

+ عاشق این کویر خشک و ساکت. عاشق چشمه‌های آب گرم و فلامینگوهای صورتی. عاشق ستاره‌هایی که هر شب توی آسمونه. عاشق کوچیکی سن پدرو و امنیت شیلی. عاشق این خاک که با خاک هرجای دیگه برام فرق داره.

- دلت برای گرمای کلمبیا، مردمش و برای خونوادت تنگ نمی‌شه؟

چند ثانیه در چشمانم نگاه کرد و فکری که مدت‌ها در سرم بود و نمی‌توانستم بر زبان بیاورم را بیان کرد: «ما دو نوع خونواده داریم. خونوادهٔ خونی که خودمون انتخاب نمی‌کنیم و خونوادهٔ غیرخونی که خودمون انتخاب می‌کنیم. من توی سن پدرو خونواده پیدا کردم. آدمایی که علایق و ذهنیت مشترکی با هم داریم. دوستایی که می‌تونم باهاشون رشد کنم و بی‌تردید همهٔ حرف‌های دلم رو براشون بگم. کسایی که نمی‌خوان من رو عوض کنن و با تمام اخلاق‌های خوب و بدم، من رو همین‌طور که هستم دوست دارن.

آن شب با فکر به معنای خانه و خانواده به خواب رفتم و صبح روز بعد با صدای آهنگ کومبیای کلمبیایی که از آشپزخانه شنیده می‌شد، بیدار شدم. اسکار درحال پختن نان آرپا بود. نان معروف کلمبیایی و ونزوئلایی، نانی که با آرد ذرت و آب درست می‌شود و روز اول ورودم به آمریکای جنوبی، در کاراکاس و خانهٔ خوزه امتحانش کرده بودم. پس از خوردن آرپا همراه با گوجه و پیاز، به باغچه رفتیم تا برای ناهار لوبیای سبز بچینیم که ناگهان متوجه شدم که یک لنگه کفشم نیست.

نیم‌ساعت اول با خنده و شوخی در باغ دنبال کفش گشتیم اما بعد اسکار نگران شد و گفت به‌حتم یکی از سگ‌های همسایه کفش را برده است. من هم یادم آمد که یک جفت کفش ورزشی‌ام در کولکا کانیون پاره شده بود و درحال‌حاضر تنها همین یک جفت کفش خوب کوه‌نوردی را دارم. پولی هم برای خرید کفش جدید در جیبم نیست. همهٔ آن باغ سرسبز را گشتیم برای پیداشدن کفش سبزی که از مگامال اکباتان خریده بودم و تمام راه از ونزوئلا تا شیلی با من آمده بود. نیم‌ساعت... یک ساعت... دو ساعت... دیگر نزدیک بود گریه کنم. چطور با یک لنگه کفش به مسیر ادامه بدهم؟

دو ساعتی می‌شد که اسکار از استرس زیاد در باغ راه می‌رفت. گاهی زیر درختی می‌نشست و دستش را روی صورتش می‌گذاشت و بعد بلند می‌شد و به گشتن و راه‌رفتن ادامه می‌داد. لابد از چشمان من خوانده بود که تنها آن دو جفت کفش را دارم و از استرس زیادم فهمیده بود که توان خریدن کفش جدید را ندارم.

به داخل خانه رفتم. چشمانم را بستم و به کفشم گفتم که احتیاجش دارم، بدون او قادر به ادامهٔ سفر نیستم و خیلی دوستش دارم. بعد تمام باغ را در ذهنم پاک‌سازی کردم و درحالی‌که هنوز قلبم به‌خاطر استرس تند می‌زد، سعی می‌کردم در ذهنم هر دو کفش را در پاهایم تصور کنم.
طولی نکشید که صدای خوشحال اسکار از دور آمد: «ملی! ملی!»
به بیرون رفتم و دیدم خندان دو لنگه کفش را در دستانش گرفته و می‌گوید: «حالا این یه داستان خنده‌دار فراموش‌نشدنی برای ماست. کفشت تو باغ همسایه بود.»

از خوشحالی هم را در آغوش گرفتیم و سوت‌زنان لوبیاهای سبز را چیدیم و پختیم. از آنجا که اسکار علاقهٔ خاصی به سینما داشت و کارگردان‌های خوب سینمای ایران را نیز می‌شناخت، موقع خوردن ناهار، فیلم ایرانی مورد علاقهٔ او «خانهٔ دوست کجاست؟» از عباس کیارستمی را دیدیم. هیچ‌وقت تصورش را هم

نمی‌کردم که در کویری در شیلی با یک مرد کلمبیایی فیلمی از عباس کیارستمی ببینم.

اسکار که در یکی از آژانس‌های مسافرتی مشغول‌به‌کار بود، سر کار رفت و من‌که هنوز خستگی راه و دوچرخه‌سواری در کویر توی بدنم بود، فقط نشستم و به درودیوار خانه نگاه کردم تا شب شد و قبل از اینکه او بیاید خوابم برد. صبح که بیدار شدم او نبود، نامه‌ای بلندبالا برایش نوشتم و برای آن‌که دو روز مرا مهمان خودش کرده بود، برای همهٔ داستان‌هایی که برایم گفته بود و غذاهای خوشمزه‌اش و پیداکردن کفشم از او تشکر کردم. کولهٔ زرد سنگینم را بستم و دوباره سوار اتوبوسی شدم به سمت روستایی کوچک که کمی جنوب‌تر و کنار اقیانوس آرام بود. روستایی که قرار بود دو هفته در آن کار داوطلبانه کنم و به کودکان و بزرگسالانش، انگلیسی یاد بدهم. روستایی به نام تل‌تل[1].

تل‌تل

با توقف اتوبوس از خواب بیدار شدم. هوا سرد بود. از پنجرهٔ اتوبوس به بیرون خیره شدم. انگار به تل‌تل رسیده بودیم. همه‌چیز شیلی به‌نظرم با کشورهای قبلی متفاوت بود. جاده‌هایش، مردمش، مغازه‌ها، پولش، حتی اتوبوس‌هایش. درحالی‌که سعی می‌کردم از حرف‌ها و لهجهٔ تند اسپانیایی پسر بغل‌دستی‌ام، که انگار با دوست‌دخترش صحبت می‌کرد، چیزی بفهمم، در گوشی تلفنم به نقشه نگاه کردم. بله، به روستای کوچک تل‌تل در شمال غربی شیلی رسیده بودیم، روستایی که درست کنار اقیانوس آرام قرار دارد.

از اتوبوس پیاده شدم و کولهٔ سنگینم را روی دوشم انداختم. هکتور گفته بود که به دنبالم می‌آید. او مدیر مؤسسه‌ای غیردولتی بود که به‌مدت دو هفته میزبان من بود تا در آن به‌صورت داوطلبانه به کودکان، نوجوانان و سالمندان انگلیسی تدریس کنم. گیج و گنگ به آدم‌های اطرافم نگاه کردم. یعنی هکتور کدامشان بود؟ پس از دو دقیقه مردی با قد متوسط، پوست تیره و موهایی جوگندمی به سمتم آمد. آغوشش را باز کرد و بسیار مطمئن گفت: «ملیکا! به تل‌تل خوش اومدی!»

آن‌قدر پرانرژی بود که ناخودآگاه لبخندی روی لبم نشست. به سمت محل

1.Taltal

سکونت داوطلب‌ها رفتیم. هکتور که سرعت راه رفتنم را دید، متوجه سنگینی کوله شد و پیشنهاد داد که تا خانه کوله را برایم بیاورد. این‌بار برعکس دفعات قبل، تعارف را کنار گذاشتم و کولۀ سنگینم را به او دادم. کوله را روی دوشش انداخت و با خنده گفت: «فکر کنم خودت سبک‌تر از این کوله‌ای.»

یک‌ربع طول کشید تا پیاده از ایستگاه اتوبوس به خانۀ داوطلب‌ها برسیم. با دیدن اقیانوس آرام، مغازه‌های کوچک و رنگی و پارک سرسبز مرکز روستا، از انتخابم و آمدن به تل‌تل خوشحال شدم. خانه در انتهای کوچه‌ای پهن قرار داشت. سبز و بسیار ساده بود. سه اتاق خواب، یک حیاط کوچک و یک حمام و دستشویی داشت. کوله‌ام را در یکی از اتاق‌ها گذاشتم و با آب یخ، که دیگر به آن عادت کرده بودم، دوش گرفتم.

هکتور سوپ گیاهی و خوشمزه‌ای را روی میز گذاشته و منتظرم نشسته بود. به من توضیح داد که شب دختر دیگری از آمریکا و روز بعد دو دختر از ایتالیا و یک خانوادۀ هندی ـ آلمانی برای کار داوطلبانه به ما ملحق می‌شوند و بعد گفت که پنج روز در هفته، بین چهار تا شش ساعت در روز تدریس می‌کنیم و او صبحانه و ناهار در اختیارمان می‌گذارد. از من‌خواست تا استراحت کنم و گفت که فردا در روز اول تدریسم، توضیحات بیشتری در مورد مؤسسه و تل‌تل خواهد داد. پس از ماه‌ها زندگی با خانواده‌های مختلف در کلمبیا، اکوادور و پرو، این‌بار برای تجربه‌ای جدید و تدریس در یک مؤسسه همراه با داوطلبان دیگر هیجان بسیاری داشتم.

آن شب ریوا، هم‌اتاقی آمریکایی‌ام و روز بعد تامارا و ماریسا از ایتالیا به خانۀ داوطلبان ملحق شدند. هر سه بیست‌ودو سال داشتند. ریوا سفرش را از آرژانتین و با مادرش شروع کرده بود و این اولین تجربۀ کار داوطلبانه‌اش بود. تامارا و ماریسا سفرشان را از پرو شروع کرده بودند و می‌خواستند تا جنوب شیلی و پاتاگونیا ادامه دهند.

یک زوج هندی ـ آلمانی هم که با سه کودک هفت، پنج و یک‌ساله‌شان در آمریکای جنوبی سفر و کار داوطلبانه می‌کردند، برای کار در مؤسسه به ما ملحق شدند. آن‌ها در یک خانۀ دیگر اقامت داشتند.

ساعت‌های کاری‌مان در روزهای مختلف متفاوت بود. دو روز در هفته از ساعت نه تا ده صبح با یک گروه از زنان خانه‌دار کلاس داشتیم. زنانی بین چهل تا شصت‌سال که کمی انگلیسی صحبت می‌کردند و به شنیدن داستان زندگی هم و تعریف‌کردن داستان زندگی خود علاقۀ زیادی داشتند. هیچ‌وقت روزی را که ماریا

از مرگ همسرش و رفتن کودکانش برایمان گفت، فراموش نمی‌کنم. درحالی‌که لیوان چایش را محکم گرفته بود، در چشمان تک‌تکمان نگاه کرد و گفت: «توی این دنیا، هیچ‌چیز و هیچ‌کس موندگار نیست. حتی بچه‌هایی که خودت به این دنیا آوردی هم تا همیشه کنارت نمی‌مونن.»

چهار روز در هفته نیز سه ساعت از بعدازظهرمان را با کودکان هشت تا دوازده سال و نوجوانان چهارده تا شانزده‌ساله می‌گذراندیم. از آنجایی که من تنها کسی بودم که تجربهٔ کار با کودکان را داشتم، هکتور از من خواسته بود تا برای کلاس‌ها برنامه‌ریزی کنم. دو روز در هفته با هکتور جلسه داشتیم و در مورد گروه‌بندی شاگردان نسبت به سطح مهارتشان و هدف‌های کوتاه و بلندمدتمان صحبت می‌کردیم.

هکتور چهل‌وسه سال پیش در تل‌تل به دنیا آمده و بزرگ شده بود. علاقهٔ بسیار خاصی به این روستا و مردمش داشت. به همین دلیل دوازده سال پیش تصمیم گرفت که برای آیندهٔ کودکان و نوجوانانی که توان پرداخت هزینهٔ کلاس‌ها را ندارند و برای حفظ روحیه و انگیزه‌دادن به سالمندان روستا، در کتابخانهٔ شهر برای سنین مختلف کلاس زبان و آموزش مهارت‌های مختلف برگزار کند. کمی از بودجهٔ خودش را صرف اجارهٔ یک خانه برای داوطلبان کرده بود و از دوستان مختلفی در سراسر دنیا نیزکمک مالی دریافت می‌کرد.

سه روز در هفته شب‌ها از ساعت هشت تا نه کلاس خصوصی داشتیم. اسم شاگرد من هوگو بود. مردی هفتادوشش‌ساله با قدی متوسط، عینک بزرگی بر چشم و موهایی کوتاه و سفید. هوگو به‌جز چند کلمه چیزی از زبان انگلیسی نمی‌دانست؛ اما انگیزه‌اش برای یادگیری آن‌قدر زیاد بود که من بیست‌ساله را به حیرت می‌انداخت. منی که فکر می‌کردم بیست‌سالگی برای شروع یادگیری یک ساز مثل نی دیر است، پس از دیدن انگیزهٔ هوگو برای یادگیری زبان انگلیسی، خود نیز برای بهترشدن اسپانیایی‌ام و یادگیری ساز نی انگیزه گرفتم.

در اصل می‌توانم بگویم که هوگو در آن دو هفته معلم بزرگی برای من بود و من به جز اعداد، اشکال، روزهای هفته، رنگ‌ها، حیوانات و مکالمه‌های مبتدی، چیزی به او یاد ندادم.

بقیهٔ ساعت روز و هفته را با ریوا، تامارا و ماریسا می‌گذراندم. از هر دری حرف می‌زدیم. ازجمله اتفاقات سفرها، داستان‌های عشقی‌مان، دوران کودکی و دغدغه‌هایمان. شب‌ها تا دیروقت دور هم می‌نشستیم و صحبت می‌کردیم.

همراه با شراب قرمز شیلیایی و پاستای خوشمزهٔ ایتالیایی. آخر هفته‌ها با چندتا از دوستان هکتور، مدیر آموزشگاه، کنار ساحل جمع می‌شدیم و بساط منقل را راه می‌انداختیم. آن‌ها سوسیس کباب می‌کردند و من هویج و پیاز کبابی درست می‌کردم. پس از ساعت‌ها گوش‌دادن به داستان‌های هکتور، احساس می‌کردم گوشم کم‌کم به لهجهٔ تند شیلیایی و کلمات استثنایی‌شان عادت کرده است.

دلم می‌خواست تمام زمان بودنم در شیلی را در تل‌تل بمانم. برای دیدن نتیجهٔ کارم با بچه‌ها، شنیدن داستان زندگی هکتور و آشنایی با مردم تل‌تل، دو هفته زمان بسیار کمی بود؛ اما چاره‌ای نداشتم. برای ادامهٔ مسیر سفر، باید هرچه زودتر به سانتیاگو، پایتخت شیلی، می‌رفتم. ویزایم یک‌ماهه بود و باید برای تمدید ویزا و گرفتن ویزای کشور بعدی یعنی آرژانتین، اقدام می‌کردم. اگر پاسپورت ایرانی نداشتم شاید مسیر سفرم به‌کل تغییر می‌کرد.

خداحافظی از ریوا، تامارا و ماریسا که تمام رازهای زندگی‌ام را برایشان تعریف کرده بودم، کار راحتی نبود. احساس می‌کردم روزی دوباره در مسیر همدیگر را خواهیم دید. هکتور، که به آمدن و رفتن داوطلب‌ها عادت داشت، در آغوشم گرفت و گفت که همیشه درهای آنجا به روی من باز خواهد بود و می‌توانم هر وقت که دوست دارم بدون داشتن محدودیت زمانی برای اقامت، به تل‌تل برگردم. هوگو اما با نگاهش به من گفت که از رفتنم خوشحال نیست. به من یک جاسوئیچی هدیه داد که اسم تل‌تل با رنگ‌های آبی، سبز و زرد رویش نوشته شده بود. هدیهٔ کوچک و قابل‌حملی که در گوشهٔ کیفم گذاشتم. هدیه‌ای که به قول هوگو همیشه به من یادآوری خواهد کرد: «در روستای کوچکی در شمال شیلی، پیرمردی به نام هوگو، منتظرم است.»

زلزلهٔ روز استقلال

در مسیر تل‌تل تا سانتیاگو، در روستای کوپیاپو[1] توقف کردم. الهام که قرار بود در پایتخت میزبانم باشد، برایم نوشته بود که در سانتیاگو، به دلیل جمعیت زیادش، تمدید ویزای توریستی زمانبر است. به همین دلیل تصمیم گرفتم قبل از رسیدن به پایتخت، به ادارهٔ مهاجرت در روستای کوپیاپو بروم و ویزای سی‌روزه‌ام را برای دو ماه دیگر تمدید کنم. ادارهٔ مهاجرت کوپیاپو بسیار کوچک، خلوت و مدرن بود.

1.Copiapo

از دستگاه نوبت‌دهی کاغذ کوچکی دریافت کردم که در آن شمارهٔ هفده نوشته شده بود. روی صندلی کوچکی منتظر نشستم و پس از ده دقیقه، زنی جوان با موهایی پرپشت، صاف و مشکی که در پشت سر بسته بود و با عینک بزرگی بر چشمش شمارهٔ هفده را صدا زد و از من خواست که داخل اتاق بروم. پوست سفیدش، چشم‌های بزرگش، ماتیک قرمز روی لب‌های کوچکش و صدای نازک و دل‌نشینش مرا به یاد سفیدبرفی انداخت. سفیدبرفی زیبا و خندان که یک کلمه هم انگلیسی صحبت نمی‌کرد، پاسپورت مرا گرفت. با تعجب به ویزای شیلی و ویزاهای دیگر نگاه کرد و پس از چند دقیقه جست‌وجو در کامپیوترش، از من خواست تا برگهٔ «پی‌دی‌ای»[1]را به او نشان بدهم. روی برگه نوشته شده بود اجازه دارم تا نود روز در کشور بمانم. خودم هم در مرز از دیدن شمارهٔ نود تعجب کردم، ولی فکر کردم به‌قطع اشتباه شده و چون نودونه‌درصد گردشگران می‌توانند تا نود روز در شیلی اقامت داشته باشند، روی برگهٔ من نیز به‌جای عدد سی، نود را نوشته‌اند. سفیدبرفی اما هرچقدر هم که برایش توضیح می‌دادم، متوجه اشتباه نمی‌شد. با اطمینان می‌گفت که لزومی به تمدید ویزا نیست و می‌توانم بروم، اما من مطمئن بودم که باید صد دلار بپردازم و ویزایم را برای دو ماه دیگر تمدید کنم. پس از بیست دقیقه مکالمه و بحث، سفیدبرفی مرا قانع کرد که بنا بر قوانین، تا هر زمانی که روی کاغذ «پی‌دی‌ای» نوشته شده باشد، می‌توانم به‌صورت قانونی در کشور بمانم. در آخر از او پرسیدم: «پس توی دو ماه‌ونیم آینده، که زمینی یا هوایی از شیلی خارج می‌شم، مشکلی برام پیش نمی‌آد؟» و هیچ‌وقت یادم نخواهد رفت که با لبخند و اطمینان گفت: «خیر، تا نود روز می‌تونی توی کشور بمونی.»

شنیدن دوبارهٔ زبان دل‌نشین فارسی، چشیدن طعم خوش زرشک‌پلو و خوردن خرما با چایی، اولین چیزهایی بودند که در بدو ورودم به خانهٔ الهام تجربه کردم و تصورش را هم نمی‌کردم که در شیلی رخ دهند. اتفاقاتی که سانتیاگوی سرد را برایم گرم و قابل تحمل کرد.

باید اعتراف کنم که تصورش را هم نمی‌کردم که شهری به مدرنی سانتیاگو در آمریکای جنوبی ببینم. اولین چیزی که پس از پیاده‌شدن از اتوبوس در سانتیاگو دیدم، یک مرکز خرید بزرگ، چندطبقه و شلوغ پر از رستوران‌های زنجیره‌ای و بعد از آن خطوط مختلف مترو بود. از روی نقشه راه خانهٔ الهام را پیدا کردم. خانه در قسمت مرفه‌نشین شهر بود. سوار مترو شدم. همه‌چیز از تمیزی مترو تا

---

۱. PDI: Policia de Investigaciones De Chile: پلیس تحقیقات شیلی.

نوع نشستن و ایستادن مردم مرا یاد روزهای متروسواری تا هنرستان و چهارراه ولیعصر در تهران می‌انداخت. همان‌طور که گیج به اطراف نگاه می‌کردم، به سمت خانهٔ الهام راه افتادم.

داریوش، پسر بیست‌ودوساله و قدبلند الهام، پس از پیاده‌شدن از مترو، به استقبالم آمد. الهام که برحسب عادت و ادب به آخر اسمش همیشه یک «جون» اضافه می‌کردم، با آغوشی باز، در خانهٔ سه‌خوابه‌اش، من را به‌عنوان مهمان پذیرفت. خانه‌اش در طبقهٔ چهارم آپارتمانی در منطقهٔ ویتاکورای سانتیاگو بود. چند ماهی می‌شد که در فضای مجازی داستان‌های مرا دنبال می‌کرد و به قول خودش دورادور مرا خوب می‌شناخت. وقتی که در پرو دنبال نشانه‌ای برای ادامهٔ سفرم بودم، او بود که برایم یک دعوت‌نامه نوشت و مرا به خانه‌اش در سانتیاگو دعوت کرد.

بوی قهوه در خانه پیچیده بود. گرمای آغوش الهام باعث شد از همان لحظهٔ اول احساس راحتی کنم. پس از مدت‌ها با آب گرم دوش گرفتم، کوله‌ام را در اتاق مهمان گذاشتم و برای خوردن قهوه و نیمرو، روبه‌روی الهام و داریوش نشستم تا به داستان زندگی و مهاجرتشان از ایران به شیلی گوش کنم.

الهام چهل‌وهفت‌ساله وقتی که هم‌سن من بوده، یعنی در بیست‌سالگی، در مشهد ازدواج کرده بود. دندان‌پزشکی خوانده بود و سپس برای کار همراه همسر و پسر کوچکش داریوش به تهران مهاجرت کرده بودند. هنگامی که داریوش ده‌ساله می‌شود، او و همسرش، که جراحی بسیار معروف و موفق بود، تصمیم می‌گیرند که به مالزی مهاجرت کنند. در آن سال‌های زندگی در مالزی گرم و استوایی، الهام علاقهٔ جدیدی را در خودش کشف می‌کند. علاقه به نقاشی. پس از هفت سال زندگی در مالزی، طی اتفاقاتی غیرمنتظره، الهام به‌همراه داریوش به شیلی مهاجرت می‌کند و همسرش برای کار به ایران باز می‌گردد. هم‌زمان با کار به‌عنوان دندان‌پزشک، نقاشی را نیز دنبال می‌کند. پس از پنج سال تصمیم می‌گیرد که دندان‌پزشکی را رها و تمام زمان و انرژی‌اش را صرف نقاشی کند. حالا او به سه زبان زندهٔ دنیا مسلط است، آتلیه‌ای در مرکز سانتیاگو دارد و سالی چندبار نمایشگاه نقاشی برگزار می‌کند. از مشهد به تهران، از تهران به مالزی و از مالزی به شیلی مهاجرت کرده بود. الهام با افتخار می‌گوید که از تمام مهاجرت‌هایش راضی است و از زندگی در نقاط مختلف دنیا بسیار لذت برده و یاد گرفته است.

داریوش که بسیار آرام و مؤدب کنار ما نشسته بود؛ انگلیسی را مسلط، اسپانیایی را

روان و فارسی را با لهجه و شمرده صحبت می‌کرد. در دانشگاه معماری می‌خواند و علاقهٔ زیادی به طراحی داشت. هنرش را در تمام خانه و اتاقش می‌شد مشاهده کرد.

تصمیم گرفتم زمان را تلف نکنم. همان هفتهٔ اول به سفارت آرژانتین رفتم. سفارت در مرکز شهر و نزدیک به آتلیهٔ الهام بود. از قبل وقت مشاوره گرفته بودم و تمام مدارکی را که خواسته بودند همراه خود داشتم. منشی که قدِ بلند، موهای فر و کوتاه و چشمانی درشت و براق داشت، مرا بسیار یاد دخترداییِ‌ام نَهال انداخت. نگاهی به مدارکم کرد و گفت که به دعوت‌نامه احتیاج دارم. دعوت‌نامه‌ای که باید در آرژانتین ثبت بشود و سپس اصل نامه با پست به سفارت برسد. برای چند لحظه حس کردم که فشارم افتاد. انگار تمام وسایل اطراف اتاق دور سرم می‌چرخیدند. خسته بودم. دلم می‌خواست فریاد بزنم. دلم می‌خواست گریه کنم. من که کسی را در آرژانتین نمی‌شناختم. «چطور دعوت‌نامه را فراهم کنم؟»

بسیار ناامید از سفارت خارج شدم و به سمت آتلیهٔ الهام رفتم. منطقهٔ باکدانو[1] مثل همیشه شلوغ بود. گرافیتی‌های روی دیوار با رنگ‌هایشان کمی قلبم را آرام کردند و موزیسین‌های جوانی که روی زمین نشسته بودند و بدون توجه به شلوغی و همهمه اطراف ساز می‌نواختند به من امید می‌بخشیدند. یاد روزهای سخت در ونزوئلا افتادم. آن‌موقع در خواب هم نمی‌دیدم که بتوانم سفرم را در آمریکای جنوبی ادامه دهم. الهام به من امید داد و گفت که شخصی پیدا خواهد شد تا برایم از آرژانتین دعوت‌نامه بفرستد. گفت که هر چیزی در زمان خودش اتفاق می‌افتد و بهتر است نگذارم به‌تأخیرافتادن و طولانی‌شدن زمان دریافت ویزا مرا نگران کند. راست می‌گفت، هر چیزی درست در زمان خودش اتفاق می‌افتد، نه یک ثانیه زودتر و نه یک ثانیه دیرتر. دو روز بعد دختری آرژانتینی که با دوست‌پسرش به ایران سفر کرده بود در فضای مجازی به من پیغام داد. راهنمای تور ایرانی‌اش مرا به او معرفی کرده بود. برایم نوشت که بسیار خوشحال است که توانسته‌ام در آمریکای جنوبی سفر کنم و کار داوطلبانه داشته باشم. در آخر پیغامش بدون این‌که بداند قصد رفتن به آرژانتین را دارم، نوشته بود: «اگه یه روز به آرژانتین اومدی، در خونهٔ من به روت بازه.»

پیغام دختر برای من مثل یک معجزه بود. سفر به آرژانتین می‌توانست فراتر از یک رویا باشد. برای او از مشکلات ویزا و دعوت‌نامه نوشتم و پس از دو هفته گفت‌وگو، قبول کرد که برایم دعوت‌نامه بنویسد. برای ثبت دعوت‌نامه و ارسالش، برای او از طریق «وسترن یونیون» پول فرستادم. ذهنم می‌گفت که شاید بهتر

1.Baquedano

است سفر را در شیلی به اتمام برسانم چون هزینهٔ ویزای آرژانتین و دردسرش بسیار زیاد است و سفر به این همه سختی نمی‌ارزد؛ ولی دلم می‌گفت که در آرژانتین آدم‌های بسیاری منتظرمند و اتفاقات بسیار شیرینی را تجربه خواهم کرد. قلبم می‌دانست که پول برمی‌گردد اما این نوع سفر در بیست‌سالگی را تنها یک‌بار تجربه خواهم کرد.

پس از دو هفته انتظار در سرمای سانتیاگو، دعوت‌نامه به سفارت رسید و فرایند ویزای آرژانتین شروع شد. منشی گفت که بین چهار تا شش هفته طول می‌کشد تا جواب ویزا به دستم برسد. یعنی باید حداقل یک ماه در سانتیاگو می‌ماندم. الهام با مهربانی تمام گفت که تا زمان گرفتن ویزای آرژانتین می‌توانم در خانه‌اش مهمان باشم. صبح‌ها زود از خواب بیدار می‌شدم و مشغول برنامه‌ریزی برای سفر و کار آنلاین می‌شدم. حدود ساعت یازده همراه با الهام قهوه و نیمرو می‌خوردم و بقیهٔ روز را یا در سانتیاگو راه می‌رفتم، یا در خانه آشپزی می‌کردم. تصمیم گرفتم از زمان استفاده کنم و برای ویزای دو کشور بعدی یعنی اروگوئه و برزیل نیز اقدام کنم. برعکس دفعهٔ قبل ویزای برزیل را طی ده روز بدون احتیاج به دعوت‌نامه گرفتم. ویزای اروگوئه اما مثل آرژانتین حدود یک ماه طول می‌کشید تا صادر شود.

«انتظار چیزی است که هر روز و هر شب با تک‌تک سلول‌هایم زندگی‌اش می‌کنم.» این جمله را بارها در آن هفته‌های طولانی سانتیاگو در دفتر خاطراتم نوشتم. انگار روزها به اندازهٔ گردن زرافه بلند شده بودند و سیاهی شب‌ها نیز تاریک‌تر و طولانی‌تر شده بود. پس از یک ماه زندگی در سانتیاگو، حس می‌کردم درست مثل لیما، شهر را همانند کف دستم می‌شناسم.

در کلاس سالسا ثبت‌نام کرده بودم و دو روز در هفته کلاس داشتم. پس از امتحان سبک‌های مختلف، در سانتیاگوی شیلی متوجه شدم سبک سالسای کوبا[1] را بیشتر از بقیهٔ سبک‌ها دوست دارم. در طول هفته همراه دوستان رقصنده‌ام به سالسا بار و یا برای کوه‌نوردی به اطراف سانتیاگو می‌رفتیم. درست مثل تهران که دورتادورش پر از کوه است و قله‌های متفاوتی برای فتح‌کردن وجود دارد، سانتیاگو نیز همسایهٔ کوه‌های آند است و مسیرهای کوه‌نوردی و قله‌های مختلفی دارد.

انتظار و توقف طولانی در سانتیاگو برخلاف تمام سختی‌ها، نگرانی‌ها و تلخی‌هایش، فواید بسیاری برای من داشت. در هفتهٔ دوم هنگام گشتن در یک

1.Salsa Cubano

مرکز خرید، کوله‌ای بنفش را دیدم که به من لبخند می‌زد. پنجاه لیتر و مناسب کوله‌گردی بود. از آنجایی که کوله‌ام دراصل برای دره‌نوردی بود و نه کوله‌گردی، تصمیم گرفتم کوله‌ای جدید برای ادامهٔ مسیر بخرم.

جدا از این‌که با زندگی در خانهٔ الهام و داریوش دلتنگی‌ام برای ایران کمرنگ‌تر شد، علاقه و انگیزه‌ام برای یادگیری زبان اسپانیایی بسیار بیشتر از قبل شد. هر روز با داریوش فارسی خواندن و نوشتن به فارسی را تمرین می‌کردم و او زبان اسپانیایی و لهجهٔ شیلیایی را به من می‌آموخت و قواعد دستوری به‌کاربردن زمان گذشته در اسپانیایی را نیز به من یاد داد. حس می‌کردم در آشپزی نیز پیشرفت زیادی کردم. پختن پاستای خوشمزه به اندازهٔ درست‌کردن چای برایم ساده شده بود و حتی پختن عدس‌پلوی بدون گوشت را نیز از الهام یاد گرفتم.

ماه آگوست به همراه سرمای شدیدش رفت و ماه سپتامبر با آفتابی که گاهی سری به جنوب کرهٔ زمین می‌زد، فرا رسید. هجدهم سپتامبر روز استقلال شیلی است. روزی که شیلیایی‌ها تصمیم گرفته بودند خود را از اسارت اسپانیا جدا کنند و تبدیل به یک کشور مستقل شوند. اواسط سپتامبر شهر به زیباترین حالت خود تبدیل شد. تمام مرکز شهر پر از پرچم شیلی بود. مردم بی‌دلیل لبخند می‌زدند و تعداد هنرمندهای خیابانی بیشتر شده بود.

روز استقلال با داریوش و دوستانش به مرکز شهر رفتیم. وارد یک فستیوالی در پارک بزرگ «او هیگینز»[1] شدیم. بوی گوشت و عرق تمامی پارک را گرفته بود. غرفه‌های کوچک و پر از خوراکی پشت‌سرهم ردیف شده بودند و صدای بلند آهنگ محلی در اطراف پخش می‌شد.

داریوش و دوستانش گوشت کبابی خریدند و من سیب‌زمینی و هویج خریدم. شادی و برق چشمان مردم خبر از مستی آن‌ها می‌داد. با اشتیاق به اجرای رقص محلی‌شان، کوکا[2]، نگاه می‌کردم. رقصی که توسط بومی‌های شیلی اجرا می‌شد. آن‌ها برای مراسم از منطقهٔ پاتاگونیا[3] به سانتیاگو آمده بودند. غرق در تماشای رقص بودم که یک‌دفعه فروشنده پشت سرم فریاد زد: «ترموتو!» این جزو اولین کلمات جدیدی بود که در شیلی یاد گرفتم. چون به معنای «زلزله» است. زلزله‌های زیادی را در زمان اقامتم در شیلی تجربه کردم که البته هیچ‌کدام

1.O´higgins Park 2.Cueca

۳.Patagonia: پاتاگونیا منطقه‌ای پهناور و کم‌جمعیت در جنوبی‌ترین بخش آمریکای جنوبی است که میان دو کشور آرژانتین و شیلی تقسیم شده است. این منطقه در جنوب شیلی است و با پایتخت که در مرکز کشور است، فاصله دارد.

خسارتی نداشتند. به اطراف نگاه کردم، چرا هیچ‌کس از زلزله نمی‌ترسید؟ از داریوش پرسیدم: «چرا فروشنده با خنده داد می‌زنه «زلزله؟!» خندید و گفت: «ترموتو[1]اسم یه نوشیدنی الکلی شیلیاییه. همینی که بوش توی فضا پخش شده.» خندیدیم، گازی بر سیب‌زمینی کباب‌شده زدم و به محل برگزاری رقص کوکا نزدیک‌تر شدم. در روز استقلال، بیش از تمامی شش هفتهٔ گذشته از فرهنگ شیلی درس گرفته بودم.

دیدار با عبدالله امیدوار

در سفر لحظه‌هایی هستند که هرگز از یاد نخواهم برد. لحظه‌هایی که آن‌قدر رویایی و غیرممکن بودند که انگار در خواب اتفاق افتادند. لحظه‌هایی که قلبم را به تپش درآوردند و چشم‌هایم را خیس کردند. دیدار با عبدالله امیدوار یکی از همین لحظات بود. عبدالله امیدوار که اکنون دیگر در این دنیا نیست، یکی از دو برادران امیدوار است که هر دو جهانگرد و پژوهشگر بوده‌اند. این دو برادر هفتاد سال پیش به مدت ده سال در دنیا سفر و با قبیله‌های بومی در مناطق مختلف دنیا زندگی کرده‌اند.

همراه الهام روبه‌روی خانه‌ای بزرگ با دری سبز رنگ ایستادیم. قلبم از شدت هیجان همانند طبل به صدا در آمد. برای اطمینان از اینکه بیدارم مدام پلک می‌زدم. قبل از آن‌که بتوانم به چطور رفتارکردن فکر کنم، در باز شد. زنی با موهای سفید و کوتاه، چشمانی درشت که زیر عینکش پنهان بودند و خطوطی در صورت که نشانهٔ سال‌ها تجربه و زندگی‌اش بود، پشت در ایستاده بود. می‌دانستم او کسی نیست جز لوئیسا. زنی که هفتاد سال پیش در بیست‌سالگی با عشق خود زندگی عبدالله امیدوار را تغییر داده است. عشقی که آن‌قدر قوی بوده که باعث شده است عبدالله امیدوار پس از ده سال سفر تمام زندگی‌اش را رها کند و با کشتی و اتوبوس، چندین قاره و اقیانوس را رد کند و خودش را از ایران به شیلی برساند.

لوئیسا ما را به داخل خانه راهنمایی کرد. از پله‌ها بالا رفتیم. به‌محض رسیدن به طبقهٔ دوم، پیرمردی کوتاه‌قد را دیدیم که روبه‌روی اتاقی ایستاده است. به چشمان بزرگ و آبی‌اش که به ما لبخند می‌زد نگاه کردم. چقدر تجربه در مردمک چشمانش پنهان بود. عبدالله امیدوار که الهام را سال‌ها بود می‌شناخت؛ بسیار

1.Terremoto

پرانرژی و با خون‌گرمی به ما دست داد و سپس ما را به دفترش دعوت کرد. با این‌که بیشتر سال‌های زندگی‌اش را در شیلی گذرانده بود، فارسی را بسیار ساده و روان صحبت می‌کرد. می‌گفت به زودی هشتادوهفت‌ساله می‌شود؛ اما از من بیست‌ساله سرحال‌تر به‌نظر می‌آمد. دقایق اول آن‌قدر حیران بودم که هیچ صدایی از گفت‌وگویش با الهام را نمی‌شنیدم، تنها به چشمان براقش نگاه و سعی می‌کردم که تصور کنم چطور هفتاد سال پیش با موتور از سیبری تا آمازون و از آفریقا تا استرالیا را سفر کرده است. می‌خواستم بدانم از زندگی با اسکیموها و قبایلی که در خواب خود نیز نمی‌بینم که روزی با آن‌ها زندگی کنم، چه یاد گرفته است.

با پرسش عبدالله به‌خود آمدم. پرسید: «چرا و چطوری به شیلی اومدی؟» پس از شنیدن خلاصه‌ای از داستان سفرم، لبخندی زد و گفت: «بهترین زمان برای شروعه.» سپس خودش به هفتاد سال پیش برگشت و تعریف کرد که چطور با برادرش عیسی، نامه‌ای بلندبالا برای خانوادهٔ خود نوشته‌اند و در آن اطلاع دادند که به سفری طولانی و دور خواهند رفت. انگار بتواند آن روزها را تصویرسازی کند. گفت که در سن بیست‌ویک‌سالگی، مریضی مادر و عشق دختر همسایه به او، دلایل کافی برای ماندن نبودند. بعد گفت که آن‌قدر مسیر برایش اهمیت داشت که در طول ده سال، به تنها چیزی که نگاه کرد، مسیر روبه‌رویش بود. در ادامه لبخندی زد و ادامه داد که برخلاف تصورش موفق شدند که هنگام برگشت مادرشان را دوباره و برای آخرین‌بار ببینند. انگار مادر ده سال در انتظار نشسته بود تا قبل از رفتن یک‌بار دیگر عیسی و عبدالله را در آغوش بگیرد.

آن‌قدر سحر داستان‌هایش شده بودم که هیچ صدا و فیلمی از او ندارم. تنها حرف‌هایش را بادقت در ذهنم ثبت کردم. پس از ساعت‌ها درددل گفت که آن روز کمی بی‌حوصله است. خندیدم، چراکه بی‌حوصله‌ترین حالت عبدالله امیدوار در سن هشتادوشش‌سالگی، از شاداب‌ترین حالت من در بیست‌سالگی پرانرژی‌تر بود. می‌گفت این روزها کتابی می‌خواند به نام «چربی، نمک، شکر»[1] و سعی می‌کند که آن‌ها را بسیار کم مصرف کند. در آستانهٔ هشتادوهفت‌سالگی آن‌قدر پروژه و برنامه برای زندگی خود داشت، که به تمام لحظه‌هایی که فکرکرده بودم چهل‌سالگی سن زیادی است، بسیار خندیدم.

عبدالله که به‌راستی همانند فامیلی‌اش امیدوار بود، نوری در راه من و الگوی جدیدی برایم شد. لبخندش به من امید و داستان‌هایش به من شجاعت می‌داد. پس از ساعت‌ها که به داستان‌های سفرش گوش دادم، با افتخار عکسی برای

1.Salt, Sugar, Fat: Micheal Moss

یادگاری با او گرفتم. برق چشمانش هنگام خداحافظی به من گفتند: «به همین مسیر ادامه بده.»

والپارایسو

متروی سانتیاگو برای اولین‌بار خلوت بود. کیف پولم را از کوله بیرون آوردم و پول‌هایم را شمردم. برای یک آخرهفته به دو شهر وینیا دِل مَر[1] و والپارایسو[2] سفر می‌کردم. اتوبوس از سانتیاگو تا والپارایسو تنها چهارهزار پزو بود. با این‌که بیست‌هزار پزو شیلیایی در کیف پولم داشتم، تصمیم گرفتم هیچ‌هایک کنم. انگار پس از دو ماه یکجانشینی دلم هیجان و بودن در جاده را می‌خواست.

از ایستگاه مترو پیاده شدم. ماشین‌ها با سرعت در جاده حرکت می‌کردند. بادی سرد و بهاری لابه‌لای موهایم پیچید. به آسمان نگاه کردم، خورشید بین ابرها پنهان شده بود، گرمایش را روی صورتم حس‌کردم. کنار جاده رفتم. دستم را بالا آوردم و لبخند زدم. در کمتر از ده ثانیه، یک ماشین ایستاد. به راننده که انگار پنجاه‌ساله بود سلام کردم و مقصدش را پرسیدم. وقتی گفت وینیا دل مر، لبخندی زدم و سوار شدم.

ادواردو پس از پرسیدن داستان سفرم و سؤالاتی در مورد انقلاب چهل‌سال پیش ایران، بقیهٔ راه را در مورد وینیا دل مر که نام آن به معنای «شراب دریاست» صحبت کرد. گفت که آب‌وهوای شهر، که روبه‌روی اقیانوس آرام قرار دارد، برای کاشت و برداشت انگور بسیار مناسب است و آن را به دلیل مزرعه‌های بسیار انگور و شراب نابش، «شراب دریا» می‌نامند. ادواردو آن‌قدر با هیجان در مورد شراب صحبت می‌کرد که هیچ متوجه گذر زمان نشدم. در یک چشم‌به‌هم‌زدن به شهر کوچک وینیا دل مر رسیدیم. از ادواردو تشکر کردم و در مرکز شهر از ماشین پیاده شدم. از همان لحظهٔ اول آرامش خاصی را در آن احساس کردم، برعکس سانتیاگو، مردم برای رسیدن به جایی عجله نداشتند.

پس از پانزده دقیقه، میزبانم ماوریسیو به دنبالم آمد. مردی سی‌ساله با موهای مشکی، چشم‌هایی قهوه‌ای و براق و لبخندی زیبا که باعث ایجاد دو چال کوچک در لپ‌هایش می‌شد. ماوریسیو در جنوب شیلی و نزدیک‌ترین شهر به قطب جنوب به دنیا آمده بود. از همان لحظهٔ اول آن‌قدر خون‌گرم و شوخ بود که برایم سخت

1.Viña Del Mar 2.Valparaiso

بود در جایگاه یک وکیل تصورش کنم.

به خانۀ کوچک و نقلی‌اش رفتیم و با دوتا از دوستان شیلیایی‌اش و دیانا که مهمان دیگرش از فرانسه بود، مشغول صحبت و آشپزی شدیم. از تفاوت‌های شیلی و ایران، از معنای آزادی، از حقوق کودکان و از تاریخ شیلی صحبت کردیم. ماوریسیو می‌گفت که معمولاً درخواست کسانی که تنها یک شب می‌خواهند آنجا بخوابند را قبول نمی‌کند و دوست دارد مهمانانش را بهتر بشناسد؛ اما از آنجایی که بسیار کم پیش می‌آید که مهمان ایرانی برایش پیغام بفرستد، درخواستم را همان لحظۀ اول قبول کرده بود.

روز بعد همراه دیانا، دختر فرانسوی که سه سال از من بزرگ‌تر بود، راهی والپارایسو شدیم. دیانا دوهفته‌ای می‌شد که در شیلی به‌تنهایی کوله‌گردی می‌کرد و دلش می‌خواست در ادامه به آرژانتین، بولیوی و برزیل سفر کند. از این هیجان‌زده بودم که می‌توانستم با او، که حتی یک کلمه هم انگلیسی متوجه نمی‌شد، به اسپانیایی معاشرت کنم. شش ماه بین لیسانس و فوق‌لیسانس را مرخصی گرفته بود تا در آمریکای جنوبی سفر کند و دلش می‌خواست پس از دیدن کارناوال در برزیل، برای ادامه‌تحصیل و گرفتن فوق‌لیسانس روانشناسی به فرانسه برگردد.

دیانا اسپانیایی را با لهجۀ فرانسوی صحبت می‌کرد. خودش می‌گفت که به نظر اسپانیایی زبان‌ها لهجه‌اش زیبا نیست؛ اما به نظر من لهجه‌اش بسیار بامزه بود. درست مثل خودش. موهایش کوتاه و فر بودند و وقتی که می‌خندید، درست مثل ماوریسیو، دو چال کوچک در لپ‌هایش ایجاد می‌شد. با یکدیگر تمام روز را در والپارایسو قدم زدیم و عکس گرفتیم. سکه‌هایمان را به هنرمندان خیابانی بخشیدیم و از مهاجران ونزوئلایی، که کنار خیابان غذا می‌فروختند، آرپا خریدیم.

والپارایسو از عکس‌ها و تصوراتم زیباتر، رنگارنگ‌تر و جادویی‌تر بود. شهری کوچک کنار اقیانوس آرام که تمام دیوارها و خانه‌هایش پر از رنگ و گرافیتی‌اند. شهری که سال‌ها پیش مورد توجه هنرمندان زیادی بوده است، ازجمله پابلو نرودا[1] که خانه‌ای در بالای شهر دارد و اشعار زیادی در مورد والپارایسو نوشته است.

من و دیانا ساعت پنج‌ونیم عصر، درست هنگام غروب آفتاب در مرکز والپارایسو، روبه‌روی کلیسایی که بر اثر زلزله‌های متعدد کمی فرو ریخته بود،

1.Pablo Neruda

یکدیگر را در آغوش گرفتیم و خداحافظی کردیم. او به سانتیاگو برمی‌گشت تا سفرش را به سمت منطقهٔ پاتاگونیا ادامه دهد و من به خانهٔ میزبان جدیدم کتی می‌رفتم.

خانهٔ کتی درست در بالای یک کوچهٔ پرشیب قرار داشت. نفس‌نفس‌زنان با قدم‌هایی آهسته از کوچه بالا رفتم و زنگ خانه را زدم. می‌دانستم کتی یک زن سی‌وپنج‌سالهٔ شیلیایی است که یک رگ لبنانی دارد. همچنین می‌دانستم که ژورنالیست و درعین‌حال رقصنده است. کتی با لبخند در را به‌رویم باز کرد، در آغوشم گرفت و گفت: «به والپارایسو خوش اومدی!» موهایش مشکی و فرفری بودند، لبخندی بزرگ بر لب داشت و در صورتش آرامش عجیبی دیده می‌شد. همزمان که برایم چایی درست می‌کرد، گفت که راحت باشم و وسایلم را کنار مبل کوچک خانه‌اش بگذارم. آن مبل درواقع تخت‌خوابم بود.

دور میز نشستیم و مشغول صحبت شدیم. دربارهٔ رقص سالسا و عربی، پابلو نرودا و شاعرهای ایرانی حرف زدیم. از میان تمام صحبت‌هایمان یک بخش را هیچ‌وقت فراموش نخواهم کرد. زمانی که از کتی در مورد زلزلهٔ معروف، شیلی در سال (۲۰۱۰) پرسیدم، او چند ثانیه سکوت کرد. به یک نقطه در دیوار خیره شد و با صدایی گرفته تعریف کرد که چطور همراه خانواده‌اش در نیمه‌های شب، لرزش زمین را حس کردند. «زمین تکون می‌خورد، همه‌چیز می‌لرزید. هر ثانیه حس می‌کردم ممکنه ثانیهٔ آخر زندگی‌م باشه.» اشک حلقه‌زده در چشمانش عمق تجربهٔ مرگ و زندگی را فریاد می‌زد. زلزلهٔ بزرگ شیلی احتمالاً تا همیشه در ذهن مردمش و کودکانی که آن لرزش را تجربه کردند، خواهد ماند.

صبح روز بعد کتی خانهٔ پابلو نرودا را از پنجره‌اش نشانم داد. پابلو نرودا در چند شهر مختلف، ازجمله والپارایسو، خانه داشت. خانهٔ قرمز و آبی رنگش در ارتفاعات خیابان بغلی قرار داشت. پس از خوردن صبحانه به بازدید از خانه‌اش رفتیم. خانه تبدیل به موزه شده بود. پله‌های زیادی را بالا رفتیم و سپس به یک منظرهٔ بی‌نظیر از والپارایسو و اقیانوس آرام رسیدیم. به یاد آراکاتاکا و خانهٔ کودکی گابریل گارسیا مارکز افتادم. در دلم فکر کردم که شاید اگر هرکس دیگری هم در این خانه زندگی می‌کرد شاعر می‌شد.

بلیط ورود به خانه گران‌تر از چیزی بود که بتوانم پرداخت کنم. البته که در نظرم ارزشش را داشت که برای دیدن خانهٔ پابلو نرودا و قدم‌زدن در زمینی که او سال‌ها در آن زندگی کرده است، آن هزینه را پرداخت کرد؛ اما هزینهٔ ویزاها باعث

شده بود بودجه‌ام بسیار محدود شود. مجله‌ای را برداشتم که عکس‌های خانه در آن بود و مشغول نگاه‌کردن به عکس‌ها شدم. نگهبان، که صورت ناامید من را پس از پرسیدن قیمت ورودی دیده بود، کنارم آمد و گفت که می‌توانم مجله را نگه دارم. به منظرهٔ بی‌نظیر والپارایسو نگاه کردم. اقیانوس آرام از همیشه آبی‌تر بود. مجله را ورق زدم و اشعار کوتاه پابلو نرودا را بلند خواندم. چه لذتی از این بیشتر که می‌توانستم اشعار پابلو نرودا را به زبان اصلی بخوانم؟ چه شوقی از این بیشتر که منظره‌ای که او هر روز تماشا می‌کرد را از نزدیک دیده بودم؟

پس از برگشت از والپارایسو به سانتیاگو و گرفتن ویزای آرژانتین، زمانش بود که از سانتیاگو دل بکنم و به مسیر ادامه دهم؛ اما مگر دل‌کندن از شهر و خانواده‌ای که هفت هفته مرا در آغوش خود گرفته و به من مهر ورزیده بودند راحت بود؟

الهام و داریوش برای من فراتر از میزبان بودند. بدون منت در خانه‌شان را به روی من باز کردند. برای کسی که غریبه‌ای بیش نبود. گرمای مهرشان آن‌قدر زیاد بود که سرمای سخت زمستان سانتیاگو برایم قابل‌تحمل شد. آن‌قدر به وجودشان عادت کرده بودم که هنگام رفتن احساس می‌کردم از خانه و خانوادهٔ خودم دل می‌کنم. وسایل و لباس‌هایم را در کولهٔ جدید و بنفشم می‌چیدم، کوله‌ای که در هفتهٔ دوم در سانتیاگو خریده بودم. درهمین‌حین به خانواده‌های مختلفی که در سراسر آمریکای جنوبی داشتم فکر می‌کردم.

فرقی نمی‌کند که دو روز مهمان کسی باشم یا دو ماه. فرقی نمی‌کند که داوطلب باشم یا مهمان. همیشه هنگام رفتن یک جمله را از میزبان‌ها می‌شنوم: «یادت نره که اینجا یه خونه داری. درهای این خونه همیشه به روی تو بازه. یادت نره که هر کجای این کشور، قاره و دنیا که بری، اگه روزی کاری داشتی، من هستم. می‌تونی روی کُمک من حساب کُنی.» هربار که این جملات را از زبان میزبان‌هایم می‌شنیدم، خوشحالی و درد عمیقی را احساس می‌کردم. خوشحالی برای عشق و امنیتی که در سراسر وجودم احساس می‌کردم و دردِ رفتن.

رفتن همیشه برایم خیلی درد داشت، خیلی خیلی زیاد. وقت رفتن تمام قلبم مچاله می‌شد. گاهی آسان‌تر بود و گاهی سخت‌تر. هرچقدر بیشتر جایی می‌ماندم، رفتن برایم سخت‌تر می‌شد؛ اما از آنجایی که هرچه بیشتر می‌رفتم، با آدم‌های جالب‌تری روبه‌رو می‌شدم و تجربیات عجیب‌تری را کسب می‌کردم، رفتن را با تمام دردهایش دوست داشتم. در اتمام یک دوره، دورهٔ جدیدی شروع می‌شود. در

هر پایان، یک آغاز پنهان شده است. حس می‌کردم هنوز آن صدایی که می‌گوید «بیا»، خاموش نشده است. هنوز خیلی باید می‌رفتم. هنوز خیلی باید با «رفتن» مواجه می‌شدم.

رفتن از خانهٔ الهام و داریوش جزو سخت‌ترین جدایی‌های آن ده ماه بود. هردویشان تا ایستگاه مترو همراهم آمدند. در آن شلوغی یکدیگر را در آغوش گرفتیم و دقایق زیادی گریه کردیم. حتی دانستن این‌که خیلی زود آدم‌های جدیدی وارد زندگی‌ام خواهند شد و به پاتاگونیای جادویی خواهم رسید؛ جداشدن از خانوادهٔ ایرانی‌ام را، که بدون منت به من عشق ورزیده بودند، راحت نکرد.

ساعت هشت شب بود. در شلوغی و همهمه برای آخرین‌بار الهام و داریوش را در آغوش کشیدم. اشک‌هایم همانند آبشار روی گونه‌هایم جاری می‌شدند. بغض در گلویم گیر کرده و صدایم گرفته بود. طوری که نمی‌دانم آنها صدای «دوستت دارم!» و «ممنونم!» را که از ته گلویم خارج شد، شنیدند یا نه.

وارد مترو شدم، از پنجره به دو فرشتهٔ نجاتم نگاه کردم. لبخند می‌زدند، گریه می‌کردند و دست تکان می‌دادند. مترو حرکت کرد و تصویرشان دور و دورتر شد. من ماندم و کوله‌ای بنفش و آدم‌های زیادی دوروبرم که هیچ از آنچه در دلم می‌گذرد خبر نداشتند. من ماندم و صدایی در ذهنم که جملهٔ آخری که الهام به من گفت را مرتب تکرار می‌کرد:«This is life»، زندگی همین است.

جوانی در پوکن

بعد از یک خواب بسیار راحت در اتوبوس، ساعت هشت‌ونیم صبح به روستایی به نام پوکن[1] رسیدم که در جنوب شیلی و شمال منطقهٔ پاتاگونیا قرار دارد. دلم حتی برای خواب نشسته در اتوبوس هم تنگ شده بود. اینترنت گوشی را روشن کردم. از نقشه مسیر هاستلی که قرار بود دو هفته در آن کار داوطلبانه کنم را پیدا کردم و به راه افتادم.

مدت‌ها بود چشم انتظار رسیدن به این روستا بودم. پوکن روستایی است که « ماپوچه»ها[2] در آن زندگی می‌کردند. بومی‌های شیلیایی که قبل از تصرف شیلی و آرژانتین توسط اسپانیایی‌ها، در منطقهٔ آراوکانا[3] و این روستا ساکن بودند. البته هنوز هم در اطراف پوکن، در خانه‌هایی چوبی به‌صورت قبیله‌ای زندگی می‌کنند.

1.Pucon 2.Mapuche 3.Araucania

همان‌طور که راه می‌رفتم، آتش‌فشان معروف ویلاریکا[1] که روی قله‌اش کمی برف نشسته بود را دیدم که به من لبخند می‌زد. با وجود آمدن بهار، هوا سرد بود. سردتر از چیزی بود که تصور می‌کردم. بین راه ایستادم. کاپشن مشکی را از کوله درآوردم و تن کردم و به مسیر ادامه دادم. پوکن کوچک، تمیز و به‌روز بود. برعکس سانتیاگو و والپارایسو هیچ خبری از ساختمان‌های بلند در روستا نبود. اکثر خانه‌ها چوبی و خیابان‌ها بسیار تمیز بودند. پس از بیست دقیقه پیاده‌روی به هاستل رسیدم. خانه‌ای سفید با حیاطی سرسبز و صدای موسیقی رگیتون که از دور شنیده می‌شد. اسوالدو صاحب هاستل در را برایم باز کرد. قد بلند، شانه‌هایش و موهای مشکی‌اش مرا از همان لحظهٔ اول یاد ماریو، میزبانم در بولیوی، انداخت.

به زبان انگلیسی شروع به معاشرت کرد. در اتاق داوطلب‌ها که یک اتاق هشت‌تخته بود، تختم را نشانم داد و گفت روز اول روز استراحت و آشنایی است. استراحت کن و بعدازظهر هروقت حوصله داشتی بیا تا بیشتر در مورد کار صحبت کنیم.

من اما آن‌قدر از بودن در فضای جدید و آن هم شلوغی هاستل هیجان‌زده بودم که هیچ خستگی‌ای در بدنم حس نمی‌کردم. پس از قراردادن وسایل باارزشم در کمد و قفل‌کردنش، برای آشنایی با بقیهٔ داوطلب‌ها و خوردن صبحانه به حیاط پشتی رفتم. آنجا دختری برزیلی به نام لوسیانا را دیدم که یک روز زودتر از من رسیده بود و قرار بود چهار ماه در هاستل داوطلبانه کار کند. از همان لحظهٔ اول با خون‌گرمی زیاد معاشرت کردیم. سپس ادگار، گوستاوو و گنزالو را به من معرفی کرد.

گنزالو پسر بیست‌وپنج‌سالهٔ شیلیایی که از همان لحظهٔ اول در نگاهش آرامش عجیبی را دیدم. گوستاوو اهل آرژانتین بود و انگلیسی بلد نبود. در یک روستای کوچک در جنوب آرژانتین زندگی می‌کرد و برای کارکردن و پس‌انداز پول به شیلی آمده بود. ادگار مردی شیلیایی که ده ماه بود برای جای خواب، در هاستل کار داوطلبانه و شب تا صبح به‌صورت پاره‌وقت در بار کوچهٔ بغلی کار می‌کرد. همراه داوطلب‌ها و مهمان‌ها که هرکدام از یک کشور و قارهٔ متفاوت به شیلی سفر کرده بودند، با صدای بلند در حیاط پشتی معاشرت کردیم و صبحانه خوردیم.

هاستل چهار اتاق داشت. اتاق‌های چهارنفره، شش‌نفره، هشت‌نفره و حتی ده‌نفره. با آن‌که اتاق داوطلب‌ها شلوغ بود و رفت‌وآمد زیاد، به دلیل داشتن کمد

---

1. Villarrica

شخصی که درش قفل می‌شد، احساس امنیت می‌کردم. از روز دوم کار داوطلبانه شروع شد. شش روز در هفته و روزی چهار ساعت کار می‌کردم. بنا بر شیفت‌های مختلف کاری، مسئولیت‌هایم متفاوت بود. اگر از ساعت هشت تا دوازده صبح کار می‌کردم، باید صبحانه را برای مهمان‌ها آماده می‌کردم، به سگ‌ها و گربه‌ها غذا می‌دادم و زمین را جارو و طی می‌کشیدم. عصرها و شب‌ها اما مسئولیت‌ها کمتر و کار سبک‌تر بود. پذیرفتن مهمان‌های جدید، کار با کامپیوتر، حساب و کتاب ورود و خروج مهمان‌های هاستل کارهایی بود که باید انجام می‌دادم. کارهایی که تفاوت زیادی با کار داوطلبانهٔ قبلی‌ام در لیما نداشت.

در ده قدمی هاستل، دریاچه‌ای بزرگ، درخشان و آبی قرار داشت. اغلب صبح‌ها برای خواندن کتاب و تمرین نی به آنجا می‌رفتم. گنزالو نیز همراهم می‌آمد و یوگا می‌کرد. ساعت‌ها با هم در مورد معنای زندگی صحبت می‌کردیم. با آن‌که صورتش بسیار جوان‌تر از سنش بود، روحش انگار شصت سال داشت. دوبار دورهٔ ده‌روزهٔ ویپاسانا را گذرانده بود، مرتب مدیتیشن می‌کرد و شنیدن صحبت‌هایش هنگام طلوع آفتاب کنار دریاچه بسیار لذت‌بخش و آموزنده بود. باعث می‌شد به زندگی ساده‌تر نگاه کنم و ذهن بازیگوشم کمی آرام بگیرد.

پختن ناهار و شام در هاستل به عهدهٔ خودمان بود. بعضی روزها برای همه پلو و سبزیجات و یا پاستا درست می‌کردم و بعضی مواقع از رستوران کوچک آن‌طرف خیابان، یک کاسه عدسی و یا سوپ لوبیا می‌گرفتم به قیمت هزار پزو. اگر بقیهٔ داوطلب‌ها آشپزی می‌کردند، گوشت و مرغ‌ها را جدا می‌پختند تا من و گنزالو که گیاه‌خوار بودیم هم بتوانیم با آن‌ها غذا بخوریم.

طبیعت پاتاگونیا با هرجای دنیا که تا آن‌موقع دیده بودم فرق داشت. کوه‌های آتش‌فشانی که پوشیده از برف بودند، آبشارهای بلندی که بین جنگل‌های سرسبز پنهان بودند و چشمه‌های آب گرمی که از زیرزمین می‌جوشیدند. در ساعت‌های آزاد با لوسیانا و گنزالو به چشمه‌های آب گرم و پیاده‌روی‌های طولانی تا آبشارهای بلند می‌رفتیم.

هر روز که می‌گذشت پوکن را از روز قبل بیشتر دوست داشتم. کار و کمک به اسوالدو در هاستل خوشحالم می‌کرد. احساس مفیدبودن داشتم. معاشرت با مهمان‌ها باعث پیشرفت زبان اسپانیایی‌ام شده بود. آن‌قدر به دوستان داوطلبم، معاشرت با مهمان‌ها و کار هاستل عادت کرده بودم که پس از دو هفته فکر رفتن به آرژانتین غمگینم می‌کرد. به‌جز یادگرفتن لغات و اصطلاحات جدید به

اسپانیایی، در آنجا از تاریخ آرژانتین و شیلی قصه‌های زیادی شنیدم، اندازهٔ قطر دو کتاب تاریخ. همان‌طور یاد گرفته بودم که چطور ملافه تا کنم و سوپ لوبیا بپزم.

می‌دانم اگر دست خودم بود و می‌توانستم که بیش از سه ماه در شیلی بمانم، حتماً ماندن را به رفتن ترجیح می‌دادم. گنزالو می‌گفت تابستان پاتاگونیا رویایی است. دلم می‌خواست روز تولدم را با دوستان داوطلبم بگذرانم، اما محدودیت زمانی داشتم.

شب آخر در پوکن یا بهتر است بگویم شبی که تصور می‌کردم آخرین شب اقامتم در پوکن و شیلی است، شب عجیبی بود. شیفت کاری‌ام ساعت چهار عصر به اتمام رسید. وسایلم را در کوله قرار دادم و برای گذراندن آخرین شب با دوستانم، به سالن رفتم. همه دور میز نشسته بودند. خوراکی می‌خوردند و صحبت می‌کردند. کنارشان نشستم، به صحبت‌های تک‌تکشان را با جان‌ودل گوش دادم و بابت تمام دوهفته‌ای که با هم گذرانده بودیم و تمام آنچه به من یاد داده بودند از آن‌ها تشکر کردم.

ساعت شش عصر بود که لوسیانا از من خواست تا همراه دو دوست آرژانتینی‌اش به دریاچه بروم و غروب آفتاب را تماشا کنم. بدون فکر جواب منفی دادم. دلم می‌خواست ساعت‌های کوتاه باقی‌مانده در شیلی را در هاستل و با دوستانم بگذرانم. برنامه آن بود که تا نیمه‌شب بخندیم و بخوریم و بازی کنیم. اما با وجود اصرارم بر ماندن در هاستل، لوسیانا قانعم کرد که دیدن آخرین غروب آفتاب بر دریاچهٔ ویلاریکا و گوش‌دادن به صدای گیتار دو دوست آرژانتینی‌اش می‌تواند خاطره‌انگیز باشد. بعد گفت که پس از تماشای غروب آفتاب می‌توانم به هاستل برگردم و به بودن کنار دوستانم ادامه دهم.

اعتراف می‌کنم با وجود تمام پافشاری‌هایی که بر ماندن کردم، بسیار خوشحالم که لوسیانا اصرار کرد تا همراهش بروم. اگر آن شب همراه او به دریاچه نمی‌رفتم، یکی از عمیق‌ترین، پردردترین و زیباترین تجربه‌هایی که زندگی به من هدیه داده را از دست می‌دادم.

زندگی آن چیز غیرمنتظره‌ای است که در میان برنامه‌ریزی‌هایت اتفاق می‌افتد. بین تمام اتفاق‌هایی که می‌دانی که قرار است رخ دهد و می‌خواهی که اتفاق بی‌افتند، زمانی را اختصاص بده تا زندگی جادویش را به تو نشان دهد. بگذار زندگی چیزی را به تو نشان دهد که حتی در رویاهایت هم تصورش نمی‌کردی.

عمر

خورشید هر ثانیه به دریاچه نزدیک‌تر و آسمان هر لحظه نارنجی‌تر می‌شد. همراه لوسیانا به سمت دریاچه رفتیم. دو پسر جوان، یکی با موهایی روشن و فر و دیگری با موهایی کوتاه، صاف و مشکی، روی شن‌ها نشسته بودند و با یک نی فلزی که داخل یک لیوان چوبی قرار داشت، چای می‌نوشیدند. آن‌ها عمر و نیکولاس بودند. دو جوان آرژانتینی که دوسالی می‌شد در پوکن زندگی می‌کردند. عمر از همان لحظهٔ اول به‌طرز عجیبی به دلم نشست. چشمانش برق خاصی داشتند. پدربزرگش لبنانی و به همین دلیل اسمش عربی بود.

کنارشان نشستیم. هیچ‌کدام انگلیسی صحبت نمی‌کردند و لهجهٔ آرژانتینی‌شان برایم جدید و جالب بود. چایی که در دست داشتند چای «مته» نام داشت. به‌شکل عجیبی آن را می‌نوشیدند. مقدار زیادی از چای را در لیوان چوبی می‌ریختند، نی فلزی را درونش قرار می‌دادند، آبجوش را داخل لیوان می‌ریختند و بعد با نی چای را می‌نوشیدند. هر دو از یک لیوان و نی استفاده می‌کردند. عمر توضیح داد که گیاه مته در شمال شرقی آرژانتین، نزدیک به مرز برزیل و پاراگوئه، یافت می‌شود و بسیار برای سیستم ایمنی بدن مفید است. نیکولاس اضافه کرد که معمولاً چند نفر یک لیوان مته را با هم تقسیم می‌کنند، در دایره می‌نشینند، معاشرت می‌کنند و مته می‌نوشند. عمر خندید و اخطار داد که بهتر است قبل از امتحان‌کردنش بدانم که بسیار تلخ است و کافئین زیادی دارد.

من و لوسیانا چای مته خوردیم و عمر و نیکولاس ساز زدند و آواز خواندند. نمی‌دانم چرا صدای عمر و برق چشمانش دلم را نوازش می‌کرد. مهربانی در نگاهش چیزی را در دلم تکان می‌داد. هربار که صحبت می‌کرد در دلم رخت می‌شستند و هربار که برایش صحبت می‌کردم قلبم به تپش درمی‌آمد. از شناختنش هم بسیار هیجان‌زده بودم و هم بسیار غمگین. چرا پس از دو هفته زندگی در پوکن، شب آخرم او را ملاقات کردم؟

آسمان نارنجی کم‌کم تاریک شد. دریاچه، ابرها و خورشید، همه به خواب رفتند. ما اما تازه آشنا شده بودیم و تشنهٔ شناخت هم بودیم. دلمان می‌خواست زمان بیشتری را با هم بگذرانیم، پس تصمیم گرفتیم نیمه‌شب به بار کنار هاستل برویم. به هاستل برگشتم، تمام وسایلم را در کولهٔ بنفش جدیدم جا دادم و تا نیمه‌شب با دوستانم معاشرت کردم. سپس همراه لوسیانا به بار کنار هاستل رفتیم. لوسیانا که می‌دانست معمولاً زود می‌خوابم، از دیدن انرژی و اشتیاقم برای

معاشرت شبانه با عمر متعجب بود.

جوان‌ها همراه با آهنگ رگتیون می‌رقصیدند. برخی دور بار الکل می‌نوشیدند و برخی دیگر در ایوان سیگار می‌کشیدند. لوسیانا و نیکولاس در ایوان دور یک میز نشسته بودند و صحبت می‌کردند. من و عمر یک گوشه‌ای در بار می‌رقصیدیم و سعی می‌کردیم با زبان بی‌زبانی علاقهٔ مشترک بینمان را به هم ابراز کنیم. تمام شب را کنارش گذراندم. چشمان قهوه‌ای و درشتش در تاریکی برق می‌زدند. لبخندش به من انرژی می‌داد و هنگام رقصیدن و نزدیک‌شدن به او احساس امنیت می‌کردم. شاید زبان یکدیگر را متوجه نمی‌شدیم؛ اما بدن‌هایمان با هم صحبت می‌کردند.

با آن که یک کلمه هم انگلیسی صحبت نمی‌کرد، بیشتر حرف‌هایش را متوجه می‌شدم. دایرهٔ لغاتم در اسپانیایی کم بود و تنها به زمان حال می‌توانستم صحبت کنم، اما او متوجه داستان‌هایم می‌شد. شاید بدون جزئیات اما جدا از زبان، انرژی، روح و بدن‌هایمان به هم وصل شده بودند.

ساعت چهار صبح بود. لوسیانا و نیکولاس به خانه‌هایشان برگشته بودند. من و عمر بیرون بار نشسته بودیم و یکدیگر را با علاقه می‌بوسیدیم. قلبم از شوق بوسیدنش در قفسهٔ سینه‌ام می‌لرزید. عمر به چشمانم نگاه کرد و پرسید: «فردا اتوبوست چه ساعتی حرکت می‌کنه؟»
گفتم: «بلیط ندارم. هر بیست دقیقه یه اتوبوس به مرز آرژانتین می‌ره.»
پرسید: «می‌تونم ازت یک خواهشی بکنم؟»
گفتم: «حتماً.»

گفت: «می‌تونی دو روز دیرتر، یعنی دوشنبه بری؟»

بدون‌وقفه و فکر گفتم که می‌توانم. این‌بار دلم می‌خواست برعکس دفعات گذشته، به این حسی که مهمانم بود فرصتی بدهم. چهار روز تا اتمام ویزای نودروزه‌ام در شیلی فرصت داشتم. چه عجله‌ای برای ادامه و دیدن آرژانتین بود وقتی هنوز کارم در شیلی تمام نشده بود؟

وسایلم را از هاستل بیرون آوردم و به خانهٔ عمر رفتم. عمر و نیکولاس یک خانهٔ بزرگ چوبی را با دوستشان تقسیم می‌کردند و هرکدام برای خودشان یک اتاق داشتند. خودم را در آغوش گرمش جا کردم و به خواب رفتم. عمر برعکس من که زمان زیادی را در فضای مجازی می‌گذراندم، هیچ صفحه‌ای در اینستاگرام

نداشت و بیشتر زمانش را در طبیعت و بیرون از خانه می‌گذراند. عاشق ورزش، دویدن، دوچرخه‌سواری و کوه‌نوردی بود و به همین دلیل پوکن را برای زندگی انتخاب کرده بود.

آخر هفتۀ بی‌نظیری بود. با عمر ۲۶ کیلومتر را از پوکن تا دریاچۀ کبورگا[1] رکاب زدیم. مدت‌ها بود فعالیت بدنی زیادی نداشتم و احساس می‌کردم عضله‌هایم بابت این کار از من تشکر می‌کنند. با دوستانش پیتزای گیاهی درست کردیم، ساز زدیم و بداهه رگیتون خواندیم. با شناخت عمر و دوستانش علاقه‌ام به پوکن بیشتر شده بود. طوری که زمان خداحافظی نتوانستم خودم را کنترل کنم و در آغوش عمر و نیکولاس حسابی گریه کردم.

عمر به من یک پاوربانک هدیه داد و من سازی که در پرو خریده بودم را به او هدیه دادم. نیکولاس هم یک متۀ صورتی با یک نی فلزی بهم داد. با آن‌که می‌دانست طعم مته برایم بسیار تلخ است، با اطمینان گفت که لازمم می‌شود.

قلبم درد می‌کرد و اشک‌هایم بند نمی‌آمدند. اتوبوس حرکت کرد و من با چشمانم به پوکن نگاه کردم. آنجا بخش بزرگی از قلبم را برای خودش کرده بود. چقدر آشنایی‌مان عجیب بود. چه زیبا بود از عشق نگریختن، چه زیبا بود بیشتر ماندن، چه زیبا بود با قلب پیش‌رفتن و با قلب تصمیم‌گرفتن. همان‌طور که اتوبوس از پوکن بیرون می‌رفت و وارد جاده‌های پیچ‌درپیچ پاتاگونیا می‌شد، لحظۀ خداحافظی از عمر را دوباره در خاطرم مرور کردم. لحظۀ آخر با لهجۀ شیرین آرژانتینی‌اش گفت: «ملی! همون‌طور که خودت گفتی زندگی همینه. آدما می‌آن و می‌رن. می‌خوام بگم که بین تمام این آدمایی که می‌آن و می‌رن، آدم‌های کمی هستن که توی قلب ما می‌مونن. تو یکی از اونایی که همیشه توی قلبم می‌مونی. می‌بینمت.»

و من همان‌طور که با چشم‌های گریانم به چشم‌های براقش نگاه می‌کردم، گفتم: «می‌بینمت.»

مرز شیلی و آرژانتین

اشتباه سفیدبرفی در مرز برایم مشکل ایجاد کرد. در شمال پاتاگونیا، جایی میان آن مرزهای نامرئی که ما انسان‌ها روی کرۀ زمین کشیده‌ایم، در مرز بین شیلی

1.Caburga

و آرژانتین اتاقکی کوچک قرار داشت. اتوبوس درست کنار اتاقک ایستاد و ما مسافرها همه پیاده شدیم و برای زدن مهر خروج شیلی در صف ایستادیم. پلیس بدون نگاه به مسافرها، مهر خروج را تند و پشت‌سرهم درون پاسپورت‌ها می‌کوبید. عین یک ماشین کارخانه‌ای، تنها به اسم کشور نگاه می‌کرد، پاسپورت را باز می‌کرد، مهر را می‌کوبید، پاسپورت را به مسافر تحویل می‌داد و به سراغ نفر بعدی می‌رفت. تا آن‌که نوبت به من رسید. با دیدن اسم ایران، به سرتاپای من، چشم‌های پف‌کرده از گریه و کولۀ سنگینم نگاهی انداخت. با دیدن نی در جای مشکی‌اش با لحن بدی از من پرسید آن چیست و از من خواست که بازش کنم. فکر کنم تصور کرد که تفنگ همراهم دارم. مشخص بود که اسم ایران برایش یادآور جنگ و تروریسم است. پس از دیدن فلوت چوبی، دوباره نگاهی به سراپای من انداخت و صورت بی‌حجابم را با عکس باحجاب پاسپورتم مقایسه کرد. آن‌قدر از جداشدن از عمر ناراحت بودم که تنها سکوت کردم. اولین‌باری نبود که لب مرز با من این‌طور رفتار می‌شد.

پس از ورق‌زدن تمام صفحات پاسپورت، نگاهی به ویزای سی‌روزه‌ام انداخت و گفت: «دو ماه بیشتر از اونچه باید توی کشور موندی» برگۀ «پی‌دی‌ای» را نشان دادم و گفتم: «تو کوپیاپو برای تمدید ویزا رفتم اما گفتن طبق چیزی که تو برگه نوشته شده، می‌تونم نود روز تو کشور بمونم.»

تمام مسافرها در اتوبوس منتظر من بودند. پس از ده دقیقه توضیح و بحث، پلیس بداخلاق با لحن بد و بلندی به راننده گفت: «می‌تونی به آرژانتین بری، این دختر غیرقانونی مونده، پیش ما می‌مونه.»

با شنیدن کلمۀ «غیرقانونی» بغض و عصبانیت تمام وجودم را گرفت. با صدایی گرفته و کلمات محدود اسپانیایی که از استرس نصفشان را فراموش کرده بودم، گفتم: «اگه غیرقانونی مونده بودم هرگز به این مرز نمی‌اومدم. اگه می‌خواستم غیرقانونی بمونم نه‌تنها برای شیلی بلکه برای هیچ‌کدوم از این کشورها ویزا نمی‌گرفتم. مرزهای آمریکای جنوبی اون‌قدر بی‌دروپیکر هستن که می‌شه راحت غیرقانونی از اونا رد شد. خواهش می‌کنم به شعبۀ کوپیاپو زنگ بزنید و از اونا بپرسید. تقصیر اوناست. به من گفتن احتیاجی به تمدید ویزا ندارم.»

در مرزی بی‌درو‌پیکر با چهار پلیس قدبلند و چهارشانه تنها نشسته بودم. چهار پلیسی که یک کلمه انگلیسی بلد نبودند و با تعجب به پاسپورت و برگۀ «پی‌دی‌ای»ام نگاه می‌کردند. پلیس‌ها پس از شنیدن صحبت‌های من و

چشم‌های گریانم کمی آرام‌تر شدند. چند دقیقه سکوت کردند و سپس با شعبهٔ کوپیاپو تماس گرفتند. از آنجایی که کوپیاپو روستایی کوچک است و کارکنان کمی دارد و احتمالاً من تنها ایرانی‌ای بودم که در چند ماه گذشته به آنجا رفته‌ام، توانستند سفیدبرفی را پیدا کنند و از او بپرسند که چرا به من گفته بود که احتیاجی به تمدید ویزا ندارم.

لحن پلیس بداخلاق پس از صحبت با سفیدبرفی به‌کل فرق کرد. انگار متوجه شده باشد من واقعاً بی‌گناهم و اشتباه از آن‌ها بوده، لیوان آبی به همراه یک عدد سیب برایم آورد و مرا «دختر کوچک» صدا زد. حالت صورتش از حالت اخم به حالت معمولی برگشته بود و تنفر درون چشم‌هایش به‌کل از بین رفته بود. برایم توضیح داد که به دلیل کم‌بودن ایرانی‌هایی که به شیلی سفر می‌کنند، پلیس کوپیاپو از قوانین خبر نداشته است. گفت که بااین‌حال نمی‌تواند مهر خروج مرا بزند و باید فردا صبح به پلیس «پی‌دی‌ای» در شهر تموکو[1] بروم. جایی که دو ساعت با آنجا فاصله و در شمال پوکن قرار دارد. گفت امکان تمدید ویزا در مرز وجود ندارد و باید حضوری برای بررسی پرونده‌ام و پرداخت صد دلار تمدید ویزا به آنجا بروم.

انگار ذهنم از کار افتاده بود، نمی‌توانستم فکر کنم. آب را نوشیدم، گازی بر سیب شیرین که شیرینی‌اش آن لحظه به تلخی چای مته بود زدم و به اینترنت وصل شدم. به میزبانم در آرژانتین پیغام دادم که نمی‌رسم و به عمر پیام دادم و گفتم: «می‌تونم یه روز دیگه از زندگی‌م رو باهات شریک بشم؟» و یادم آمد حرف‌ها انرژی دارند. تمام روز قبل آرزو می‌کردم کاش زمان بیشتری برای وقت‌گذراندن با عمر داشتم. او نیز از من خداحافظی نکرد و گفت: «می‌بینمت.»

آیا باید به حال خودم گریه می‌کردم یا می‌خندیدم؟برگشتن به شهری که چهار ساعت پیش از آن خداحافظی کردی و پا گذاشتن به خانه‌ای که مطمئن بودی هرگز دیگر پایت را درونش نخواهی گذاشت، احساس عجیبی دارد. دنیا به من ثابت کرد آدم واقعاً از یک لحظهٔ دیگرش هم خبر ندارد.

برعکس تصورم، عمر از من نخواست تا داستان درگیری با پلیس‌ها را برایش تعریف کنم. برایش مهم نبود چرا برگشته‌ام، می‌گفت بیا حالا که برگشته‌ای و اینجایی، به‌جای تلف‌کردن وقت و صحبت دربارهٔ آنچه بر تو گذشته است، از فرصت استفاده کنیم و خاطرات بیشتری با هم بسازیم. همینطور شد که

1.Temuco

پس از خوردن چند امپنادا[1]ی کلمبیایی، به همراه نیکولاس به کوهنوردی رفتیم. کوهنوردی سختی که سه ساعت طول کشید. عمر تمام کوههای اطراف پوکن را میشناخت و به همین دلیل ما را از یک مسیر غیرتوریستی به نوک قله رساند.

ماه کامل وسط آسمان میدرخشید. در نوک قله درحالیکه ذهنم منجمد شده بود و نمیتوانستم فکر کنم، چای مته نوشیدیم. سپس در تاریکی به پایین برگشتیم. راه برگشت پر از سراشیبی و در تاریکی شب بسیار خطرناک بود. دست عمر و نیکولاس را محکم گرفتم و درحالیکه از شوک اتفاق صبح گریه میکردم، به پایین برگشتم. انگار تنها برای پایینرفتن از سراشیبی دستشان را نگرفته بود، بلکه برای احساس امنیت، همراهی و همدلیای که بسیار به آن احتیاج داشتم سفت و محکم دستم را در دستانشان قرار داده بودم.

عمر شب برایم یک غذای گیاهی خوشمزه درست کرد. میدانستم عاشق گوشت است و هیچوقت غذای بدون گوشت درست نمیکند. به همین دلیل مزهٔ شام آن شب برایم بسیار دلنشین بود و هنوز در خاطرم مانده است. آدمی نبود که بگوید دوستت دارم و احساساتش را با کلمات ابراز کند، بلکه اعمالش گویای احساساتش بودند.

صبح روز بعد با اتوبوس به تموکو رفتم. حدود ساعت یازده صبح به پلیس «پیدیای» رسیدم. هیچ احساسی نداشتم، نه استرس داشتم، نه میترسیدم و نه خوشحال بودم. انگار فشارها تمام احساساتم را کشته بودند.

مرا به یک اتاقک کوچک بردند که در یک راهروی تاریک و باریک قرار داشت. آنجا پلیسی که احتمالاً چهار برابر من وزن داشت روبهرویم نشسته بود و به من نگاه میکرد. دو دوربین هم روی سقف و دیوار قرار داشت.

پس از ده دقیقه سؤال و جواب نگاهی به سرتاپایم انداخت، از من عکسی گرفت و گفت که میتوانم بروم. به حالت تعارف از او پرسیدم که آیا لازم است صد دلار تمدید ویزا را بپردازم و او گفت که اشتباه از آنها بوده است و نیازی نیست. تنها باید از همان مرز قبلی از شیلی خارج شوم.

به عمر پیغام دادم و بار دیگر از او خواستم تا یک شب دیگر را هم کنارش بگذرانم. در راه از تموکو تا پوکن بیوقفه گریه کردم. نمیدانستم از ندادن پول تمدید خوشحال بودم یا از دوباره دیدن عمر. نمیدانستم از استرسهایی که

1.Empanada

به‌خاطر پاسپورتم کشیدم گریه می‌کنم یا از فشاری که پلیس و سؤال‌هایش بر من وارد کردند. تنها می‌دانستم با وجود تمام درگیری‌ها و فشارها... هر چیزی دلیلی دارد. انگار تمام درگیری‌ها اتفاق افتاد تا من چهار روز از زندگی‌ام را کنار عمر باشم، کسی که معلم بزرگی برای من بود. پسری که در چهار روز برای من خاطراتی ساخت که تا سال‌ها بعد هم فراموششان نکردم. به من آموخت که چطور در لحظه باشم و از هر ثانیه لذت ببرم. به من آموخت که چطور با اعمالم احساساتم را بیان کنم و چطور مراقب هر کلمه‌ای که می‌گویم و هر فکری که می‌کنم باشم، چرا که حرف‌ها و افکار انرژی دارند.

آشنایی با عمر شیلی را برای من عزیزتر و اشتیاقم به دیدن آرژانتین را بیشتر کرد. با وجود علاقه‌ای که به او و ماندن در پوکن داشتم، دلم می‌خواست پس از آن همه انتظار و سختی در کشوری پا بگذارم که عمر در آن به دنیا آمده و بزرگ شده است. کشوری که به‌سختی به من اجازهٔ ورود داد. دلم می‌خواست آرژانتین را بگردم و بدانم که آیا ارزش آن همه سختی و انتظار را داشت؟

آرژانتین

رسیدن به مزرعهٔ لاماها

قبل از آشنایی با عمر، هربار که به آرژانتین فکر می‌کردم، سرما برایم تداعی می‌شد. از آنجایی که آرژانتینی‌های امروزی بیشترشان ریشه‌های اروپایی دارند، فکر می‌کردم سرمای وجود اروپایی‌ها را نیز درونشان داشته باشند. اما برعکس، مردمی بسیار خون‌گرم، مهربان و مهمان‌نواز بودند. آرژانتین از همان روز اول قلبم را تسخیر کرد.

شب اول را در نئوکن[1] گذراندم. شهری به‌نسبت بزرگ در شمال منطقهٔ پاتاگونیا و درست وسط آرژانتین. از مرز شیلی که سوار اتوبوس شدم، تمام روز در اتوبوس بودم تا ساعت هفت شب که به نئوکن رسیدم. میزبانم متی دنبالم آمد. از همان لحظهٔ اول بسیار گرم و صمیمی با من رفتار کرد و باعث شد احساس امنیت و آرامش داشته باشم، انگار که دوستی قدیمی را دیده باشد. البته رفت‌وآمد زیاد با غریبه‌ها نیز باعث شده بود هیچ‌کسی را «غریبه» نبینم و سریع احساس

1.Neuquen

راحتی کنم. سی‌وپنج سال داشت و به تمام قاره‌های کرهٔ زمین سفر کرده بود؛ اما در مورد ایران، برعکس اسرائیل، اطلاعات زیادی نداشت. اول مرا برای شام به خانهٔ دوستش دعوت کرد و بعد از آن مهمانی شام همراه با دوستش، رزالیا، به خانهٔ بزرگ خودش رفتیم. رزالیا مژه‌های بسیار بلندی داشت و بسیار زیبا تانگو می‌رقصید.

تنها یک روز مهمان متی و شهر نئوکن بودم اما خاطرات و معاشرت‌هایمان آن‌قدر در ذهنم پررنگ است که انگار یک هفتهٔ کامل آنجا بودم. درست همان‌طور که عمر پیش‌بینی کرده بود، متی به من چای مته تعارف کرد و از فرهنگ و اهمیت مته‌خوری در دایرهٔ دوستان و موقع معاشرت برایم گفت. خوشحال بودم که آشنایی با عمر باعث شده بود کمی به لهجهٔ متفاوت آرژانتینی عادت کنم. متی و رزالیا تمام «ی»ها را «ش» تلفظ می‌کردند، برخی حروف را می‌خوردند و کمی تند صحبت می‌کردند، ولی هشتاد درصد حرف‌هایشان را متوجه می‌شدم.

متی به‌جز نواختن گیتار، رقصندهٔ ماهری هم بود. همراه رزالیا با چند آهنگ جدید برایم تانگو رقصیدند. سپس سه‌نفری به یک پیاده‌روی طولانی از خانه تا دریاچهٔ کنار شهر رفتیم. هم کمی از طبیعت پاتاگونیا در آرژانتین را و هم شلوغی مرکز شهر نئوکن را دیدم. هر دو آن‌قدر خوش‌صحبت و دل‌نشین بودند که احساس می‌کردم در شیراز مهمان دو نفر هستم، نه در آرژانتین.

ساعت نه شب متی مرا به ایستگاه اتوبوس رساند. سوار اتوبوس شبانه با صندلی‌هایی بزرگ و راحت شدم. اتوبوسی که به سمت شمال غربی آرژانتین و شهر مِندوزا[1] می‌رفت. شهری که به شراب‌ها و زندگی شبانه‌اش معروف است. البته مقصدم مندوزا نبود، بلکه مزرعه‌ای در شمال آن بود. در شمال غرب مندوزا شهری به نام سَن خوان[2] وجود داشت که برای رسیدن به مزرعه باید از آن گذر می‌کردم. مزرعه کنار روستایی کوچک لس فلورس[3] قرار داشت. دهی بین کویرهای خشک و کوه‌های آند. دِهی خشک که روزهای گرم و آفتابی و شب‌های سرد و طوفانی دارد و برای همین مردم کمی تصمیم گرفته‌اند که در آنجا زندگی کنند. کسانی مثل فلیپه و نینا. یک زوج آرژانتینی - آمریکایی که مزرعهٔ بزرگی پر از درخت، گیاه، سبزیجات، سگ، گربه و لاما دارند.

دلم می‌خواست در ماه آخر بیست‌سالگی‌ام تجربه‌ای متفاوت داشته باشم. قبل از آن، کار و زندگی در مزرعه را تجربه نکرده بودم. هنگامی که در شیلی

1.Mendoza 2.San Juan 3.Las Flores

دنبال کار داوطلبانه در آرژانتین بودم، با دیدن عکس لاماها و مزرعۀ فلیپه و نینا، تصمیم گرفته بودم برایشان ایمیلی بنویسم. خودم را کنار لاماها تصور می‌کردم. مزرعه بسیار دورافتاده و خارج از مسیری بود که در ذهنم داشتم، اما چیزی در دلم می‌گفت باید به آنجا بروم و زندگی با لاماها را تجربه کنم. فلیپه و نینا با آن‌که می‌دانستند در کشاورزی و نگهداری از لاما به‌کل بی‌تجربه‌ام و نوشته بودند که اکثر مواقع دنبال داوطلب‌های مرد و بالای بیست‌وپنج‌سالند، درخواست مرا بسیار سریع قبول کردند.

رانندۀ اتوبوس کنار پمپ‌بنزین پیاده‌ام کرد. پمپ‌بنزینی در گوشه‌ای از یک کویر عظیم. کوله‌پشتی‌ام را روی زمین گذاشتم و کنارش نشستم. با آن‌که آفتاب بسیار سوزان و گرم بود، از لمس گرما روی پوستم پس از زمستانی سرد در کوه‌های آند، بسیار خوشحال بودم. از باد گرمی که لابه‌لای موهایم می‌رقصید لذت می‌بردم که ماشین کوچک و سفیدی از دور به سمتم آمد و روبه‌رویم ایستاد. مردی که با اولین نگاه متوجه شدم فلیپه است، از ماشین پیاده شد و به طرف من آمد. قد بلندی داشت. موهای صاف و جوگندمی‌اش تا زیر گوش‌هایش می‌رسیدند و لبخندش همانند چشمانش بزرگ بود. با لهجۀ غلیظ آرژانتینی گفت: «خوش اومدی ملیکا! فکر کنم اولین ایرانی‌ای باشی که پاش رو تو روستای لس فلورس گذاشته. خیلی خوش اومدی!» و بعد با لهجۀ غلیظ آمریکایی ادامه داد: «به انگلیسی راحت‌تر حرف می‌زنی یا اسپانیایی؟ ما به هر دو زبون، مثل زبون مادری حرف می‌زنیم.»
گفتم: «با انگلیسی راحت‌ترم اما خوشحال می‌شم اگه برای تمرین و بهترشدن اسپانیایی من، اسپانیایی صحبت کنیم.»

سوار ماشین شدم و به سمت مزرعه حرکت کردیم. در راه برایم تعریف کرد که هفت سال پیش، پس از پانزده سال زندگی در آمریکا، به همراه همسر آمریکایی‌اش نینا و بچه‌هایشان به آرژانتین آمده‌اند. با افتخار تعریف کرد که هر آنچه قرار است در مزرعه ببینم، خانه‌شان، اتاق داوطلب‌ها و مهمان‌ها را به دست خودشان، با مواد طبیعی و به کمک داوطلب‌ها ساخته‌اند.

مزرعه بسیار بزرگ‌تر از تصوراتم بود. خانه‌ای گلی و بسیار زیبا در سمت چپ قرار داشت و چند اتاق در سمت راست. استخر بزرگ و خالی روبه‌روی خانه توجهم را جلب کرد. پشت خانه و اتاق‌ها، زمینی بسیار بزرگ و سرسبز پر از درخت میوه قرار داشت که تصور کردم اسب‌ها و لاماها آنجا باشند.

فلیپه مرا به اتاق داوطلبان راهنمایی کرد. آنجا یک زوج جوان آمریکایی را دیدم. شش‌هفته‌ای بود که در مزرعه کار داوطلبانه می‌کردند. اول از داشتن دوستان داوطلب دیگر در مزرعه بسیار خوشحال شدم، اما بعد متوجه شدم که آخر اکتبر، یعنی سه روز دیگر، زمان رفتنشان فرا می‌رسد. بین لیسانس و فوق‌لیسانس، ده ماه مرخصی گرفته بودند تا دور دنیا سفر و کار داوطلبانه بکنند. مقصد بعدیشان استرالیا بود و قرار بود در یک مرکز یوگا و سلامت مشغول به‌کار شوند. آلی که تنها دو سال از من بزرگ‌تر بود، گفت که امتحان مهارت‌های مختلف کمکش کرده است تا علاقه‌اش را راحت‌تر پیدا کند.

برای خوردن ناهار و آشنایی با خانواده، به خانه‌شان رفتیم. خانه‌ای که همه‌چیزش طبیعی، ساده و بسیار زیبا بود. دیوارهایی که از گل ساخته شده بودند و داخلشان شیشه‌های بازیافت شده قرار داشت. پنجره‌های گرد و شیشه‌ای و پله‌های سفالی، همه آن‌قدر با عشق ساخته شده بودند که هنگام قدم‌زدن در خانه، این عشق در سراسر وجودم جریان یافت.

هم‌زمان با ورود به خانه و دیدن عکس کریشنا، احساس کردم به اتاق مادرم پا گذاشته‌ام. کریشنا یکی از خدایان هندی است. عکسش در تمام خانه دیده و حضورش کامل احساس می‌شد. مادر من علاقهٔ زیادی به کریشنا داشت و همیشه داستان زندگی‌اش را برای من و خواهرانم تعریف می‌کرد. همان‌طور که با دهان باز به اطراف نگاه می‌کردم، نینای مهربان با لبخند ملیح و چشمان آبی‌اش به من سلام کرد.

- کریشنا؟

+ کریشنا رو می‌شناسی؟!

همین سؤال و جواب باعث شد که حین خوردن اولین ناهارم با خانواده، از داستان سفرم و از علاقهٔ مادرم به کریشنا صحبت کنم. آنا دختر پانزده‌ساله‌شان که درست مثل فلیپه شاداب و خون‌گرم بود و به معاشرت علاقه داشت و باوتی پسر دوازده‌ساله‌شان که مثل نینا موهایی صاف و بور داشت و سکوت را به صحبت ترجیح می‌داد نیز همراه ما دور میز نشسته بودند.

طی حرف‌هایمان در مورد زندگی و کار داوطلبانه در لس فلورس، متوجه شدم که بیرون مزرعه خبری نیست. مغازه‌ای در آبادی وجود ندارد و تا نزدیک‌ترین سوپرمارکت باید چهل دقیقه پیاده‌روی کرد. همچنین فهمیدم که فقط در

ساعت‌های خاصی از روز به اینترنت دسترسی دارم و هفت روز هفته را باید کار کنم. البته از این موضوع ناراحت نشدم، چرا که دسترسی نداشتن به اینترنت، بخشی از تجربهٔ زندگی در یک مزرعهٔ دورافتاده است. چیزی که لازم بود تجربه کنم. همین‌طور پرمشغله‌بودن را به بیکاری ترجیح می‌دادم و از کار هرروزه ناراضی نبودم.

عصر آن روز فلیپه مرا به گلخانه برد و گیاهان و سبزیجات مختلف را نشانم داد. برایم توضیح داد که چطور هر روز به گیاهان آب بدهم، علف‌های هرز را از ریشه بکنم و برای درست‌کردن سالاد، کاهو و گوجه‌فرنگی و ترب بچینم. مهارت‌هایی که به نظر او هر جوانی باید می‌دانست و من در طول عمرم انجام نداده بودمشان.

زندگی با لاماها

هر روز صبح باید به مانو، سگ قهوه‌ای و همیشه خستهٔ خانواده غذا می‌دادم. بعد به سراغ دو گربه و سه بچه‌گربه می‌رفتم و مطمئن می‌شدم که آن‌ها نیز غذایشان را می‌خورند. بعد از آن نوبت سرزدن به لامای نر بود. همیشه یک جایی در آن جنگل وسیع پنهان بود و باید پیدایش می‌کردم. سپس طوری که نترسد و به من اطمینان کند، نزدیکش می‌شدم، با خودم به جلوی مزرعه می‌آوردمش و به یک درخت می‌بستمش. چند روز اول لاما از ترس به صورتم تف کرد و من گریه‌کنان به خانه برگشتم. اما زمان که گذشت با هم دوست شدیم و دیگر خبری از تف‌های چسبناک نبود. باید صبح‌ها سیزده عدد لامای دیگر را نیز از قفس آزاد می‌کردم و شب‌ها به سمت قفس می‌بردم. هر شب لاماها را به دلیل حملهٔ سگ‌های همسایه، در قفس می‌گذاشتند. همینطور دو لامای نر را باید از یکدیگر شناسایی و هرکدام را به نوبت، از بقیهٔ لاماها جدا می‌کردم. وقتی که خیالم از سگ‌ها، گربه‌ها و لاماها راحت می‌شد، به باغچه می‌رفتم و به گیاهان و سبزیجات آب می‌دادم. در راه برگشت به خانه، لازم بود به خروس و مرغ‌ها نگاهی بیاندازم و مطمئن شوم که آب و غذا دارند. اگر تخم‌مرغی در قفسشان بود، برمی‌داشتم و به آشپزخانه می‌بردم.

صبحانه را معمولاً تنها می‌خوردم. اگر کسی بیدار بود، برایش وسایل صبحانه را می‌چیدم و اگر نه، خود به تنهایی چای درست می‌کردم و با مربای تازه‌ای که نینا درست می‌کرد و نانی که خودم شب قبل درست کرده بودم، می‌خوردم.

درست‌کردن روزانهٔ نان جزو مهارت‌های سخت، اما لذت‌بخشی بود که همان روز اول از نینا یاد گرفتم. هر روز ساعت شش عصر نان تازه می‌پختم. نانی که با دست‌های خودت خمیرش را ورز‌دادی مزهٔ دیگری دارد. علاوه‌بر تازه‌بودن، سالم و خوشمزه و هضمش نیز راحت‌تر بود. هربار وقت خوردن نان احساس غرور می‌کردم.

به دلیل گرمای زیاد روستا، از ساعت یازده ظهر تا چهار عصر، می‌توانستم استراحت کنم و به کارهای خودم برسم. کتاب می‌خواندم، نی می‌زدم و اگر نینا در کارهای خانه به کمک احتیاج داشت، کمکش می‌کردم.

سه روز اول که زوج داوطلب همراهم بودند، تمرین بسیار خوبی بود تا جای تمامی وسایل را یاد بگیرم و هر سؤالی که در مورد باغبانی دارم را از آن‌ها بپرسم. روز اولی که تنها مزرعه را اداره کردم، بسیار استرس داشتم و حتی نتوانستم برای سالاد، گوجه‌ها را بین سبزیجات پیدا کنم؛ اما هر روز که می‌گذشت بیشتر به لاماها و کارها عادت می‌کردم و استرسم کمتر و کمتر می‌شد.

حدود ساعت چهار، زمانی که به باغچه برمی‌گشتم، اسب‌ها سراغم می‌آمدند. به آن‌ها علف هرز می‌دادم و ساعت‌ها بلندبلند برایشان به فارسی صحبت می‌کردم و درحین کار برای خودم شعر می‌خواندم. آن‌قدر زندگی در طبیعت پر از آرامش و حجم کار فیزیکی هرروزه‌ام زیاد بود که جز برای صحبت با خانواده، به اینترنت وصل نشدم.

آخر هفته‌ها فلیپه تمام‌وقت در مزرعه بود. بقیهٔ روزها به مدرسه‌ای در روستای کناری می‌رفت تا به کودکان و نوجوانان انگلیسی درس بدهد. بخشی از درآمدشان از طریق تدریس به‌دست می‌آمد و بخشی دیگر از طریق سه اتاقی که اجاره می‌دادند. با آن‌که لس فلورس در یک منطقهٔ بسیار غیرتوریستی است، موتورسواران زیادی در مسیر سفرشان، قبل از ورود به شیلی، از لس فلورس گذر می‌کنند و برای یک یا دو شب اقامت، به مزرعه می‌آیند. بخش دیگری از درآمدشان را هم با فروش پشم لاماها و فروختن مرباها و برخی سبزیجات تأمین می‌کردند.

هنگامی که فلیپه در مزرعه بود، کار هم بیشتر بود. مشغول ساختن آشپزخانهٔ روباز کنار خانهٔ خودشان بود و از من می‌خواست که در ساخت دیوارها و پنجره‌ها به او کمک کنم. یک روز هم با چوب و فنس‌های فلزی خانهٔ بزرگ‌تری برای مرغ‌ها و خروس‌ها درست کردیم. من هیچ چیزی از ساختن اتاقک نمی‌دانستم؛

اما فلیپه مرحله‌به‌مرحله کار را برایم توضیح داد.

فلیپه در کار بسیار جدی بود. می‌گفت ترجیح می‌دهد که مردها و یا زوج‌ها را بپذیرد، اما از آنجایی که گرفتن درخواست از یک ایرانی تقریباً محال بوده، درخواست مرا بدون لحظه‌ای تردید پذیرفته است. این‌بار ایرانی‌بودن یک ویژگی مثبت در آمریکای جنوبی بود. شاید با پلیس‌ها و در سفارت‌ها درگیری داشتم اما مردم در همه‌جا از دیدنم خوشحال می‌شدند و با اشتیاق مرا به خانهٔ خود دعوت می‌کردند.

فلیپه چندبار به شوخی گفت که اگر علاقه‌ای به ادامهٔ سفر نداشتم، مرا به عنوان دخترخواندهٔ خود به سرپرستی می‌گرفت، آن‌وقت می‌توانستم پاسپورت زیبای آرژانتینی هم داشته باشم. من هم بعدش قاه‌قاه می‌خندیدم و می‌گفتم اگر در روستا جایی برای یادگیری رقص سالسا وجود داشت، حتماً بهش فکر می‌کردم.

از بیست‌ویک روز زندگی‌ام در مزرعه با لاماها، می‌توانم بیست‌ویک داستان مختلف تعریف کنم. اما تنها می‌خواهم یکی از آن‌ها، یعنی داستان زندگی نینا را تعریف کنم. از زمانی که هم‌سن من بوده و تصمیم گرفته است که در معبد زندگی کند؛ تا زمانی که در پنجاه‌سالگی، با سه بچه و همسرش در مزرعه‌ای دورافتاده در آرژانتین زندگی می‌کرد.

بین آن همه مزرعه در آرژانتین، رفتن من به آن خانه و خانواده اتفاقی نبود. آنجا مهارت‌هایی آموختم که نوع نگاهم به زندگی را به‌کل تغییر دادند. آنجا بسیاری از باورها و عادت‌های غذایی‌ام زیرورو شدند. در مزرعهٔ لاماها، درس‌هایی گرفتم که برای همیشه بخشی از من را تغییر دادند. هنگام رشد، هیچ چیزی زیباتر از تغییر نیست.

داستان زندگی نینا

نینا در شیکاگو، در یک خانوادهٔ بسیار مذهبی و کاتولیک به دنیا آمده بود. در نوزده‌سالگی بعد از اتمام مدرسه‌اش برای پیداکردن کار به کالیفرنیا رفته و آنجا مشغول کار خدماتی و نظافت خانه‌ها شده بود. هم‌زمان به مدت یک سال در یک هتل کار کرده و پول‌هایش را جمع کرده بود تا شاید روزی بتواند در رشته‌ای که دوست دارد، تحصیل کند.

یکی از روزهای گرم سال، هنگامی که در آشپزخانه مشغول به کار بوده است، آتش‌سوزی می‌شود و پوست صورت و دست و پای نینا می‌سوزد. او مجبور می‌شود تا تمامی پولی که برای دانشگاه جمع کرده بود را خرج درمان کند. پس از سه ماه نینا با روحیه‌ای بسیار ضعیف، از بیمارستان مرخص و دوباره مشغول به کار می‌شود.

یک‌سال بعد در بیست‌ویک‌سالگی هنگام قدم‌زدن در شهر از کنار یک معبد هاره کریشنا می‌گذرد. با شنیدن صدای ذکر به داخل می‌رود و آنجا یکی از زنان راهبه باحوصله ساعت‌ها برایش از کریشنا، راما و داستان زندگی‌شان تعریف می‌کند. نینا آن‌قدر تحت‌تأثیر داستان‌ها قرار می‌گیرد که هر روز بعد از کار و هر آخر هفته به معبد می‌رود. کم‌کم گیاه‌خواری را شروع می‌کند، جزوی از خانوادۀ معبد می‌شود، کارش را رها می‌کند و در معبد به زندگی‌اش ادامه می‌دهد.

همان‌طور که نینا داستان زندگی‌اش را برایم تعریف می‌کرد و اشک می‌ریخت، به صورتش نگاه می‌کردم. پرسیدم: «چطور هیچ اثری از سوختگی توی صورتتون دیده نمی‌شه؟»

لبخندی زد و گفت: «همه‌ش کار کریشناست. درون من پر از باورهای غلط بود، پر از ترس و چیزایی که باید می‌سوخت. انگار اون آتیش همۀ مشکلات و دردهای من رو از ریشه سوزوند و از بین برد. تو اون ده سال زندگی توی معبد، صورتم کم‌کم خوب شد و حالا هیچ اثری از آن سوختگی باقی نمونده.»

ده سال بعد، نینا فلیپۀ جوان را در یکی از مراسم سالانۀ کریشنا می‌بیند. فلیپه هم ده سال در معابد مختلف در آرژانتین، هند و آمریکا زندگی کرده بود. او عاشق سادگی و مهربانی نینا می‌شود. پس از ازدواج تصمیم می‌گیرند تا در اوایل سی‌سالگی، قدم در دنیای بیرون بگذراند و خانواده‌ای برای خود تشکیل دهند. چند سال اول با دو زوج دیگر در معبد زندگی کرده بودند. اما کم‌کم بچه‌دار شدند، کار پیدا کردند، خانه خریدند و به قول نینا، زندگی ماشینی‌شان را در آمریکا شروع کردند.

حالا بیست سال از آشنایی‌شان گذشته بود. هر دو سال‌ها به‌عنوان معلم کار و پول جمع کرده بودند و تصمیم گرفته بودند که برای داشتن یک زندگی آرام‌تر و باکیفیت‌تر به آرژانتین مهاجرت کنند. به شمال آرژانتین سفر کرده و با برادر فلیپه زمینی بزرگ خریده و مشغول به ساخت خانۀ خود شده بودند.

نینا تمامی این داستان را با جزئیات برای من تعریف کرد. پس از نشان‌دادن

عکس‌های قدیمی و تعریف‌کردن چند داستان از زندگی کریشنا، در چشمانم نگاه کرد و گفت: «بچه‌ها همیشه می‌گن چرا ما رو به ناکجاآباد آوردی. حتی توی یه روستا هم نیستیم، چه برسه به یه شهر. دختر بزرگم به‌محض اینکه هیجده‌سالش شد به کالیفرنیا برگشت. می‌دونم آنا و باوتی هم روزی ما رو تنها می‌ذارن. اما من توی شهر نفسم می‌گیره. اینجا تو سکوت احساس آرامش دارم. انگار توی آغوش کریشنام. توی خونه‌ای که با دست‌های خودمون ساختیم زندگی می‌کنیم و غذایی که خودمون پرورش می‌دیم رو می‌خوریم. آخه مگه زندگی چیزی بیش‌تر از اینه؟»

هنگام رفتن از مزرعه، هم خوشحال و هم بسیار غمگین بودم. کار داوطلبانه در مزرعه و نگهداری از لاماها یکی از متفاوت‌ترین تجربه‌هایم در طول سفر بود. هنگام خداحافظی از اسب سفیدشان لونا بسیار گریه کردم. خوشبختانه در انتهای مزرعه تنها بودیم. کسی ندید که من چطور به او و سبزیجاتی که کاشته بودم نگاه می‌کردم و اشک می‌ریختم. لونا را در آغوش گرفتم و گفتم که هیچ نمی‌دانم دوباره چه زمانی به آنجا برخواهم گشت.

نینا نیز همانند من هنگام خداحافظی اشک ریخت. یک گردن‌بند از چوب تولاسی به گردنم انداخت و گفت: «همیشه توی آغوش کریشنا امن خواهی بود.» حالا به‌جز تسبیحی که یادآور مولانا بود، یک مراقب دیگر هم داشتم.

باوتی و آنا مرا در آغوش گرفتند و گفتند که دلشان برای نان‌های تازه و خوشمزه‌ام تنگ می‌شود. اما می‌دانستم همان‌طور که من به مکان‌ها و میزبان‌های جدید عادت خواهم کرد، آن‌ها نیز به داوطلب‌ها و نان‌های جدید عادت خواهند کرد.

صبح زود همراه فلیپه سوار ماشین شدم. در شهر سن خوان کاری داشت و من نیز که مسیرم با او یکی بود، همراهش رفتم. جایی کنار یک پمپ‌بنزین نگه داشت تا راحت بتوانم تا کوردوبا[1] هیچ‌هایک کنم. موقع پیاده‌شدن و خداحافظی در چشمانم نگاهی کرد و گفت: «توی شمال آرژانتین یه خونواده داری. هروقت به آرژانتین برگشتی درهای خونهٔ ما به روی تو بازه و بدون که همیشه می‌تونی روی کمک ما حساب کنی. باشه؟»

با آن‌که همین جملات را از زبان بسیاری از میزبان‌هایم شنیده بودم، اشک از چشمانم جاری شد و گفتم: «ممنونم!» از ماشین پیاده شدم، کوله‌ام را کنارم روی

1.Cordoba

۱۷۶

زمین گذاشتم و به آینده‌ای نامعلوم لبخند زدم.

هیچهایک تا کوردوبا

تابه‌حال شده است که بخواهی کاری انجام دهی که به نظر بقیه غیرممکن باشد؟ کاری غیرممکن که حس درونی‌ات می‌گوید که ممکن است.

از سن خوان تا کوردوبا هشت‌ساعت‌ونیم با ماشین راه است. به دلیل بودجهٔ محدود و گرانی اتوبوس‌ها و همین‌طور به دلیل امنیتی که در آرژانتین احساس می‌کردم، تصمیم گرفتم این مسیر را هیچهایک کنم.

درست ساعت ده صبح سوار اولین ماشین شدم و ساعت ده شب، از آخرین ماشین پیاده شدم. با نُه سواری مختلف در دوازده ساعت از سن خوان به خانهٔ میزبانم در کوردوبا رسیدم. نه ماشین و رانندهٔ متفاوت که هرکدام داستان زندگی خودشان را داشتند. دوازده ساعت تمام به اسپانیایی معاشرت کردم و به داستان زندگی مردم گوش دادم. از داستان زوج مهربانی که به من میوه تعارف کردند تا پیرمردی که از انقلاب ایران در روزنامه‌ها خوانده بود؛ یا خانواده‌ای که همراه دو کودکشان سفر می‌کردند و به دلیل تاریکی هوا، مرا تا دم در خانهٔ میزبانم در کوردوبا، رساندند. تنها وجه‌مشترک تمام کسانی که سوارم کردند، چای متهای بود که در ماشین می‌نوشیدند. در تمام ماشین‌ها، نفر جلویی یک فلاسک آب‌جوش و یک لیوان چای مته در دست داشت و برای خودش و راننده، چای می‌ریخت.

دو نفر تک‌سرنشین هم به‌محض آن‌که سوار ماشینشان شدم، از من پرسیدند که آیا چای مته امتحان کردم یا نه؟ و سپس از من خواستند تا برایشان چای بریزم. راه طولانی و مسیر مستقیم و هموار بود. کافئین موجود در چای مته باعث می‌شد راننده خوابش نگیرد و بتواند به رانندگی ادامه دهد.

در کوردوبا مهمان فرانکو بودم. موزیسینی سی‌وشش‌ساله که از همان لحظهٔ اول، امنیت و آرامش زیادی در خانه‌اش احساس کردم. انگار مهمان پسرخاله‌ام باشم. فرانکو و گربه‌اش میگل، در یک آپارتمان یک‌خوابه و نقلی زندگی می‌کردند. خیلی دلش می‌خواست به ایران سفر کند و برای همین درخواست مرا پذیرفته بود. شب اول به همراه دوستان هنرمندش به یک بار رفتم و طعم آبجوی آرژانتینی را برای اولین‌بار چشیدم. آن‌قدر دوستانش شوخ، خون‌گرم و مهربان بودند که انگار ماه‌هاست در کوردوبا زندگی و با آن‌ها رفت‌وآمد می‌کنم.

پدر یکی از دوستانش به‌تازگی از ایران برگشته بود و دوست داشت مرا ملاقات کند. در یک روز گرم و آفتابی، به همراه گوستاووی هفتادساله، به مرکز کوردوبا و دانشگاه هنر رفتم. بعد او مرا به یک اجرای موسیقی به نام «دختران موزیسین» مهمان کرد. اجرایی که دربارهٔ نابرابری بین زنان و مردان موزیسین در تاریخ آرژانتین بود.

در روز بعد هوای گرم و آفتابی کوردوبا سرد شد و باد زیادی می‌وزید. بادی که موقع پیاده‌روی در شهر از لابه‌لای پیراهنم تمام بدنم را در خودش گرفت و مرا مریض کرد. پس از ماه‌ها سرما خوردم. نه‌تنها کل روز از چشمان و بینی‌ام آب می‌آمد، بلکه گلو درد، سرفه و تب هم داشتم. نمی‌توانستم از تخت بلند شوم. ماوریسیو بسیار مهربان بود. با آن‌که تنها قرار بود سه شب مهمان خانه‌اش باشم، به من اجازه داد تا بیشتر بمانم و استراحت کنم.

پس از سه روز خوردن چای زنجبیل، عسل، لیمو و سوپ، دوباره جریان انرژی را در بدنم حس کردم. می‌دانستم که بهتر است بیشتر استراحت کنم اما فرانکو اجرای تئاتر داشت و دلم می‌خواست حتماً برای دیدن اجرا و انجام گریم صورت او و دوستانش به سالن تئاتر بروم. دیدن آدم‌های جدید، تغییر فضا و شنیدن صدای موسیقی بی‌نظیر همراه با دوستان خواننده‌اش بسیار به روحیه‌ام کمک کرد. آن‌قدر از دیدن اجرایشان انرژی گرفتم که پس از برگشت حس کردم که می‌توانم به مسیر ادامه دهم.

روز آخر به‌عنوان شام خداحافظی برای فرانکو و دوستانش عدس‌پلو پختم. سپس برای رفتن به بوئنوس آیرس[1]، پایتخت دیدنی آرژانتین، سوار یک اتوبوس شبانه شدم. کل شب درحالی که پتوی افغانی را روی بدنم انداخته بودم و سعی می‌کردم بخوابم، به جملهٔ آخر فرانکو فکر می‌کردم: «مراقب جسمت باش. اگه جسمت رو هم مثل روحت قوی کنی، خیلی بهتر و راحت‌تر جلو می‌ری.» چقدر در سال اخیر ورزش کرده بودم؟ چقدر به خوراکم اهمیت داده بودم؟ آیا تنها برای سیرشدن غذا می‌خوردم یا حواسم بود که ویتامین‌ها و آنتی‌اکسیدان‌های لازم را به بدنم برسانم؟ آیا قبل و بعد از حمل کولهٔ سنگینم، نرمش می‌کردم؟ یک هفته تا سالگرد سفر و نه روز تا تولد بیست‌ویک‌سالگی‌ام باقی مانده بود. تصمیم گرفتم که در سال جدید به خوراکم و جسمم اهمیت بیشتری بدهم. بدنم تنها خانهٔ من بود. متأسفانه باید سخت مریض می‌شدم تا به‌یاد بیاورم که سلامت جسمی، به معنای واقعی یک ثروت است.

1.Buenos Aires

مریضی در بوئنوس آیرس

هر میزبان جدید، یک معلم جدید در دانشگاه زندگی بود. سرماخوردگی‌ام هنگام رسیدن به بوئنوس آیرس دوباره شدید شد. این‌بار برونا مثل یک خواهر بزرگ‌تر از من مراقبت کرد. عجیب است که بین تمام میزبان‌های موجود در بوئنوس آیرس، من به خانهٔ برونا رفتم. زنی برزیلی که در کوبا فیلم‌سازی خوانده بود و اصغر فرهادی و عباس کیارستمی را به‌خوبی می‌شناخت. زنی بسیار مهربان که ساعت‌ها با من درددل می‌کرد و به صحبت‌های من نیز گوش می‌داد. از همسرش جدا شده بود و همراه دو دختر هفت و یازده‌ساله‌اش زندگی می‌کرد.

یک هفتهٔ تمام برونا و دخترانش به من عشق دادند. کنار هم آشپزی کردیم، داستان تعریف کردیم و ساعت‌ها خندیدیم. روز سوم برونا پیشنهاد داد که به دکتر نزدیک خانه‌اش بروم. درمانگاهی عمومی که هزینه نداشت. صف زیاد بود و دکتر پس از دادن چند قرص برای سرفه‌هایم، پیشنهاد کرد که استراحت کنم و نوشیدنی زیاد بخورم. من هم دو روز تمام از خانه بیرون نرفتم و استراحت کامل کردم. استراحتی که تبم را قطع کرد و باعث شد بتوانم سری به مرکز شهر بوئنوس آیرس بزنم و حتی با مردم در خیابان سالسا برقصم.

آرژانتین به‌طرز عجیبی برایم دوست‌داشتنی بود. وقتی که در بوئنوس آیرس راه می‌رفتم، مردمی را می‌دیدم که از تمام نقاط و قاره‌های دنیا به آنجا آمده بودند. هنگام رقصیدن با گروهی که هر یکشنبه کنار رودخانهٔ شهر سالسا و باچاتا می‌رقصیدند، احساس صلح می‌کردم. با آرژانتینی‌ها، ونزوئلایی‌ها، هائیتینی‌ها، فرانسوی‌ها، لبنانی‌ها و .. هم‌صحبت می‌شدم. انگار بوئنوس آیرس شهر صلح بود. شهری که تمام نژادها را در آغوش گرفته بود. به پیشنهاد برونا به موزه‌ها، کلیساها و مکان‌های توریستی نیز رفتم؛ اما آنچه به‌خاطرم مانده مردمش است. مردم مته به‌دست با لهجه‌ای دل‌نشین، با ذهن و لبخندی باز، مهمان‌نواز و مهربان. گاهی آن‌قدر احساس در خانه بودن می‌کردم که انگار در کشور خودم نفس می‌کشیدم.

اواخر بهار در نیمکرهٔ جنوبی بود. هوا هر روز گرم‌تر و حال من هر روز بهتر می‌شد. دلم می‌خواست برای سالگرد یک‌سالگی سفر و تولد بیست‌ویک‌سالگی‌ام به شمال منطقهٔ پاتاگونیا بروم. شنیده بودم در شمال پاتاگونیا که در قسمت جنوبی کشور آرژانتین است، در جایی به نام پونتا تومبو[1] هزاران پنگوئن زندگی می‌کنند و می‌توانم آن‌ها را از نزدیک ببینم.

1.Punta Tombo

از برونا و دخترانش خداحافظی کردم و ساعت نه شب برای رفتن به سمت اقیانوس اطلس و شهر لس گروتاس[1]، سوار اتوبوس شدم. قرار بود یک شب آنجا بمانم و سپس به شهر پورتو مدرین[2] بروم، جایی که به پنگوئن‌ها نزدیک‌تر بود. وقتی که پس از شانزده ساعت نشستن در اتوبوس، گیج و خسته به لس گروتاس رسیدم، متوجه شدم که میزبان درخواستم را رد کرده است و جایی برای ماندن و خوابیدن ندارم. ساعت دوونیم بعدازظهر بود. هیچ اتوبوسی تا صبح روز بعد به پورتو مدرین نمی‌رفت. در یک ایستگاه اتوبوس کوچک و چوبی در روستایی کوچک و ناشناخته نشسته بودم و نمی‌دانستم که چه کنم.

در اینترنت تمام هتل‌ها و اقامتگاه‌ها را بررسی کردم. در ایستگاه اتوبوس هم از مردم سؤال کردم؛ اما ارزان‌ترین جایی که می‌شد در آن اقامت داشت، پنجاه دلار هزینه‌اش بود. هیچ هاستلی آن دوروبر نبود و نزدیک‌ترین هتل در یک کیلومتری ایستگاه اتوبوس قرار داشت. نمی‌خواستم پنجاه دلار را صرف یک شب ماندن در هتل بکنم. می‌توانستم با آن پول نه وعده غذا بخورم و یا یک مسافت طولانی را با اتوبوس بروم. تصمیم گرفتم آن شب را روی نیمکتی در ایستگاه اتوبوس ده متری روستا بخوابم. استرس و خستگی زیاد باعث شده بود دوباره تب کنم.

با خوزه پسری که آنجا کار می‌کرد هم‌صحبت شدم. به من چای مته تعارف کرد و گفت که ساعت ده شب ایستگاه اتوبوس تعطیل می‌شود. پس از دیدن نگرانی من، مرا به خانه‌اش دعوت کرد و گفت که همسرش دارد شام می‌پزد؛ اما نمی‌خواستم تنها برای یک شب مزاحم او و همسرش بشوم. از سوپرمارکت کناری نان و پنیر خریدم. به اینترنت وصل شدم و در شهر پورتو مدرین برای میزبانی به نام پاولا نامه‌ای نوشتم. یادم آمد که در زندگی‌ام همیشه پس از سختی، یک خوشی وصف‌نشدنی آمده است. شاید قرار بود روز تولدم اتفاق خاصی بیافتد و احتیاج است این سختی را تحمل کنم.

خوابیدن روی نیمکت برعکس تصورم اصلاً عجیب نبود. تسبیح دور گردنم مرا یاد قونیه می‌انداخت و ترس‌هایم را کم‌رنگ می‌کرد. گردن‌بندی که نینا به من داده بود نیز دور گردنم بود. پتوی افغانی را روی خودم انداختم، یکی از لباس‌هایم را همانند بالش زیر سرم گذاشتم و چشمانم را بستم.

ذهنم به طرز عجیبی مثبت‌اندیش شده بود. مطمئن بودم اتفاقی برایم نمی‌افتد و وسایلم دزدیده نمی‌شوند. نمی‌دانم چرا و چطور مطمئن بودم. توصیف آنچه

1.Las Grutas   2.Puerto Madryn

در ذهن و قلبم می‌گذشت کار راحتی نیست. تنها می‌توانم بگویم که صدایی در درونم می‌گفت که آن شب به خیر خواهد گذشت و همان‌طور هم شد. با وجود سرمایی که در پاتاگونیا سراغم آمده بود، با وجود سختی نیمکت و چندبار بیدارشدن از خواب در طول شب، آن شب هم گذشت. بسیار متفاوت‌تر از هر شب دیگری در زندگی‌ام بود؛ اما گذشت. گذشت و من ساعت پنج صبح، سوار اتوبوسی دیگر به سمت شهر پورتو مدرین شدم. نمی‌دانستم برای روز آخر بیست سالگی، چه چیزی انتظار مرا می‌کشد.

پاتاگونیای آرژانتین

درست در چهاردهم آذر ماه، در سالگرد یک‌سالگی سفرم، وارد پورتو مدرین و خانهٔ پاولا شدم. دو روزی می‌شد که حمام نرفته و درست نخوابیده بودم. اما آن‌قدر از دیدن اقیانوس اطلس و حس گرمای سی‌درجه هیجان‌زده بودم که به‌محض رسیدن و دیدن میزبان جدید، همهٔ خستگی‌ها یادم رفت. پاولا بسیار روشن‌فکر و خوش‌انرژی بود. بیست‌وچهارسالش بود و با دوستش مورنا زندگی می‌کرد. در پنج سال اخیر میزبان دویست‌وچهل نفر از سراسر دنیا شده بود.

هیچ‌وقت یادم نمی‌رود که روز اول به من گفت: «مهم نیست کسی که برام درخواست می‌نویسه و دنبال جایی برای موندن و خوابیدنه از کدوم کشوره. به این توجه می‌کنم که چند سالشه و یا نظر دیگران در موردش چیه. اگه جای خواب داشته باشم و بتونم به یه نفر کمک کنم، حتماً انجامش می‌دم.»

معاشرت‌کردن را بسیار دوست داشت. با آن‌که معلم زبان انگلیسی بود و تمام‌وقت به‌صورت آنلاین و حضوری کار می‌کرد، همیشه زمانی برای معاشرت با مهمان‌هایش پیدا می‌کرد و می‌گفت که با پذیرفتن مهمان‌ها از سراسر دنیا، حس می‌کند که در خانهٔ خودش درحال سفر به همه‌جاست.

یک سال می‌شد که از تهران بیرون آمده بودم. یک سال پر اتفاق و تغییر، انگار ده سال بود که در سفر بودم. حیران بودم. چشمانم را بستم و تمام اتفاق‌ها، شهرها، کشورها، میزبان‌ها و آدم‌هایی که به زندگی‌ام آمدند و رفتند را به‌خاطر آوردم. دیانا و گری در آمازون، ساندرا و سوفیای عزیزم در کلمبیا، خوزه در ونزوئلا، ماریو در بولیوی، روی در پرو، الهام نازنینم در شیلی و... هنگامی که پاولا برای تدریس از خانه بیرون رفت، تمام اتفاقات را مرور و ساعت‌ها گریه

کردم. برای آن‌که از تنهایی لذت می‌بردم گریه کردم. برای این فکر که با تجربهٔ آزادی، شاید دیگر دلم نخواهد در ایران زندگی کنم. برای آن‌که نمی‌دانستم یک سال آینده کجا خواهم بود و...

صبح روز بعد، دوست پاولا به دنبالم آمد تا مرا به جزیره‌ای در یک ساعتی شهر ببرد تا بتوانم شیرهای دریایی و نهنگ‌ها را ببینم. به دلیل آن‌که دوستش در آنجا کار می‌کرد ورودی بیست دلاری را از من نگرفتند و به‌عنوان مهمان وارد شبه‌جزیرهٔ والدز[1] شدم. شبه‌جزیره‌ای کوچک در شمال پاتاگونیای آرژانتین که حیواناتی مثل نهنگ، شیرهای دریایی و پرنده‌های زیادی در آن زندگی می‌کنند.

هزینهٔ دیدن نهنگ‌ها صد دلار بود. تصمیم گرفتم فقط به دیدن شیرهای دریایی بروم که بی‌هزینه بود. روبه‌روی اقیانوس اطلس نشستم. به موج‌ها که در دریای آبی پررنگ می‌رقصیدند خیره شدم و گازی بر سیبم زدم. دریا ذهن شلوغم را آرام می‌کرد. وسعتش به من یادآوری می‌کرد که دغدغه‌هایم بسیار کوچک‌ند و همین باعث می‌شد احساس آرامش داشته باشم.

برای رسیدن به شیرهای دریایی لازم بود در یک راه چوبی یک ساعته مخالف جهت باد حرکت کنم. باد شدیدی که از سمت اقیانوس می‌آمد درست برعکس آفتابی که بر پوستم می‌تابید، سرد بود. وقتی که به مقصد رسیدم از تعجب دقایق زیادی با دهان باز به شیرهای دریایی خوابیده نگاه کردم. تا به حال در زندگی‌ام چنین تصویری را ندیده بودم. ده‌ها شیر دریایی روی سنگ‌ها کنار هم خوابیده بودند و آفتاب می‌گرفتند. بزرگ بودند و رنگشان چیزی بین سبز و طوسی بود. گاهی یکی‌شان به درون آب می‌پرید و شنا می‌کرد و بقیه را از خواب بیدار می‌کرد. گاهی به ما انسان‌ها خیره می‌شدند و گاهی یکدیگر را می‌بوسیدند. آن‌قدر محو تماشایشان و عکاسی از آن‌ها بودم که زمان را به‌کل فراموش کردم. با رفتن چند گردشگر دیگر، به خود آمدم. با قدم‌های تند همان راه آمده را برگشتم و به ایستگاه اتوبوس رفتم.

نگهبان گفت که آخرین اتوبوس به پورتو مدرین برگشته است. می‌دانستم که دوست پاولا در جزیره می‌ماند و نمی‌توانم با او برگردم. چاره‌ای به‌جز هیچ‌های‌ک نداشتم. به گفتهٔ پاولا در پاتاگونیا هیچ‌های‌ک بسیار عادی و امن بود. هیچ‌وقت بیشتر از پانزده دقیقه کنار جاده منتظر نمی‌ایستادم. اما آن روز یک ساعت کنار خروجی جاده به انتظار ایستادم. یک ساعتی که با ناامیدی و خستگی همراه بود.

1.Valdes

باد تندی می‌وزید و آفتاب داشت غروب می‌کرد. درست لحظه‌ای که از ناامیدی اشکی بر صورتم جاری شد، ماشینی از دور پیدا شد و با علامت دستم، که بالا بود و به مستقیم اشاره می‌کرد، ایستاد. سوار ماشین شدم. خُوان خودش را به من معرفی کرد. مردی که در شهر اِسکِل[1]، کنار کوه‌های آند، آرایشگر بود. تمام راه با صبوری و مهربانی با من صحبت کرد و از من در مورد سفرهایم و ایران سؤال پرسید. وقت پیاده‌شدن گفت: «ملیکا من یه روز خیلی معمولی رو می‌گذروندم تا وقتی که تو رو دیدم. تو خوابم هم تصور نمی‌کردم که اینجا یه دختر ایرانی رو سوار کنم. دختری که فردا تولدشه. ممنونم که روزم رو متفاوت کردی!» خوان را محکم در آغوش گرفتم و از او بابت سواری مجانی تشکر کردم.

با خستگی و هیجان وارد خانه شدم. پاولا گفت: «سه ساعت تا نیمه‌شب مونده. سریع دوش بگیر که دو نفر از دوستای رقصنده‌م می‌آن تا شب تولدت رو با سالسا و باچاتا جشن بگیریم.» نگاهی به گوشی‌ام انداختم. صدها پیغام تبریک از دوست و آشنایان برایم رسیده بود. یادم آمد شانزده آذر در ایران شروع شده است. قلبم تند می‌زد. دوش گرفتم و آمادهٔ جشن‌گرفتن این روز و دیدن پنگوئن‌ها شدم.

بیست‌ویک‌سالگی کنار پنگوئن‌ها

اولین دقایق بیست‌ویک‌سالگی با رقصیدن کنار مردم آرژانتینی در باری در پورتو مدرین گذشت. همراه پاولا، مورنا و دوستان رقصنده‌اش در خانه با آهنگ «تولد مبارک!» شماعی‌زاده رقصیدیم و سپس به بار کنار خانه رفتیم. همان‌طور که در جمع سالسا می‌رقصیدم، یک نفر پشت بلندگو اعلام کرد که امشب تولد سه نفر از اعضای جمع است. سپس اسم من و دو نفر دیگر را صدا زد و از تمام مردم درخواست کرد تا برای ما شعر «تولدت مبارک!» بخوانند.

اولین دقایق بیست‌ویک‌سالگی ده‌ها غریبه برایم شعر خواندند و دست زدند. غریبه‌هایی که بینشان احساس راحتی می‌کردم. صبح روز بعد با لمس گرمای آفتاب بر صورتم بیدار شدم. انگار خورشید بخواهد با گرمایش روحم را نوازش کند و تولّدم را تبریک بگوید. هوا ناباورانه سی‌وپنج درجه بود. به گفتهٔ پاولا، گرم‌ترین روز بهار بود. آمادهٔ دیدن پنگوئن‌ها شدم. پاولا پیشنهاد کرد همراهش برای شنا به کنار اقیانوس بروم. گفتم که دلم می‌خواهد حتماً امروز را به دیدن پنگوئن‌ها بروم. گفت که تمامی تورها ساعت هفت صبح حرکت کردند و اتوبوسی به پونتا تومبو،

1.Esquel

مکان اقامت پنگوئن‌ها، نمی‌رود. سپس خندید و گفت: «البته اینجا پاتاگونیاست. همیشه می‌تونی هیچهایک کنی.»

پیاده در گرمای آفتاب به سمت خیابان خروجی حرکت کردم. بین راه بیست‌ویک شمع و به‌جای کیک یک تکه نان خریدم. به پمپ‌بنزین رسیدم، لبخند بزرگی زدم و دستم را برای علامت‌دادن به راننده‌ها بالا آوردم. پس از اسپانیایی حرف‌زدن و امنیتی که در آرژانتین احساس کرده بودم، دیگر ترسی از هیچهایک نداشتم. حس درونم می‌گفت که امروز به‌خاطر تولدم همه‌چیز در نظم و به‌راحتی پیش خواهد رفت و همان‌طور هم شد. سی‌ثانیه نگذشت که اولین ماشین سوارم کرد. زنی زیبا با موهایی صاف و مشکی به نام سولداد که مرا بیست کیلومتر جلوتر برد و کنار یک پمپ‌بنزین پیاده کرد. آنجا تنها دو دقیقه انتظار کشیدم تا کامیونی برایم ایستاد. خوان پیرمردی مهربان که تعجب کرده بود در مسیر کار دختری از ایران را سوار کرده است. به دلیل تولدم کمی مسیرش را کج کرد و مرا شصت کیلومتر، تا ورودی خیابانی که به مرکز پنگوئن‌ها وصل می‌شد، برد.

آنجا نیز تنها یک‌ربع به انتظار ایستادم تا یک زوج فرانسوی - بولیویایی سوارم کردند. زوجی که ده سال در آفریقا زندگی کرده بودند و حالا با ماشین خود در آمریکای جنوبی سفر می‌کردند. شصت‌وشش کیلومتر آخر را نیز همراه آن‌ها رفتم.

مکان نگهداری از پنگوئن‌ها از آنچه تصور می‌کردم بزرگ‌تر بود. موزه‌ای بزرگ در مورد انواع پنگوئن‌ها در ورودی قرار داشت. سپس متوجه پلی چوبی به بلندی یک کیلومتر شدم که تا اقیانوس ادامه داشت. یک کیلومتر پیاده‌روی بین صدها هزار پنگوئن.

اولین دیدارم با پنگوئنی که آرام‌آرام به سمتم قدم برمی‌داشت غیرقابل‌باور بود. انگار بخواهد که به من خوش‌آمد بگوید، درست شبیه به فیلم‌ها. آفتاب داغ به صورتم می‌تابید. صدای اقیانوس از دور شنیده می‌شد. دورتادورم پنگوئن بود. برخی راه می‌رفتند، برخی جفت‌گیری می‌کردند، تعداد زیادی نشسته و برخی خوابیده بودند. اجازه نداشتم به آن‌ها دست بزنم اما تا می‌توانستم به بدن تخم‌مرغ شکلشان، به پوست سیاه‌سفید، انگشت‌های پایشان و به چشم‌های گردشان نگاه کردم.

وقتی که به آخر مسیر رسیدم، دهانم از دیدن صدها پنگوئنی که کنار ساحل دراز کشیدند یا شنا می‌کنند، باز ماند. دیدن آن همه پنگوئن از نزدیک یک نعمت باورنکردنی بود. از یکی از مسئولین اجازه گرفتم تا شمع‌هایم را کنار پنگوئن‌ها

فوت کنم؛ اما گفت که در فضای باز اجازهٔ این کار را ندارم و پیشنهاد داد که به کلبهٔ چوبی بین راه بروم. وقتی که فهمید تنها هستم بقیهٔ همکارانش را صدا زد و همه با هم به اسپانیایی برایم «تولّد مبارک!» خواندند. کنار جمعی که اولین‌بار بود می‌دیدمشان، بیست‌ویک شمع روی نان فوت کردم. آن‌قدر مهربان بودند که پیشنهاد دادند با اتوبوسی که کارکنان را برمی‌گرداند، تا پورتو مدرین همراه آن‌ها بروم و این‌طور شد که پس از گذراندن یک روز کامل کنار صدها پنگوئن، همراه با کارکنان آرژانتینی و ونزوئلایی به خانهٔ پاولا برگشتم.

آن روز متوجه شدم که خوشحالی من ربطی به اطرافم ندارد و تنها در درونم وجود دارد. فرقی نمی‌کند در تهران باشم یا شمال ایران. در قونیه باشم یا آرژانتین. فرقی نمی‌کند کنار دوستان و خانواده‌ام شمع‌هایم را فوت کنم یا کنار چند غریبهٔ آشنا. فرقی نمی‌کند کیک شکلاتی داشته باشم یا یک تکه نان، مهم آن روز است که به من تعلق دارد و می‌توانم آن را هرجا و با هر که باشم، جشن بگیرم. شاید بزرگ‌ترین درسی که در سال اول سفر گرفتم، این بود که خوشحالی چیزی نیست که بتوانم در بیرون پیدایش کنم. بلکه تنها باید آن را در درونم جست‌وجو کنم. خوشحالی واقعی در عمق وجود آدم است.

جادهٔ شمارهٔ چهل

همیشه فکر می‌کردم که می‌توانم برای زندگی برنامه‌ریزی کنم و برنامه‌هایم را طبق تاریخ و ساعت روی کاغذ بنویسم و زندگی را مجبور کنم تا همانند برنامه‌هایم پیش برود. اما در سفر متوجه شدم که زندگی آن‌طور که باید پیش می‌رود، نه آن‌طور که من می‌خواهم.

وقتی که متوجه شدم تنها برای سی‌وسه روز دیگر می‌توانم ویزای آرژانتین را تمدید کنم، آن‌قدر شوکه شدم که انگار دنیا روی سرم خراب شده باشد. در سفارت گفته بودند که می‌توانم ویزای سی‌وسه‌روزه را برای نود روز تمدید کنم، همانند تمامی توریست‌ها؛ اما داخل آرژانتین تنها اجازهٔ تمدید سی‌وسه‌روزه دیگر را به من دادند. نه بیشتر و نه کمتر. یعنی در کل شصت‌وشش روز سفر در آرژانتین. شاید برای کسی که بخواهد تنها نقاط دیدنی را ببیند کافی باشد؛ اما برای من کافی نبود. می‌خواستم کل تابستان را در آنجا بگذرانم و در مدرسه‌ای کلاس‌های هنر

و زبان انگلیسی برای کودکان برگزار کنم. دلم می‌خواست تا جنوبی‌ترین نقطهٔ زمین و شهر اوشوآیا[1]، معروف به «پایان دنیا»، هیچ‌هایک کنم. دلم می‌خواست نقطه‌نقطهٔ آرژانتین را بگردم و با مردمش وقت بگذرانم. دلم می‌خواست...

نفس عمیقی کشیدم. زندگی حتماً برنامه‌های دیگری برایم داشت. روز آخر در پورتو مدرین، همراه پاولا و دوستانش در گرمای سی‌وشش درجه در اقیانوس سرد اطلس شنا کردیم و روی شن‌ها ساعت‌ها دراز کشیدیم.

از آنجایی که تنها ده روز دیگر اجازهٔ ماندن در آرژانتین را داشتم، تصمیم گرفتم با اتوبوس شبانه‌ای به سمت شهر اسکل، درکوه‌های آند، بروم. ساعت شش صبح به شهر خلوت، کوچک و سرد اسکل رسیدم. برنامهٔ دقیقی نداشتم، فقط دلم می‌خواست طبیعت‌گردی کنم.

برای خوردن صبحانه و یک شب اقامت به ارزان‌ترین هاستل رفتم. همان‌طور که در اینترنت دنبال میزبان می‌گشتم، با صاحب هاستل هم‌صحبت شدم. وقتی که متوجه شد دلم می‌خواهد کوه‌نوردی کنم و طبیعت بی‌نظیر پاتاگونیا را ببینم، دو پسر آرژانتینی را به من معرفی کرد که دقیقاً مسیری که می‌خواستم ببینم را قرار بود با ماشین‌شان سفر کنند. گفت که می‌توانم از آن‌ها درخواست کنم تا چند روزی هم‌سفرشان بشوم. این‌طوری با فده و لئو آشنا شدم. فده مخفف فدریکو است و لئو مخفف لئوناردو. دو پسر سی‌ویک و بیست‌وهشت‌ساله. یک ماه می‌شد که سفرشان را از جنوبی‌ترین نقطهٔ آرژانتین شروع کرده بودند و می‌خواستند به شهر خودشان خوخوی[2] در شمال آرژانتین برگردند. کل زمستان را در جنوب کار کرده بودند و برای گذراندن تعطیلات کریسمس و سال نو با خانواده‌شان، به شمال می‌رفتند.

چهار روز تمام با آن‌ها هم‌مسیر شدم. روز اول به پارک ملی اسکل رفتیم و دریاچه‌های فیروزه‌ای رنگ، جنگل‌های سرسبز و آبشارهای بلند را دیدیم. روز بعد به روستای ال بولسون[3] رفتیم و هفت ساعت در بین جنگل‌ها و رودخانه‌های خروشان کوه‌نوردی کردیم. شب را در کلبه‌ای چوبی بالای کوه‌ها گذراندیم و صبح روز بعد، پس از دیدن طلوع آفتاب، به روستا برگشتیم.

روز آخر هم از روستای ال بولسون تا سن مارتین[4] در جادهٔ شمارهٔ چهل دویست کیلومتر را با ماشین طی کردیم. در معروف‌ترین و زیباترین جادهٔ آرژانتین

1.Ushuaia   2.Jujuy   3.El Bolson   4.San Martin

که از شمالی‌ترین نقطه تا جنوبی‌ترین نقطهٔ آرژانتین کشیده می‌شود. در مسیر از هفت دریاچهٔ معروف هم گذر کردیم که همگی آبی کم‌رنگ و شبیه به هم بودند.

فده و لئو مسیر بسیار هیجان‌انگیزی را ادامه می‌دادند؛ اما بودجهٔ سفرشان با من متفاوت بود. نمی‌توانستم بیش از آن همراهشان بروم. قرار بود در آن چهار روز تنها چهل دلار خرج کنم اما هشتاد دلار خارج کرده بودم. هزینهٔ بنزین و اقامت در کلبه‌های جنگلی برای منی که معمولاً هیچهایک می‌کنم و مهمان خانهٔ مردم می‌شوم، زیاد بود.

در قسمتی از کوچ سرفینگ مردم دنبال میزبان و یا هم‌سفر می‌گردند و درخواست خود را می‌نویسند. همان زمان که دنبال نشانه‌ای از جهان هستی برای ادامهٔ مسیرم بودم، درخواست پسری را دیدم که دنبال یک هم‌سفر می‌گشت تا از بوئنوس آیرس تا آبشارهای ایگواسو[1] با او هیچهایک کند. به نقشه نگاه کردم. دیدن آبشارهای ایگواسو می‌توانست پایان هیجان‌انگیزی برای سفرم در آرژانتین باشد. سپس می‌توانستم از شمال و زمینی وارد اروگوئه شوم. به پسر پیغامی دادم و تصمیم گرفتم که تا پایتخت هیچهایک کنم. پایتختی که هزاروپانصد کیلومتر با سن مارتین در کوه‌های آند فاصله داشت.

خداحافظی از فده و لئو که چهار روز کامل را با هم گذرانده بودیم و چیزهای زیادی را با هم تجربه کرده بودیم، غم‌انگیز بود. ساعت نه صبح کنار پمپ‌بنزینی سر دوراهی جاده‌ها از ماشین پیاده شدم. لئو می‌گفت دلش برایم تنگ می‌شود و فده تکرار می‌کرد که مراقب خودم باشم. دست تکان دادم و به ماشینشان که دور و دورتر می‌شد، خیره شدم. باز من ماندم، کوله‌ام و جاده. نمی‌دانستم چند روز طول می کشد تا به پایتخت برسم. نمی‌دانستم شب را کجا خواهم گذراند. می‌ترسیدم! حتماً و قطعاً که می‌ترسیدم!

اما به قول آنجی توماس در رمان «نفرتی که می‌کاری»:

«شجاعت به معنای نترسیدن نیست. شجاعت یعنی با آن‌که ترسیده‌ای به پیش بروی.»

هیچهایک از پاتاگونیا تا بوئنوس آیرس

دو روز طول کشید تا از سن مارتین به پایتخت آرژانتین برسم. یعنی دو روز

1.Iguazu

ایستادن کنار جاده با دستی بلند شده برای نشان‌دادن علامت مستقیم، تا هر کس که با من هم‌مسیر است مرا نیز همراه خود ببرد. بلیط اتوبوس تا پایتخت هفتاد دلار بود و ترجیح می‌دادم این پول را برای غذا و بلیط ورودیِ آبشارهای ایگواسو خرج بکنم. برخی مرا بیست کیلومتر جلوتر می‌بردند و برخی دویست کیلومتر. بین راه در پمپ‌بنزین‌ها نان و پنیر می‌خریدم و با گوجه و یا خیار می‌خوردم. شبیه لقمه‌های نان سنگک داغ و پنیر لیقوانی که در کودکی همراه با پدرم می‌خوردیم.

شب اول در روستای ویلا رژینا،[1] در یک سوپر مارکت خوابیدم. ایستگاه اتوبوس آن‌قدر ناامن بود که پس از نیمه‌شب مجبور شدم کوله را روی دوشم بیاندازم و به مغازهٔ کنار ایستگاه اتوبوس بروم که همیشه باز بود. از فروشنده اجازه گرفتم تا گوشه‌ای بخوابم. با تعجب سری تکان داد و گفت مشکلی نیست. پتوی افغانی را زیرم انداختم، کوله را همانند بالش زیر سرم گذاشتم و کاپشنم را به‌جای پتو روی خودم انداختم.

چهار ساعت اول در سکوت و خوابی عمیق گذشت. نزدیک طلوع آفتاب، پنج‌بار با صدای مردمی که برای خرید به سوپرمارکت می‌آمدند از خواب بیدار شدم. حتی یک‌بار شنیدم که فروشنده با دلسوزی گفت این دختر کوله‌گرد جایی برای ماندن ندارد. دلسوزی‌اش احساس خوبی برایم نداشت. می‌دانستم اولین و آخرین باری است که خوابیدن در سوپرمارکت را تجربه می‌کنم. کاری نبود که دلم بخواهد دوباره انجامش دهم.

ساعت شش صبح به میزبانم سانتیاگو در پایتخت پیغام دادم و گفتم که در ویلا رژینا هستم و می‌خواهم تا شب خودم را به پایتخت برسانم. گفت بالای هزار کیلومتر راه باقی مانده است و باید خیلی خوش‌شانس باشم که بتوانم یک‌روزه آن مسیر را بروم. دلم نمی‌خواست یک شب دیگر در مغازه و یا ایستگاه اتوبوس بخوابم. ساعت هفت صبح پس از خوردن یک لیوان چای و یک لقمه نان و پنیر، کنار جاده رفتم. با تمام وجودم آمادهٔ یک روز طولانی شدم و هرچه عشق و صلح بود به جاده‌ها فرستادم.

درست پنج دقیقه بعد اولین کامیون برایم ایستاد. مرا تا پنجاه کیلومتر برد و از آنجا به بعد بی‌وقفه و بدون انتظار، سواری‌های مختلف گرفتم. از زوج‌هایی که برای تعطیلات و یا دیدار خانواده به پایتخت سفر می‌کردند تا کامیون‌هایی که بار می‌بردند. از مادران شاغل تا پدربزرگان مهربان. بین تمام کسانی که آن

1.Villa Regina

روز با سوارکردنم به من کمک کردند و ساعت‌ها با هم گفت‌وگو کردیم و مته نوشیدیم، نام و تصویر خورخه در ذهنم مانده است. مردی شصت‌ساله که مرا ششصد کیلومتر تا بولیوار[1] برد. یعنی تا دو ساعتی بوئنوس آیرس. حتی بین راه در یک پمپ‌بنزین ایستادیم و با هم ناهار خوردیم. آخر سر هم درست مثل پدری مهربان به من گفت: «دختر خیلی باهوشی به‌نظر میای. خوشحالم که اینجا هیچهایک می‌کنی. آرژانتین برای این کار امن و مناسبه. اما لطفاً توی برزیل اینکار رو نکن!» هنگامی که خورخه را در آغوش گرفتم، احساس کردم از طرف پدرم برایم فرستاده شده است. چشمانش و نگاهش بسیار پدرانه و رفتار شوخ و مهربانش درست شبیه پدرم بود. فرشته‌ای که در مسیرم قرار گرفته بود تا زیبایی انسانیت را مشاهده و تجربه کنم.

ساعت یازده شب به خانهٔ سانتیاگو در بوئنوس آیرس رسیدم. قرار بود آخر هفته را با او و خانواده‌اش بگذرانم و سپس همراه هم تا آبشارهای ایگواسو هیچهایک کنیم. سانتیاگو در خانه‌ای دنج و کوچک، در طبقهٔ بالای خانهٔ مادرش زندگی می‌کرد. همسر مادرش بیمار بود. آن‌ها با خواهر سه‌سالهٔ سانتیاگو در طبقهٔ پایین زندگی می‌کردند. متأسفانه زمان کافی نبود تا با آن‌ها هم‌صحبت شوم و بهتر بشناسمشان.

شناختن کسی که قرار بود به مدت یک هفته با او هم‌سفر باشم، بسیار جالب بود. آن هم کسی که در تمام آمریکای جنوبی سفر کرده بود و داستان‌های زیادی برای گفتن داشت. سانتیاگو ساده و درعین‌حال باهوش و پرکار بود. دوست داشت صبح‌ها به‌محض بیدارشدن چای مته بنوشد. موهایی صاف، بلند و مشکی و چشمانی آبی داشت. مثل بسیاری از دوستان آرژانتینی دیگرم، پدربزرگان اروپایی داشت. آن‌قدر شیرین و جذاب بود که دل نبستن به او سخت بود. هرچقدر بیشتر می‌شناختمش، بیشتر به او علاقه‌مند می‌شدم. دوچرخه‌سواری حرفه‌ای بود و تمام دوران نوجوانی‌اش با دوچرخه سراسر آرژانتین را گشته و در مسابقه‌های مختلف شرکت کرده بود. وقتی که به من گفت در دانشگاه روانشناسی خوانده است، تعجب نکردم، چراکه از رفتارش، سکوتش و شنونده‌بودنش مشخص بود که چقدر آگاه است. جوان بود اما روحش عمر زیادی داشت. سه سال قبل با دوستش شرکت آبجوسازی خودشان را راه انداخته بودند. درحالی‌که تمام خانواده‌اش مخالف این کار بودند، سانتیاگو به صدای درونش گوش کرده بود. تنها و تنها به صدای درونش گوش داده بود نه به نظرات دیگران. راهش را ادامه داده و آن‌قدر

1.Bolivar

موفق شده بود که پس از سه سال از مادرش، خواهر سه‌ساله‌اش و پدرش که بیرون از شهر زندگی می‌کرد حمایت می‌کرد. با وجود لبخندی که همیشه روی لبش بود، از چند تار سفید لابه‌لای موهایش متوجه شدم که فشار زیادی روی شانه‌هایش است.

برایم گفت که پس از سال‌ها تنها سفرکردن، این‌بار دنبال هم‌سفری می‌گشته که از سفر با بودجهٔ کم لذت ببرد، تجربهٔ هیچ‌هایک و چادرزدن داشته باشد و صبور و خوش‌انرژی باشد. چیزی که باعث شد بیشتر از قبل به او دل ببندم این بود که او به‌خاطر کم‌پولی هیچ‌هایک نمی‌کرد. ده هزار دلار جمع کرده بود تا یک‌سال در اروپا و آسیا با دوچرخه‌اش سفر کند. می‌توانست به‌جای ۱۷۰۰ کیلومتر هیچ‌هایک تا آبشارهای ایگواسو، سوار اتوبوس و یا هواپیما بشود. اما هیچ‌هایک و چادرزدن در جنگل‌ها را دوست داشت. همانند من از هم‌صحبتی با راننده‌ها لذت می‌برد و از شناختن ناشناخته‌ها ترسی نداشت. می‌گفت از حس رهایی جاده‌ها آن‌قدر لذت می‌برد که حاضر است برای یک روز در مقصد بودن، هفته‌ها در مسیر باشد. اطمینان داشت که مسیر مهم‌تر از مقصد است و عجله‌ای برای رسیدن به جایی نداشت.

سانتیاگو موزیسین تازه‌کار و بی‌نظیری بود. از نواختن هنگ‌درام لذت می‌برد و درآمد خوبی از فروش موسیقی و نوازندگی در خیابان داشت. هرکس جرئت این را ندارد که برای انجام کاری که دوست دارد، کاری پردرآمد را رها کند. سانتیاگو اما شرکتش را به‌تازگی رها کرده بود تا در خیابان‌ها ساز بزند و سفر کند.

قبل از شروع سفر، با هم به یکشنبه‌بازاری در سن تلمو[1] رفتیم. جایی که هنرمندان خیابانی بسیاری اجرای تانگو و یا نمایش عروسکی داشتند. سانتیاگو گوشه‌ای نشست و ساز زد. پس از تماشای یک تانگوی خیابانی مجری خطاب به جمع پرسید که از چه کشورهایی هستیم. هرکس نام کشورش را فریاد زد. ایتالیا، آمریکا، سوئیس، چین، کلمبیا ... و یک‌دفعه سانتیاگو به‌جای من فریاد زد: «ایران». مجری با شنیدن اسم ایران، مرا جلوی تمام مردم به وسط دعوت کرد و از من خواست آهنگی ایرانی بگذارم و برقصم. این‌گونه با رقص ایرانی وسط سن تلمو برای ده‌ها نفر، از بوئنوس آیرس خداحافظی کردم. شهری که می‌دانستم روزی دوباره به آن برخواهم گشت. پایتختی که با وجود شلوغی‌اش، قلب مرا از آن خود کرده بود.

1.San Telmo

هیچهایک تا آبشارهای ایگواسو

از بوئنوس آیرس با یک قطار یک دلاری خارج شدیم. هیچهایک‌کردن داخل شهر بزرگ و شلوغی مثل بوئنوس آیرس سخت بود، پس برای شروع اول باید از شهر خارج می‌شدیم. کنار جاده ایستادیم. در کمتر از پنج دقیقه یک کامیون ما را سوار کرد. قرار بود هزاروپانصد کیلومتر را تا آبشارهای ایگواسو هیچهایک کنیم. نمی‌دانستیم که چند روز طول می‌کشد و شب‌ها کجا خواهیم خوابید. تنها به جاده دل سپردیم و به مسیر اطمینان کردیم.

هنگامی که تنها در جاده هیچهایک می‌کردم، ترجیح می‌دادم که سوار ماشین شخصی بشوم. هم بیشتر احساس امنیت می‌کردم و هم سرعت حرکت تندتر بود. اما هنگامی که با سانتیاگو هم‌مسیر شدم، بیشتر سوار کامیون‌ها می‌شدیم. آرام‌تر حرکت می‌کردند اما مسافت‌های طولانی‌تری ما را با خود می‌بردند.

اولین‌باری بود که با یک نفر هیچهایک می‌کردم و اعتراف می‌کنم که احساس خوبی داشت. امنیت بیشتری احساس می‌کردم و به‌جای استرس، آرامش داشتم. وقتی تنها بودم، با وجود آن‌که باور داشتم به‌زودی یک ماشین مرا سوار می‌کند و سالم به مقصد خواهم رسید، همچنان ته دلم استرس داشتم. اما در هیچهایک دونفره، انگار همیشه خیالم راحت بود که یک همراه دارم و در بدترین شرایط نیز تنها نخواهم بود. احساسی که باعث شد واقعاً از مسیر با تمام وجودم لذت ببرم و انرژی‌ام را صرف شناختن راننده‌ها و شنیدن داستان‌هایشان کنم.

نزدیک به تعطیلات کریسمس و سال نو بود و تمامی راننده‌ها لبخند بزرگی به لب داشتند. اکثراً به‌محض سوارشدن و معرفی، فلاسک آب‌جوش و لیوان مته را به ما می‌دادند تا برایشان چای بریزیم و معاشرت را آغاز کنیم. مثل همیشه هر راننده داستان زندگی و شخصیت مخصوص به خودش را داشت. انگار با ورود به هر ماشین، وارد یک قصهٔ جدید می‌شدیم. مردی سوارمان کرد که عاشق کارش بود، پنج دختر داشت و کل راه از عشق صحبت کرد. من هم مولانا را به او معرفی کردم.

بعد پسر بیست‌ودوساله‌ای سوارمان کرد که برعکس رانندهٔ قبلی از کارش متنفر بود و می‌گفت که به‌تازگی از دوست‌دخترش جدا شده است چون ظرف‌ها را نمی‌شسته و آشپزی نمی‌کرده است. یک رانندهٔ بسیار بداخلاق هم نصیبمان شد.

تمام راه به دولت آرژانتین فحش داد و فرنت[1] خورد.

بیشتر وقت‌ها به راننده‌ها می‌گفتیم تا ما را کنار پمپ‌بنزین پیاده کنند. آنجا می‌توانستیم خوراکی بخریم، به اینترنت وصل شویم و مکان بسیار خوبی جهت انتظار برای سواری‌های بعدی بود. عصر روز اول باران گرفت. در عرض نیم ساعت، آسمان آفتابی ابری شد و باران تندی بارید. پس از یک ساعت انتظار در پمپ‌بنزین سانتیاگو گفت که باران شدید است و نمی‌توانیم به مسیر ادامه دهیم. چادری همراه خودش داشت و گفت می‌توانیم کنار پمپ‌بنزین چادر بزنیم. درحالی‌که بسیار گرسنه بودم و به‌جز بیسکوئیت و نان چیز دیگری نخورده بودم، به سانتیاگو اطمینان کردم و آمادهٔ چادرزدن شدم. راننده‌ای که ما را به پمپ‌بنزین آورد، کنارمان آمد و گفت باران شدید و هوا سرد است. پیشنهاد کرد که پشت کامیون تریلی‌اش بخوابیم. گفت که پنج صبح همراه همسر و کودکانش به مسیر ادامه می‌دهد؛ اما تا آن زمان می‌توانیم در کامیون بمانیم.

لباس‌هایمان خیس بود و خسته بودیم. هنوز تا آبشارهای ایگواسو هزار کیلومتر راه داشتیم. می‌ترسیدم اما هرچقدر به اطراف نگاه می‌کردم بیشتر قانع می‌شدم که خوابیدن پشت کامیون تریلی، امن و گرم‌ترین گزینه است. با لباس‌های خیس و کوله‌های سنگین‌مان به پشت کامیون رفتیم. تاریک بود، با چراغ قوهٔ گوشی به اطراف نگاه می‌کردم. سانتیاگو سرش را روی کوله‌اش گذاشت و پس از چند دقیقه به خواب رفت. من اما پس از گرفتن چند فیلم با گوشی، پتوی افغانی را روی خودم انداختم و روی زمین دراز کشیدم. کل کامیون بوی دانه و غذای مرغ می‌داد. صدای باران و ماشین‌ها از بیرون شنیده می‌شد و داخل بسیار تاریک بود؛ آن‌قدر تاریک که به‌جز سیاهی چیزی نمی‌دیدم. یادم نیست چقدر در سیاهی به اطراف نگاه کردم تا خوابم برد. یادم می‌آید که صبح زود با صدای بازشدن در پشتی و حس کردن نور روی صورتم، چشمانم را دوباره باز کردم. گیج و خواب‌آلود از راننده تشکر کردیم. داخل پمپ‌بنزین رفتیم و قهوه و کیک سفارش دادیم. پس از بیداری ذهن و بدنمان، با نیرویی دوباره و لبخندی بر لب، کنار جاده ایستادیم.

هنوز هزار کیلومتر تا آبشارهای ایگواسو راه بود. از کوچ سرفینگ میزبانی برای شب دوم در شهر پوساداس[2] پیدا کرده بودیم. شهری کنار مرز پاراگوئه که درست در مسیرمان قرار داشت، پس از سواری گرفتن از چند کامیون، آگوستین

۱.فرنِت نوعی نوشیدنی الکلی تلخ است که از ترکیب گیاهان، ادویه‌ها و مواد طبیعی دیگر تهیه می‌شود. این نوشیدنی طعمی قوی دارد و معمولاً دارای درصد الکل بالایی بین سی‌وپنج تا چهل درصد است. فرنت در آرژانتین بسیار محبوب است و معمولاً با نوشابه کولا ترکیب می‌شود.

2.Posadas

سر راهمان سبز شد. مردی جوان که متولد بوئنوس آیرس بود و برای دیدار با دوست‌دخترش به پوساداس می‌رفت. بین تمام راننده‌ها آگوستین تنها نفری بود که ایران را می‌شناخت. سه سال در دبی زندگی کرده بود و می‌گفت علاقهٔ زیادی به خاورمیانه دارد. تا پوساداس در مورد تاریخ ایران، تفاوتش با کشورهای عربی، زبان فارسی و ... صحبت کرد. اولین آرژانتینی‌ای بود که در مورد کشورم از خود من بیشتر اطلاعات داشت. ما را تا خانهٔ میزبان‌هایمان که کنار رودخانه بودند، رساند. می‌دانستم جهان هستی این لطف او را به‌شکل دیگری جبران می‌کند و زمانی که کمک لازم دارد به او کمک می‌رساند.

میزبان‌هایمان، فلورنسیا و ریکاردو، زوج جوانی بودند که محلی برای اجارهٔ کایاک و چادرزدن داشتند. ما نیز روی چمن‌ها کنار رودخانه چادر زدیم. هرچقدر به آبشارها و مرز برزیل نزدیک‌تر می‌شدیم، هوا گرم‌تر و استوایی‌تر می‌شد. در پوساداس هم هوا بسیار گرم بود. به پیشنهاد ریکاردو، لباس‌های شنا را تنمان کردیم و همراهش برای کایاک‌سواری به دریاچه رفتیم. اولین‌باری بود که کایاک می‌کردم و با وجود آن‌که بازوهایم خسته شدند، بسیار لذت بردم.

آن شب تولد یکی از دوستان فلورنسیا بود. دورهم جمع شدیم، شام خوردیم، کیک و شمع آوردیم و برایش شعر خواندیم. من هم پس از خواندن شعر «تولّد مبارک!» به فارسی، به رسم ایرانی رقص چاقو انجام دادم. سانتیاگو تجربهٔ زیادی در چادرزدن داشت اما من اولین‌باری بود که خوابیدن در چادر را تجربه می‌کردم. آن‌قدر از راه خسته بودم که ساعت نه شب به چادر رفتم و خوابم برد؛ اما سانتیاگو تا نیمه‌های شب با آن‌ها معاشرت کرد.

صبح روز بعد، ساعت ده‌ونیم صبح به امید رسیدن به آبشارهای ایگواسو، به راه افتادیم. اول مردی ما را سوار کرد که کل راه برایمان شعر خواند و من هم بلند در کامیونش گوگوش خواندم. بعد زوجی سوارمان کردند که تتو آرتیست بودند؛ اما یک تتو هم روی بدنشان نداشتند و در آخر خانم و آقای میان‌سالی سوارمان کردند که کل راه برایمان دعای خیر و به ناهار دعوتمان کردند.

ساعت سه بعدازظهر بود. تنها صدوپنجاه کیلومتر از راه باقی مانده بود که باران گرفت. بارانی تند و بی‌وقفه. کنار جاده، بدون هیچ راه فراری زیر باران به انتظار ایستادیم. تابه‌حال بیش از پانزده دقیقه منتظر سواری نایستاده بودیم. اما آن روز بیشتر از دو ساعت زیر باران، کنار جادهٔ بی‌انتها ایستادیم و صبر کردیم. ماشین‌ها با سرعت بسیار تند حرکت می‌کردند و نمی‌ایستادند. نزدیک غروب

آفتاب سانتیاگو از امکان ادامهٔ مسیر ناامید شد و پیشنهاد کرد که کنار جاده، در جنگل‌های سرسبز میسیونس[1] چادر بزنیم.

چادرزدن زیر باران در جنگل، دستشویی و مسواک‌زدن در طبیعت و خوابیدن در چادری که هر لحظه امکان دارد آب باران به داخلش بریزد، آسان نبود. آن هم در روز اول عادت ماهانه. به خودم یادآوری می‌کردم که هربار از دایرهٔ امنم بیرون می‌آیم، رشد می‌کنم و یاد می‌گیرم که چطور در شرایط مختلف از خودم نگهداری کنم.

گرما و تابش آفتاب، صبح روز بعد بیدارمان کرد. کنار خیابان به هیچهایک ادامه دادیم. اول دو پسر برزیلی سوارمان کردند. سانتیاگو تمام راه با آن‌ها پرتغالی صحبت کرد و من از شنیدن لهجهٔ متفاوت و شیرینشان لذت بردم. بعد سوار یک کامیون شدیم که تا پورتو ایگواسو[2] ما را برد، شهری که بین سه مرز پاراگوئه، آرژانتین و برزیل قرار دارد. راننده مردی برزیلی بود که عاشق کارش بود و می‌گفت که هر روز این مسیر را با کامیونش طی می‌کند.

ظهر بود. خسته و گرسنه بودیم. دلم یک تخت راحت، دوش آب گرم، ناهاری مفصل و یک خواب آسوده می‌خواست. به سانتیاگو پیشنهاد دادم که شب را در یک هاستل بگذرانیم. پس از دقایق زیادی پیاده‌روی در شهر، یک هاستل ارزان پیدا کردیم و دو تخت در یک اتاق هشت‌تخته اجاره کردیم. فردا روز بزرگی بود. روز دیدن یکی از بزرگ‌ترین آبشارهای دنیا. مقصدی که برای رسیدن به آن سه روز در جاده‌های خیس و بارانی در مسیر بودیم.

درد جدایی

من که حیران ز ملاقات توام

کیلومترها راه می‌رفتیم و فقط آبشار می‌دیدیم. از همه‌جا برای دیدن آبشارها آمده بودند. از آفریقای جنوبی، استرالیا، انگلیس، کانادا، ایران و آلمان. برخی خود را با هواپیما رسانده بودند، برخی بیست‌وچهار ساعت در اتوبوس نشسته بودند و برخی همانند من و سانتیاگو روزها در جاده منتظر ایستاده بودند و در کامیون‌ها خوابیده بودند تا فقط یک روز و فقط چند ساعت از دیدن عظمت بزرگ‌ترین آبشارهای

1.Misiones
2.Puerto Iguazu

دنیا لذت ببرند. لحظه و تجربه‌ای که ارزش تمام زمان و انرژی‌ای که صرفش کردیم را داشت.

روز بعد ساعت هفت صبح در جادهٔ شمارهٔ چهارده بیدار شدیم. جاده کمی قبل‌تر از شهر کنسپسیون دل اوروگوئه[1] در شمال شرقی آرژانتین بود. شب قبل راننده‌ای ما را از پورتو ایگواسو تا مرز اوروگوئه برده بود. با بغض چادر را جمع کردیم و روبه‌روی هم ایستادیم. زمان خداحافظی بود. نمی‌خواستم دوباره گریه کنم ولی به چشمان سبزش که نگاه کردم زدم زیر گریه. در آغوشم گرفت و اشک‌هایم را پاک کرد. بدون هیچ حرفی دقایقی در آغوشش با صدای بلند گریه کردم. هق‌هق گریه‌هایم با صدای زیبای گنجشکان درهم شده بود.
کوله‌ام را روی دوشم انداختم و گفتم: «دعا می‌کنم توی کمتر از پنج دقیقه یه نفر سوارت کنه و راحت به خونه برسی.»
گفت: «ملیکا، به من قول بده که مراقب خودت باشی.»
گفتم: « برات عشق و شادی ابدی آرزو می‌کنم.»
گفت: « به من قول بده که مراقب خودت باشی.»
گفتم: «بهترین سال زندگی‌ت رو داشته باشی.» و به سمت آن طرف جاده قدم برداشتم.
با صدای بلند گفت: «یادت نره یه روزی قراره ایران رو نشونم بدی.»

صحنه‌ای که داشتم زندگی‌اش می‌کردم را در فیلم‌ها نیز ندیده بودم. من کنار جاده با کوله‌ای سنگین تندتند قدم برمی‌داشتم به سمت پمپ‌بنزینی که دویست متر جلوتر قرار داشت و گریه می‌کردم و سانتیاگو کنار خیابان دست بلند کرده بود تا کسی او را به خانه برساند.

من به خانهٔ میزبان جدیدی می‌رفتم تا آخرین روزهایم در آرژانتین را در شهری نزدیک به مرز اوروگوئه بگذرانم و او برای کریسمس و سال نو پیش خانواده‌اش می‌رفت و به خانه بازمی‌گشت، جایی که از مشکلاتش فراری بود.

صدمتر جلوتر که رفتم، برگشتم و عقب را نگاه کردم، برایم دست تکان داد. دور بود، خیلی دور. گریه‌کنان دست تکان دادم و خیابان را رد کردم. آن طرف که رسیدم، منتظر ایستادم تا مطمئن شوم که سوار یک ماشین می‌شود. نمی‌توانستم با فکر آن‌که زیر گرما وسط جاده ایستاده، به پمپ‌بنزین بروم و صبحانه بخورم. ده ثانیه نگذشت که ماشینی ایستاد. از خوشحالی دوباره بغضم ترکید. ماشین از

1.Concepcion del Uruguay

روبه‌رویم رد شد و صورت خندانش را دیدم. چشمانش برای آخرین‌بار، حداقل برای آخرین‌بار در آرژانتین، به من لبخند زدند. دردی که در قلبم احساس می‌کردم بسیار آشنا بود. درد جدایی از کسی که دوستش داری. درد خداحافظی از انسانی که مدتی کوتاه اما عمیق مهمان زندگی‌ات بوده است و با او خاطراتی فراموش‌نشدنی ساختی. دردی که هم سخت تلخ بود و هم بسیار شیرین و زیبا. باید هرطور شده خودم را برای شروعی دوباره آماده می‌کردم.

کریسمس در آرژانتین

خسته، گرسنه و گیج به پمپ‌بنزین رسیدم. بعد از خوردن یک آب‌پرتغال، به اینترنت وصل شدم و رسیدنم را به میزبانم ماری اطلاع دادم. پنج دقیقه نگذشت که با ماشینش به دنبالم آمد. ماری شبیه به باربی بود. موهایی لخت و بور، چشمانی آبی و پوستی تیره و براق داشت. قدش متوسط و بسیار خوش‌اندام و خوش‌لباس بود. با لهجهٔ غلیظ آرژانتینی‌اش، که بسیار برایم شیرین بود، خودش را معرفی کرد. بعد کمکم کرد تا وسایلم را داخل ماشین بگذارم.

به‌محض رسیدن به خانه‌اش سه سگ بازیگوش و بامزه‌اش به استقبالمان آمدند. دوست‌پسرش فاکو با یک پاستای خوشمزه منتظرمان نشسته بود. پس از یک هفته نان و پنیر و گوجه خوردن، پاستای گرم و خانگی حسابی به من چسبید. سر میز ناهار متوجه شدم که ماری و فاکو دوازده سال است با یکدیگر دوستند و دو ماه است که در یک خانه زندگی می‌کنند. هر دو معماری خواندند و در شرکت مهندسی پدر ماری کار می‌کنند. دفتر کارشان که روبه‌روی خانه‌شان قرار داشت، مرا حسابی یاد پدرم انداخت. یاد روزهایی افتادم که پشت میز روی زانویش می‌نشستم و به من نقشه‌خوانی یاد می‌داد.

بعد از ناهار پیغامی از سانتیاگو دریافت کردم که گفته بود سالم به خانه رسیده است. با خیال راحت دوش گرفتم و چند ساعتی استراحت کردم. عصر با ماری، فاکو و دوستانشان به ساحل گرم و زیبای شهر رفتیم. همگی همان‌طور که در یک دایره نشسته بودیم، چای مته می‌نوشیدیم و معاشرت می‌کردیم.

به چند دلیل به ماری پیغام داده بودم. اول نظرات خوبی که در کوچ سرفینگ داشت. دوم به دلیل آن‌که نوشته بود رقصنده است و برایم جالب بود تا در مورد رقص و رقصندگی در آرژانتین بیشتر بدانم و سوم آن‌که نزدیک خانواده‌اش زندگی

می‌کرد و دلم می‌خواست کریسمس را با یک خانوادهٔ آرژانتینی بگذرانم و بیشتر با فرهنگشان آشنا شوم.

روز کریسمس برای کمک به خانهٔ مادرش رفتم. مهمان‌نوازی مادرش مرا حسابی دلتنگ ایران کرد. همان‌طور که میوه‌ها را خرد می‌کردیم، برایم از بچه‌هایش گفت. از ماری که از نوجوانی به دلیل زیبایی‌اش و برد در مسابقات رقص، ملکهٔ شهر شده بود و از پسرانش که هرکدام در کار و زندگی‌شان موفق و خوشحالند. همهٔ عکس‌های سالن پذیرایی را نشانم داد و از خاطرات کودکی‌اش برایم گفت.

ماری یک تاپ زیبا و سفید، یک شلوار بلند مشکی و یک جفت کفش پاشنه‌بلند برای مهمانی شب به من قرض داد. خوشحال بودم که هم‌اندازه‌ایم وگرنه مجبور بودم برای کریسمس کفش‌های کوه‌نوردی و لباس‌های گشاد و ورزشی‌ام را بپوشم.

به‌محض غروب آفتاب، همراه با اعضای خانواده دور یک میز نشستیم و مشغول صحبت و خوردن آسادو شدیم. آسادو یک نوع کباب سنتی آرژانتینی است که برای پختنش گوشت را به‌آرامی روی زغال یا آتش می‌پزند. درست‌کردن آسادو بیشتر یک مراسم اجتماعی و دورهمی دوستانه محسوب می‌شود. پدر و برادر ماری برای شام گوشت خوک را کباب و با شراب قرمز برای همه آماده کرده بودند. تنها گیاه‌خوار جمع من بودم. برای شام سبزیجاتی که برادر ماری برایم کباب کرده بود را خوردم، همراه با سالاد میوه‌ای که با مادرش درست کرده بودیم.

همان‌طور که به معاشرت بقیه گوش می‌دادم، یادم آمد درست یک سال قبل همراه خوزه و دوستانش در کاراکاس کریسمس را جشن گرفتم. آن‌موقع در خوابم هم نمی‌دیدم که یک سال بعد هنوز در آمریکای جنوبی باشم. در این یک سال آن‌قدر اتفاق افتاده بود، که انگار ده سال از زمان کریسمس در کاراکاس، گذشته بود. احساس می‌کردم در آن یک‌سال اندازهٔ ده سال رشد و تغییر کردم. همین باعث شد که روز آخر در آرژانتین پس از گشتن در شهر همراه با مادر ماری به آرایشگاه بروم و موهایم را کوتاه کنم. پشتش به کوتاهی پنج‌سانتی‌متر و جلویش تا زیر گوش‌هایم. دلم می‌خواست نشانه‌ای از تغییر درونی‌ام را در ظاهرم نیز داشته باشم.

ساعت پنج بعدازظهر یکی از آخرین روزهای ماه دسامبر، همراه ماری و فاکو به ایستگاه اتوبوس رفتم. ماری به من تی‌شرت سفید و آبی مسی، فوتبالیست

معروف آرژانتینی، را هدیه داد و با آغوشی گرم از من خداحافظی کرد. دلم نمی‌خواست از آرژانتین بروم اما مجبور بودم. سوار اتوبوسی به سمت پایساندو[1] شدم که اولین شهر در اروگوئه پس از مرز آرژانتین بود. در مرز مهر خروج آرژانتین را در پاسپورت نزدند و تنها در کامپیوتر وارد کردند. مهر ورود اروگوئه اما در پاسپورتم خورد و من با دلی که هنوز در آرژانتین گیر کرده بود و ذهنی پر از اتفاق، وارد کشوری جدید و ناشناخته شدم، کشوری کوچک به نام اروگوئه.

اروگوئه

آرزوی شنوابودن

معمولاً قبل از ورود به هر کشور برنامه‌ریزی می‌کردم. میزبان و کار داوطلبانه پیدا و در مورد مکان‌های دیدنی جست‌وجو می‌کردم. در اروگوئه اما همه‌چیز برعکس بود. ساعت هفت‌ونیم شب وقتی که به پایساندو رسیدم، هیچ میزبان و برنامه‌ای برای ماندنم در اروگوئه نداشتم. همانجا در کوچ سرفینگ به یک نفر پیغام دادم و برخلاف انتظار او تنها پس از نیم‌ساعت درخواستم را قبول کرد. من هم برای رفتن به پایتخت کشور کوچک سه میلیونی اروگوئه، سوار اتوبوسی به سمت مونته ویدئو[2] شدم.

از ایستگاه اتوبوس که در مرکز شهر قرار داشت تا خانهٔ میزبانم مارتا، که کمی بیرون از شهر بود، پیاده‌روی کردم. هوای مونته ویدئو گرم و آفتابی بود و هرازگاهی بادی ملایم لابه‌لای موهای کوتاهم می‌پیچید و گرما را قابل تحمل می‌کرد. خیابان‌های شهر از آنچه تصور می‌کردم تمیزتر بودند. ساختمان‌ها بلند و مدرن پشت‌سرهم ساخته شده بودند و روبه‌روی اقیانوس اطلس قرار داشتند.

هرچه به خانهٔ مارتا نزدیک‌تر می‌شدم، بلندی ساختمان‌ها کمتر می‌شد. کم‌کم به محله‌ای رسیدم پر از خانه‌های بزرگ قدیمی و نوساز. خانهٔ مارتا هم یکی از خانه‌های نوساز و سه‌طبقه بود. در حیاط پشت لپتاپش نشسته بود. با دیدنم ایستاد و لبخند زد. موهایی صاف و بلند، پوستی سفید و چشم‌هایی آبی داشت. مارتا اولین فرد اهل اروگوئه بود که با آن معاشرت می‌کردم. دو دختر هجده و

1.Paysandu 2.Montevideo

بیست‌ویک‌ساله داشت و برعکس انتظارم جدی و پرکار بود. ده سالی می‌شد که روزی دوازده ساعت پشت لپ‌تاپ و به‌صورت آنلاین کار می‌کرد. می‌گفت به این‌که می‌تواند پس از جدایی از همسرش، خرج زندگی دخترهایش را بدهد و در رفاه کامل زندگی کند، افتخار می‌کند.

در حیاط خانه‌اش استخری بزرگ قرار داشت. دو سگ و هفت گربه هم در گوشه‌وکنار حیاط دیده می‌شدند. مارتا تمام آن‌ها را از خیابان پیدا کرده بود. متوجه شدم که پشت آن ماسک جدی که بر صورتش دارد، قلبی بزرگ و مهربان پنهان است. می‌گفت متوجه نمی‌شود که با وجود آن همه حیوان بی‌سرپرست در خیابان چرا همسایگانش حیوانات را می‌خرند. عصر آن روز برای پیاده‌روی با سگ‌ها به ساحل رفتیم. ساحل خلوت بود. پابرهنه روی شن‌ها راه رفتم. اروگوئه از همان لحظهٔ ورود آرامش عجیبی داشت. آرامشی که باعث شد بتوانم اتفاقات افتاده در آرژانتین را آرام‌آرام هضم کنم. هنوز به سانتیاگو و خاطراتی که کنار هم ساختیم فکر می‌کردم. در راه برگشت از پیاده‌روی، یک مرغ دریایی کوچک و زخمی را دیدیم که کنار ساحل نشسته بود. از طرز نشستن و بال‌های درهم‌کشیده‌اش متوجه شدم که حال خوبی ندارد. نزدیک‌تر شدم. نوک زرد و باریکش را بالا گرفت، انگار بخواهد از خود محافظت کند. به چشمانش نگاه کردم، آرام شد. نزدیک‌تر شدم و نوازشش کردم. نمی‌توانست پرواز کند. حولهٔ کوچکی که داشتم را دورش پیچیدم و به کمک مارتا تا خانه در آغوش گرفتمش. مارتا با دامپزشک تماس گرفت تا بیاید و او را معاینه کند.

موقع خوردن شام مارتا از من پرسید چه برنامه‌ای برای سال نو دارم. وقتی که متوجه شد بی‌برنامه‌ام، مرا به سوئیت کوچکی دعوت کرد، که در شهر پونتا دل استه[1] اجاره کرده بود. گفت می‌توانم تا سوم ژانویه قبل از آمدن دخترهایش، تعطیلات را با او بگذرانم. بی‌شک دعوتش را قبول کردم. خوشحال بودم که برنامه‌ای نداشتم و خودم را تسلیم مسیر کرده بودم.

صبح روز بعد به مارتا کمک کردم تا تمام وسایلش را همراه مرغ دریایی و سگ‌ها در ماشین جا دهد. کوله‌ام را در صندلی جلو روبه‌روی پایم گذاشتم و همراهش از مونته ویدئو تا پونتا دل استه رفتم. شهری ساحلی، مدرن و گران در یک ساعتی مونته ویدئو. به قول مارتا شهری که آدم‌های پولدار تعطیلاتشان را در آن می‌گذرانند.

1.Punta del Este

شب سال نو به خانهٔ دوست مارتا رفتیم. ده نفر از دوستانش که همگی بالای چهل سال سن داشتند، دور منقل نشسته بودند و آسادو می‌خوردند. درست مثل آرژانتینی‌ها. من هم کنارشان نشستم و هویج و هوموسی که روی میز بود را خوردم. نوشیدنی‌های زیادی روی میز بود. هر کدام نوشیدنی جدیدی در لیوانم می‌ریختند. من هم همراه بقیه به سلامتی لیوان را بالا گرفته و سپس می‌نوشیدم.

صحبت از مد روز و گرانی بنزین، به تقویم متفاوت ما در ایران و سفرهٔ هفت‌سین کشیده شد. درحالی‌که سرم از خوردن نوشیدنی‌های الکلی گیج می‌رفت، توضیح می‌دادم که چرا ما در سال (۱۳۹۷) هستیم و آن‌ها در سال (۲۰۱۹). یاد شام سال نو و تجربهٔ اسیدخوردنم کنار فرناندو و خانواده‌اش افتادم، درست یک سال قبل.

کمی بعد برای خوردن شام و دسر، دور یک میز بزرگ‌تر جمع شدیم. دسر یک بستنی وانیلی بسیار خوشمزه بود. ساعت دوازده شب درست مثل زمان تحویل سال ما در ایران، همه یکدیگر را در آغوش گرفتند و روبوسی کردند.

کنار استخر بزرگی که در حیاط قرار داشت نشسته و غرق در فکر به آسمان خیره شده بودم که گوستاوو یکی از دوستان جسیکا کنارم نشست و بی‌مقدمه داستان زندگی‌اش را برایم تعریف کرد. گفت که ما به‌هیچ‌وجه نمی‌توانیم آینده را پیش‌بینی کنیم. در سن سی‌وسه‌سالگی متوجه شده بود به همجنس خودش گرایش دارد و در اینترنت پابلو را پیدا کرده بود. گوستاوو آرژانتینی بود و پابلو اروگوئه‌ای. پس از چهارسال رابطهٔ جدی و سفر بین دو کشور، گوستاوو در مراسم فوت مادرش متوجه می‌شود که به سرپرستی گرفته شده است. پدرش نیز بیست‌سالی می‌شد که از دنیا رفته بود. می‌گفت بعد از فوت آن‌ها دیگر دلیلی برای ماندن در آرژانتین نداشته است. تدریس در دانشگاه را رها کرده و به اوروگوئه آمده بود تا زندگی با پابلو را آغاز کند. گوستاوو خندید و گفت: «هیچ‌وقت انقدر خوشحال نبودم.» حالا باعنوان شغلی درجه بالایی در یک دانشگاه بهتر و با حقوق بهتر مشغول به کار بود. اشک می‌ریختم و به داستان‌هایش گوش می‌دادم. قبل از رفتن گفت: «همهٔ اتفاق‌ها دلیلی دارن. ما باید تسلیم و نظاره‌گر باشیم. نمی‌دونم چرا داستان زندگیم رو برات تعریف کردم اما مدت‌ها بود این‌قدر راحت حرف نزده بودم. ممنونم!»

مارتا نیز موقع برگشتن به خانه درددل‌کرد. تا طلوع آفتاب در مورد کودکی و مشکلات خانوادگی‌اش برایم صحبت کرد. من نیز درحالی‌که یکی از سگ‌ها را نوازش می‌کردم به او گوش دادم و به فکر فرو رفتم. آن روز خیره به دریا یک

آرزو کردم. از جهان هستی خواستم تا انتهای سال «شنوا» باشم. خواستم تا آدم‌ها مثل آن شب با من احساس راحتی کنند و درددلشان را با من به‌اشتراک بگذارند. خواستم گوشی باشم برای شنیدن. آن داستان‌ها و تجربه‌هایی که می‌شنیدم، در اصل درس‌های دانشگاه زندگی بودند.

اروگوئهٔ کوچک

اروگوئه، کوچک اما پر از داستان‌ها و آدم‌های جالب بود. هر چقدر بیشتر می‌گذشت، بیشتر متوجه شباهت‌هایش به آرژانتین می‌شدم، برای مثال لهجهٔ مردمش به لهجهٔ مردم آرژانتین بسیار شبیه بود. با وجود داشتن کلماتی متفاوت، مردم هر دو کشور «ی» را «ش» تلفظ می‌کردند و سرعت حرف‌زدنشان بسیار تند بود. شباهت‌های دیگری هم داشتند، مثلاً آسادو غذای محلی و معروف هر دو کشور بود و چای مته در تمام خانه‌ها دیده می‌شد. البته از نظر من مردم اروگوئه بیشتر مته می‌نوشیدند و لیوان‌های مته‌شان هم بزرگ‌تر بود. یک روز وقتی که داشتم در کوچه‌پس‌کوچه‌های مونته ویدئو قدم می‌زدم، از دور صدای آهنگ تانگو شنیدم. نزدیک‌تر که رفتم از پنجره زوج‌هایی را دیدم که در کلاس تانگو می‌رقصیدند. از معلم اجازه گرفتم، داخل کلاس شدم و تا انتهای کلاس رقصشان را تماشا کردم. پس از کلاس به یکی از رقصنده‌ها گفتم که نمی‌دانستم در اروگوئه هم تانگو می‌رقصند، تعجب کرد و گفت که رقص تانگو رقصی اروگوئه‌ای است. درحالی‌که در آرژانتین دوستانم بارها تأکید کرده بودند که تانگو متعلق به آن‌هاست.

تعطیلات سال نو زمان درستی برای پیداکردن کار داوطلبانه در اوروگوئه نبود، این را از زبان ساناز شنیدم. دختری ایرانی که در یکی از هاستل‌های پونتا دل استه کار می‌کرد. باورم نمی‌شد در اروگوئه به آن کوچکی هم‌زبان ببینم. هیچ‌وقت روزی را که به دیدن ساناز رفتم، فراموش نمی‌کنم. یکی از دوستانم گفته بود که اگر به اروگوئه می‌روی باید ساناز را ببینی. من هم به او پیام دادم و کنجکاو شنیدن داستان زندگی‌اش بودم. از دیدنش آن‌قدر هیجان‌زده بودم که انگار خواهرم را پس از سال‌ها دیده باشم. از نگاه اول معلوم بود که یک رگ کرد دارد. قدی بلند و چشمانی آهویی و کشیده داشت. موهای صاف و بلندش شانه‌هایش را پوشانده بودند و با آن‌که چشمانش داد می‌زدند از خاورمیانه می‌آید، با لهجه‌ای بسیار اروگوئه‌ای اسپانیایی صحبت می‌کرد. بیست‌وهفت سال داشت و سه‌سالی می‌شد در اروگوئه زندگی می‌کرد. آنچه که همیشه دیگران از من

می‌پرسیدند را از ساناز پرسیدم: «چطور به اینجا رسیدی؟» خندید و گفت: «بعد از چند سال زندگی تو ترکیه، به برزیل رفتم و اونجا یه دوستی بهم گفت که اگه بیام اروگوئه از اینجا خوشم میاد. برای ویزا اقدام کردم و اومدم اینجا. مردمش، امنیتش و زندگی تو اینجا رو دوست دارم.»

در چند روزی که در پونتا دل استه بودم به ساناز سر زدم و به داستان‌ها و تجربه‌هایش در مورد زندگی در اروگوئه گوش کردم. راست می‌گفت، تعطیلات سال نو زمان مناسبی برای درخواست کار داوطلبانه نبود؛ اما پس از روزها انتظار بالأخره یکی از درخواست‌هایم قبول شد. کار داوطلبانه در مزرعهٔ اسب‌ها در وسط اروگوئه. البته میزبانم پاتریسیو نوشته بود که از دو هفتهٔ آینده احتیاج به کمک دارد. به همین دلیل تصمیم گرفتم قبل از رفتن به مزرعهٔ اسب‌ها کمی در شهرهای ساحلی اروگوئه بچرخم.

از مارتا خداحافظی کردم و به سمت روستای کوستا آسول[1] راه افتادم. اسم روستا به معنای «ساحل آبی» است. میزبانی به نام روسا در آنجا منتظرم بود. از پونتا دل استه تا آنجا یک ساعت و چهل‌وپنج دقیقه با اتوبوس راه بود. درست حوالی غروب آفتاب به خانهٔ روسا رسیدم.

لبخند ملیح و مهر درون چشمانش در بدو ورود دلم را حسابی گرم کرد. در آغوشم کشید و خانه و اتاق مهمان را نشانم داد. پس از گذاشتن کوله و وسایلم در اتاق، دوش آب گرمی گرفتم و همان‌طور که سگش کاساندرا دنبالم می‌کرد، برای معاشرت با روسا و شناختن بیشتر او بیرون رفتم. با یک لیوان چای در بالکن منتظرم بود. قدی بلند، پوستی سفید و موهایی صاف، مشکی و کوتاه داشت. در صورتش آرامش عجیبی دیده می‌شد. با لبخندی بزرگ سؤالاتی تکراری را از من پرسید و من که از مهر و مهمان‌نوازی‌اش متعجب بودم، برایش به‌طور خلاصه تعریف کردم که چطور از تهران به کوستا آسول در اروگوئه رسیدم. بعد نوبت روسا شد تا داستان زندگی‌اش را تعریف کند. چای داغ کمی خنک‌تر شده بود. همان‌طور که آرام‌آرام چای را می‌نوشیدم به صحبت‌هایش گوش دادم. بیست‌وسه سال داشت، یک سال از زندگی‌اش را در نیوزلند گذرانده و شش ماه در آسیای شرقی کار داوطلبانه کرده بود. چهارمین مهمانش از کوچ سرفینگ بودم. حین صحبت‌ها متوجه شدم که برابری حقوق زنان و مردان در اروگوئه برایش بسیار مهم است. از چیزهایی مثل عکس‌العمل مردها به عکس یک زن با لباس شنا در فضای مجازی ناراحت می‌شد. البته پس از شنیدن داستان‌های من و فهمیدن

1.Costa Azul

آن‌که در گوشه‌ای از دنیا زن‌ها هنوز برای داشتن «حق انتخاب» و «پوشش اختیاری» می‌جنگند به دغدغه‌های خودش خندید و برای حقوقی که داشت شکر کرد. روانشناسی خوانده بود، اما چندین ماه بود که شعر می‌گفت، می‌خواست روح هنرمندش را بیرون بکشد و آن بخش خودش را کشف کند. پس از نوشیدن چای، با یکدیگر پیتزا درست کردیم و تا نیمه‌های شب از هر دری صحبت کردیم.

روزهای پس از آن در خانهٔ روسا به‌آرامی گذشت. یک زوج آرژانتینی‌ـآلمانی نیز به ما پیوستند. هوا بیشتر بارانی بود و مجبور بودیم که در خانه بمانیم. ساعات زیادی را به کتاب‌خواندن و بازی با کاساندرای بازیگوش می‌گذراندم و بقیهٔ وقتم به معاشرت و آشپزی با روسا، مگدالنا و جوهانس می‌گذشت. همگی گیاه‌خوار بودند.

پس از گذشت پنج روز، هاستلی ارزان در روستای پونتا روبیا‌[1] پیدا کردم و تصمیم گرفتم که به مسیرم ادامه دهم.

با اتوبوس در یک روز بسیار گرم و آفتابی به روستای ساحلی پونتا روبیا رسیدم. کارلا با دختر سه‌ساله‌اش دنبالم آمد. به‌محض شروع صحبت، از روی موهای مشکی، صاف و لخت و لهجهٔ آرام، شیرین و متفاوتش متوجه شدم که اهل پرو است. کارلا صاحب هاستلی بود که برای پنج شب در پونتا روبیا رزرو کرده بودم. دلیل مهاجرتش از پرو به اروگوئه این بود که چهار سال پیش عاشق و بعد بچه‌دار شده بود؛ اما آن روزها که من آنجا بودم می‌گفت که تنها شریک زندگی‌اش دخترش است. نه ماه از سال را در پایتخت زندگی می‌کرد و برای مدیریت هاستلی که دو سال پیش ساخته بود، هر تابستان به پونتا روبیا می‌آمد.

هاستل یک خانهٔ چوبی و بزرگ دوطبقه بود. طبقهٔ بالا یک اتاق ده‌تخته و طبقهٔ پایین یک اتاق هشت‌تخته قرار داشت. دو دستشویی، حمام و یک آشپزخانهٔ روباز کنار خانه قرار داشت. آشپزخانه سینک نداشت و ظرف‌ها در سینک دستشویی شسته می‌شد. با آن‌که همه‌چیز برایم جدید بود، همان روز اول به خوابیدن روی تخت سفت و محکم، حمام با آب سرد و شستن ظرف‌ها در سینک دستشویی عادت کردم. اولین‌باری نبود که تجهیزات کافی برای برطرف‌کردن نیازهای اولیهٔ زندگی نداشتم.

در هاستل با ویکی، رومی و آدرین آشنا شدم. سه جوان بیست‌ویک‌سالهٔ آرژانتینی. گیاه‌خوار بودند و دو هفته می‌شد که سفر خود را از پاتاگونیای آرژانتین

1.Punta Rubia

۲۰۳

شروع کرده بودند. آن‌ها با فروختن ساندویچ‌های وگان خرج خود را تأمین می‌کردند. شش ماهی می‌شد گوشت، مرغ و ماهی نخورده بودم و از گیاه‌خواری لذت می‌بردم؛ اما نمی‌توانستم زندگی بدون خوردن هیچ محصول حیوانی را تصور کنم. وگن‌ها لبنیات، تخم‌مرغ، عسل و هرآنچه که از حیوانات تهیه شود را نمی‌خورند. تمام ساعت‌هایی که در ساحل می‌خوابیدیم و آفتاب می‌گرفتیم، با هم در مورد وگنیسم و گیاه‌خواری صحبت می‌کردیم.

ویکی، رومی و آدرین به همراه رِن، مرد شصت‌وهفت‌سالهٔ آرژانتینی، که با پسرش در یک ون زندگی می‌کرد، به شهر بعدی رفتند. از من نیز خواستند که روز بعد به آن‌ها ملحق شوم و ده روز آینده را با آن‌ها در سفر و مشغول گشتن در شهرهای ساحلی اوروگوئه باشم. شب آخر با یک زوج آرژانتینی دیگر هم‌صحبت شدم. سیمونه بیست‌ساله و دوست‌پسر موسیقی‌دانش. موهای سیمونه بسیار زیبا و کوتاه بود. ساعت یازده‌ونیم شب از او خواستم تا موهایم را کوتاه کند. پشت موهایم را دو سانت و جلویش را کمی بیشتر کوتاه کرد. صبح روز بعد با عشق زیاد از کارلا، سوفیا و هاستلی که بسیار بوی خانه داشت، خداحافظی کردم و به سمت دوستان آرژانتینی که در چهار کیلومتری من بودند، هیچهایک کردم. هیچهایک در اوروگوئه به دلیل امنیت، راحتی و کوچکی کشور بسیار رایج بود.

وقتی که به دوستان جدید رسیدم، فکر کردم که دراصل دلیل تأخیر در یافتن کار داوطلبانه، همین بوده است، دیدار این یاران و سفر با ون به‌همراه رنه که مدام در مورد شاه ایران برایم صحبت می‌کرد و هم‌سفرشدن با جوانان هم‌سن‌وسال خودم. دوستانی که هم‌سن‌وسال من، اما زمین تا آسمان با من متفاوت بودند. دیگر انتظار برای رسیدن به مزرعهٔ اسب‌ها اذیتم نمی‌کرد. تسلیم اتفاقات شده بودم. گاهی لازم بود که بدون برنامه‌ریزی، اجازه دهم که زندگی مرا سوار موج‌هایش کند. چراکه گاهی موج‌سواری بر روی موج‌های زندگی، بهتر از برنامه‌ریزی‌های من بود.

کابو پولونیو

تقریباً تمام کارهایی که ما امروز در زندگی مدرن انجام می‌دهیم به برق و آب متکی است. بدون برق گوشی تلفنی کار نمی‌کند، یخچال‌ها از کار می‌افتند و خانه‌ها بدون نور می‌مانند. بدون آب جاری حمام‌کردن و شستن لباس‌ها زمان‌گیر و اذیت‌کننده خواهد شد. بدون آب نوشیدنی زنده‌ماندن غیرقابل تصور می‌شود.

در آن سفر یک‌هفته‌ای با رنه، ویکی، رومی و آدرین اتفاقات زیادی افتاد. اما تجربهٔ سفر به کابو پولونیو[1] پس از گذشت چند سال هنوز در خاطرم زنده مانده است. دهکدهٔ کوچکی که بدون امکانات اولیه در یک منطقهٔ شنی کنار اقیانوس اطلس در شرق اوروگوئه بود.

این دهکده به‌خاطر تپه‌های شنی روان از بقیهٔ کشور جدا و به یک منطقهٔ دورافتاده تبدیل شده بود. با آن که تنها هفت کیلومتر از بزرگراه اصلی فاصله داشت، هیچ جاده‌ای برای رسیدن به آن وجود نداشت و تنها راه رفتن به کابو پولونیو، ساعت‌ها پیاده‌روی در تپه‌های شنی و یا ماشین‌های آفرود بود. هوا گرم بود و آفتاب داغ و سوزان بدنمان را می‌سوزاند، اما با این حال تصمیم گرفتیم پیاده از نزدیک‌ترین روستا، بارا د والیزاس[2]، به سمت کابو پولونیو حرکت کنیم.

شال‌های خنک و بزرگ ویکی و رومی را درست مثل چادر روی سرمان انداختیم و آرام‌آرام روی شن‌های سفید قدم برداشتیم. سرعت قدم‌زدنمان متفاوت بود. من که صندل‌هایم را در دست داشتم، سعی می‌کردم به دلیل داغی شن‌ها تندتر قدم بردارم. درحالی‌که رنه و آدرین و بقیه با دمپایی و آرام‌آرام قدم برمی‌داشتند و سعی می‌کردند از هر لحظه لذت ببرند. آرامش نگاهشان افکار پراکنده‌ام را برای لحظه‌ای از بین می‌برد. پس از چند دقیقه روستا در پشت‌سرمان ناپدید شد. دیگر هیچ چیز به‌جز تپه‌های شنی سفید در اطرافمان وجود نداشت. دلم می‌خواست دقایقی روی شن‌ها بنشینم و از سکوت کویر لذت ببرم، اما چاره‌ای جز قدم‌برداشتن نداشتم. هرچه می‌گذشت آفتاب داغ‌تر و ادامه‌دادن سخت‌تر می‌شد؛ اما از شانس خوبمان درست قبل از آن که گرما کلافه‌مان کند، اقیانوس اطلس از وسط شن‌ها پدیدار شد. با دیدن آبی نیلی اقیانوس، لبخند روی لب همه نشست. همراه ویکی دوان‌دوان به سمت آب رفتیم و بدن‌های عرق کرده و خسته‌مان را برای دقایقی به اقیانوس سپردیم. از آنجا به بعد پیاده‌روی راحت‌تر شد. چرا که خانه‌های پراکنده کابو پولونیو را از دور دیدیم. ذهنم هنگامی که متوجه شد چقدر تا مقصد راه است، آرام گرفت.

کابو پولونیو کوچک، دورافتاده و آرام بود. مردمش از اخبار روز و دنیای بیرون به‌دور بودند. آبشان را از آب باران تهیه می‌کردند و تنها یک مغازهٔ کوچک آنجا بود که از طریق پنل‌های خورشیدی برق تأمین می‌کرد و گردشگرها از آن برای ارتباط با دنیای بیرون استفاده می‌کردند. شب که شد تازه متوجه شدم که زندگی بدون برق چگونه است. دهکده بدون نور و خاموش بود. هر آنچه می‌شد دید به

1.Cabo Polonio   2.Barra de Valizas

لطف نور ماه و ستاره‌ها بود و تنها صدای اقیانوس شنیده می‌شد.

توقفم در کابو پولونیو کوتاه اما تأثیرش عمیق بود. نمی‌شد زندگی در همچین دهکده‌ای را تجربه کرد و برای هر لیوان آبی که به‌راحتی به دست می‌آید و برقی که صبح و شب مصرف می‌کنیم، شکرگزار نبود.

اما به‌جز این تجربهٔ تاثیرگذار، وگن‌بودن هم‌سفرهایم و آگاهی بیشتر در مورد چگونگی به‌دست آمدن لبنیات و تخم‌مرغی که هر روز مصرف می‌کردم نیز تغییر بزرگی را در درون من ایجاد کرد. تصمیم گرفتم به مدت یک ماه مصرف هرگونه محصول حیوانی را قطع کنم. به‌جای شیر گاو، کلسیم بدنم را از شیر نارگیل، بادام و سویا و امگای لازم برای بدنم را از دانهٔ چیا و کتان تأمین کنم. میوه و سبزیجات بیشتری بخورم و پروتئین را مثل قبل از حبوبات بگیرم.

هفتهٔ اول هرآنچه ویکی، رومی و آدرین می‌خوردند من هم خوردم و دستورهای مختلف غذایی را از آن‌ها آموختم. سپس راه من و ویکی از بقیه جدا شد. آن‌ها به سمت آرژانتین برگشتند و ما به پونتا دل دیابلو[1] رفتیم، شهر ساحلی کوچکی که نزدیک مرز برزیل قرار دارد. ویکی دلش می‌خواست همانند من کار داوطلبانه را تجربه کند و مدتی هم سفر من شود.

در برنامهٔ کوچ سرفینگ مارتین را پیدا کردیم. پسری که دو سال پیش از کوردوبای آرژانتین به پونتا دل دیابلوی آرام و پر از هنرمند می‌رود و به گفتهٔ خودش «خانه»اش را پیدا می‌کند. دو کلبهٔ چوبی در بیست متری اقیانوس اطلس خریده بود و آن تابستان قصد داشت که یکی از کلبه‌ها را تبدیل به هاستل کند و اجاره دهد. به‌جز من و ویکی، داوطلبان دیگری هم از اسپانیا، فرانسه، آمریکا، برزیل و استرالیا آمده بودند تا در این پروژهٔ کوچک به مارتین کمک کنند.

زندگی در دو کلبهٔ کوچک با داوطلبانی که هرکدام از قاره‌ای متفاوت به اروگوئه آمده بودند، آسان نبود. تفاوت‌های زیادی داشتیم، از عادت غذایی تا مدل لباس‌پوشیدن، سن، رنگ پوست، زبان، افکار و رفتار. یکی دیوانهٔ گوشت خوک بود و دیگری هیچ محصول حیوانی‌ای مصرف نمی‌کرد. یکی عادت داشت ساعت پنج صبح از خواب بیدار شود و یک ساعت مدیتیشن کند و دیگری تازه ساعت چهارونیم صبح از مهمانی برمی‌گشت. یکی آرام نقاشی می‌کرد و دیگری تند. یکی عادت داشت ساعت دوازده ناهار بخورد و دیگری ساعت چهار بعدازظهر. یکی فکر می‌کرد نزدن موهای زیر بغل شرم‌آور است و دیگری حتی به این

1.Punta Del Diablo

موضوع فکر هم نمی‌کرد. یکی عادت داشت صبح‌ها خاطره تعریف کند و یکی مثل من تا زمانی که صبحانه‌اش را نخورده، نمی‌توانست به هیچ زبانی به‌جز زبان مادری‌اش گوش دهد و متمرکز شود. یکی فرامرز اصلانی گوش می‌داد و دیگری ناتیروتس؛ اما در کمال حیرت، همهٔ ما بدون توجه به هیچکدام از این تفاوت‌ها به مدت یک هفته در «صلح» با یکدیگر زندگی کردیم. خودمان را با شرایط وفق می‌دادیم و هرکدام سعی می‌کردیم بنا بر نوع رفتار و عادت‌های هم، از آن چند روزی که همه می‌دانستیم بعدها تبدیل به خاطره و دلتنگی می شود، لذت ببریم.

پس از دیدن زندگی سادهٔ مردم در کابو پولونیو، دیگر دوش‌گرفتن در حمام روباز با آب سرد و یا تقسیم‌کردن یک حمام و دستشویی با ده نفر مرا اذیت نمی‌کرد. می‌دانستم همین‌که آب و برق داریم نعمت بزرگی است. نعمتی که به‌سختی به‌دست می‌آید و بیشترمان حتی به آن فکر هم نمی‌کنیم.

سکوت در مزرعهٔ اسب‌ها

ذهنم با گذشت زمان، جزئیات را فراموش می‌کند. به‌خصوص حالا که سال‌هاست در سفرم و اتفاقات و اطلاعات بیشتر از آنند که بتوانم در مدت طولانی به خاطر بسپارم؛ اما گاهی در مسیر صدای خود را ضبط می‌کنم و تمام جزئیات را برای ملیکایی که شاید در آینده به آن صدا گوش دهد، تعریف می‌کنم. مثل آن روز طولانی در مسیر مرزعهٔ اسب‌ها. اتفاق‌ها به‌سرعت پشت‌سرهم رقم می‌خورد و من با صدای بلند آن‌ها را برای خودم تکرار و ضبط می‌کردم.

ساعت یازده صبح از ویکی، مارتین و دوستانم در پونتا دل دیابلو خداحافظی کردم و آرام‌آرام یک ساعتی تا جادهٔ شمارهٔ نه راه رفتم. ابتدا ویکی قرار بود برای کار داوطلبانه در مزرعهٔ اسب‌ها با من بیاید، اما بعدتر تصمیم گرفت که همراه چند نفر از دوستان آرژانتینی‌اش زودتر به سمت برزیل برود.

تصمیم داشتم از پونتا دل دیابلو تا مزرعهٔ اسب‌ها در میناس که در وسط اروگوئه قرار دارد هیچهایک کنم. نه به دلایل مالی، بلکه چون اروگوئه کشوری بسیار امن برای هیچهایک است و میزبانانم همیشه می‌گفتند اگر هیچهایک کنی زودتر به مقصد می‌رسی. به‌علاوه بسیار کوچک بود و با ماشین، تنها پنج ساعت از مرزش با آرژانتین در غرب تا مرزش با برزیل در شرق راه بود.

جمعه صبح بود. آلونسو میزبانم در مزرعهٔ اسب‌ها گفته بود که جمعه‌ها تنها

یک اتوبوس ساعت سه بعدازظهر از میناس به مزرعه می‌رود. پس باید حتماً قبل از ساعت سه بعدازظهر، خودم را به میناس می‌رساندم. ساعت دوازده ظهر کنار جادهٔ شمارهٔ نه ایستادم و درست لحظه‌ای بعد در کمتر از سی‌ثانیه ماشینی برایم توقف کرد. زوج برزیلی مهربانی که مرا پنجاه کیلومتر همراه خود بردند. سپس آنجا حدود پانزده دقیقه زیر آفتاب با علامت دست و اشاره به مستقیم ایستادم تا آن‌که مردی با لبخند بزرگی که بر لب داشت، برایم ایستاد. لبخند پدرانه و محبتی که از همان لحظهٔ اول هنگام صحبت از او دریافت کردم باعث شد بی‌درنگ سوار ماشین شوم. پدری اروگوئه‌ای بود که دو دختر هم‌سن‌وسال من داشت و مرا یک‌ساعت‌ونیم تا سن کارلوس برد. کل راه آهنگ فولکلور گذاشت و درحالی‌که چای مته می‌نوشید، خاطرات جوانی‌اش را برایم تعریف کرد.

ساعت حدود دو بود که مرا کنار جادهٔ جدیدی پیاده کرد. قسمت زیادی از جاده خاکی بود. از آنجا تا میناس یک ساعت راه بود. رانندهٔ مهربان گفت: «فکر نکنم که به‌موقع به میناس برسی. هم دیروقت و هم جمعه‌ست.» گیج به اطراف نگاه کردم که گفت: «دعا می‌کنم ادامهٔ راهت هم به آسونی اول راه باشه.» و رفت.

گیجی‌ام چندان ادامه پیدا نکرد. پس از پنج دقیقه کامیون بزرگ و قرمزی از دور پدیدار شد. دستم را بالا گرفتم و پیرمرد برایم ایستاد. از لهجه‌اش متوجه شدم که دور از شهر بزرگ شده است. گفت می‌توانم تا وسط راه همراهش بروم. من هم که فکر کردم چارهٔ دیگری ندارم، سوار شدم. پیرمرد شصت‌وپنج‌ساله علاقه‌ای به صحبت و معاشرت نداشت. انگار تنها دلش می‌خواست کمک کند. در چند سؤالی که پرسیدم متوجه شدم که سه پسر دارد که همگی در پایتخت زندگی می‌کنند. تا نیمه‌های راه با پیرمرد هم‌مسیر بودم. مرا در نیم‌ساعتی شهر میناس کنار جاده پیاده کرد و دوباره دقایقی منتظر شدم تا ماشین بعدی برایم ایستاد. یک ربع مانده بود به ساعت سه. با سرعت باد در جادهٔ صاف و هموار به سمت میناس حرکت می‌کردیم. از آنجایی که همه‌چیز در آمریکای لاتین با تأخیر اتفاق می‌افتد، امیدوار بودم که بتوانم سوار اتوبوسی شوم که ساعت سه از میناس به سمت مزرعه حرکت می‌کند. ساعت ده دقیقه از سه گذشته بود که به ایستگاه اتوبوس رسیدم. اتوبوس دو دقیقهٔ قبل رفته بود.

تا مزرعه راه زیادی بود. نه می‌شد پیاده رفت و نه تاکسی حاضر می‌شد به مکانی چنان دورافتاده برود. تنها راه رسیدن به مزرعهٔ اسب‌ها «صبر» بود. برای رسیدن اتوبوس بعدی تا ساعت چهار و بیست دقیقه صبر کردم. آن اتوبوس مرا تا نیمهٔ راه برد. از آنجا دوکیلومتر پیاده تا مزرعه راه رفتم. در جاده‌ای باریک و

خاکی که دورتادورش پر از مزارع سبز بود و تنها اسب و گاو در آنجا دیده می‌شد. نمی‌دانستم که چه چیزی در انتظارم است.

وقتی رسیدم آلونسو با کلاهی مشکی در جادهٔ باریک بین مزارع ایستاده بود. دستش را دراز کرد و گفت: «خوشحالم که سالم رسیدی. وقتی گفتی قراره هیچهایک کنی، کمی نگران شدم!» وارد مزرعه شدیم. زمینی بزرگ و سرسبز که در ورودی‌اش دو خانهٔ چوبی قرار داشت، یکی بزرگ‌تر و دیگری کوچک‌تر بود. خانهٔ بزرگ‌تر متعلق به داوطلب‌ها و خانهٔ کوچک‌تر متعلق به آلونسو بود. مرا به خانهٔ بزرگ‌تر راهنمایی کرد. چهار تخت یک‌نفره و یک تخت دونفره در یک گوشه و آشپزخانه‌ای بزرگ، روباز و مجهز در گوشهٔ دیگر قرار داشت. کوله‌ام را کنار یکی از تخت‌ها گذاشتم و دور میز چوبی در آشپزخانه، روبه‌روی آلونسو، نشستم. همان‌طور که مته می‌نوشید، خودش را معرفی کرد و در مورد کار توضیحاتی داد.

آلونسو، چهل‌وپنج سال داشت. در شیلی به دنیا آمده و بزرگ شده بود و پس از سفرهای بسیار در سراسر آمریکای جنوبی، اروگوئه را برای زندگی انتخاب کرده بود. پسری یازده‌ساله داشت که شش ماه از سال را همراه او در اروگوئه و بقیهٔ سال را همراه مادرش در شیلی می‌گذراند. گوشت نمی‌خورد و درآمدش از راه تدریس اسب‌سواری در پاییز و زمستان به‌دست می‌آمد. با آن‌که ویکی همراهم نیامد و با آلونسو در آن مزرعهٔ عظیم تنها بودم، احساس ناامنی و ناراحتی نداشتم و با اطمینان به توضیحات و داستان‌هایش گوش دادم.

مزرعه بزرگ، سرسبز و بدون هیچ پستی و بلندی‌ای بود. بیست دقیقه در میان گل‌های خاردار راه رفتیم تا درست نزدیک به غروب آفتاب، به اسب‌ها رسیدیم. اسم‌هایشان را نمی‌دانستم؛ اما می‌توانستم تشخیص دهم کدام نر و کدام ماده است.

کار مزرعه از حدود ساعت هفت صبح شروع می‌شد. ساعت شش صبح از خواب بیدار می‌شدیم، صبحانه می‌خوردیم و ساعت هفت شروع به کار می‌کردیم. من در باغچه به گیاهان و سبزیجات رسیدگی می‌کردم و آلونسو سراغ اسب‌ها می‌رفت. پس از زندگی در مزرعهٔ لاماها در آرژانتین، می‌دانستم چطور علف‌های هرز را جدا کنم و به گیاهان آب بدهم. گاهی هم همراه آلونسو می‌رفتم تا در مورد اسب‌ها یاد بگیرم. هربار متوجه می‌شدم با وجود نگهداری درستی که از آن‌ها می‌شد و مهر و محبتی که بهشان داده می‌شد، علاقهٔ چندانی به تمرین‌کردن و

گرفته‌شدن ناخن‌هایشان ندارند. هیچ روزی تشویش به اسب‌سواری نشدم. تنها مشاهده می‌کردم. حدود ساعت یازده صبح به دلیل گرمای زیاد آفتاب کار را متوقف می‌کردیم و مشغول آماده‌کردن ناهار می‌شدیم. معمولاً آلونسو آشپزی می‌کرد و من ظرف‌ها را می‌شستم. تا نزدیکی‌های غروب زمان آزاد داشتیم، او می‌خوابید اما من که به روال جدید عادت نداشتم تنها روی تخت دراز می‌کشیدم و فکر می‌کردم. سکوت و سکون بسیار بیشتر از چیزی بود که تصور می‌کردم. انگار همراه با کار در مزرعه، دورهٔ سکوت و مدیتیشن را هم می‌گذراندم. هم باغبانی شبیه به مدیتیشن بود و هم بقیهٔ دقایق زندگی در سکوت می‌گذشت. برخی روزها زمانم را به نوشتن در مورد تجربه‌ها و افکارم می‌گذراندم و برخی روزها می‌نشستم و گریه می‌کردم. برخی روزها برایم سریع و برخی بسیار کند می‌گذشتند. مسیر سفرم از قونیه تا میناس را هر روز مرور می‌کردم. چطور به مزرعه‌ای در وسط اروگوئه رسیدم؟ جایی که تا دو سال گذشته حتی نمی‌دانستم که نام یک کشور است. هم احساس تنهایی داشتم و هم شاکر بودم. زندگی در مزرعهٔ اسب‌ها در وسط اروگوئه، جایی که تعداد اسب‌ها از آدم‌ها بیشتر بود، تجربهٔ عمیق و سنگینی بود.

معمولاً عصرها قدم‌زنان تا برکه‌ای در آن طرف مزرعه راه می‌رفتیم تا غروب آفتاب را ببینیم. با آن‌که روزها شبیه هم بودند، آسمان و غروب هر روز متفاوت بود. آسمان هر شب یک رنگ متفاوت داشت. صورتی، خاکستری، نارنجی کم‌رنگ و... آلونسو زیاد صحبت نمی‌کرد، اما اگر سؤالی در مورد زندگی از او می‌پرسیدم، بی‌وقفه شروع به داستان‌گویی می‌کرد. لهجه‌اش چیزی بین شیلیایی و اروگوئه‌ای بود. هم تند صحبت می‌کرد، هم آخر کلمات را می‌خورد و هم گاهی «ی» را «ش» تلفظ می‌کرد. شصت‌درصد حرف‌هایش را متوجه نمی‌شدم ولی می‌توانستم بفهمم درمورد چه موضوعی صحبت می‌کند. گاهی فکر می‌کردم می‌داند که متوجه نمی‌شوم اما بااین‌حال ادامه می‌دهد، انگاری تنها احتیاج به گوشی داشت که او را بشنود. اصلاً شاید به واسطهٔ دعای سال نو، این همه راه تا میناس هیچ‌هایک کرده بودم تا برای او «گوش» باشم، کسی چه می‌داند؟

فستیوال «کاندومبه»

دلم برای شنیدن «صدا» تنگ شده بود. شنیدن صدایی جز صدای باد و پرنده‌ها. دلم برای شنیدن صدای آدم‌ها، صدای موسیقی و حتی صدای ماشین‌ها تنگ شده

بود. پس از دو هفته زندگی در میناس، زمانش فرا رسیده بود که مزرعه، اسب‌ها، آلونسو و سکوت بیش از اندازهٔ آنجا را ترک کنم.

با اتوبوس از میناس به مونته ویدئو برگشتم. دلم می‌خواست قبل از خروج از کشور، فستیوال «کاندومبه»[1] را ببینم. جشنی که سالانه در ماه فوریه برگزار می‌شود. از کوچ سرفینگ میزبانی اهل ترکیه به نام احمت پیدا کردم که همراه دوست اروگوئه‌ای‌اش ماتیاس در خانه‌ای نزدیک مرکز زندگی می‌کردند. ساعت شش‌ونیم عصر خسته و خوشحال از شنیدن صداهای شهری به خانه‌شان رسیدم. احمت موهایی بلند و مشکی داشت و با لهجهٔ بسیار بامزهٔ ترکی با من به اسپانیایی صحبت می‌کرد و ماتیاس برعکس احمت، چشمانی آبی، موهایی بور، فر و کوتاه داشت. هر دو بسیار خوش‌انرژی و محترم بودند. اتاقی که به‌عنوان انباری از آن استفاده می‌کردند را در اختیارم گذاشتند و گفتند که می‌توانم از مبل راحتی مشکی که در پذیرایی‌شان بود، به‌عنوان تخت استفاده کنم.

احمت خودش را نه اهل ترکیه، بلکه اهل کردستان می‌دانست. عباس کیارستمی، محسن نامجو و بسیاری از هنرمندهای برجستهٔ ایرانی را می‌شناخت و برق چشم‌هایش داد می‌زد که مدت‌هاست با کسی از خاورمیانه هم‌صحبت نبوده است. ماتیاس که تابه‌حال ایرانی ندیده بود و هرآنچه در مورد ایران می‌گفتم به‌نظرش ناشناخته، جذاب و عجیب می‌آمد، خیلی دوست داشت در مورد حجاب و آن‌که چرا برخی زنان دوست دارند موها و بدن خود را بپوشانند، بداند.

شب اول به‌راحتی روی مبل سیاه پذیرایی خوابم برد و صبح روز بعد تنها در خانه بیدار شدم. هر دو به سر کار رفته و عصر برمی‌گشتند. میوه‌هایی که روز قبل همراه خود آورده بودم را برای صبحانه خوردم و از خانه بیرون زدم. احساس می‌کردم در شهری آشنا و درعین‌حال غریب قدم می‌زنم.

خانهٔ میزبان قبلی‌ام مارتا در محله‌ای مدرن، خلوت و ساکت قرار داشت. درست برعکس خانهٔ ماتیاس و احمت که در مرکز شهر بود. به‌محض آن‌که پایم را از خانه بیرون گذاشتم، سروصدای شهر ذهن خوابم را بیدار کرد.

مونته ویدئو زنده، بیدار و سرحال بود. سروصدای ماشین‌ها، صدای بچه‌ها، صدای قدم‌های تند و کند کسانی که به سر کار و مدرسه می‌رفتند را می‌شکست. صدای سگ و گربه‌ها با صدای باد مخلوط بود و انواع و اقسام بوها در هوا

1.Candombe

می‌پیچید. در دل به خود اعتراف کردم: «هرچقدر هم عاشق طبیعت و روستاهای کوچیک باشم، به‌هرحال دختر تهرانم و پایتخت‌ها همیشه من رو یاد تهران می‌ندازن.»

لبخندزنان یک ساعتی در شهر قدم زدم. سپس برای ناهار کمی خرید کردم، به خانه برگشتم و پلو و سبزیجات پختم. وقتی احمت به خانه برگشت، از دیدن من در آشپزخانه خوشحال شد و باذوق پرسید که چه غذایی می‌پزم. تصور می‌کنم منتظر شنیدن نام غذایی آشنا بود، اما تا گفتم گیاه‌خوارم چشمانش گرد شد و ابروهایش درهم رفت. گفت: «من برای خودم و متی با گوشت غذا درست می‌کنم.»

کنار من ایستاد و آشپزی کرد. بوی گوشت و دیدنش نه مرا اذیت می‌کرد و نه تحریک. احمت مدام با شوخی و کنایه تکرار می‌کرد که بدون گوشت نمی‌تواند زندگی کند. حتی یک‌بار هم گفت که لاغری من به دلیل گیاه‌خواری است. آن روز از روزهایی بود که حوصلهٔ توضیح‌دادن را نداشتم. نه دلم می‌خواست کسی را قانع کنم که گیاه‌خوار شود و نه شوخی‌های احمت مرا عصبی می‌کرد. تنها دلم می‌خواست انرژی‌ام را برای فستیوال شب حفظ کنم. ماتیاس نیز به خانه برگشت و ساعت چهار بعدازظهر سه‌تایی با هم ناهار خوردیم. سپس نمی‌دانم چطور شد که از من خواستند تا روی تخته‌ای برایشان چیزی به زبان فارسی بنویسم. چشم‌های متی با دیدن کلمات فارسی گرد شدند. با تعجب گفت: «شما برعکس می‌نویسین. از راست به چپ.»

نگاهش کردم، خندیدم و گفتم: «برای من این شمایید که برعکس می‌نویسین.» چشم‌های بیش از اندازه گرد ماتیاس مرا به فکر فرو برد. اما تصور کردم اگر شخصی از اروگوئه در تهران به خانهٔ من می‌آمد نیز حتماً او را همان‌قدر عجیب می‌دیدم. همیشه به‌عنوان مهمان فکر می‌کردم این منم که چیزی جدید را تجربه می‌کنم. آن روز اما با نگاه‌کردن به چشم‌های گردش متوجه شدم دیدار با من برای آن‌ها نیز تجربه‌ای جدید و غیرقابل‌تکرار است.

ساعت شش‌ونیم عصر همراه با احمت برای تماشای فستیوال کاندومبه از خانه بیرون رفتم. ماتیاس گفت به استراحت احتیاج دارد؛ اما احمت دلش می‌خواست در این تجربه با من شریک شود. همان‌طور که سریع قدم می‌زدیم، برایم توضیح داد که کاندومبه نوعی موسیقی و رقص در اروگوئه است که از فرهنگ بردگان سیاه‌پوست آفریقایی به‌جامانده است. موسیقی‌اش بر پایهٔ سه طبل چیکو، رپیکه و

پیانو است و معمولاً هر سال در ماه فوریه در مونته ویدئو، برگزار می‌شود.

یاد رژهٔ رقص‌های خیابانی قبایل مختلف آمازون در تنای اکوادور افتادم. پس از آن شاهد هیچ کارناوالی نبودم. قدم‌هایمان را تندتر کردیم و پس از نیم‌ساعت به مقصد رسیدیم. دو دوست احمت که ساکن مونته ویدئو بودند، آنجا منتظرمان بودند. کنار خیابان صندلی‌های بسیاری چیده بودند که خیلی‌هایشان خریداری شده بودند. پس از قدم‌زدن و ردشدن از سه کوچه، چهار صندلی خالی در ردیف سوم پیدا کردیم.

رژه شروع شد. هم‌زمان با نواختن طبل‌ها، ده‌ها رقصنده روبه‌رویم رقصیدند. دقایق اول مات و حیران به لباس و گریم‌شان نگاه کردم. اکثر نوازنده‌ها ماسک بر صورت و رقصنده‌ها گریم داشتند. زنان با پاشنه‌بلند، تاپ و دامن و یا تی‌شرت‌های برق‌برقی می‌رقصیدند. زنی آرژانتینی سمت راستم نشسته بود و برای دوستش توضیح می‌داد: «کاندومبه رقص برده‌های آفریقاییه. برده‌هایی که حدود دویست سال پیش از آفریقا به اروگوئه اومدن و مهاجرای اروپایی پاهای اونا رو با زنجیر می‌بستن و ازشون کار می‌کشیدن. رقصنده‌ها پاهاشون رو نزدیک نگه می‌دارن و با بالاتنه، شونه‌ها و دست‌ها ریتم رو نشون می‌دن. این حرکت‌ها یادآور دوران اسارت و دراصل، نماد مقاومت و حفظ فرهنگشونه.»

ذهنم محو رهایی زنان رقصنده شد. چاقی و لاغری، بلندی و کوتاهی قد، سیاهی یا سفیدی هیچ برایشان معنا نداشت. با تمام عضلاتشان می‌رقصیدند و لبخند می‌زدند. چقدر دلم می‌خواست روزی همانند آن‌ها بتوانم آن‌قدر رها در خیابان‌ها برقصم. اطرافیانم با چشم‌هایی خندان محو تماشای کارناوال بودند؛ اما من چشم‌هایم پر از اشک شده بود. آرزو کردم که روزی در کشورم مردم آزادی را جشن بگیرند. روزی که من به‌جای اروگوئه در قلب تهران بنشینم و شاهد کارناوالی از رقص‌های ایرانی باشم. روزی که مردان بنوازند و زن‌ها برقصند.

روزی که زن‌ها آزادانه برقصند.

مارسلو

«این رو بدون که همیشه اینجا یه خونه داری.»

جملات تکراری بودند اما چشمانم دوباره پر از اشک شد. این غم شیرین

خداحافظی با میزبان‌ها هربار بسیار مشابه و درعین‌حال بسیار متفاوت بود. احمت را محکم در آغوش گرفتم، از او تشکر کردم و با چشم‌هایی گریان اما خوشحال و هیجان‌زده سوار اتوبوس شدم. زمان خداحافظی با اروگوئه نزدیک شده بود و این مرا غمگین می‌کرد. اما هم‌زمان می‌دانستم که هر پایانی یک آغاز است و فکر سفر به برزیل مرا هیجان‌زده می‌کرد.

قبل از رفتن به سمت مرز برزیل و اروگوئه، چند روزی در شهر پونتا دل استه که در مسیرم بود توقف کردم تا با ساناز زمان بیشتری بگذرانم، از اروگوئه خداحافظی کنم و خودم را از لحاظ ذهنی آمادهٔ رفتن به برزیل کنم. ساعت شش عصر به مقصد رسیدم. از کوچ سرفینگ میزبانی به نام خولیان پیدا کرده بودم. او گفته بود که ساعت هشت‌ونیم به خانه برمی‌گردد. همراه با کولهٔ سنگین در گرمای شدید تابستان در خیابان‌ها راه رفتم. دنبال مکانی برای نشستن و شارژکردن تلفن‌همراهم بودم. نیم‌ساعت در خیابان‌ها و کوچه‌پس‌کوچه‌ها راه رفتم اما همه‌جا بسته بود. روی نقشهٔ گوگل، مرکز خرید بزرگی را پیدا کردم و تصمیم گرفتم که به آنجا بروم تا بتوانم تلفن‌همراهم را شارژ کنم که همان‌لحظه خاموش شد.

سوار اتوبوسی درون‌شهری شدم و به راننده گفتم که وقتی به مرکز خرید رسیدیم مرا صدا کند. از پنجره به بیرون نگاه کردم و مثل همیشه در افکارم غرق شدم. آیا سال گذشته در اکوادور تصور آن‌که روزی به اروگوئه پا بگذارم را می‌کردم؟ چه چیزی در دو ماه گذشته در اروگوئه یاد گرفته بودم؟ قبل از آمدن چه تصوری از این کشور داشتم و چقدر شبیه تصوراتم بوده است؟ ناگهان به خود آمدم و حس کردم زمان زیادی گذشته است. راننده را صدا زدم. با دیدنم چشمانش گرد شد و گفت: «وای! یه‌ربعه که از مرکز خرید رد شدیم. یادم رفت صدات کنم دختر.» عصبی شدم، گرسنه بودم، گوشی‌ام خیلی شارژ نداشت. ساعات زیادی در راه بودم و تمام بدنم خسته بود. عصبی بودم اما نه از دست راننده، بلکه از دست خودم که حواسم به نقشه نبود. از او خواستم تا اتوبوس را نگه دارد. پیاده شدم ولی نمی‌دانستم که کجایم. روبه‌رویم دکه‌ای را دیدم. کنارش چند نوجوان روی چمن‌ها نشسته بودند و چای مته می‌نوشیدند. به دکه نزدیک‌تر شدم و از مرد به‌نسبت پنجاه‌ساله‌ای که درونش نشسته بود، پرسیدم که می‌توانم گوشی خود را شارژ کنم یا خیر.

مارسلو با لبخند و بسیار پرانرژی به داخل دعوتم کرد و گفت می‌توانم گوشی را به شارژ بزنم و تا زمانی که شارژ می‌شود آنجا بنشینم. انرژی‌اش باعث شد تمام

عصبانیتم فرو بریزد. لبخند زدم و دعوت را قبول کردم. کوله سنگین را روی زمین گذاشتم و به داستان زندگی مارسلوی پنجاه‌ساله گوش دادم. یک ساعت و ربع گذشت. هم مارسلو اسپانیایی دست‌وپا شکستهٔ مرا متوجه می‌شد و هم من لهجهٔ او را می‌فهمیدم. گوشی شارژ شده بود، از خولیان پیامی گرفته بودم که به خانه رسیده و منتظرم است. قبل از رفتن مارسلو بهم گفت: «دختر پارسی، می‌خوام یه چیزی بگم اما شاید باور نکنی. همیشه به دخترام می‌گم که می‌خوام خوشحال و آزاد باشن و هیچ‌وقت صد راهشون نشدم. اما همین هفتهٔ گذشته، دختر سومم که درست مثل تو بیست‌ویک‌سالش شده به من گفت که دلش می‌خواد یک هفته تنها به بوئنوس آیرس سفر کنه. اونقدر شوکه شدم که بهش گفتم امکان نداره. اما امشب دلم می‌خواد برم و داستان تو رو براش تعریف کنم. تصمیم گرفتم حمایتش کنم. بهش پیشنهاد کار داوطلبانه هم می‌دم. ازت ممنونم!»

گیج و حیران، با لبخندی بر لب و چشمانی پر از اشک از او تشکر و خداحافظی کردم و به سمت خانهٔ خولیان رفتم. دیدار با مارسلو به من ثابت کرد که همه‌چیز در نظم است. همه‌چیز به‌موقع و به دلیلی اتفاق می‌افتد. ادامه‌دادن با وجود ترس، در آغوش گرفتن موقعیت‌های جدید و ریسک‌های کوچک باعث زیبایی زندگی‌ام شده بود.

چوی، مرزی ناپیدا

یک‌سال قبل تصور زمینی ردکردن مرزهای آمریکای جنوبی، مواد مخدر و کارتل‌ها را به ذهنم می‌آورد. اما آن لحظه‌ای که از خولیان میزبان جوان و نازنینم خداحافظی کردم تا به مرز بروم؛ جز ذوق، هیجان و شادی چیزی در دلم نبود.

سفر زمینی، در مسیربودن و دیدن جاده از پنجرهٔ اتوبوس، جزو لذت بخش‌ترین لحظات زندگی‌ام بود. به سمت چوی حرکت می‌کردم. چوی شهری مرزی بین دو کشور اروگوئه و برزیل است که نصفش در خاک اروگوئه و نصف دیگرش در برزیل قرار دارد. فکرکردن به مرزهایی که ما انسان‌ها روی این خاک کشیدیم، برایم خنده‌دار بود.

در مسیر به «تنهایی» و «تنهابودن» خیلی فکر کردم. به آن‌که بیش از چهارصد روز است که تنها در مسیرم. احساس می‌کردم کسی نمی‌تواند جز خودم مرا درک کند. تنهایی در مسیر انتخاب خودم بود، انتخابی هرروزه. نمی‌دانستم چرا آن‌قدر

به‌تنهایی احساس آرامش دارم. برای داشتن امنیت، کامل بودن و یا راحتی در سفر به وجود شخص دیگری احتیاج نداشتم. تنها بودم اما احساس تنهایی نداشتم. هر قدم که می‌رفتم انسان‌های جالب‌تری می‌دیدم که با داستان زندگی‌شان باعث رشد و بازترشدن ذهنم می‌شدند. در فضای مجازی هزاران هم‌زبان نوشته‌هایم را می‌خواندند و با من در تصوراتشان سفر می‌کردند. تنها بودم اما تنهایی اذیتم نمی‌کرد. تنهایی همراه خودش سکوت، سکون، آرامش، صلح و حتی کمی غم همراه داشت؛ اما هرچه بود انتخابم برای آن لحظه از زندگی‌ام بود. حس می‌کردم آن مسیر که هیچ نمی‌دانستم به کجا ختم خواهد شد را باید تنها سفر کنم.

اکثر مسافران برای خرید ارزان‌تر و ندادن مالیات به چوی می‌رفتند و بعد از خرید به اروگوئه برمی‌گشتند. آن‌ها برای گذشتن از مرز نیازی به ویزا و مهر خروج نداشتند. من اما باید مهر خروج را ثبت می‌کردم. به راننده گفته بودم که برای مهر خروج مرا در مرز پیاده کند؛ اما هنگامی که به خود آمدم، متوجه شدم که این را فراموش کرده است. مرا همانند بقیه وسط شهر پیاده کرد.

هوا گرم بود. صدای گرسنگی شکمم تا آن طرف مرز می‌رسید. ذهنم یاد گرفته بود تا در این شرایط بسیار سریع، تصمیمی که فکر می‌کند درست و به‌نفعم است را بگیرد. یکی از قابلیت‌هایی که پس از یک‌سال سفر همراهم بود. هربار در شرایط پیش‌بینی نشده کمتر اذیت می‌شدم.

به اطراف نگاه کردم. ایستگاه اتوبوس از دور چشمک می‌زد. به سمتش رفتم، بلیطی به شهر فلوریانا پولیس۱ که اولین مقصدم در برزیل بود خریدم و کولهٔ سنگینم را به مسئول اتوبوس‌ها سپردم. سپس کمی سبک‌تر به یک رستوران رفتم و شکم گرسنهٔ خود را مهمان غذایی خوشمزه کردم. رستوران برزیلی سلف‌سرویس بود و می‌توانستم غذایم را خودم انتخاب کنم. لوبیا، پلو، سبزیجات و سالاد خوردم. حس می‌کردم هرچقدر بیشتر می‌گذرد، راحت‌تر می‌توانم به گیاه‌خواری ادامه دهم. سپس پرانرژی با یک اتوبوس که به اروگوئه برمی‌گشت به پلیس مرزی رفتم. پلیس زن که مشخص بود روز خوبی را نمی‌گذراند، به تندی پاسپورتم را گرفت، تمام صفحاتش را ورق زد، نگاه عجیبی به عکس باحجابم و سپس خودم انداخت و مهر خروج را بر صفحه‌ای خالی کوبید و گفت: «برو.» سعی کردم اجازه ندهم که اخم‌هایش برایم خاطرهٔ بدی از اروگوئه بسازد. درکل باید حساب مرزها و پلیس‌های مرزی را از مردم یک کشور جدا کرد.

1.Florianapolis

ساعت دو نصفه‌شب اتوبوس حرکت می‌کرد. چند ساعت در چوی قدم زدم. یک پایم را در برزیل و پای دیگر را در اروگوئه قرار دادم و با پرچم‌هایشان عکسی گرفتم. سپس به‌خاطر تاریکی هوا، خسته به ایستگاه اتوبوس برگشتم.

نگاهی به اطراف کردم تا گوشه‌ای را برای چند ساعت خواب پیدا کنم که با سه دختر جوان شیلیایی آشنا شدم. کنستانسا، خاویرا و داماریس که در تعطیلات تابستانشان یک ماهی در اروگوئه و برزیل سفر می‌کردند. مرا به جمع خود دعوت کردند و ساعت‌ها با هم صحبت کردیم. خیلی خوشحال بودم که لهجه‌های مختلف، آن هم لهجه‌ای به‌تندی لهجهٔ شیلیایی را متوجه می‌شوم و می‌توانم با آدم‌ها، هرچقدر کند و ساده، به زبان خودشان ارتباط برقرار کنم. قرار شد چهار روز با آن‌ها در فلوریانا پولیس هم‌مسیر شوم و سپس برای دیدن کارناوال به ریو دو ژانیرو بروم. ساعت دوازده شب بود. باران شدیدی می‌بارید. از خستگی سرم را به دیواری تکیه دادم و بیهوش شدم. داماریس گفت وقتی که اتوبوس بیاید بیدارم می‌کند.

دوساعت‌ونیم بعد، گیج و حیران توی اتوبوس چشم‌هایم را باز کردم. کنستانسا با چشم‌هایی هیجان‌زده به من نگاه می‌کرد: «پاشو بریم برزیل.» ذهنم برای چند لحظه خشک شده بود. کجام؟ برزیل؟ برزیل... انگار با برق به من شوک وارد کرده باشند، تمام سلول‌های بدنم بیدار شدند. صندلی راحت و گرم اتوبوس آن لحظه همانند امن‌ترین جای دنیا بود. راننده پاسپورتم را گرفت. دقایقی کنار پلیس مرزی ایستاد و سپس با مهر ورود برزیل کوبیده شده آن را به من برگرداند. چه احساس عجیبی! این همان احساسی است که آدم‌های معمولی که می‌توانند بدون نیاز به ویزا به بسیاری از کشورها سفر کنند تجربه می‌کنند؟ آیا این آزادی است؟ یا یک حق انسانی؟ آیا یک امتیاز است؟ تا‌به‌حال آن‌قدر راحت وارد یک کشور نشده بودم.

برزیل

سرزمین آب و آفتاب

از پنجرهٔ اتوبوس به گیاهان سرسبزی خیره شدم که با قطره‌های باران بوسیده می‌شدند. در وجودم شوقی وصف‌ناپذیر احساس می‌کردم. آنچه روی نقشه شبیه به یک نقطه بود، در واقعیت مسافت عظیمی داشت. من شبیه به یک مورچه در کشوری به نام برزیل نفس می‌کشیدم. عظمتش را در وجودم احساس می‌کردم. عظیم بود و پهناور، سرسبز بود و گرم.

کشورها را همانند درهایی بسته تصور می‌کردم. ذهنم یاد گرفته بود به‌جای خسته‌شدن از سختی‌های دریافت ویزا و غرزدن و صبورنبودن برای ویزاها، به شکل یک بازی به آن نگاه کند. اول باید انتخاب می‌کردم از کدام در می‌خواهم وارد شوم. سپس در می‌زدم. در را باز می‌کردند، من سؤال می‌پرسیدم و فرم و لیست مدارک را می‌گرفتم. پشت در همهٔ مدارک را آماده کرده و انتظار می‌کشیدم تا شاید در را برایم باز کنند.

هوای گرم، باران شدید، هاستل بدون اینترنت، میوه‌های رنگی و استوایی، زبان بی‌زبانی، نژادهای مختلف، دریاچه‌های تازه، سواحل جادویی، شهر فلوریانا پولیس از آنچه تصور می‌کردم، رویایی‌تر بود. احساس می‌کردم در خوابم. گرچه حتی در خواب نیز نمی‌توانستم آن همه زیبایی را یک‌جا و هم‌زمان تصور کنم.

دو روز طول کشید تا بتوانم از شوک شنیدن زبان پرتغالی بیرون بیایم و شباهت آن را به اسپانیایی را بفهمم. وجود دوستان شیلیایی‌ام کمک بزرگی بود. باحوصله همهٔ کلماتی که در روزمره به‌کار می‌بردیم و تلفظ متفاوتی در پرتغالی داشتند را به من می آموختند. کم‌کم متوجه شدم که اگر اسپانیایی صحبت کنم، برزیلی‌ها متوجه حرف‌هایم می‌شوند و اگر آن‌ها بسیار آرام صحبت کنند، من به‌احتمال زیاد متوجه می‌شوم که چه می‌خواهند بگویند.

اقیانوس اطلس و سواحل برزیل حیرت‌آور بودند. همیشه به‌جای صفت «نفس‌گیر» می‌گویم «نفس‌دهنده» چون حیرت و شگفتی حاصل از دیدن شگفتی‌ها برای من زندگی‌بخش است. سواحل برزیل نفس‌دهنده و جزو شگفت‌انگیزترین سواحلی بودند که در زندگی‌ام دیدم. آسمان آبی و دریایی آبی‌تر، آرامش موج‌ها، سبزی گیاهان، شن‌ها و آب گرم اقیانوس شور که قسمتی

از وجودم را هنگام شنا درونش رها کردم، طبیعت به من نفسی جدید برای ادامه‌دادن هدیه می‌داد.

بیش از یک‌سال بود که سوار هواپیما نشده بودم. از بولیوی تا پرو، از پرو به شیلی، از شیلی به آرژانتین، از آرژانتین به اروگوئه و از اروگوئه به برزیل را زمینی آمده بودم. اتوبوس‌های شبانه بخشی از زندگی و مسیرم شده بودند. حالا برای اولین‌بار سوار یک اتوبوس بیست‌وچهارساعته می‌شدم. از فلوریانا پولیس تا مقصد بعدی یعنی ریو دو ژانیرو[1].

بیست‌وچهار ساعت نشستن روی یک صندلی، هرچقدر هم که آن صندلی راحت باشد و یا منظرهٔ پشت پنجره زیبا باشد، خسته‌کننده است. قسمت پایین تنهٔ بدنم را دیگر احساس نمی‌کردم. یک سیب و چند گردو همراهم بود و هروقت اتوبوس کنار رستورانی می‌ایستاد پلو، لوبیا و سبزیجات می‌خوردم. قسمتی از مسیر را کنار مسافری نشسته بودم که هرچقدر هم برایش توضیح دادم، دلیلم برای زمینی طی‌کردن مسیر را متوجه نشد. نمی‌توانست درک کند که چرا با آن‌که قیمت هواپیما با اتوبوس یکسان بود، من دلم می‌خواست زمینی سفر کنم، آن هم وقتی که اگر با هواپیما می‌رفتم تنها دو ساعت طول می‌کشید.

جز دلایل محیط‌زیستی، می‌دانستم آن روزها همیشگی نخواهند بود. ته دلم می‌دانستم که آن لحظه تشنهٔ آنم که رنج را زندگی کنم، آسوده نباشم و در آن ناآسودگی، آسودگی جدیدی بیابم. در اوایل بیست‌ویک‌سالگی برایم مهم نبود که کجا می‌خوابم، چه می‌خورم، در چه هوایی نفس می‌کشم و یا چقدر پول در جیبم دارم. می‌خواستم زندگی را تا جرعهٔ آخرش بنوشم. می‌خواستم تجربه کنم. از دایرهٔ امنی که به‌عنوان یک دختر شهری داشتم بیرون بیایم و بدانم که زندگی در دایره‌های ناامن چگونه است؟ دلم می‌خواست رشد کنم و انعطاف‌پذیر باشم. آن‌قدر انعطاف داشته باشم که زندگی هر چقدر هم که مرا کوبید، نتواند مرا بشکند.

کارناوال در ریو

ماه فوریه بود و زمان کارناوال. در یکی از مهم‌ترین زمان‌های سال به ریو دو ژانیرو رسیده بودم. گیج و خسته در ایستگاه اتوبوس شلوغ و پر از توریست راه

1.Rio de Janeiro

می‌رفتم. کولهٔ بزرگ روی دوشم فریاد می‌زد که مسافرم و این به من احساس ناامنی می‌داد. تمام مدت حواسم به گوشی تلفن‌همراه و وسایلم بود.

گوشه‌ای اینترنت پیدا کردم و به لوسیانا پیغام دادم. وقتی که در هاستلی در پوکن کار داوطلبانه می‌کردم به من گفته بود که برای کارناوال به کشورش برمی‌گردد و مرا به خانه‌اش در ریو دعوت کرده بود. گرچه وقتی که رسیدم متوجه شدم که خانه‌اش یک ساعت با شهر فاصله دارد و در جزیره‌ای روبه‌روی ریو دو ژانیرو است.

هم‌زمان یک زوج ایرانی از طریق فضای مجازی به من پیام داده بودند که از ایران راهی برزیلند. مادر و خواهرهایم از طریق آن‌ها برایم خوراکی و چند مدرک فرستاده بودند. برای گرفتن بقیهٔ ویزاها به آن مدارک نیاز داشتم. قرار بود آن‌ها را در استادیوم معروف ماراکانا[1] ببینم. به نقشه نگاهی انداختم. مقصدهایم با هم بسیار فاصله داشتند. با استرس کوله را روی دوش انداختم و راهی خیابان‌های ریو شدم.

گم‌شدن در شلوغی شهر بزرگی مثل ریو دو ژانیرو، می‌تواند هم خطرناک و هم هیجان‌انگیز باشد. هیچ مطمئن نبودم که در مسیر درستی راه می‌روم یا نه. تمام وسایلم روی دوشم بود. از سه نفر آدرس استادیوم را پرسیدم تا بالأخره پیرمرد لاغری که متوجه اسپانیایی صحبت‌کردنم شد مرا تا پیش اتوبوس‌های مسیر استادیوم ماراکانا برد و گفت: «چهار رئال بیشتر نده.»

خوشحال از مهربانی و کمکش سوار اتوبوس شدم و بسیار راحت روبه‌روی استادیوم پیاده شدم. استادیوم عظیمی که پس از ده دقیقه چرخیدن به‌دور خودم در گرما توانستم درب اصلی‌اش را پیدا کنم و به آغوش باز زوج سراج برسم. زوجی نازنین که همراه مدارک و نان نخودچی که خواهرم برایم پخته بود، بوی ایران را نیز با خود به برزیل آورده بودند. کنار هم نشستیم و دقایقی داستان‌های سفر ردوبدل کردیم. از آن‌ها و لطفشان بسیار تشکر کردم و قرار شد دوباره در کارناوال یکدیگر را ببینیم.

برای رسیدن به خانهٔ لوسیانا باید سوار اتوبوس «دال ۷۰۳» می‌شدم. اما هرچه می‌گشتم آن را پیدا نمی‌کردم. بالأخره چند دختر جوان هم‌سن خودم با مهربانی به من، که کاملاً معلوم بود گم شدم، کمک کردند و مرا به سمت اتوبوس بردند.

1.Maracanã

دیدن دوست عزیزی مثل لوسیانا پس از چهار ماه، در یک نگاه خاطرات پاتاگونیای شیلی، پوکن و عمر را برایم زنده کرد. آن‌قدر اتفاق‌های مختلفی در این مدت افتاده بود که احساس می‌کردم یک سال از آن زمان گذشته است. لوسیانا باعث آشنایی من و عمر شده بود. با ورود به خانه‌اش، متوجه شدم به‌جز من، پنج دوست دیگرش را هم دعوت کرده است. همهٔ آن‌ها اسرائیلی بودند. قرار بود با پنج جوان اسرائیلی، که تازه سربازی را تمام کرده بودند، ده روز در یک خانه زندگی کنم.

کارناوال ریو، بزرگ‌ترین کارناوال دنیا، پر از تجربه‌های نو بود. از همان روز اول با دوستان اسرائیلی و لوسیانا، خیره به تزئینات بزرگ کارناوال، در خیابان‌ها بین ده هزار نفر که هرکدام به‌گونه‌ای خود را آراسته بودند و از نقاط مختلف دنیا برای جشن‌گرفتن کارناوال به ریو آمده بودند، راه رفتیم و رقصیدیم. در کارناوال سن، جنسیت، ملیت و هویت هیچ اهمیتی نداشت. صدا به صدا نمی‌رسید. تنها می‌خندیدیم، می‌نوشیدیم و می‌رقصیدیم.

ماشین‌های بزرگ با رقصنده‌هایی که با گریم و لباس مخصوص در آن نشسته بودند از بین جمعیت رد می‌شدند. یکی از دوستان اسرائیلی عاشق شد و با یک نفر به یک سمت دیگر رفت. من آن‌قدر نوشیدنی خورده بودم که هر لحظه امکان داشت در شلوارکم جیش کنم. به عقب، جلو و هر سمتی نگاه می‌کردم فقط آدم می‌دیدم. نمی‌دانستم بخندم یا گریه کنم. لوسیانا بالا و پایین می‌پرید و با بقیه آهنگی را فریاد می‌زد. شرایط آن‌قدر غیرقابل تحمل شد که اسمش را فریاد زدم و گفتم که باید به دستشویی بروم. دو دوست دیگر اسرائیلی هم همراهمان آمدند.

کنار دیوار رفتیم. سه نفری پشت به من ایستادند، من روی زمین نشستم، شلوارکم را پایین کشیدم و روی زمین کثیف ریو ادرار کردم. البته من تنها نفری نبودم که نتوانسته بود خودش را کنترل کند. سمت راستم دو پسر دیگر و سمت چپم چهار دختر دیگر نیز در وضعیت مشابه من بودند. دیوار بوی گند مدفوع می‌داد و زمین... سعی می‌کردم اصلا به زمین نگاه نکنم چون باعث حالت‌تهوع می‌شد.

به‌یاد دارم در همان حالت نشسته آن‌قدر شرم‌زده و متعجب بودم که فقط می‌خندیدم. مطمئن بودم اگر سال‌ها بعد چیزی از کارناوال به‌یادم بیاید، همین تصویر دستشویی‌کردن کنار دیوار روبه‌روی هزاران نفر خواهد بود. روزهای آخر اما غم عجیبی همراهم بود. احساس می‌کردم آن تجارب برای لوسیانایی که در

برزیل بزرگ شده و دوستان اسرائیلی‌اش معمولی است. تجربهٔ آزادنه رقصیدن و بوسیدن کسی در خیابان. آزادانه لباس پوشیدن بدون آن‌که کسی تو را قضاوت کند.

هیچ وقت در هیچ‌کجای دنیا به اندازهٔ کارناوال ریو «رهایی» را احساس نکرده بودم. با هر تصویری که می‌دیدم یاد دختران انقلاب می‌افتادم. یاد زنانی که به‌خاطر پوشش در زندانند. یاد تمام عزیزانم در ایران که دلشان می‌خواهد آزاد زندگی کنند و نمی‌توانند. چطور می‌توانستم ببینم که عشق به هم‌جنس آن‌قدر پذیرفته‌شده است و یاد دوستان هم‌جنسگرایم در ایران نباشم؟ در ایران حتی هنوز نمی‌توانستیم عشق به جنس مخالف را در خیابان‌ها بروز دهیم. نمی‌توانستیم دست دوست‌پسرمان را در خیابان بگیریم. در ایران همه‌چیز زیرزمینی و با ترس اتفاق می‌افتاد.

هرچقدر سعی می‌کردم، نمی‌توانستم خودم را با جوان‌های اسرائیلی مقایسه نکنم. هر دو از خاورمیانه آمده بودیم. اما آن‌ها با بودجه‌ای که در سربازی از دولت گرفته بودند سفر می‌کردند، بدون دغدغهٔ ویزا. من نه‌تنها پاسپورتم ارزشی نداشت بلکه ارزش پولمان هم آن‌قدر کم بود که علاوه بر کار داوطلبانه، باید آنلاین هم کار می‌کردم. تصور برگشت به تهران و کارکردن و پول جمع‌کردن برای سفر یک اتفاق غیرممکن شده بود.

میان آن همه همهمه و شلوغی فستیوال، بیش از هر زمان دیگری به مردم سرزمینم فکر می‌کردم. به دوستان هم‌سن‌وسالم در ایران. دلم می‌خواست کاری برای آزادی و رهایی مردم ایران بکنم؛ اما می‌دانستم که فعلاً تنها می‌توانم روی آزادی خودم کار کنم. اگر من در بند بمانم، نمی‌توانم کسی را آزاد کنم؛ اما اگر من آزاد باشم و آزاد زندگی کنم، شاید کسی مرا ببیند و به آزادی فکر کند.

ویزایی که زندگی‌ام را تغییر داد

برزیل نهمین کشور و آخرین مقصد من در آمریکای جنوبی بود. به تمام کشورهایی که دلم می‌خواست در آمریکای جنوبی ببینمشان سفر کرده بودم، به‌جز پاراگوئه که سفارتش هیچ‌وقت جوابم را نداد.

دلم برای خانواده‌ام تنگ شده بود. دلم می‌خواست بتوانم دو سه ماهی به آغوششان برگردم، زرشک‌پلو و دست‌پخت مادر و مادربزرگم را بخورم و استراحت

کنم. اما ایران دیگر آن ایرانی نبود که از آن خارج شده بودم. دلار ۳٬۶۰۰ تومانی به چهارده هزار تومان رسیده بود. اگر برمی‌گشتم می‌توانستم با حقوق معلمی‌ام و تدریس به کودکان زندگی راحتی داشته باشم، اما ارزش پول آن‌قدر کم شده بود که نمی‌توانستم پس‌انداز کنم. ایران دور بود، خیلی دور. با قیمت بلیط به ایران از سائو پائولو می‌توانستم سه ماه به سفرم ادامه دهم. هم‌زمان هنوز کشورهای بسیاری در آمریکای لاتین مرا صدا می‌زدند. می‌خواستم به کوبا سفر کنم و به کاستاریکا و مکزیک نیز بروم. تازه پس از ماه‌ها زجرکشیدن می‌توانستم به زبان اسپانیایی معاشرت کنم.

یادم می‌آید که با مادرم تماس گرفتم و شرایطم را برایش توضیح دادم. گفتم نمی‌دانم باید سفر را به اتمام برسانم و به ایران برگردم یا ادامه دهم. سکوت کرد. سپس گفت اگر توان و امکان ادامه‌دادن را داری، حتماً به مسیرت ادامه بده.

در ریو دو ژانیرو به سه سفارت پاناما، کاستاریکا و مکزیک پیغام دادم. پاناما و کاستاریکا گفتند که نمی‌توانم به عنوان ایرانی برای ویزا اقدام کنم؛ اما اگر ویزای چندبار ورود شنگن، آمریکا و یا کانادا را داشته باشم، می‌توانم بدون احتیاج به ویزا وارد کشور شوم. مکزیک هم گرچه نوشته بود که می‌توانم برای ویزای توریستی اقدام کنم، ولی درنهایت شرایطش مشابه همین جواب بود. پس از کمی تحقیق متوجه شدم این قانون برای جمهوری دومینیکن هم صدق می‌کند. در کانادا آشنا داشتم. گرچه خود کانادا صدایم نمی‌زد اما درهای بسیاری را به‌رویم باز می‌کرد. یعنی با یک ویزا می‌توانستم به چند کشور سفر کنم. فکر کردم که حداقل باید تلاش کنم، اگر نشد با ویزای توریستی به مکزیک می‌روم و اگر ویزای کانادا را گرفتم، اول به کانادا می‌روم.

روزی که به کنسولگری کانادا رفتم را خیلی خوب به‌یاد دارم. یکی از روزهای آخر کارناوال. صبح بسیار زود از خواب بیدار شدم، دوش آب سرد گرفتم و برای صبحانه انواع و اقسام میوه‌های استوایی را خوردم. لوسیانا و دوستانش هنوز خواب بودند. با دعوت‌نامهٔ عزیزی که مرا ندیده بود ولی به من اعتماد کرده بود، همراه چند مدرک دیگر برای درخواست ویزای توریستی از خانه بیرون زدم. از خانهٔ لوسیانا تا آنجا یک ساعت راه بود. مسیری که می‌توانستم با اتوبوس یا کشتی بروم. پانزده دقیقه از خانهٔ لوسیانا تا کشتی و بیست دقیقه از کشتی تا مرکز ویزا را پیاده با قدم‌های تند راه رفتم. ریو دو ژانیرو هنوز برایم شلوغ و گیج‌کننده بود، اما کمتر از روزهای اول در آن گم می‌شدم. بیست دقیقه پیاده‌روی می‌تواند لذت‌بخش باشد اما نه زیر آفتاب داغ برزیل. خیس عرق به مرکز کنسولگری

رسیدم. بدون وقت قبلی، بدون هیچ تصوری، تنها با این فکر که قرار است شرایط را بپرسم. چون خود کانادا در آن لحظه برایم مقصد هیجان‌انگیزی نبود، استرسی نداشتم.

خون‌سردانه با مرد پشت میز هم‌صحبت شدم و گفتم که ایرانی‌ام و می‌خواهم ببینم آیا می‌توانم برای ویزای توریستی اقدام کنم یا نه؟ مدارک و عکس هم همراهم است. نگاهی به مدارک و پاسپورت پر از مهر و ویزایم انداخت. سپس گفت اگر دو ساعت بنشینی می‌توانی همین امروز مصاحبه داشته باشی. لبخندی زدم و گفتم صبر خواهم کرد. دوستانم که در خیابان مشغول رقص و شادی و جشن‌گرفتن بودند، می‌پرسیدند که کی به آن‌ها ملحق می‌شوم.

من که درد و تفاوت مسافر ایرانی‌بودن را به‌جان خریده و قبول کرده بودم، روی صندلی دو ساعت در انتظار نشستم و به زمین خیره شدم تا بالأخره نوبتم شد. به اتاقک سفیدی که دو دوربین مداربسته داشت رفتم و پشت میز، روبه‌روی مرد مصاحبه‌کننده نشستم. فضا بسیار جدی بود و من به‌طرز عجیبی آرام و خون‌سرد بودم. پاسپورتم را دو بار صفحه‌به‌صفحه ورق زد. مدارکم را نگاه کرد و از هرکدام یک کپی گرفت. فرمی را به من داد تا پر کنم و پرسش را شروع کرد.

−   خانم ملیکا، تمام زمانی که اینجایی، سؤال و جواب‌ها ضبط خواهد شد.

+   بله متوجه‌ام.

−   چرا می‌خوای به کانادا بری؟

چند ثانیه ذهنم قفل شد. آیا باید به‌دروغ بگویم که چشم انتظار دیدن دوستانم هستم و آرزوی سفر به کانادا را دارم؟ یا باید صادق باشم و بگویم که آن ویزا باعث خواهد شد بتوانم راحت‌تر در آمریکای لاتین سفر کنم؟ تصمیم گرفتم که روراست باشم.

+   همون‌طور که تو پاسپورتم می‌بینید، من دلباختۀ آمریکای لاتینم. بیشتر از یک ساله تو سفرم و می‌خوام به آمریکای مرکزی و جنوبی هم برم. ویزای کانادا نه‌تنها به من این اجازه رو می‌ده که دوستام رو این تابستان تو کانادا ببینم، بلکه مسیر سفر من رو راحت‌تر می‌کنه. به همین دلیل تصمیم گرفتم برای ویزا اقدام کنم. برای صرفه‌جویی در زمان، پول و انرژی.»

چهل‌دقیقه‌ای داخل اتاق بودم. از من پرسید که آیا کارتی دارم تا دویست دلار هزینهٔ ویزا و انگشت‌نگاری را پرداخت کنم؟ توضیح دادم که در ایران کارت‌های بین‌المللی نداریم و با پول نقد سفر می‌کنم. گرچه آن لحظه نقد هم همراهم نداشتم. شماره‌حساب را روی کاغذ نوشت و گفت باید به بانک برم و پول را واریز کنم و با فیش به آنجا برگردم و گفت که پس از پرداخت و انگشت‌نگاری، فرآیند اداری ویزا شروع خواهد شد.

ساعت یک‌ونیم ظهر بود و بسیار گرسنه بودم. لوسیانا نوشته بود که ناهار برایم خوراک لوبیا درست کرده است. با کشتی به خانه برگشتم، در سریع‌ترین حالت ممکن لوبیاها را خوردم، پول نقد را برداشتم و به سمت بانک حرکت کردم. با ورود به بانک، با صفی طولانی و مردمی منتظر مواجه شدم. ساعت سه بعدازظهر بود. بانک ساعت چهار و مرکز ویزا ساعت پنج بسته می‌شد. پس از انتظاری طولانی، با زبان بی‌زبانی به یک مسئول شرایطم را توضیح دادم. انگار استرسم را حس کرده باشد، مرا به اتاقک کوچکی برد و آنجا آقایی خوش‌اخلاق کمکم کرد تا پول را به حساب واریز کنم. با ذوق فیش را گرفتم و پروازکنان به سمت سفارت رفتم. آن‌قدر تند راه می‌رفتم و هیجان داشتم که دو بار نزدیک بود با مغز زمین بخورم. پنج دقیقه قبل از بسته‌شدن مرکز ویزا، نفس‌نفس‌زنان، عرق‌ریزان و با چشم‌هایی که برق می‌زدند وارد شدم. کارمند با تعجب به من خیره شد و گفت: «ما بسته‌ایم.»

با بغض برایش شرایط را توضیح دادم و در آخر گفتم که همهٔ این مسیر را رفتم و برگشتم چرا که ایرانی‌ام و کارت پول ندارم؛ وگرنه می‌توانستم همان صبح با کارت مبلغ را پرداخت کنم. سری تکان داد و گفت که برای مراحل انگشت‌نگاری همراهش به داخل اتاقک سفید بروم. پاسپورتم را گرفت و پس از سی دقیقه عکس‌گرفتن، فرم پرکردن و انگشت‌نگاری، گفت که پانزده روز کاری طول خواهد کشید تا از طریق ایمیل به من جواب درخواست ویزایم را بدهند. انگار بار بزرگی از روی شانه‌ام برداشته شده بود. قدم‌هایی که باید را برداشته بودم و حالا کافی بود که تسلیم شوم و انتظار بکشم تا ببینم زندگی برایم چه برنامه‌ای دارد. باور داشتم اگر به صلاحم باشد، مسیر باز خواهد شد و اگر قرار نباشد از طریق کانادا به مسیر ادامه دهم، مسیر دیگری را پیش خواهم گرفت.

پانزده روز کاری به معنای سه هفته زندگی بود. دلم برای بودن با کودکان و تدریس تنگ شده بود. مدرسه‌ای در روستایی کوچک در مرکز برزیل پیدا کرده و بلیط اتوبوس خریده بودم تا سه هفته به آنجا بروم. تمام تعلقاتم را روی دوشم

انداختم، لوسیانا را محکم در آغوش گرفتم و از او برای میزبانی‌اش و خاطرات فراموش‌نشدنی کارناوال تشکر کردم.

در شبی گرم و تاریک، به‌سمت ایستگاه اتوبوس در ریو راه رفتم. هنگام سوارشدن، به دلیل آن‌که مقصد در استان دیگری قرار داشت، راننده بلیط و کارت شناسایی هر نفر را چک می‌کرد. پاسپورتم در کنسولگری کانادا بود اما کپی آن و نامه‌ای از سفارت را همراهم داشتم. همان مدارکی که با آن توانسته بودم بلیط را از گیشه بخرم. راننده که انگار روز خوشی نداشته، با اخم به عکس باحجاب پاسپورتم و سپس به من نگاهی انداخت و گفت که نمی‌توانم سوار شوم. انرژی سنگین کلماتش، لهجهٔ تند و عجیبش و شوک جمله‌ای که شنیدم باعث شد که تمام فشاری که آن اواخر حمل کرده بودم در بغضی بشکند و به اسپانیایی و بالکنت و صدایی لرزان از او درخواست کنم تا شرایطم را درک کند. به او گفتم که در آن روستا عزیزانی منتظرمند و فردا باید آنجا باشم. به او گفتم که هزینهٔ این بلیط برای من پول زیادی است و نمی‌توانم آن را دوباره پرداخت کنم. از او پرسیدم که اگر بدون پاسپورت نمی‌توانستم سوار اتوبوس شوم چرا بلیط را به من فروختند. راننده اما دلش نرم نبود. به هیچ‌کدام از کلماتم توجهی نکرد. سوار اتوبوس شد و حرکت کرد. من هم که بدون‌وقفه اشک می‌ریختم و هق‌هق می‌زدم به اتوبوسی که از من دور می‌شد نگاه کردم و به گریه ادامه دادم. آن‌قدر گریه کردم تا دیگر اشکی برایم نماند. برایم مهم نبود که دیگران چه فکر می‌کنند. تنها می‌دانستم آن احساسات که مجموعه‌ای از ترس، غم، خشم و خستگی بودند را باید لمس کنم.

چشمانم که خشک شد به لوسیانا زنگ زدم. او دنبالم آمد و با هم به خانه‌اش برگشتیم. مغزم از فکر زیاد سوت می‌کشید. سه هفته در این شهر بزرگ چه کنم؟ لوسیانا روز بعد به استان دیگری می‌رفت. کجا می‌توانستم بمانم؟ کار داوطلبانه کنم؟ به یک هاستل بروم؟ میزبان پیدا کنم؟ گزینه‌ها زیاد بودند و من خسته و حیران بودم. چه خیری پشت آن همه تأخیر و درد بود؟

کمک بدون انتظار

با وجود تمام ترس‌ها و نامعلومی آینده، باور داشتم که لیوانم نیمهٔ پری هم دارد. صبح روز بعد خیلی اتفاقی در اینستاگرام چشمم به پیامی افتاد از طرف زنی به نام آنجلا. به پرتغالی برایم نوشته بود: «اگه در ریو هستی خیلی دوست دارم ببینمت و می‌تونی مهمون خونهٔ من باشی.»

ساعت شش صبح بود. لوسیانا آن روز به استان دیگری سفر می‌کرد و من نمی‌دانستم که قرار است کجا بمانم. با کمک ترجمهٔ گوگل برای آنجلا، که نمی‌دانستم کیست و از کجا با صفحهٔ من آشنا شده است، پیامی طولانی فرستادم و شرایطم را توضیح دادم. ناباورانه سریع جواب داد. شماره تلفنش را فرستاد و گفت: «امروز یکشنبه است و من خونه‌م. هروقت که خواستی بیا.» نمی‌دانستم بخندم یا گریه کنم. من به دوستی با غریبه‌ها عادت دارم؛ اما او چطور؟ چطور می‌تواند درهای خانه‌اش را به روی دختری ایرانی که نمی‌شناسد باز کند؟

از لوسیانا خداحافظی کردم و با اتوبوس به سمت خانهٔ آنجلا رفتم. روبه‌روی در ایستادم، نفس عمیقی کشیدم و زنگ را زدم. نگهبان با لبخندی بزرگ در را برایم باز کرد و مرا به طبقهٔ بالا راهنمایی کرد. آنجا آنجلای زیبا با چشم‌هایی خندان و پرمهر مرا در آغوش گرفت. انگار دخترش را دیده باشد. سپس به پرتغالی و آرام، طوری که من متوجه بشوم، صحبت کرد و خانه را نشانم داد.

«اینجا آشپزخونه‌ست. می‌تونی هر چیزی که اینجاست رو استفاده کنی. اینجا هم اتاق پسرمه. اون یکی اتاق خودمه و این یکی هم اتاق تو. تا هر زمان که لازم داشتی می‌تونی اینجا بمونی.»

پس از هر جمله‌اش تشکر می‌کردم. بعد از گذاشتن کوله‌ام در اتاق، به آشپزخانه رفتم تا او را بهتر بشناسم و داستانش را بشنوم. معاشرت سخت بود، اما متوجه شدم که پنجاه سال دارد، مجرد است و یک پسر دارد و یک دختر که حامله است. مرا از طریق یکی از دوستان ایرانی‌اش می‌شناخت. گفت ماه‌هاست که داستان‌هایم را در کانال تلگرام و اینستاگرامم به پرتغالی ترجمه می‌کند و می‌خواند. از او و آن دوست ایرانی که مرا به او معرفی کرده بود، تشکر کردم. حالا متوجه می‌شدم چرا آنجلا طوری رفتار می‌کند که انگار مرا می‌شناسد.

آن روز با هم به دیدن کوه کله‌قندی[1] معروف در ریو دو ژانیرو رفتیم. در مسیر به او گفتم درست مثل اسمش یک فرشته است. فرشتهٔ نجات من در ریو. او هم از عشقش به ایران و خوشحالی‌اش از داشتن مهمان ایرانی گفت. در راه برگشت، میوه، سبزیجات و حبوبات خریدیم و کنار هم آشپزی کردیم. قبل از خواب کلید خانه‌اش را به من داد و گفت: «تا هروقت که ویزات بیاد می‌تونی اینجا بمونی. فردا صبح زود سر کار می‌رم و شب برمی‌گردم. برو و حسابی شهر رو بگرد.»

1.Sugarloaf

به‌یادم دارم آن شب در دفترچه‌ام بابت ماندن در ریو، بدرفتاری راننده، تأخیر کار داوطلبانه و آنجلا شکرگزاری کردم. گرچه هنوز نمی‌دانستم که این اتفاق معجزه است و منجر به دیدن زیبایی‌های بسیاری می‌شود.

قطار، اتوبوس و یا پیاده؟ پرسشی که قبل از رسیدن به مجسمهٔ معروف مسیح باید از خود بپرسید. با توجه به تجربه‌ام در ماچو پیچوی پرو تصمیم گرفتم پیاده بروم و کوه‌نوردی کنم. مجسمهٔ عظیم مسیح در هفت‌صد متری کوه کورکووادو۱ قرار داشت و یکی از دیدنی‌های معروف ریو دو ژانیرو بود. همان‌طور جایی خوانده بودم که یکی از عجایب هفتگانهٔ جدید در جهان است.

از طریق کوچ سرفینگ با گروهی از جهانگردانی از شیلی، آلمان، فرانسه و پرو آشنا شدم و روز بعد با یکدیگر کوه‌نوردی لذت‌بخشی داشتیم. تجربه‌ای که البته در نیمه‌های راه به سنگ‌نوردی تبدیل شد. دوساعت‌ونیم قدم‌به‌قدم کنار هم راه رفتیم و داستان تعریف کردیم. مسیر بسیار سرسبز و پر از سنگ‌های عظیم بود. حالا می‌فهمیدم که چرا ریو دو ژانیرو آن‌قدر پرجمعیت و توریستی است. سواحل بی‌نظیرش، سرسبزی، آب‌وهوایش و کوه‌های اطرافش همه خاص بودند. انرژی آن زمین و طبیعت و جادویش را می‌توانستی حس کنی. دوساعت‌ونیم طول کشید تا به مجسمه برسیم. مسیح عظیم که پایه‌اش هشت متر، قدش سی متر و عرض دستانش بیست‌وهشت متر بود. برای چند لحظه حس کردم که نفس در سینه‌ام حبس شده است. نمی‌دانم به دلیل کوه‌نوردی در کوه‌های پرشیب بود یا آنچه می‌دیدم را باور نمی‌کردم. ریو دو ژانیروی جادویی زیر پایم قرار داشت. کل شهر، کوه کله‌قندی که با آنجلا به قلهاش رفته بودم، سواحل بی‌نظیر زیر پایم بودند. جمعیت زیاد بود اما من به‌جز زیبایی هیچ نمی‌دیدم و نمی‌شنیدم. دقایقی طولانی در سکوت به منظره خیره شدم. سکوتی که با شنیدن زبان فارسی شکسته شد. با شنیدن اسمم به لهجهٔ فارسی به عقب نگاه کردم. یک زوج ایرانی با چشم‌هایی بزرگ و پرمهر به من نگاه می‌کردند.

آن‌ها پگاه و سام بودند. پگاه مرا از فضای مجازی می‌شناخت. ساکن سوئد بودند و برای بودن در کارناوال، تولد پگاه و برای اینکه سال نوی ایرانی را در سفر باشند به برزیل آمده بودند. به نوروز خیلی نزدیک بودیم. آن شب برای شام با آن‌ها به یک رستوران مکزیکی رفتم و ساعت‌ها با تمام وجودم خندیدم. دنیا چقدر کوچک شده بود. روز بعد نیز با هم به دیدن پله‌های معروف خورخه (جرج) سلارون۲ رفتیم. دیگر مثل روزهای اول از تردد با اتوبوس نمی‌ترسیدم و

1.Corcovado 2.Jorge Selaron

امنیت بیشتری را احساس می‌کردم. متوجه شده بودم که نداشتن زبان مشترک خودبه‌خود باعث احساس ناامنی در وجودم می‌شود و هرچقدر با فرهنگ و زبان برزیلی‌ها بیشتر آشنا می‌شدم، اعتمادم به این سرزمین و احساس امنیتم بیشتر می‌شد.

سلارون شیلیایی در سال (۱۹۹۰) به‌خاطر علاقهٔ شخصی‌اش به مردم برزیل این پروژه را شروع کرده بود. از رنگ‌های آبی و زرد و سبز کاشی‌ها، که رنگ‌های پرچم برزیل است، این موضوع کاملاً مشخص بود. سال (۱۹۹۸) هنگامی که پروژه تقریبا تمام شده بود؛ متوجه شد مغازه‌ای وجود دارد که کاشی‌های قدیمی اروپایی می‌فروشد. صدایی به او گفته بود که باید آن‌ها را بخرد حتی اگر دیگر جایی در پله‌ها باقی نمانده است. بعد تصمیم می‌گیرد هر چند وقت یک‌بار کاشی‌ها را عوض کند و یک اثر هنری قابل‌تغییر بسازد. مثل زندگی که همیشه درحال تغییر است. حالا این پله‌ها نه‌تنها متعلق به مردم برزیل، بلکه متعلق به مردم جهان است. روی آن‌ها می‌شود بیش از دوهزار اثر متفاوت از نقاط مختلف دنیا پیدا کرد. ایران هم یکی از آن‌ها است.

در هفتم دسامبر (۱۹۹۹)، در تولد دوسالگی من، سلارون از خوشحالی و ناباوری موفقیت این پروژه اشک می‌ریزد. در این لحظه تصویر زن حامله تنها چیزی است که لازم بوده تا به اثر اضافه کند. به یک دلیل شخصی این تصویر همیشه در نقاشی‌اش حضور داشته است. سلارون از تمام مردم دنیا دعوت می‌کند تا در تکمیل این اثر هنری شرکت کنند و یک کاشی برایش بفرستند. بعد به آن‌ها قول می‌دهد تا کاشی‌هایشان را به اثر هنری اضافه کند و عکسش را برایشان بفرستد.یک جایی هم نوشته بود: «من این اثر رویایی و دیوانه‌کننده را تنها در آخرین روز زندگی‌ام تمام خواهم کرد.»

روبه‌روی پله‌ها ایستادم و داستان سلارون را خواندم. به نقاشی زن حامله و عکس خودش نگاه کردم و سپس با هیجان زیاد برای پیداکردن کاشی‌هایی که از ایران آمدند، بر روی این اثر هنری قدم زدم.

با پگاه و سام دقایق زیادی روی پله‌ها راه رفتیم. صحبت کردیم و عکس گرفتیم. جمعیت زیادی هر روز برای دیدن این اثر هنری به آن منطقه می‌آمدند و بسیار شلوغ بود. یک‌دفعه باران شدیدی بارید. ما به حیاط یکی از خانه‌های کنار پله‌ها پناه بردیم. در عرض پانزده دقیقه پله‌ها خالی از جمعیت شدند و به‌جز ما سه نفر هیچ‌کس آن دوروبر نبود. تصمیم گرفتیم با وجود باران روی پله‌ها برویم و

عکس بگیریم. آن روز تولد پگاه بود و هر سه دلیلی برای خوشحالی و جشن‌گرفتن داشتیم. بعد از کمترشدن باران و گرفتن عکس‌ها به سمت گرافیتی‌های عظیم در یک منطقهٔ دیگر رفتیم و در آخر برای گرفتن جشن کوچکی، به یک کافه رفتیم. کافه‌ای که منویی نداشت و این برایمان عجیب بود. یک فضای باز بود که هر کس می‌توانست قهوه خود را آماده کند، شیرینی خود را انتخاب کند و سپس هرچقدر که دوست دارد پول بپردازد. اصلاً انتظار دیدن چنین مکانی را در ریو نداشتیم. سام از صاحب کافه پرسید که ما کجا می‌توانیم کیک کوچکی تهیه کنیم و صاحب کافه بعد از آن‌که متوجه شد تولد پگاه است، من و پگاه را همراه با یکی از کارکنانش به مغازهٔ بغلی فرستاد. آن فرد کیکی بزرگ و شکلاتی برایمان خرید و من و پگاه را به‌شدن متعجب کرد. به زبان انگلیسی مسلط و بسیار خوش‌انرژی بود. آهنگ «تولد مبارک!» ایرانی گذاشتیم، کیک شکلاتی خوردیم و با افراد مختلف معاشرت کردیم. شب وقت برگشت به خانهٔ آنجلا، زمانی که روی تخت نرمم خوابیده بودم، به تمام این لحظه‌های ناب و تکرارنشدنی فکر کردم و بابت تمام ناشکری‌هایم از خودم معذرت‌خواهی کردم.

یک نوروز دیگر

«اگر دوران انتظار هر ویزایی قرار است به اندازهٔ انتظار برای ویزای کانادا پر از اتفاق، زیبایی و معجزه باشد، تا انرژی دارم انتظار خواهم کشید و صبوری خواهم کرد.»

آنجلا اهل تعارف نبود، اما هرچقدر به او می‌گفتم که احتیاجی نیست هنگامی که از سر کار برمی‌گردد برایم آشپزی کند، می‌گفت که عاشق آشپزی است و دلش می‌خواهد من راحت باشم. یک آخر هفته همراه او و دخترش به آرایال دو کابو[1] و بوزیوس[2] رفتم. دو ساحل رویایی در نزدیکی ریو. گرچه صفت «رویایی» برای آنچه دیدم و تجربه کردم کافی نیست؛ چرا که در رویاهایم نیز تصور نمی‌کردم در زندگی واقعی و بیرون از عکس‌ها و فتوشاپ‌ها، طبیعتی چنین جادویی و با چنین رنگی ببینم. از نیلی تا فیروزه‌ای، از آبی نفتی تا آبی آسمانی، دریا به رنگ آبی معنای جدیدی داده بود. ماسه‌های سفید با هر قدم کف پاهایم را نوازش می‌کردند و در اطرافم به‌جز سبزی درختان، کاکتوس‌های بلند و گیاهان چیزی نبود. پلک می‌زدم، قدم برمی‌داشتم و دوباره چندبار پلک می‌زدم. به دختر آنجلا نگاهی انداختم. حامله بود و آرام‌آرام قدم برمی‌داشت. آیا او هم به‌اندازهٔ من

1.Arraial do Cabo   2.Buzios

۲۳۰

حیرت‌زده بود؟ چقدر دلم می‌خواست با او صحبت‌های عمیق و طولانی داشته باشم. حیف که نه انگلیسی بلد بود و نه اسپانیایی. به این فکر کردم که باید پرتغالی هم یاد بگیرم.

در دنیا نبودم. در بهشت بودم. آنچه می‌دیدم همان بهشتی بود که در مدارس به ما گفته بودند اگر انسان خوبی باشیم و نمازمان را بخوانیم به آنجا می‌رویم. چه کار خوبی کرده بودم که دنیا چنین هدیه‌ای به من داده بود؟ بدنم را در آب گرم، شور و آرام دریا رها کردم و به‌دور از نگاه آنجلا و دخترش اشک ریختم. به‌خاطر بی‌اندازه شکرگزار بودنم، نعمت آزادانه راه‌رفتن و لباس‌پوشیدن و برای رهایی بدنم در آب اشک ریختم. برای چیزی که قبل از آن در زندگی تجربه نکرده بودم. نمک آب با نور خورشید در آب می‌رقصید و رنگ پوستم همراه با سوزشی ملایم، تیره و تیره‌تر می‌شد.

عید نوروز و سالگرد مرگ پدرم نزدیک بود. پگاه، که خود نیز پدرش را به‌تازگی از دست داده بود، پیام داد و پیشنهاد کرد که همراهشان چند روزی به جزیره‌ای در نزدیکی ریو بروم. سام می‌گفت تو مهمان ما باش و در رسیدن ما به آنجا و هماهنگی سفر کمکمان کن. آن لحظه‌ای که در ایستگاه اتوبوس همانند کسی که عزیزی را از دست داده اشک می‌ریختم، تصورش را هم نمی‌کردم که ماندن در ریو باعث دیدن آن همه زیبایی شود. با اتوبوس و قایق به جزیره‌ای بزرگ رسیدیم. جایی که برای اولین‌بار در آب‌های فیروزه‌ای رنگش غواصی را تجربه کردم. جایی که دور از شلوغی و کنار دریای درمانگر برزیل، همراه با پگاه و سام خوش‌انرژی توانستم نوروزی دیگر را در سکوت بگذرانم و احساساتم را لمس کنم. نسبت به سال قبل تنفر کمتری نسبت به آن روز داشتم؛ اما هنوز نمی‌توانستم و نمی‌خواستم که جشن بگیرم. نوروز بدون هفت‌سین گذشت؛ اما با صحبت‌هایی عمیق با پگاه در مورد مرگ و زندگی. همدیگر را در آغوش گرفتیم و برای ازدست‌دادن پدرانمان اشک ریختیم. اجازه دادیم هر احساسی که در عمق وجودمان قرار دارد به سطح بیاید و آن را با کلمات و اشک بروز دادیم.

سام دلش می‌خواست حال که به برزیل آمده بود، گیاهِ درمانی آیاهواسکا[1] را امتحان کند. از طریق دوستانم شخصی را می‌شناختم که مورد اطمینان بود و در نزدیکی ریو زندگی می‌کرد. به او پیام دادم و با او قرار گذاشتم. یک روز همگی با هم به جنگل و دیدن یک آبشار رفتیم تا با او بیشتر آشنا شویم. سپس سام تصمیم گرفت تا همراه او به مراسم آیاهواسکا در وسط جنگل‌ها برود و من و پگاه دو روز

1.Ayahuasca

را همان اطراف سپری کردیم. سام با امتحان آن تجربه‌ای بسیار عمیق داشت و از تجربه‌اش بسیار راضی بود. می‌دانستم روزی خواهد رسید که من نیز آیاهواسکا را تجربه خواهم کرد، اما به‌نظرم هنوز زمانش نرسیده بود.

خداحافظی از پگاه، سام و آنجلا کار راحتی نبود. خداحافظی از ریو دو ژانیرو حتی سخت‌تر هم بود. یاد گرفته بودم که نظاره‌گری را تمرین کنم و آن مواقعی که زندگی طبق خواستهٔ من پیش نمی‌رود، تسلیم شوم. گاهی زمان‌بندی و برنامه‌ریزی زندگی از آنچه برای خود برنامه‌ریزی می‌کنم بهتر است.

ویزای سه‌سالهٔ کانادا بر پاسپورتم خورد. ویزایی که به معنای ادامهٔ این سفر طولانی بود. یعنی آمریکای مرکزی و شمالی آمادهٔ پذیرفتنم بودند و درهای خود را به‌رویم باز کرده بودند. آنجلا همراه پسرش به سائو پائولو رفته و کلید را به من داده بود. نامه‌ای که برایش نوشته بودم را در گوشه‌ای گذاشتم، چراغ‌ها را خاموش و در را قفل کردم. کلید را زیر در گذاشتم و با قلبی پر از احساس خوشبختی، سپاسگزاری، غم و عشقی عجیب به ریو دو ژانیرو، به ایستگاه اتوبوس رفتم.

خداحافظی با شهری که تو را خام در آغوش گرفته و پخته رها می‌کند، بسیار سخت است. شاید حتی سخت‌تر از خداحافظی با آدم‌هایی که در آن شهر دیده‌ای. بدون آن‌که اشکی از چشمم جاری شود سوار شدم و اتوبوس حرکت کرد. از پنجره به ریو خیره شدم. تمام خاطرات از جلوی چشمانم مانند یک فیلم کوتاه و هم‌زمان طولانی گذر کردند. تصویر کارناوال و به‌یادآوری استرس برای گم‌نشدن گوشی در اتوبوس، دیدار با مجسمهٔ آزادی، سفارت کانادا و دیدار با آنجلا و سام و پگاه همگی پیش چشمم آمد. طبق عادت برایش نامه‌ای نوشتم: «ریو دو ژانیروی عزیز، بابت همهٔ اشک‌ها و لبخندها از تو ممنونم! برای همهٔ شادی و غم‌هایی که درونت تجربه کردم و برای همهٔ لذت‌ها و دردها از تو ممنونم!»

یادم نیست چه شد که به خواب عمیقی فرو رفتم. اما به‌یادم دارم که با صدای گریهٔ بچهٔ صندلی عقب از خواب بیدار شدم. ساعت هفت‌وچهل‌وپنج دقیقهٔ صبح بود. یک‌ربع دیگر به مقصد می‌رسیدم. یعنی یازده ساعت بی‌وقفه خوابیده بودم.

مدرسه‌ای فرهنگی در روستای کوچک برزیلیا د میناس[1] پیدا کردم. قرار شد یک ماه آنجا زندگی کنم و به کودکان و بزرگسالان زبان انگلیسی درس بدهم. اتوبوس مرا در شهر مونتس کلاروس[2] پیاده کرد. به‌محض پیاده‌شدن، یکی از میزبانان را شناختم. لئو شبیه عکسی بود که دیده بودم. موهایش بلند و دِرِدلاک[3]

1.Brasilia de Minas 2.Montes Claros 3.dreadlocks

بافته شده بود. با لبخند در آغوشم گرفت، کوله‌ام را روی دوشش انداخت و همان‌طور که سؤال می‌پرسید مرا به سمت ماشینش هدایت کرد: «ملیکا؟ ایران؟ سفر با اتوبوس راحت بود؟ گشنه‌ای؟ خسته‌ای؟ برسیم مدرسه ناهار آماده است. ترجیح می‌دی پرتغالی صحبت کنیم یا انگلیسی؟ خب برام تعریف کن ببینم چی شد که با این سن کم، از ایران به این شهر کوچیک وسط برزیل رسیدی؟»

مدرسهٔ هنر بنفش

رنگ بنفش ساختمان مدرسه لبخند بزرگی روی لب‌هایم نشاند. بنفش رنگ مورد علاقهٔ من است. همراه با شنیدن توضیحات لئو در مورد مدرسه، وارد حیاط شدیم. حیاطی که دورتادورش نقاشی و گرافیتی بچه‌ها بود. در گوشه‌ای اتاق موسیقی پر از گیتار و سازهای مختلف و کنارش اتاق گریم و تئاتر بود. باور نمی‌کردم در این روستای دورافتاده و کوچک چنین جایی وجود داشته باشد.

پشت حیاط یک خانه با دو اتاق چهارتخته و یک آشپزخانهٔ بزرگ و مجهز برای داوطلبین قرار داشت. لئو مرا به یکی از اتاق‌ها راهنمایی کرد، کولهٔ سنگینم را روی زمین گذاشت و گفت: «با خیال راحت استراحت کن. فردا یکشنبه است و مدرسه تعطیله. صبح زود میوه و سبزیجات می‌آرن، هر چیزی که برای غذا لازم داری بگو تا برات تهیه کنیم. این هفته تنها داوطلبی، اما هفتهٔ بعد یه بازیگر تئاتر از آلمان میاد.» لباس‌ها و وسایلم را داخل کمد قرار دادم، دوش آب سرد گرفتم و در مدرسه‌ای که حالا خانه‌ام شده بود، به خوابی عمیق فرو رفتم.

دوشنبه صبح با کامیلا، لوکاس و برونو نیز آشنا شدم. کامیلا زنی برزیلی بود که دوست داشت برایم آشپزی کند و مدرسه را تمیز می‌کرد. موهایی صاف و مشکی داشت و چشمان درشتش پر از زندگی بودند. یک پسر سه‌ساله به اسم ژوان داشت. ژوان در زبان پرتغالی همان خوان در زبان اسپانیایی است با تلفظی متفاوت. کامیلا باور نمی‌کرد که گوشت نمی‌خورم. سه روز هربار از من می‌پرسید آیا به دلیل ایرانی بودنم گوشت نمی‌خورم؟ و من هربار با خنده جواب می‌دادم که اکثر غذاهای ایرانی گوشت دارند و محصولات حیوانی نخوردن انتخاب خودم است.

در صحبت با برونو و لوکاس متوجه شدم که این مدرسه را بیست سال پیش همراه با لئو ساخته‌اند. برای کودکانی که آن زمان در خیابان زندگی می‌کرده‌اند.

در آن مدرسه از طریق موسیقی و تئاتر، ذهن و روحشان را برای زندگی جدید آماده می‌کردند. برونو با افتخار می‌گفت که الان همهٔ آن کودکان بزرگ شدند، ازدواج کردند، بچه دارند، کار پیدا کردند و زندگی معمولی و خوبی برای خود ساختند. حالت چشمانش و رنگ سبزشان مرا به یاد دایی‌ام می‌انداخت که چند سال پیش فوت کرده بود. جدی اما مهربان بود.

لوکاس که کمی اسپانیایی هم صحبت می‌کرد، بسیار شوخ بود و مرا می‌خنداند. لئو مربی کلاس آواز و گیتار بود و می‌گفت به‌جز جمع‌کردن کمک مالی از طریق دوستانش در کشورهای مختلف، گاهی از طرف دولت برزیل حمایت می‌شوند.

چهار روز در هفته و سه ساعت در روز تدریس می‌کردم. در هر کلاس بین هشت تا پانزده شاگرد داشتم. شاگردهایی با تفاوت سنی زیاد که سطح انگلیسی‌شان مبتدی بود. با توجه به تجربه‌های قبلی، کلاس را طوری برگزار می‌کردم که هم برای شاگرد ده‌ساله و هم شاگرد پنجاه‌وهفت‌ساله‌ام مفید باشد. هدف اصلی‌ام هم آن بود که در آن یک ماه اول، آن‌ها را به زبان انگلیسی علاقه‌مند کنم. چرا که اگر علاقه‌مند می‌شدند صددرصد یاد می‌گرفتند.

روزهای اول در اوقات فراغتم به یک مجموعهٔ ورزشی می‌رفتم که تنها پنج دقیقه با مدرسه فاصله داشت. یک استخر بزرگ و زمین فوتبال و والیبال داشت و استفاده از آن‌ها رایگان بود. خودم را در آب سرد استخر رها می‌کردم تا کمی بدنم از گرمای آفتاب دور باشد. کتاب می‌خواندم و نی می‌زدم. روز پنجم که رسید احساس تنهایی دوباره سراغم آمد. احساسی که بیش از چند روز در من باقی نماند، چرا که آنتون از برلین به ما پیوست. بیست‌وپنج سال داشت و قدش بسیار بلند، موهایش کوتاه و بور و چشمانش آبی بود. بسیار خوش‌انرژی بود و حضورش انرژی خانهٔ داوطلبان را به‌کل تغییر داد. حرف‌های زیادی داشتیم تا در مورد تئاتر و سفر با هم بزنیم. او هم پنج سال پیش به نپال رفته بود و در دورهٔ ویپاسانا شرکت کرده بود. او از دوست‌دختر سودانی‌اش و زندگی‌اش در برلین برایم می‌گفت و من از دنیای تئاتر در تهران برای او می‌گفتم. روزهایم شده بود پر از فعالیت‌هایی که از انجامشان لذت می‌بردم. زبان انگلیسی، تئاتر، موسیقی، آواز، شنا، مدیتیشن و کتاب. یک روزمرگی هیجان‌انگیز در یکی از ناشناخته‌ترین قسمت‌های برزیل.

طولی نکشید تا داوطلب‌های جدید از راه رسیدند. آگوستو از جنوب برزیل، ماتیلدای اهل سائو پائولو و مانوئل آرژانتینی. ماتیلدا و مانوئل بیش از پنج ماه بود

که با یکدیگر سفر می‌کردند. حضور و انرژیشان به فضا زندگی دوباره‌ای بخشید. آگوستو معلم عکاسی بود، ماتیلدا معلم نقاشی و مانوئل برای تدریس اسپانیایی آمده بود. خوشحال بودم که می‌توانم با او اسپانیایی تمرین کنم.

به اتاق گریم رفتم و با وسایل محدود خودم را گریم کردم. گریم «مرگ» یکی از گریم‌های موردعلاقه‌ام بود که در مدرسه یاد گرفتم. به قیچی روبه‌رویم نگاهی کردم و از آنتون خواستم تا موهایم را کمی کوتاه کند. پشت موهایم بسیار کوتاه و جلویشان تا زیر گوشم می‌آمدند. داشتن موی کوتاه در هوای گرم و مرطوب برایم دل‌نشین بود. آن شب با ساززدن، رقصیدن و صحبت از هر دری با دوستان داوطلبم گذشت. دیگر همانند هفتهٔ اول احساس غم و یا دلتنگی نداشتم. برای آنچه قرار بود در هفته‌های آینده زندگی کنم بسیار هیجان‌زده بودم.

گاهی برمی‌گشتم به روزهای قبل از شروع این سفر بی‌برگشت. به آن روزی که مادرم از من پرسید که چرا می‌خواهم به آمریکای جنوبی سفر کنم و من جوابی نداشتم که به او بدهم؛ جز آن‌که از صدایی بگویم که به من می‌گفت: «بیا».

آن صدا مرا دور یک قاره چرخانده بود و به روستایی سی‌وسه‌هزار نفری در وسط برزیل برده بود. به مدرسهٔ هنر بنفش رسانده بود، جایی در کنار داوطلب‌هایی مثل خودم که در عین شباهت بسیار از من متفاوت بودند. جایی که می‌توانستم در آن برزیل را با همهٔ وجودم لمس کنم. با مردمش، از کودک پنج‌ساله تا پیرمرد هشتادساله، ساعت‌ها صحبت کنم. با صدای پیانو از خواب بیدار شوم و با صدای گیتار و آواز دوستانم به خواب بروم. آن صدا مرا به آنجا برده بود تا از کسانی که زبان، فرهنگ و اعتقاداتشان با من زمین تا آسمان فرق دارد، عشق دریافت کنم و یاد بگیرم که با تمام تفاوت‌ها می‌توان در صلح کنار هم زندگی کرد. به داستان‌هایشان گوش می‌کردم، میوه‌های جدیدی که به من می‌دادند را امتحان می‌کردم و زبانشان را می‌آموختم. فکر می‌کردم که در زمان و مکان درستی قرار دارم و همین انگیزه‌ای می‌شد تا در قدم‌های بعدی، به سمت آنجایی بروم که صدای درونم می‌گوید. یک روز صبح موقع خوردن صبحانه از آگوستو پرسیدم: «چطور خوابیدی؟» و جواب داد: «افتضاح! دوست‌دخترم بهم گفت که با یه نفر دیگه خوابیده.»

موضوع آن‌قدر داغ بود که همراه ماتیلدا، آنتون و مانوئل، قهوه‌هایمان را برداشتیم، روی زمین نشستیم و صحبت کردیم. آگوستو گفت نه ماهی است که

در رابطه‌اند؛ اما او چهار ماه است که سفر می‌کند و نمی‌داند که چه زمانی باز خواهد گشت. آنتون که اصلا اهل رابطه از راه دور نبود گفت: «چنین روزی نباید برات دور از انتظار بوده باشه.» چراکه به نظرش آگوستو دختر را به‌خاطر سفر رها کرده بود. مانوئل با خنده درحالی‌که قهوه‌اش را روی زمین می‌گذاشت، گفت: «حالا تو هم می‌تونی با هر کس که دلت می‌خواد بخوابی.» ماتیلدا ادامه داد: «می‌تونی آزاد باشی. دو نفر می‌تونن تو یه رابطهٔ احساسی باشن اما از نظر جنسی آزاد باشن. به‌خصوص اگه فیزیکی کنار هم نیستن.»

من به او گفتم که اگر دختر خوشحال است و او آن دختر را دوست دارد، جدای از حسادت و غم و خشمی که سراغش آمده، می‌تواند برای دختر خوشحال باشد. عشق واقعی همین است. بحث داغمان تا چند ساعت بعد ادامه پیدا کرد. نگاه متفاوت هرکس به معنای «رابطه» برایم جالب بود. متوجه شدم روابط فرمول خاصی ندارند. یکی باور داشت تعهد در رابطه مهم است. دیگری باور داشت رابطهٔ باز و چندنفره برایش بهترین انتخاب است. یکی رابطه از راه دور برایش غیرممکن بود و دیگری درحال نجات رابطه‌اش از راه دور بود.

باور نداشتم که یک نفر سوار بر اسب سفید خواهد آمد و کنار هم تا همیشه خوشحال خواهیم بود. می‌دانستم که فیلم‌ها و کتاب‌ها، به‌خصوص انیمشین‌هایی که در کودکی نگاه کردم همه باعث شده‌اند که من در دوران نوجوانی و حالا در جوانی بعد از اتمام هر رابطه بسیار رنج بکشم. باعث شدند که بخشی از ذهن من بنا بر داستان‌هایی که شنیده است، باور داشته باشد که آدم‌ها قرار است بمانند. بااین‌حال در آن لحظه می‌دانستم که آدم‌های بسیاری قرار است که به زندگی‌ام بیایند و از آن بروند. تا زمانی که مسیر رشد شخصی‌مان به یک سمت باشد و با یک سرعت حرکت کنیم کنار هم خواهیم بود و اگر نه، مسیرمان از هم جدا خواهد شد. آن لحظه اولویتم «رشد شخصی»ام بود و این رشد شخصی به «تنهایی» گره خورده بود.

هیچهایک تا دیامانتینا

اتوبوس نبود اما جاده صدایم می‌زد. وقتی جایی تو را صدا می‌زند چاره‌ای جز گوش‌دادن نخواهی داشت. می‌دانی که اگر گوش نکنی تمام عمر حسرتش را خواهی خورد. پس کنار جاده ایستادیم تا ببینیم که ما را به مقصد می‌رساند یا نه.

تعطیلات عید پاک از راه رسیده بود و جاده ما کوله‌گردان را صدا می‌زد. چهار روز تعطیلی داشتیم و دلمان می‌خواست به دل طبیعت برویم و کمی بدنمان را در آب‌ها و آبشارهای بکر رها کنیم. ماتیلدا تصمیم گرفت بماند و کار کند. همراه مانوئل، آگوستو و آنتون کوله‌هایمان را بستیم و به سمت ایستگاه اتوبوس راه افتادیم. به‌محض رسیدن متوجه شدیم که هیچ اتوبوسی در عید پاک به مقصدمان نمی‌رود. اول فکر کردیم بهتر است به مدرسه برگردیم؛ ولی آنتون گفت: «از کی تا حالا نبودن اتوبوس به معنی نرفتنه؟ جاده همینجاست، کافیه کنارش وایستیم و ببینیم ما رو به مقصد می‌رسونه یا نه.»

می‌دانستیم امکان آن‌که ماشینی بتواند چهارنفرمان را سوار کند، بسیار کم است. پس به دو گروه تقسیم شدیم. در هر گروه یک نفر به زبان پرتغالی مسلط بود. آگوستو و آنتون با هم و من و مانوئل نیز کمی عقب‌تر از آن‌ها کنار هم ایستادیم. از آنجا تا دیامانتینا[1]، سی‌صدوسی‌وسه کیلومتر (پنج ساعت) راه بود. ده دقیقه بعد اولین ماشین سوارمان کرد و تا مونتس کلاروس ما را برد. تا آنجا یک‌ساع‌ونیم در راه بودیم، همراه یک زوج جوان و خوش‌انرژی که برای تعطیلات به دیدن خانواده‌شان می‌رفتند. کل راه به سانتیاگو فکر کردم. آخرین‌بار و تنهاباری که با یک نفر هیچهایک کرده بودم، با سانتیاگو بود. به او قول داده بودم در برزیل هیچهایک نکنم؛ اما حالا زندگی مرا همراه دوستی جدید، که او هم آرژانتینی بود، راهی جاده‌های گرم برزیل کرده بود. گاهی دلم برای آن احساس تنگ می‌شود. آن آزادیِ با لبخند کنار جاده ایستادن. بدون هیچ تصوری که قرار است چند دقیقه بعد سوارِ ماشین چه کسی بشوی و چه کسی با چه داستانی به تو، غریبهٔ ایستاده کنار جاده، سواری خواهد داد. دلم می‌خواست اسم و داستان تمام کسانی که در آن مسیر سوارمان کردند را در خاطرم داشتم؛ اما تنها یک اسم را به‌خاطر دارم و آن کسی نیست جز فرانسیسکو.

تنها پنجاه کیلومتر تا مقصد باقی مانده بود. خسته و هیجان‌زده در گرما ایستاده و با لبخندی بزرگ شست دستمان را بالا گرفته بودیم که یکدفعه ماشینی روبه‌رویمان ایستاد و گفت: «مانوئل؟ ملی؟» با تعجب به یکدیگر نگاه کردیم. فرانسیسکو با لبخندی که تمام عضلات صورتش را درگیر خود کرده بود، به ما توضیح داد که ساعاتی پیش آگوستو و آنتون را سوار و کمی جلوتر کنار یک پمپ‌بنزین پیاده‌شان کرده است. گفت: «اونا گفته بودن با دوتا دوستشون مانوئل و ملی دارن سفر می‌کنن. اینجا جای خوبی برای وایستادن نیست. سوار شید تا

1.Diamantina

شما رو به اونا برسونم». ما حیرت‌زده سوار ماشین فرانسیسکو شدیم. عاشق دیدن آدم‌ها و فرهنگ‌های جدید بود. می‌گفت ماجراجویی و ماجراجویان را دوست دارد. به‌یاد دارم آن لحظه به خود قول دادم که در آینده اگر روزی ماشین داشتم به ماجراجویان در مسیرم سواری دهم. صورت آنتون و آگوستو هنگام دیدن ما دو نفر در ماشین فرانسیسکو دیدنی بود. باورمان نمی‌شد یک انسان اینقدر خوش‌انرژی و فروتن باشد. با هر زبانی که توانستیم از فرانسیسکو، که معجزۀ روزمان بود، تشکر کردیم و سپس چهار نفری سوار کامیونی شدیم که به‌آرامی حلزون حرکت می‌کرد، اما ما را تا خود دیامانتینا برد.

در تاریکی شب به شهر کوچک و رنگی دیامانتینا رسیدیم. خیابان‌ها سنگی، ساختمان‌ها قدیمی و سنگی و کلیساها پر از سروصدا بود. پس از کلی پرس‌وجو مکانی برای چادرزدن پیدا کردیم. صاحبش گفت که خودش ساعت شش صبح مسافر است و ما باید مکان را قبل از آن ترک کنیم. دو چادر همراهمان بود. یک چادر بزرگ چندنفره که مانوئل، من و آگوستو در آن خوابیدیم و یک چادر یک‌نفره که مناسب آنتون بسیار قدبلند بود. کولۀ بنفشم را زیر سرم گذاشتم، همراه همیشگی‌ام پتوی افغانی را روی تنم کشیدم و به‌سرعت بیهوش شدم.

مقصد اصلی ما دیامانتینا نبود، بلکه آبشارها و رودخانه‌های پارک ملی بیری‌بیری[1] بودند که درست کنار این روستای بزرگ قرار داشتند. روز بعد برای خوردن صبحانه به شهر رفتیم که مردی به نام چیاگو سر راهمان قرار گرفت و ما را برای صبحانه به کلیسا دعوت کرد. اول دلم نمی‌خواست همراهش بروم. فکر می‌کردم حتماً از ما پولی می‌خواهد یا قصد دارد که تشویقمان کند تا به کسی یا خدایی ایمان بیاوریم. آنتون اما به من یادآوری کرد که به آن دعوت به‌عنوان یک تجربه و داستانی که بعدها تعریف خواهم کرد نگاه کنم و همراهشان بروم. کلیسا پر از آدم‌هایی با لباس‌های رنگی و صورت‌های گریم شده بود. متوجه شدیم که گروهی از جوانان آمادۀ اجرای تئاتری مربوط به عید پاک‌ند. میز بزرگی وسط حیاط قرار داشت که پر از نان، میوه و خوراکی‌های تازه بود. یک نفر از من می‌پرسید آب می‌خواهم یا نه، نفر دیگر برایم قهوه می‌ریخت. زنی می‌پرسید به چه دلیل به دیامانتینا آمدم و آنتون تأکید می‌کرد که غذا بخورم تا برای مسیر پیش‌رو انرژی بگیرم. بین مردم و گروه بازیگران که برای اجرا آماده می‌شدند یک ساعتی نشستیم. سپس با آمدن آفتاب و گرم‌ترشدن هوا، انگیزه‌مان برای رفتن و رسیدن به آبشارها بیشتر شد. وقتی چیاگو متوجه شد که قرار است تا بیری‌بیری،

1.Biribiri

در دو کیلومتری شهر، هیچهایک کنیم، خندید و گفت که ما را می‌رساند. ما هم تعارف کردیم و گفتیم نمی‌خواهیم مزاحمش شویم. بعد با صدای آرام و با خندهٔ مرموزانه‌ای گفت: «به این بهانه می‌تونم از اینجا بیرون بیام و قبل از اجرای تئاتر خودم هم کمی آب‌تنی کنم.»

برزیل خیلی بیشتر از آنچه تصور می‌کردم با من مهربان بود. در مسیر به دوستان خوش‌انرژی و چیاگو نگاه می‌کردم. وجود چیاگو پر از شوق زندگی و تجربه بود. احساس می‌کردم خوشبخت‌ترین دختر کرهٔ زمینم.

فرشته‌ها در آسمان نیستند، روی زمینند. در هر قسمتی از مسیرم فرشته‌ای پدیدار شده بود و بدون توقع به من کمک کرده بود تا به جلو حرکت کنم. چیاگو هم فرشتهٔ آن روز ما بود که نه‌تنها ما را تا یک آبشار پر از آب برد تا در استخر زیرش شنا کنیم، بلکه پس از آن ما را به مکانی برد که می‌توانستیم شب در آن چادر بزنیم و از آنجا پیاده برای آب‌تنی به چند رودخانه برویم.

آب، چه آب شور دریا و چه آب شیرین یک رودخانه که هر لحظه تازه می‌شود، معجزه‌ای است برای رهاشدن. بدن را در آغوش می‌گیرد و تاریکی‌هایش، ترس‌ها و غم‌هایش را می‌شورد و به آن جان تازه‌ای می‌دهد. نعمت دسترسی به آب در طبیعت ایران نیز در دسترس بود؛ اما هیچ‌وقت پس از نه‌سالگی امکان آن را نداشتم که بدنم را در آن رها کنم و اجازه دهم که پوستم و موهایم را ببوسد. پس از آب‌تنی روی سنگی گرم دراز کشیدم و همان‌طور که سوزش خورشید را بر روی پوستم حس می‌کردم، اجازه دادم تا بغض پنهان در گلویم بترکد. لذت‌بردن از آب‌های طبیعی با پوشش انتخابی، حق بدوی یک انسان است و فکر به آن‌که میلیون‌ها زن هم‌زبانم از این حق محرومند، مرا آزار می‌داد. دلم می‌خواست این تجربه را با تک‌تکشان شریک شوم.

چادرزدن در وسط جنگل‌های برزیل همراه سه دوست ماجراجو که آن لحظه خانواده‌ام بودند و نگاه‌کردن به ستاره‌ها که در تاریکی آسمان به ما چشمک می‌زدند، از لحظاتی بود که دلم می‌خواست هیچ‌وقت تمام نشود. یکی گیتار می‌زد و دیگری آتش روشن می‌کرد. یکی صحبت می‌کرد و دیگری می‌خندید. هر سه در ماجراجویی باتجربه بودند و خوب می‌دانستند که چطور در آن لحظات بیشترین لذت را ببرند. سعی می‌کردم فکر جدایی اجازه ندهد تا از لحظه لذت نبرم. آگاهی بر آن‌که تنها یک هفتهٔ دیگر در مدرسه کنارشان خواهم بود، باعث شد که آن لحظه‌ها را با تمام وجود ببلعم و شکرگزار اطمینان و آرامشی باشم که در کنارشان

حس می‌کردم.

ذهنم می‌خواست آن‌ها را برای همیشه در زندگی‌ام نگه دارد؛ اما قلبم می دانست که مهم نیست که چه زمانی دوباره آن‌ها را خواهم دید یا اصلا آن‌ها را دوباره خواهم دید یا نه. مهم نیست که مسیرمان یک ماه دیگر از کنار هم رد خواهد شد یا یکسال دیگر یا هیچ‌وقت. آن فقط «زمان» است. مهم آن بود که جدای از زمان، ما لحظاتی ساخته بودیم که تا ابد بخشی از وجودمان را شکل خواهند داد. مهم گذرکردن از کنار هم، دیدن، آموختن و ساختن خاطراتی بود که فراموش‌کردنشان سخت است. همین.

سختیِ رفتن و درمانِ رسیدن

خداحافظی و رفتن از کنار کسانی که در دورترین نقطه از مکان تولّدت برایت «خانه» ساخته‌اند و «خانواده» بوده‌اند سخت است، خیلی سخت. خداحافظی از مدرسهٔ بنفش و شاگردانم راحت‌تر از خداحافظی‌های پیشین نبود. می‌نویسم شاگردان، گرچه احساس می‌کنم شاگرد اصلی من بودم. یک ماه عشق به زبان انگلیسی و لذت در یادگیری را در وجودشان کاشتم؛ اما آن‌ها به من درس زندگی آموختند. در کنارشان کلاس‌های آواز را شرکت کردم و به زبان پرتغالی شعر خواندم. به خانه‌هایشان دعوتم کردند و من زندگی و شادی بدون مدرنیته را به چشم خود دیدم. روز آخر چندین عکس گروهی گرفتیم و من طبق معمول اشک‌هایم را پاک کردم، اشک‌هایی که بدون‌وقفه می‌چکیدند. می‌دانستم که سال‌ها بعد شاید اسم هیچ‌کدامشان را به‌یاد نیاورم و آن‌ها نیز مرا فراموش کنند، اما آنچه با هم و در کنار هم آموختیم تا همیشه همراه ما خواهد ماند. چقدر خوشحال بودم که می‌توانم از طریق چیزی که به آن علاقه و در آن مهارت دارم سفر کنم و با آدم‌ها در کشورهای مختلف زندگی کنم.

اولین‌باری نبود که با چندین جوان از نقاط مختلف دنیا زندگی کرده بودم، اما خداحافظی با آن‌ها سخت بود. من در آغوششان بدون ترس گریسته و کنارشان با صدای بلند خندیده بودم و حالا نمی‌دانستم که کی و کجا دوباره آن‌ها را خواهم دید. پس از آغوش‌های طولانی و اشک‌های زیادم که باعث شده بود چشم‌های بقیه نیز پر از اشک شود، از مدرسهٔ بنفش خارج شدم. لوکاس و مانوئل همراه من به ایستگاه اتوبوس آمدند. ایستگاه اتوبوس... هنوز هنگامی که چشمانم را می‌بندم تا عزیزانم را در آمریکای جنوبی به‌یاد بیاورم، ایستگاه‌های اتوبوس روبه‌روی

چشمانم پدیدار می‌شوند. گریه‌هایم در ایستگاه اتوبوس شهر تنا در اکوادور هنگام خداحافظی با اولین خانواده‌ام. متروی شیلی و خداحافظی پراحساس با الهام و داریوش که خانوادهٔ ایرانی‌ام بودند. تمام رفتن‌ها همانند یک قطار از جلوی چشمانم گذر می‌کردند. رفتن از کنار کسانی که به‌جز آن‌ها هیچ‌کس را نداشته‌ای، رفتن از کنار انسان‌هایی که انسانیت را فراتر از برچسب‌ها، ملیت و جنسیت به تو آموخته‌اند.

هربار رسیدن به مکان جدید و دیدار با آدم‌های جدید و شخصیت‌های جالب، انگار درد خداحافظی را درمان کرده است. پس از شانزده ساعت به استان باهیا[1] و شهر سالوادور[2] رسیدم. جایی که خانهٔ میزبان جدیدم سیدیا در آن بود، شهری پر از سروصدا و شلوغی. یک ماه بود که از شلوغی دور بودم. آن‌قدر به‌وجد آمده بودم که انگارنه‌انگار تمام مسیر به‌یاد خاطراتم در مدرسهٔ بنفش و آدم‌هایش اشک ریختم. درست مثل بچه‌ای که از شوق دیدن اسباب‌بازی جدید، اسباب‌بازی قدیمی را کنار می‌اندازد. یا شبیه به لذت خوابیدن در گرمای آفتاب که غم و سرمای زمستان را از یادت می‌برد. شاید همین احساس شوق در رسیدن باعث شده بود که بتوانم بدون‌وقفه بیش از یک‌سال به آن سبک زندگی ادامه دهم. شاید همین لذت شناختن آدم‌های جدید تحمل درد دوری را برایم راحت کرده بود. آگاه نبودم اما ناپایداری را زندگی می‌کردم. درنهایت همه‌چیز گذراست. همه‌چیز و همه‌کس می‌آیند و می‌روند. روزی من هم از این کرهٔ خاکی می‌روم و جز نوشته‌هایم چیزی از من باقی نمی‌ماند. گرچه همین نوشته‌ها هم دیر یا زود، از بین خواهند رفت.

سیدیا با دو برادرش در خانه‌ای در شمال شهر سالوادور زندگی می‌کرد. به چهار زبان مسلط بود و خوشحال بودم که می‌توانم با او اسپانیایی تمرین کنم. در برزیل خیلی نگران بودم که زبان اسپانیایی از یادم برود. سیدیا پرستار بیمارستان بود و تمام‌وقت کار می‌کرد، اما زمانش را طوری برنامه‌ریزی کرده بود که به دو علاقه‌اش، یعنی نواختن ویولون و تمرین ورزش رزمی کاپوئرا[3] نیز برسد. یک روز مرا برای تماشا به کلاسش دعوت کرد و آنجا با معلم و همکلاسی‌هایش هم‌صحبت شدم. روز بعد برای دو برادرش، که علاقهٔ زیادی به سینمای ایران و فیلم‌های عباس کیارستمی داشتند، عدس‌پلو درست کردم. در معاشرت با برزیلی‌ها شاید نمی‌توانستم آن‌طور که دلم می‌خواست خودم را بروز دهم، اما شنوندهٔ خیلی خوبی بودم و به‌نظر می‌آمد که هرچه بیشتر می‌گذرد، بیشتر متوجه

1.Bahia   2.Salvador   3.Capoeira

زبان پرتغالی می‌شوم.

شهر رنگارنگ سالوادور، پایتخت استان باهیا، که روزی یکی از مراکز اصلی تجارت بردگان بوده است و هنوز با فقر دست‌وپنجه نرم می‌کند، شهر دوست‌داشتنی و مرموزی بود. پیاده به مرکز شهر رفتم و در خیابان‌های ناشناخته خودم را گم کردم. گم‌شدن و قدم‌زدن در مکانی جدید برایم جزو لذت‌بخش‌ترین قسمت‌های تنهایی سفرکردن بود. آزادی کامل داشتم. می‌توانستم به هر سمتی که دوست دارم، با هر سرعتی که دلم می‌خواهد قدم بردارم. هیچ‌کس در شهر مرا نمی‌شناخت و درگیر این فکر نبودم که دیگران در موردم چه فکر می‌کنند. مسافری بودم درحال گذر. می‌توانستم هر زمانی که دوست دارم در هر رستوران یا کافه‌ای که انتخاب می‌کنم غذا بخورم. زمان داشتم تا ساعت‌ها به مردی که در گوشهٔ خیابان طبل می‌زد نگاه کنم. به صورت‌های ناآشنا نگاه و سعی می‌کردم داستان هرکس را از چشم‌هایش بخوانم. در آن هفده ماه سفر تنهایی، من خودم را در همین گم‌شدن‌ها پیدا کرده بودم. به‌راستی آن زمانی که کسی دوروبرم نباشد، کسی مرا نشناسد، فرسنگ‌ها دور از خانه، من چه کسی‌ام؟ چه چیزی می‌خورم؟ چطور رفتار می‌کنم؟

البته گم‌شدن در شهر بزرگی مثل سالوادور ترس و مشکلاتی هم داشت. مثل وقتی که یگ گروه رقص کاپوئرا مرا به اجرای نمایش خود دعوت کردند و پس از آن از من پول درخواست کردند. اگر درخواست نمی‌کردند هم، من دلم می‌خواست برای هنرشان و ارزشی که برای آن قائلم پولی در سبد روی زمین بگذارم؛ اما به من گفتند ده رئال کافی نیست و بهتر است که بیشتر پول بدهم. پول کافی همراهم نداشتم و نمی‌توانستم به زبانشان حرف بزنم و با آن‌ها معاشرت کنم. همین اتفاق احساس ناخوشایندی به من داد و مجبور شدم که از کنارشان بروم. یا مثل وقتی که درخواست غذای بدون گوشت کردم ولی غذایم را با گوشت آوردند و نه‌تنها تغییرش ندادند بلکه هزینه‌اش را هم از من گرفتند. یا آن لحظه‌ای که سوار اتوبوس اشتباه شدم و راننده با وجود آن‌که می‌دانست مقصد من جای دیگری است، برای چهار رئال بیشتر مرا سوار کرد و به آن سمت شهر برد. یا آن زمان که کسی نبود تا از من در کنار خانه‌های رنگی سالوادور عکس بگیرد و چیزی در دلم می‌گفت که نمی‌توانم به پسر آب‌میوه‌فروش کنار خیابان اعتماد کنم و گوشی‌ام را به او بدهم.

ندانستن زبان محلی در یک کشور دورافتاده ترسناک است. چراکه همیشه به چشم یک «خارجی» به تو نگاه خواهند کرد و آن‌طور که باید نمی‌توانی ارتباط

عمیقی با مردم در خیابان‌ها برقرار کنی و همین باعث احساس ناامنی می‌شود. گرچه برای همین ترس هم بسیار شکرگزارم، چرا که درنهایت وجود همین ترس به من انگیزه می‌داد تا خودم را در موقعیت‌هایی قرار دهم که مجبور باشم که به زبان پرتغالی صحبت کنم.

زمان در سفر معنای جدیدی پیدا می‌کند. فقط پنج روز از خداحافظی با مدرسهٔ بنفش گذشته بود، اما آن‌قدر آدم‌ها و چیزهای جدید دیده و تجربه کرده بودم که انگار چند هفته است که از مدرسه گذر کردم. زمان در سفر معنای دیگری به خود می‌گیرد، انگار عرض زندگی پهن‌تر می‌شود. تا چه زمانی می‌توانستم اطلاعات و تجربیات جدید را دریافت و هضم کنم؟ نمی‌دانستم. تنها می‌دانستم زمانی که جاده صدایم می‌زند، باید بروم. هرچقدر هم که رفتن سخت باشد.

جادوی کویر پر از دریاچه

بیست روز آخر سفرم در برزیل به واسطهٔ حضور چند دوست ایرانی، در سواحل، کویر و طبیعت بی‌نظیر شمال شرقی کشور گذشت. نوشتن داستان‌هایم در فضای مجازی باعث شده بود با آدم‌های جالبی آشنا شوم. یکی از آن‌ها شادی بود. او از ماه اول سفرم به اکوادور، در ایمیلی برایم نوشته بود که اگر روزی به برزیل رفتم، در خانه‌اش به روی من باز است. حال به برزیل رسیده بودم و در مسیر خانهٔ او بودم. خانه‌اش در روستایی کوچک کنار اقیانوس اطلس بود. شادی سه سال بود که همراه همسرش سامان و پسر دوسال‌ونیمه‌اش نریمان در برزیل زندگی می‌کرد. بیست‌وچهار ساعت خستگی در اتوبوس نشستن با دیدنشان و عشقی که دریافت کردم ناپدید شد. از سالوادور تا فورتالزا[1] و سپس با اتوبوس دیگری تا پرئا در مسیر بودم.

شادی هم مثل من در تهران پرجمعیت و شلوغ بزرگ شده بود. سپس به هند رفته بود، مدتی در کوه‌های هیمالیا زندگی کرده و پس از سفرهای پی‌درپی و آشنایی با سامان به یکی از سرسبزترین کشورهای دنیا، برزیل مهاجرت کرده بود. اما آنچه برای من جالب بود، انتخابشان برای سکونت بود. بین تمام شهرهای بزرگ برزیل، آن‌ها تصمیم گرفته بودند در یک روستای کوچک توریستی ده‌هزار نفری و در کنار اقیانوس زندگی کنند، در خانه‌ای که تنها ده قدم با آب فاصله داشت. شادی یوگا تدریس می‌کرد و سامان برق‌کار و مشغول همکاری با چند

1.Fortaleza

هتل بود.

صبح‌ها با نریمان کوچک، که سه زبان فارسی، انگلیسی و پرتغالی را متوجه می‌شد، بازی می‌کردم و در درست‌کردن غذاهای خوشمزهٔ گیاهی به شادی کمک می‌کردم. بزرگ‌کردن بچه دور از حمایت و وجود خانواده کار راحتی نبود. شادی با صبوری زیاد به همهٔ کارها می‌رسید. برای او یک زندگی آرام و ساده کنار طبیعت کافی بود؛ گرچه دوست داشت در آینده همراه با نریمان سفر برود و به او تجربهٔ زندگی در مکان‌های مختلف را بدهد. به نریمان نگاه و تصور می‌کردم که احتمالا هنگامی که بزرگ شود بخواهد زندگی شهری را تجربه کند. درست مثل شاگردانم در آمازون که آرزوی زندگی در شهر بزرگ را داشتند. فکر می‌کنم باید هر دو را تجربه کرد تا متوجه شد که کدام سبک زندگی برای ما خوشحالی می‌آورد.

نزدیک به یک سال می‌شد که از هواپیما استفاده نکرده بودم. یک سال زمینی سفر کرده و از شش کشور بولیوی، پرو، شیلی، آرژانتین، اروگوئه و برزیل با اتوبوس گذر کرده بودم. پس از چند روز ماندن پیش شادی، کوله را برای هزارمین بار جمع کردم و روی دوشم انداختم. قرار بود دوست ایرانی دیگری را که از طریق فضای مجازی با او در ارتباط بودم، در یک پارک ملی در شمال برزیل ببینم. از پرئا تا آتینس[1] تنها هشت ساعت با اتوبوس راه بود. هشت ساعت برای منی که به اتوبوس‌های بیست‌وچهارساعته عادت کرده بودم مسیری طولانی به‌حساب نمی‌آمد؛ اما بودجهٔ اتوبوس مستقیم برایم زیاد بود و برای همین تصمیم گرفتم که با اتوبوس‌های ارزان‌تر محلی به مقصد برسم. باید اول سوار یک اتوبوس و بعد سوار اتوبوس دیگری می‌شدم.

سوار اتوبوسی تا شهر پارانایبا[2] شدم که وسط راه قرار داشت، اما پس از رسیدن به من گفتند که تا روز بعدی هیچ اتوبوسی به آتینس نمی‌رود. ساعت چهارونیم بعدازظهر بود، گرما امانم را بریده بود و از انتظار و جابه‌جایی به‌شدت خسته بودم. عصبانیت و کلافگی کم‌کم داشت دیوانه‌ام می‌کرد که یکدفعه کلمهٔ «آنیچا» از مغزم عبور کرد. آنیچا یا همان «این نیز بگذرد» که در دورهٔ ویپاسانای نپال با آن آشنا شده بودم.

«زندگی را آنطور که هست ببین. نه آنطور که دلت می‌خواهد باشد.» درست مثل یک معجزه بود. انگار قسمتی از وجودم بخواهد چیزهایی را که قبلا آموخته

1.Atenas 2.Paranaiba

بودم یادآوری کند. آنیجا آب خنکی بود که آتش عصبی درونم را آرام کرد. بلند شدم، کوله را روی دوشم انداختم و به هاستلی کنار ایستگاه اتوبوس رفتم تا شب را آنجا بگذرانم و روز بعد با اولین اتوبوس راهی آتینس شدم. به خود یادآوری کردم: «این سبک زندگی انتخاب خودته. هر لحظه می‌تونی بایستی، برگردی و یا سبک زندگیت رو تغییر بدی. هنوز دلت می‌خواد به این مسیر ادامه بدی؟» دلم می‌خواست به مسیر ادامه دهم. تنها کافی بود به‌یاد بیاورم که هنگام خستگی می‌توان ایستاد و نفسی تازه کرد و بعد دوباره بلند شد و به مسیر ادامه داد.

آرزو، دختر بیست‌وهفت‌سالهٔ ایرانی بود که در ونکوور زندگی می‌کرد و برای یک سفر یک‌ماهه به برزیل آمده بود. به واسطهٔ علاقه‌اش به رقص سالسا و کوه‌نوردی او را در فضای مجازی دنبال می‌کردم و قرار بود چند روز با او و دوستش رابین، که معلم سالسا و باچاتا بود، در شمال شرقی برزیل هم‌سفر شوم. آرزو خوش‌انرژی، خاص و مهربان بود. از همان لحظهٔ اول انگار دوستی قدیمی را دیده باشم. روی دست‌هایش می‌ایستاد و با صدای بلند می‌خندید. از آن آدم‌هایی بود که کنارشان احساس آرامش می‌کنی و دلت می‌خواهد که در زندگی‌ات نگهشان داری.

دو کلمهٔ «برزیل» و «کویر» هیچ‌وقت در ذهنم کنار هم قرار نگرفته بودند. برزیل در ذهنم پر از رنگ سبز و آبی، سواحل رویایی و جنگل‌های آمازونی و پر از آبشار و تپه‌های سرسبز بود. در شمال شرقی برزیل اما یک پارک ملی وجود داشت که شبیه به کویری بزرگ بود. این کویر بزرگ به دلیل نزدیکی زیادی که به آمازون داشت، هزاران استخر طبیعی آب در خودش داشت که حاصل باران‌های زیاد بود. از یک سر آن تا سر دیگرش هزاروپانصد کیلومتر راه بود. ما یک راهنمای محلی پیدا کردیم تا دو روز ما را به داخل کویر ببرد و یک شب را کنار خانواده‌ای که وسط کویر زندگی می‌کنند، بگذرانیم.

نمی‌دانم چرا تصور هشت ساعت راه رفتن روی شن برایم راحت بود؛ اما در واقعیت هر ثانیه دلم می‌خواست راه‌رفتن را متوقف کنم. با هر قدم پایم در شن‌های داغ سفید فرو می‌رفتند. شاید قدم‌زدن در شن برای چند دقیقه حس خوبی داشته باشد، اما سه‌ساعت‌ونیم بدون‌وقفه در کویر داغ راه‌رفتن باعث شده بود که عضلات پایم خسته شوند. به هرجا نگاه می‌کردم شن می‌دیدم. عقب و جلو. راهی برای برگشت وجود نداشت. سکوت کویر هم جادویی بود و هم باعث شده بود سیرکی از افکار در ذهنم پدید آید. نور خورشید مستقیم بر فرق سرم می‌تابید، گاهی دلم می‌خواست ابری خلق کنم تا مانع آفتاب شود. گاهی دلم

می‌خواست بال دربیاورم و تا استخر طبیعی بعدی پرواز کنم. هربار به یک استخر می‌رسیدیم از بالای شن‌ها با سرعت به داخل آب می‌پریدیم و آن آب زلال ولرم برای چند لحظه خستگی‌مان را می‌گرفت.

هیچ‌کس به‌جز ما چهار نفر آن دوروبر نبود. با صدای بلند با آرزو گوگوش و ابی می‌خواندیم تا سختی مسیر را کمرنگ‌تر کنیم. رابین گاهی توقف می‌کرد و آهنگ سالسا می‌گذاشت و روی شن‌های کنار دریاچه می‌رقصیدیم. راهنمایمان یک پسر بیست‌وهفت‌سالهٔ برزیلی بود. ده سال بود که این مسیر را هفته‌ای چندبار قدم می‌زد. گاهی احساس می‌کردم آنچه زندگی می‌کنم به کلی یک رویا است و من از خوابی عمیق بیدار خواهم شد و گاهی عصبانی می‌شدم و دلم می‌خواست همان مسیر را برگردم.

رنگ آبی آسمان کم‌کم به قرمز و صورتی تغییر کرد. از تاریکی کویر و خستگی بدنم می‌ترسیدم. حس می‌کردم که دیگر نمی‌توانم به پیاده‌روی ادامه بدهم. رابین انگارنه‌انگار که چهار ساعت بی‌وقفه روی شن راه رفته است، آرام‌آرام قدم برمی‌داشت، ولی آرزو از من نیز خسته‌تر بود و تنها به جلوی پایش نگاه می‌کرد. از راهنما پرسیدم آیا می‌توان مسیر را تغییر داد و کوتاه کرد؟ آبادی نزدیک‌تری وجود دارد؟ پس از چند دقیقه سکوت گفت می‌توانیم به یک آبادی نزدیک‌تر برویم که در یک ساعتی‌مان قرار دارد و شب را روی ننو و در خانهٔ یک خانوادهٔ محلی بگذرانیم و آن خانواده برایمان شام را هم آماده خواهند کرد. رابین تنها مخالف جمع بود و مشکلی با چهار ساعت پیاده‌روی در تاریکی نداشت. با اصرار من و آرزو مسیر را تغییر دادیم و این تغییر باعث شد بتوانیم غروب را از داخل دریاچه‌ای وسط کویر ببینیم.

چقدر ذهن چیز عجیبی است. به‌محض آن‌که متوجه شدم که چیزی تا مقصد نمانده است، توانستم واقعاً از آن طبیعت و آنچه تجربه می‌کنم، لذت ببرم. به شن‌های سفید نگاه و شکر می‌کردم. عمیق‌تر نفس می‌کشیدم و بیشتر به اطراف نگاه می‌کردم تا هرطور شده لحظه‌ها را در ذهنم ثبت کنم.

آن‌قدر راه رفتیم تا هوا تاریک شد. ما بودیم و کویر و یک دریاچهٔ بزرگ روبه‌رویمان. خندان پشت سر راهنما داخل دریاچه‌ای جدید پریدیم. ماه می‌خندید، ستاره‌ها چشمک می‌زدند و آسمان سرمه‌ای ما را در آغوشش گرفته بود. ناگهان از دور رعدوبرق عجیبی را در آسمان دیدیم. آن‌قدر شگفت‌زده بودم که نمی‌دانستم چطور می‌توان آن همه زیبایی را هضم کرد. نگاهی به راهنما کردم و پرسیدم:

«بعد این همه سال این منظره و تجربه برات عادیه یا هنوز هم از دیدنش شگفت‌زده می‌شی؟»

کمی فکر کرد و گفت: «بعد از این همه سال شگفت‌زده نمی‌شم. اما از اونجایی که هر سال بارون تو مناطق مختلف کویر می‌باره، شکل و مکان دریاچه‌ها تغییر می‌کنه. بنابراین هیچ‌وقت خسته‌کننده نمی‌شه.» سه تا دختر داشت که نامشان را روی بدنش تتو کرده بود و به ازدواج اعتقادی نداشت.

در تاریکی هوا نسیم خنکی می‌وزید، یک کیلومتر دیگر هم پیاده روی شن‌ها راه رفتیم. تا اینکه از یک جنگل کوچک سر درآوردیم که وسطش دو خانه قرار داشت. خانه‌های بزرگ و ساده، ساخته شده از بامبو. یک خانواده با نوزده بچهٔ بزرگ و کوچک در آن زندگی می‌کردند. مادر خانواده با چشمان مهربانش به ما ننوهایی که در حیاط آویزان بودند را نشان داد و گفت که می‌توانیم رویشان بخوابیم. سپس گفت که شام به‌زودی آماده می‌شود و توضیح داد مرغی را که همان روز کشته‌اند کمی بعد حاضر می‌شود و همراه لوبیا، پلو و سالاد برایمان می‌آورد. از او خواستم تا لوبیا و پلو و سالاد را برای من بدون مرغ بیاورد.

خسته بودم اما آن‌قدر دیدن آن خانواده و بازی با بچه‌ها برایم جدید و جالب بود که تا نیمه‌شب بیدار ماندم و معاشرت کردیم. هرچند وقت یک‌بار با میزبانی از گردشگرانی که از سراسر دنیا برای تجربهٔ آن بهشت به آنجا می‌رفتند، درآمدی کسب می‌کردند و با همان درآمد زندگی خود را می‌چرخاندند. دلم می‌خواست به زبان پرتغالی مسلط بودم تا می‌توانستم بپرسم بچه‌ها رویای خروج از آنجا را دارند یا خوشحال و راضی‌اند؟ آیا روزی از آن کویر بیرون خواهند رفت و کشور زیبایشان را خواهند دید؟ یا برای همیشه در آن بهشت خواهند ماند؟ عظمت آن کویر، زیبایی‌اش و دیدن تنوع کرهٔ زمین در آن سفر دوروزه باعث شد بسیاری از مشکلاتم کوچک شوند.

همراه رابین و آرزو برای چند روز به شهر سائو لوئیس[1]، در شمال شرقی، برزیل رفتیم. شهری پر از خانه‌های رنگارنگ و بزرگ همراه با فروشنده‌هایی که کارهای دستی و هنری خود را در خیابان‌ها می‌فروختند. مهمان مردی دانمارکی به نام فرانک بودیم که سه خانهٔ بزرگ در آن شهر داشت و سال‌ها در برزیل زندگی می‌کرد. از بازار بزرگ میوه و سبزیجات می‌خریدیم و آشپزی می‌کردیم. هر روز آسایی می‌خوردیم. من، همان دختری که یک‌سال قبل چایی هم نمی‌توانست دم کند، برایشان زرشک‌پلو با کوکوی عدس درست کردم و ساعت‌ها در مورد رقص

1.São Luís

و سفرهایم با یکدیگر صحبت کردیم.

از رابین و آرزو در فرودگاه سائو لوئیس خداحافظی کردم. گرچه می‌دانستم که تابستان جفتشان را در غرب کانادا خواهم دید. فرودگاه... پس از یک‌سال سوار هواپیما می‌شدم. یک‌سال می‌شد که پنج کشور و نصف جنوبی یک قاره را زمینی دور زده بودم. یک‌سال بود که در هیچ فرودگاهی نفس نکشیده بودم. به خودم قول داده بودم به دلیل مضرات محیط‌زیستی پروازها، تا جایی که می‌توانم از سفر با هواپیما خودداری کنم و موفق شده بودم با گرفتن ویزای کشورهای همسایه، یک‌سال زمینی و با اتوبوس در این قاره جابه‌جا شوم.

شاید سفر زمینی برای کسی که تنها دو هفته در سال زمان دارد مناسب نباشد. سفر زمینی صبر زیاد و زمان می‌خواست. در فرودگاه منتظر هواپیمایی به مقصد سائو پائولو بودم. این شهر آخرین مقصدم در آمریکای جنوبی بود. به تمام اتوبوس‌هایی که در سال گذشته سوارشان شده بودم فکر می‌کردم و سختی‌هایی مثل صدای گریهٔ بچه‌ای در صندلی جلو، سردردهای زیاد و درست نخوابیدن، گرسنگی‌کشیدن تا رسیدن به مقصد و ... را به‌یاد می‌آوردم. سفر زمینی برای من، که آن لحظه اولویتم سفر بود و تمام گذشته‌ام را برایش رها کرده بودم، گزینهٔ مناسبی بود و با تمام سختی‌هایش لذت عجیبی داشت.

مسیری که در سه ماه و با اتوبوس‌های بیست‌وچهارساعته و شانزده‌ساعته طی کرده بودم را تنها در چهار ساعت با هواپیما برگشتم. به پرجمعیت‌ترین شهر کل قارهٔ آمریکا یعنی سائو پائولو رسیدم. پنج روز زمان داشتم تا کمی شهر را ببینم و از آمریکای جنوبی خداحافظی کنم.

چگونه می‌توان از قاره‌ای که با آغوش باز تو را پذیرفته است، پس از هفده ماه سفر بی‌وقفه و زندگی با مردم و کودکانش و هزارویک داستان و خاطره، خداحافظی کرد؟ چطور می‌توانستم آن همه تجربه را هضم کنم و خودم را برای ادامه مسیر در آمریکای شمالی و مرکزی آماده کنم؟

خداحافظی با آمریکای جنوبی

دلم می‌خواست گریه کنم. دلم می‌خواست با یک نفر که مرا بفهمد صحبت کنم. به خودم و مسیری که آمده بودم افتخار می‌کردم. دلم می‌خواست از خوشحالی گریه کنم. شادی و ترس و غرور و امید همزمان درونم جاری بود. می‌خواستم

برای خاطر همهٔ آنچه در وجودم احساس می‌کردم گریه کنم.

در سائو پائولو مهمان پائولو بودم. وکیل سی‌ساله‌ای که همراه سه نفر از دوستانش در یک خانهٔ بزرگ، در یکی از امن‌ترین مناطق سائو پائولو، زندگی می‌کرد. دوتا از دوستانش پسرانی فرانسوی بودند با نام‌های هوگو و چارلز و دوست دیگرش دختری برزیلی به نام جولیا بود. طبقهٔ پایین خانه اتاقی با حمام و دستشویی مجزا برای مهمان داشتند. بیرون اتاق حیاطی بود که وسطش میز بیلیارد بزرگی داشت. آن‌قدر خانه دلنشین بود که به‌جای گشتن و دیدن مناطق دیدنی سائو پائولو، خودم را در آشپزخانهٔ مجهزشان سرگرم آشپزی کردم و با هوگو ساعت‌ها معاشرت کردم.

سائو پائولو سرد بود. حداقل برای من، که شش ماه گذشته را در مناطق گرم و شرجی گذرانده بودم، سرد به‌نظر می‌رسید. کاپشن و تمام لباس‌های مناسب هوای سرد را، به دلیل سنگینی، در آرژانتین و اروگوئه جاگذاشته بودم. به همین دلیل وقتی که پائولو مرا به مهمانی دوستش دعوت کرد، حتی یک لباس مناسب هم برای رفتن به یک مهمانی در آن آب‌وهوا نداشتم و مجبور شدم از جولیانا لباس قرض بگیرم. از بدو ورود در مهمانی دو زن جوان سی‌ساله که هر دو معلم زبان انگلیسی بودند مرا وارد جمع خود کردند. تمام طول شب صحبت در مورد روابط دوستی بود، موضوعی که دغدغه‌ای جهانی است. تفاوت طبقاتی را در برزیل و مخصوصاً در سائو پائولو با چشم خود مشاهده کرده بودم. در یک خیابان کارتن‌خواب و دست‌فروش می‌بینی و در چند خیابان آن‌طرف‌تر مردم سوار ماشین‌های گران‌قیمت می‌شوند.

در آخرین روز سفرم در آمریکای جنوبی تصمیم گرفتم به مرکز شهر بروم. یکشنبه بود و هیچ خبر نداشتم که یکشنبه‌ها خیابان پائولیستا در مرکز شهر سائو پائولو را می‌بندند و شهر پر از اجراهای خیابانی می‌شود. به‌محض بیرون‌آمدن از مترو صدای زن خواننده‌ای مرا شوکه کرد. زن بالای یک سکو ایستاده بود و همراه با دو رقصنده و یک گروه موسیقی می‌خواند. صدا آن‌قدر مرا جذب کرد که وارد جمعیت شدم. کمی دورتر زنی از طنابی آویزان بود و حرکات آکروباتیک انجام می‌داد. دو خیابان آن‌طرف‌تر موسیقی زومبا گذاشته بودند و مردم می‌رقصیدند. چقدر آرزو داشتم خودم روزی در آمریکای لاتین اجرای خیابانی داشته باشم.

به سمت تئاتر شهر رفتم و در مسیر حیران یک گروه موسیقی شدم که همگی سازهای بادی در دست داشتند و گریم مرگ روی صورتشان بود، می‌نواختند و

نمایش اجرا می‌کردند. یک ساعت تمام کنارشان ایستادم و محو اجرایشان شدم. در دلم جشنی برپا بود و در جهان بیرون از من نیز. نزدیک به هجده ماه سفر بی‌وقفه با پاسپورت ایرانی را در آمریکای جنوبی جشن می‌گرفتم. مسیری که هنگام شروع هیچ تصوری از آن نداشتم و قدم‌به‌قدم در آن جلو رفته بودم. اشک در چشمانم حلقه می‌زد. تنها خودم می‌دانستم از چه چیزهایی گذشته‌ام تا این‌گونه زندگی کنم. صدای فلوت و ساکسیفون مرا به زمان حال می‌آوردند. روبه‌رویم جشن بزرگی برپا بود. آمریکای جنوبی در زیباترین شکل ممکن با من خداحافظی می‌کرد.

هواپیما که از سائو پائولو پرید، شوک بزرگی به من وارد شد. نمی‌دانستم به کدام خاطره، میزبان، کار داوطلبانه و کدام منظره فکر کنم. آهنگی برزیلی از ناتیروتس را گذاشتم و آرام‌آرام همان‌طور که از پنجرۀ هواپیما به بیرون خیره شده بودم، اشک ریختم، اشک شادی و غرور.

انگار قلۀ اورست را فتح کرده باشم، احساس می‌کردم به بالای یک قله رسیدم. به پایان یک مسیر. گرچه آگاه بودم قله‌های دیگری برای فتح در مسیرم قرار دارد و این پایان درنهایت به معنای آغاز فصلی جدید است. فصل جدیدی از سفر و زندگی و سال دوم دانشگاه زندگی است.

بخش دوم

گواتمالا (۱۳۹۸): از شش ماه تنهایی مطلق تا تجربهٔ عشق

چاره‌ای جز تسلیم‌شدن نداشتیم. نه فقط من و کمیاب، بلکه همهٔ انسان‌های روی کرهٔ زمین ناچار بودند که تسلیم شوند. همه در یک شرایط یکسان بودیم. هر کجا که بودیم، چه در کلبه‌ای وسط کوه‌های گواتمالا و چه داخل یک آپارتمان سه‌خوابه در شهرک اکباتان در غرب تهران، همه درهمان جا زندانی بودیم.

با آن‌که به‌نظر می‌رسید از کل دنیا جدا و وسط کوه‌های گواتمالا بین مایاها گیر افتاده‌ام، خودم را بسیار خوش‌شانس می‌دانستم. به‌خاطر ایوانی که با منظرهٔ دریاچه داشتم، هوای پاکی که در آن نفس می‌کشیدم و فرصتی که کمیاب برای زندگی در آن بهشت به من داده بود.

روستای کوچکی که در آن ساکن بودم، کوچک‌ترین روستای اطراف دریاچهٔ آتیتلان بود، با جمعیتی کمتر از هشتصد نفر. به‌جز من و کمیاب، هشت خارجی دیگر نیز آنجا زندگی می‌کردند. اکثرشان بازنشسته‌هایی بودند که آنجا زمینی خریده و برای خود کلبه‌ای ساخته بودند. اسم روستا را «خیال» می‌گذارم.

صبح‌ها با کمیاب در باغچه‌اش مشغول کاشتن و آبیاری سبزیجات و گیاهان می‌شدیم و عصرها خودمان را با یک بازی فکری سرگرم می‌کردیم. وجودش و همراهی‌اش نعمت بزرگی بود. ترس و فکرهای بیهوده را از من دور می‌کرد. با وجود آن‌که هفته‌های اول اجازهٔ شنا در دریاچه را نداشتیم، یواشکی همراه با سگ‌هایش به شنا می‌رفتیم و یا با پیاده‌روی در کوه‌های اطراف خودمان را سرگرم می‌کردیم.

در یکی از آن روزها وقتی که در بالکن نشسته بودیم، متوجه تپهٔ کوچکی شدم که در سمت چپ دریاچهٔ آتیتلان قرار داشت. بسیار آشنا به‌نظر می‌آمد. پس از دقایق زیادی، به‌نظرم آمد که تپه شباهت زیادی به فیل خوابیدهٔ داستان شازده کوچولو دارد؛ همان فیلی که مار بوآ آن را بلعیده بود[1]. دقایقی بعد با جست‌وجو در اینترنت متوجه شدم که «آنتوان دو سنت اگزوپری» نیز به گواتمالا سفر کرده و برای نوشتن شازده کوچولو از آن آتش‌فشان‌ها الهام گرفته است. بعدها پس از صحبت با مردم روستا متوجه شدم که آن‌ها، آن تپه را تپهٔ «طلا» می‌نامند. یک افسانه‌ای وجود دارد که می‌گوید مایاها هنگام آمدن اسپانیایی‌ها تمام طلاهای

---

۱. اشاره به داستان «شازده کوچولو» اثر آنتوان دوسنت اگزوپری.

خود را در آن تپه پنهان کردهاند. جالبترین قسمت ماجرا آن بود که آنتوان دو سنت اگزوپری هم تصمیم نداشته که در گواتمالا بماند. هواپیمایش نزدیک گواتمالا سقوط میکند و او مجبور میشود تا زمانی که سلامتیاش را بهدست آورد، در آنجا بماند.

تنها چیزی که مرا نگران میکرد، نبود دسترسی به مغازه و غذا بود. مغازهای در «خیال» وجود نداشت. هفتهای یکبار میتوانستیم با قایق به روستای دیگری برویم و محصولات غذایی مورد نیازمان را بخریم. کمیاب هر هفته برای چندین خانواده سبدهای مواد غذایی درست میکرد. با وجود شخصیت محکم و جدیاش، دل بسیار بزرگی داشت. چند خانواده در روستا تحت حمایت او بودند و به چشم خود میدیدیم که برایشان محیط کاری امن و سرگرمکنندهای فراهم میکند.

کمیاب تصمیم گرفت برای آنکه کنار خانوادهاش باشد، مدتی روستا را ترک کند. روزی که رفت را هنوز بهخاطر دارم. آنقدر گریه کردم که انگار بهجای شش هفته، شش ماه همراهش بودم. نمیدانستم تا کی آنجا خواهم ماند و کی دوباره او را خواهم دید. تنها شکرگزار بودم که او به من اطمینان کرده و مسئولیت دو سگ بزرگ و زیبایش کوکو و لوکو و هفت گربهاش را به من سپرده است. وسط یک روستای هشتصد نفری، روی کوهها و کنار دریاچهای در وسط گواتمالا بودم. تنهای تنها. بدون آنکه واقعاً کسی را بشناسم. گاهی این موضوع برایم ترسناک میشد. گاهی حس میکردم خواب میبینم. گاهی احساس میکردم در بهشتم و بهشت حتماً امن است و گاهی آنقدر میترسیدم که خودم را گوشهای مچاله و گریه میکردم. گاهی احساس خوشبختی و گاهی احساس بدبختی داشتم و گاه تنهایی آنقدر زیاد میشد که آرزو میکردم کاش در نیکاراگوئه مانده بودم.

من آنجا بین مایاها چه میکردم؟ چه شد که از طبقهٔ یازدهم ساختمانی در فاز دو شهرک اکباتان به کلبهای کنار دریاچهٔ آتیتلان رسیده بودم؟ شروع به نوشتن کردم. نوشتن درمان دردهایم بود. از گواتمالا نوشتم و به کودکیام برگشتم. آنچه داشتم زمان بود و چه زمان و مکانی بهتر از آن برای نوشتن داستان زندگیام؟ نوشتن داستانی که دلم میخواست روزی به یک کتاب تبدیل شود.

کوکو و لوکو هر دو بزرگ بودند. کوکو یک مادر بود به رنگ سیاه و سفید، که چشمهایش داد میزدند که چندین سالش است و لوکو یک پسر شیطان که کاملاً معلوم بود در خیابان بزرگ شده است. یک زبان بزرگ خالخالی هم داشت که همیشه هنگام بازی آن را بیرون میآورد. زبان اسپانیایی، زبان کاکچیکل، زبان

مایاهای آن روستا و انگلیسی را می‌فهمیدند. نمی‌دانم اگر آن‌ها نبودند، هر روز با چه انگیزه‌ای از خواب بیدار می‌شدم؟ با چه امیدی به پیاده‌روی می‌رفتم و با چه کسی درددل می‌کردم؟

به‌نظر می‌رسید که من هر روز آن‌ها را به پیاده‌روی می‌بردم؛ اما درواقع آن‌ها بودند که هر روز مرا از آن کلبه بیرون می‌آوردند و به کوه‌ها می‌بردند. آن‌ها تمام مسیرهای مختلف پیاده‌روی در کوه‌های اطراف را بلد بودند و من به‌دنبالشان راه می‌افتادم. در همان پیاده‌روی‌های روزانه، با مردم روستای خیال بیشتر آشنا شدم. هم با مایاهایی که آنجا زاده و بزرگ شده بودند و هم با خارجی‌هایی که تصمیم گرفته بودند آنجا زندگی کنند.

بنیتا اولین زنی بود که توانستم با او ارتباط عمیقی برقرار کنم. هر روز عصر به بالای کوه‌ها می‌رفت و چوب جمع می‌کرد. گاهی همراه او به زمینی که بالای کوه‌ها داشتند می‌رفتم. مسیر پر از مزارع ذرت و لوبیا و پر از درخت‌های آووکادو و انبه بود. بنیتا همیشه یک دامن بلند، یک جفت کفش سیاه و لباس رنگی آستین‌بلند به تن داشت. چوب‌ها را روی پشتش می‌گذاشت و با یک پارچه آن‌ها را به خود می‌بست و حمل می‌کرد. می‌گفت با آن‌که کمیاب به او یک اجاق گاز هدیه داده است، دوست دارد نان ذرت را با دست و روی آتش درست کند.

اولین‌باری را که مرا به خانه‌اش دعوت کرد، هیچ‌وقت فراموش نمی‌کنم. لابه‌لای کوچه‌های خاکی، به خانه‌ای کوچک و دری چوبی رسیدیم. او همراه با مادر، دو برادر، زن برادر و خواهرش در یک خانه زندگی می‌کرد. مرد خانواده مرغ‌هایی که معلوم بود خودشان کشتند را برای پختن آماده کرد و زن‌ها مشغول درست‌کردن آتش و نان ذرت شدند. بنیتا نه‌تنها حواسش بود که من گیاه‌خوارم، بلکه به دلیل نزدیکی به کمیاب می‌دانست که ما ایرانی‌ها عاشق برنجیم و یک بشقاب پر از برنج، لوبیا، سبزیجات و سالاد روبه‌رویم گذاشت. غذا ساده اما آن‌قدر خوشمزه بود که انگار سالیان سال است که چنین مزه‌ای را تجربه نکردم. غذا با عشق درست شده بود و از زمین همان اطراف به بشقاب من رسیده بود. به چشم من، آن‌ها در عمق سادگی، بسیار ثروتمند بودند. غذایی که می‌خوردند، آبی که می‌نوشیدند، هوایی که در آن نفس می‌کشیدند، همه‌اش ثروت واقعی بود.

یک ساعت که گذشت، دیدم آن‌ها آتشی روشن کردند و چندین سنگ بزرگ را درون آن قرار دادند. بنیتا پرسید: «می‌خوای همراه ما به تمازکال[1] بیایی؟»

1.Temazcal

پرسیدم: «تمازکال چیه؟»

یک اتاقک کوچک درست شده از خشت را گوشهٔ حیاط نشانم داد و گفت: «داخل اون اتاق می‌ریم، سنگ‌های داغ رو وسط می‌ذاریم و روشون آب می‌ریزیم. با بخار اونا اتاقک داغ می‌شه و ما از حرارت زیاد عرق می‌کنیم. من هر روز تو تمازکال حموم می‌کنم.»

هیچ دلیلی برای «نه» گفتن نداشتم. تمام مردم دنیا از حرکت ایستاده بودند و در بلاتکلیفی محض قرار داشتیم. ترس در ذهن همه ریشه کرده بود و زندگی مرا در آن مکان جادویی قرار داده بود. تشنهٔ تجربه‌های جدید بودم و با وجود آن که کمی استرس داشتم و دقیقاً نمی‌دانستم چه چیزی در انتظارم است، به داخل آن اتاقک رفتم. زن‌ها با تی‌شرت و شلوارک و مردها با شلوارک بودند. اتاق آن‌قدر تاریک بود که کسی را نمی‌دیدم. در را بستند و به زبان کاکچیکل صحبت کردند. نمی‌دانستم آن‌ها چه می‌گویند. نفس کشیدن برایم سخت شده بود. هیچ جایی را نمی‌دیدم. از فرق سرم تا نوک پایم عرق می‌ریخت. بین صحبت‌هایشان چندین دقیقه سکوت می‌کردند و سپس دوباره صحبت می‌کردند. ذهنم چندین‌بار خواست از آن شرایط فرار کند و بگوید که در را باز کنند؛ اما هربار به خودم می‌گفتم: «حالا یک نفس دیگر بکش» و نفس پشت نفس، توانستم تا زمانی که خودشان در را باز کردند، دوام بیاورم. نمی‌دانم چهل دقیقه آن داخل بودیم یا بیشتر، تنها می‌دانم هنگامی که بیرون آمدم حس سبک‌شدن داشتم. انگار وزن سنگینی که ندانسته حمل می‌کردم را داخل آن اتاقک جا گذاشته بودم.

بعدها متوجه شدم در نقاط مختلف دنیا، مراسم تمازکال برگزار می‌کنند. آن اتاقک را به رحم مادر تشبیه و با موسیقی و ستایش چهار نماد آب و باد و خاک و آتش، آن تجربه را به مراسمی عرفانی تبدیل می‌کنند. مایاهای گواتمالا اما انگار احتیاجی به آن مراسم نداشتند. تمازکال زندگی هر روز آن‌ها بود و آن را زندگی می‌کردند. هر روز با عرق‌ریختن داخل آن اتاقک، که شبیه به یک سونای طبیعی بود، جسم و روح خود را پاک‌سازی می‌کردند.

نزدیکی به خانوادهٔ بنیتا باعث شد مردم خیال کم‌کم به من اطمینان کنند و مرا از خود بدانند. یکی از آن روزها که حوصله‌ام به‌شدت سر رفته بود، موقع دیدن بازی بچه‌ها در کوچه به‌سرم زد که برای کودکان و بزرگسالان آنجا داوطلبانه کلاس انگلیسی برگزار کنم. تقریباً تمام مردم روستا در شرایط عادی در هتل‌ها و یا رستوران‌ها کار می‌کردند و با مردمی که از نقاط مختلف دنیا به دیدن دریاچه می‌آمدند در ارتباط بودند. بسیاری به یادگیری زبان انگلیسی علاقه‌مند بودند و

آن را لازم می‌دانستند.

ده نفر از نزدیکان و آشنایان بنیتا سه روز در هفته عصرها در آشپزخانهٔ کمیاب جمع می‌شدند و در کلاس‌های من شرکت می‌کردند. کلاس‌های حضوری نه‌تنها باعث سرگرمی‌ام می‌شد بلکه احساس مفیدبودن می‌کردم و همین به من انگیزه و امید می‌داد. دو روز در هفته نیز در حیاط یکی از خانواده‌های روستا کلاس انگلیسی و هنر برگزار می‌کردم و بچه‌های زیادی، از سه سال تا دوازده سال، در کلاس‌هایم شرکت می‌کردند. حس می‌کردم بالأخره با این کار کوچک می‌توانم از سرزمین جادویی گواتمالا تشکر کنم، سرزمینی که مرا به سرپرستی گرفته بود. همین‌طور از کمیاب که یکی از کلبه‌هایش را دراختیارم گذاشته بود.

بین کودکانی که در کلاس‌هایم شرکت می‌کردند، یک دختر دوسالهٔ بور با چشم‌هایی بزرگ و آبی به نام لوآ بود. لوآ به معنای «ماه» است. از همان لحظهٔ اول ارتباط عمیق و عجیبی با او برقرار کردم. پدرش سوئدی و مادرش برزیلی بود. والدینش بیست‌سالی از من بزرگ‌تر بودند؛ اما جوان‌ترین خارجی‌هایی بودند که پس از خودم در روستای خیال دیده بودم. مادرش که آیتانا نام داشت، یک روز مرا برای ناهار به خانه‌شان دعوت کرد. برای رسیدن به آنجا باید حدود ده دقیقه در شیب زیاد از کوه‌ها بالا می‌رفتم. یک خانهٔ چوبی کوچک و ساده و هم‌زمان مدرن در بالای کوه‌ها داشتند. با منظره‌ای بی‌نظیر از سه آتش‌فشان و دریاچه‌ها. آیتانا یک کیمیاگر و همسرش مکس مربی یوگا و بدن‌سازی بود. آیتانا بیست سال در اسپانیا زندگی کرده بود. او هشت سال پیش در سفرش به گواتمالا با مکس آشنا شده بود. در آن زمان مکس روی کوه‌های دریاچهٔ آتیتلان در یک اتاقک کوچک زندگی می‌کرد. پس از مدتی تصمیم می‌گیرند که روی زمینی سرمایه‌گذاری کنند و کلبه‌ای برای خود بسازند. خانه‌شان بوی عشق می‌داد و پر از آرامش بود. کنار هم غذای گیاهی خوشمزه‌ای که آیتانا درست کرده بود را خوردیم و سپس ساعت‌ها صحبت کردیم. مدت‌ها بود جادوی یک گفت‌وگوی حضوری عمیق را تجربه نکرده بودم.

صبح روز بعد آیتانا پیامی فرستاد و مرا به خانه‌شان دعوت کرد تا با آن‌ها یوگا کنم. درست پشت کلبهٔ چوبی‌شان، مکس با دست‌های خودش یک معبد یوگا ساخته بود. منظره‌ای داشت که با دیدنش لحظه‌ای قلبم از حرکت ایستاد. ورزش در قرنطینه یکی از عاقلانه‌ترین تصمیم‌هایی بود که هرکس می‌توانست برای سلامت روان و بدنش بگیرد. اما ورزش در آن منظره با انسان‌های خاصی چون آن‌ها، برای من یک هدیهٔ بزرگ بود که هر شب بابتش از جهان هستی

تشکر می‌کردم. رابطهٔ ما هر روز عمیق و عمیق‌تر می‌شد. با هم یوگا می‌کردیم، بازی می‌کردیم، می‌رقصیدیم، برای شنا و آفتاب‌گرفتن به دریاچه می‌رفتیم، آشپزی می‌کردیم و ساعت‌ها صحبت می‌کردیم. در آن دوران غیرقابل‌پیش‌بینی، خانواده‌ای برای خودم پیدا کرده بودم، انسان‌هایی که ارزش‌هایشان با من یکی بود و هنگامی که کنارشان بودم احساس می‌کردم دیگر هیچ چیزی از آن دنیا نمی‌خواهم. انگار به مقصد رسیده بودم.

کم‌کم با بقیهٔ خارجی‌های ساکن روستا نیز آشنا شدم. با آدم‌های خاص و عجیبی که تصمیم گرفته بودند در روستای کوچک و دورافتادهٔ خیال زندگی کنند. یکی از آن‌ها یک زن بلژیکی پنجاه‌ساله و عاشق هنر و آرایشگری بود. یک روز مرا به خانهٔ بنفشش که بالای تپه‌ها قرار داشت دعوت و موهایم را کوتاه کرد. دیگری یک مرد هندی بود که به زبان اردو صحبت می‌کرد و شعر می‌خواند. مرد هندی تنبک می‌نواخت و جادوی شرق را برایم زنده نگه می‌داشت. دیگری نامش ماتیو بود. ریش بلند و موهایی جوگندمی داشت، زادهٔ آلمان بود اما بیست‌سالی می‌شد که در آن روستا زندگی می‌کرد. مردم روستای خیال بیش از هر خارجی دیگری به او اطمینان داشتند. مغازهٔ کوچکی داشت و چند خانواده تحت حمایت او بودند. سرش به کار خودش بود، زیاد صحبت نمی‌کرد و چشم‌هایش پر از تجربه و داستان بودند. از آن انسان‌ها که هر روز درحال تغییر دنیای اطرافشانند، اما احتیاجی ندارند که کسی برایشان دست بزند یا از آن‌ها تشکر کند. هیچ‌وقت فراموش نخواهم کرد که یکی از آن هفته‌هایی که نتوانستیم سوار قایق بشویم و برای خریدن غذا به پانا برویم، او از طریق آشناهایی که داشت، با چند کشاورز صحبت کرد و از مسیر کوه‌ها میوه و سبزیجات بسیاری برای مردم روستا آورد. اگر کمک او نبود بسیاری از ما آن هفته غذایی برای خوردن نداشتیم.

و اما عجیب‌ترین انسانی که در آن زمان شناختم «لایف» بود. لایف به معنای «زندگی» است. لایف یک مرد هشتادسالهٔ آمریکایی بود که بیشتر از ده سال ساکن خیال بود. چشم‌های سبزش پر از آگاهی بودند. هم‌صحبتی با او بزرگ‌ترین هدیه‌ای بود که خیال تا آن لحظه به من داده بود. در مورد مولانا و شمس با هم صحبت می‌کردیم. هربار که به خانه‌اش می‌رفتم از من می‌خواست تا شعر جدیدی از مولانا بخوانم. با وجود آن‌که ترجمهٔ من بسیار ساده بود، او فراتر از کلمات، عمق شعر و پیامش را درک می‌کرد. در یکی از روزهایی که مهمان ایوان خانه‌اش بودم؛ درحالی‌که چای داغ می‌نوشیدیم و در مورد عشق صحبت می‌کردیم، از من پرسید: «تو مسیر سفرت رابطه‌ای رو هم تجربه کردی؟»

گفتم: «هم عشق عاطفی و هم لذت جنسی رو تجربه کردم؛ اما هیچ‌کدوم تو قالب رابطه نبودن، چون که من مسافرم و همیشه درحال رفتنم. اما دروغ چرا، الان که دنیا از حرکت وایستاده، گاهی دلم یک یار می‌خواد تا لحظه‌هام رو باهاش تقسیم کنم.»

گفت: «تو که دلت می‌خواد رشد کنی، رشد زیادی رو تو یک رابطه تجربه می‌کنی. می‌دونم پیداکردن آدمی رها مثل خودت کار آسونی نیست؛ اما درهای دلت رو باز بذار. اگه واقعاً دلت یار می‌خواد، اون رو بنویس. با صدای بلند بنویس و بخواه و تا زمانی که تو زندگی‌ت پیدا بشه روی خودت کار کن تا آماده باشی.»

در یک چشم‌به‌هم‌زدن همه‌چیز تغییر کرد. یک هفته پس از آن مکالمه، جابه‌جایی بین استان‌های گواتمالا آزاد شد و این یعنی می‌توانستم برای اولین‌بار با قایق به روستاهای مختلف دریاچه سر بزنم. از خیال که دور شدم، با جوانانی از گوشه‌وکنار کرهٔ زمین آشنا شدم که آن‌ها هم در آن بهشت گیر افتاده بودند. مردمانی از کلمبیا تا انگلیس، از روسیه تا هلند، از غرب ایالات‌متحده تا شرق کانادا، از هند تا آفریقای جنوبی. روستاهای اطراف پر از جوان بودند. پر از روح‌های آزاد که فکر می‌کردند در جامعه جا نمی‌شوند و برای خود قبیله‌هایی در اطراف دریاچه تشکیل داده بودند. بسیاری از آن جوان‌ها زمینی اطراف دریاچه خریده بودند. بسیاری آنجا زندگی و به‌صورت آنلاین کار می‌کردند. بسیاری هنرمند و بسیاری اهل یوگا و مدیتیشن بودند. آن‌ها را مشاهده می‌کردم. برخی واقعاً به سرزمین جادویی گواتمالا و مایاها احترام می‌گذاشتند و برخی آن را راهی برای پول‌درآوردن می‌دیدند. برخی به اسپانیایی مسلط بودند و حتی تقویم مایا و چند کلمه از زبان کاکچیکل را یاد گرفته بودند و برخی با وجود پنج سال زندگی کنار دریاچه، یک کلمه هم اسپانیایی صحبت نمی‌کردند. مسافری نمی‌توانست از خارج به گواتمالا و یا دریاچه وارد شود. با وجود آن‌که بین روستاهای مختلف دریاچه جابه‌جا می‌شدیم، احساس امنیت داشتم.

به جمع‌های زیادی دعوت می‌شدم. از صدادرمانی گرفته تا مراسم کاکائو، از حضور در رقص‌های شبانه تا پریدن داخل دریاچه از بالای صخره‌ها. چیزی که تصورش را هم نمی‌کردم، دعوت‌شدن به یک عروسی بود. آن هم عروسی یک زوج بسیار جوان فرانسوی – ال سالوادوری، که تصمیم گرفته بودند در اوج قرنطینه و کرونا، عشق خود را ثبت کنند. آیتانا مرا به‌عنوان همراه خود به عروسی برد. عروسی در خانه‌ای ویلایی بالای کوه‌های روستای خیال برگزار می‌شد. نه عروس و داماد را می‌شناختم و نه چیزی در مورد مهمان‌ها می‌دانستم. برای آن که

احساس بهتری داشته باشم، به آن‌ها پیام دادم و گفتم که اگر کمکی لازم دارند، می‌توانند روی من حساب کنند و آن‌ها هم از من خواستند تا یک شب قبل از عروسی، برای کمک‌کردن در آماده‌سازی مواد غذایی به ویلا بروم.

کمی قبل از غروب همراه با کوکو، سگ وفادار، به بالای کوه‌ها و ویلای سفید رفتم. به‌جز عروس و داماد که بسیار پرانرژی و زیبا بودند، یک پسر جوان با موهایی صاف، مشکی و بلند، پوستی به رنگ شکلات و چشمانی گنده نیز آنجا ایستاده بود و هویج پوست می‌کند. او را «چشم‌گنده» خطاب خواهم کرد. به چشم‌گنده ملحق شدم و لبو و هویج‌های روی میز را پوست کندم. چند ثانیه نگذشت که مکالمه‌مان شروع شد. درست مثل کسانی که موقع کارکردن دور هم از زیروبم زندگی خود صحبت می‌کنند؛ از هر دری صحبت کردیم. مادرش مکزیکی بود و پدرش اهل پورتو ریکو، اما خودش در شیکاگو به دنیا آمده و بزرگ شده بود. انگلیسی و اسپانیایی را مثل زبان مادری‌اش صحبت می‌کرد. او هم مثل من عاشق رقص سالسا بود.

شب عروسی پیراهن زرد بلندی پوشیده بودم. پیراهنی که تنها برای روز تولّد یا دعوت به یک مهمانی مهم در کوله‌ام حمل می‌کردم. ماه کامل بود. پس از شش ماه قرنطینه در روستایی کوچک، از آن‌که در یک جمع سی‌نفره می‌توانستم بخندم و برقصم بسیار خوشحال بودم. یکی طبل می‌زد، یکی می‌رقصید و دیگری غذا تعارف می‌کرد. جمع کوچک بود و همه شاد بودند. در سمت راستم عروس و داماد کیک را در دهان هم گذاشتند و عاشقانه یکدیگر را بوسیدند و در سمت چپم، کمی بالاتر، ماه کامل میان آسمان تاریک می‌درخشید.

درست دو هفته پس از آن عروسی و شب ماه کامل، در تاریکی شب ماه نو، به تپهٔ طلا دعوت شدم. همان مار بوآیی که فیل را بلعیده بود. همان که شش ماه هر روز به آن خیره می‌شدم. همراه با هفت دوست جدید برای یک شب چادرزدن به آن سر دریاچه رفتیم. زیر تاریکی شب ماه نو آتش درست کردیم، کاکائوی داغ نوشیدیم و شعر خواندیم.

بین جمع، دو جوان مسافر بودند که تازه عاشق شده بودند. همان‌طور که گرمای آتش را حس می‌کردم، عاشقی‌شان را مشاهده می‌کردم. چقدر احساس دوست‌داشتن و دوست‌داشته‌شدن زیباست. چقدر دور بودم از این احساس. آخرین‌باری که عاشقانه کسی را بوسیده بودم، یادم نمی‌آمد. خیره به آتش، به عشق فکر می‌کردم، به زوجی که روبه‌رویم بودند و زوجی که به‌تازگی در

عروسی‌شان شرکت کردم. به تجربهٔ رابطه‌داشتن که هیچ‌وقت تجربه‌اش نکرده بودم. خیره به آتش، به لذت عشق فکر می‌کردم. بی‌آن‌که بدانم نفر بعدی‌ای که قرار است در آتش عشق بسوزد، خودم هستم.

فشار

کانادا

مهاجران غرب

فصل جدید آن‌قدر سریع آغاز شد که برای درک دقیق آنچه در آن هجده ماه به من گذشته بود، زمانی نداشتم. ده‌ساعته از جنوب آمریکای جنوبی به شمال آمریکای شمالی رسیدم. توقفی دوساعته در تورنتو داشتم. تابلوی «خوش‌آمدید!» به زبان فاسی در تورنتو همانند آب یخی بود که از خواب بیدارم کرد. فرسنگ‌ها با آمریکای جنوبی فاصله داشتم و این، هم قلبم را می‌فشرد و هم آن را به تپش درمی‌آورد.

ورود به کانادا با خوش‌آمدگویی و لبخند یک مسئول قدبلند شروع شد، دندان‌های بسیار سفید و مرتبش هنوز در ذهنم مانده‌اند. روی هر صفحهٔ پاسپورتم یک ویزای رنگی و مهر ورود و خروج متفاوتی حک شده بود. مسئول قدبلند برای رسیدن به صفحه‌ای که در آن ویزای کانادا بود، صفحه‌های بسیاری از پاسپورتم را ورق زد. سپس نگاهی به سراپای من و کوله‌ام کرد و پرسید که از کجا آمده‌ام، پس از شنیدن اسم برزیل، مهر را بر صفحه‌ای جدید و خالی کوبید و گفت: «خوش‌آمدی!» و من که خودم را برای هر نوع سؤالی آماده کرده بودم آن‌قدر هول شدم که به پرتغالی جواب دادم: «اوبریگادا!» یعنی «ممنونم!»

سوار هواپیمای دیگری به مقصد ونکوور شدم. غرب کانادا را به‌دلیل وجود طبیعت سرسبز، کوه‌ها و اقیانوس آرام به‌عنوان مقصد آن تابستان انتخاب کرده بودم. قرار بود چند روزی را در ونکوور مهمان کامران باشم. کامران یکی از دوست‌های آرزو بود. می‌خواستم برای دومین‌بار در دورهٔ ده‌روزهٔ ویپاسانا شرکت کنم و سپس برای کار داوطلبانه و زندگی با یک خانوادهٔ کانادایی و چهار کودکشان، مدت دو ماه به جزیرهٔ کوچک سالت اسپرینگ[1] بروم.

با مترو از فرودگاه به مرکز شهر رسیدم. از همان لحظهٔ اول مهمان‌نوازی و خوش‌آمدگویی دوستان ایرانی باعث شد در آن شهر غریبه، احساس راحتی کنم. این دوستان از فضای مجازی نوشته‌هایم را می‌خواندند و چندین نفرشان برایم ایمیل فرستاده بودند تا مرا در ونکوور ببینند. سینا، پسری جوان، که موهایی صاف، بلند و مشکی داشت و بسیار شوخ بود در مترو به دنبالم آمد و کولهٔ سنگینم

1.Salt Spring

را پس از کلی تعارف به دوشش انداخت. از صبح تا بعدازظهر در مرکز شهر پیاده قدم زدیم. از دیدن رستوران‌ها و مغازه‌های ایرانی و نوستالژی‌های کودکی‌ام شگفت‌زده شدم. تی‌تاپ، بیسکویت مادر، آجیل، لواشک، خرما و آدامس خرسی، هر آنچه دلتنگش بودم در مرکز شهر پیدا می‌شد.

ساعت سه بعدازظهر با کامران میزبان جدیدم دیدار کردم. او بسیار قدبلند بود و برای صحبت با او باید گردنم را بالا می‌گرفتم. پنج سالی بود که در کانادا زندگی می‌کرد و حالا درهای خانه‌اش را به روی من باز کرده بود تا بتوانم آن مدتی که در ونکوورم، آنجا بمانم. به یک رستوران ایرانی رفتیم و درحالی‌که به آهنگ منصور گوش می‌دادیم، قیمه خوردیم. خوردن غذای ایرانی و پس از مدت‌ها فارسی حرف‌زدن روح و بدنم را نوازش می‌کرد.

دو روز بعد از رسیدن به ونکوور، برای دومین‌بار در یک دورهٔ ویپاسانا شرکت کردم. دوره در کوه‌های اطراف شهر مریت برگزار می‌شد، جایی که در دو ساعتی ونکوور قرار داشت. مسیر ونکوور تا مریت را همراه با یک زوج ایرانی طی کردم. از طریق اینستاگرام به من پیغام داده بودند که آن‌ها هم قرار است در آن دوره شرکت کنند و ماشینشان جای خالی دارد. مریم عزیز که موهایی شرابی، کوتاه و لخت داشت، با لبخند داستان آشنایی با همسرش در روسیه را برایم توضیح می‌داد و با آن‌که تازه‌وارد بود، عاشق شهر جدیدش ونکوور شده بود.

دو سال از زمانی که به نپال سفر کرده بودم گذشته بود و حس می‌کردم قبل از ادامه‌دادن به مسیر احتیاج دارم زمانی را صرف پرداختن به احوالات درونی‌ام کنم. چه چیزی بهتر از دورهٔ ویپاسانا؟ ساختار دوره، ساعت‌ها و درس‌های آقای گوئنکا با دوره‌ای که در نپال گذراندم یکی بود، ولی ویپاسانای کانادا با آنچه قبلاً تجربه‌اش کرده بودم، فرق داشت. استانداردهای نپال و کانادا با یکدیگر از زمین تا آسمان فرق داشتند.

صبح اول از داشتن آب گرم در دستشویی، که از تمیزی برق می‌زد، تعجب کردم. آن‌قدر بدون آب گرم زندگی کرده بودم که بودنش برایم عجیب بود. تعجب بعدی‌ام وقتی بود که غذای ایرانی گیاهی برایمان آورده شد. می‌دانستم دوره به زبان فارسی و انگلیسی برگزار می‌شود و مخصوص ایرانی‌هایی است که ساکن آنجایند؛ اما تصور هم نمی‌کردم که غذای خوشمزهٔ ایرانی داده شود؛ آن هم گیاهی. دیگر چه می‌توانستم از جهان هستی بخواهم؟

شاید تصور کنید با این شرایط شرکت در دوره ویپاسانا برایم راحت بود؛ اما

اعتراف می‌کنم که تجربهٔ دوم در کانادا از دوره‌ای که در نپال گذراندم برایم بسیار سخت‌تر بود. حتی با وجود آب گرم و غذای ایرانی. ذهنم روز دوم آن‌قدر تکرار کرد «برای چه دوباره به اینجا آمدی؟» که دلم می‌خواست سرم را سوراخ کنم و بیرون بیاورمش. پس از آن همه سفر از خود انتظار داشتم تا راحت‌تر بتوانم نفس‌کشیدنم را مشاهده کنم، اما ذهنم مدام صحبت می‌کرد و هرچقدر افکاری که می‌آمدند و می‌رفتند را مشاهده می‌کردم، تمام نمی‌شدند. هجده ماه بی‌وقفه در سفر بودم و حالا یک‌دفعه ده روز در سکون و سکوت مطلق قرار دارم. چقدر به آن احتیاج داشتم و هم‌زمان چقدر برایم سخت بود. پر از داستان، اتفاق و افکار بودم. ده روز برای هضم آنچه بر من گذشته بود و زندگی کردم کافی نبود. گرچه روزهای آخر موفق شدم ثانیه‌های بیشتری بدون آن‌که فکری حواسم را پرت کند، نفسم را مشاهده کنم و آن‌قدر حس عشق و شکرگزاری برای داشته‌ها و زیسته‌هایم داشتم که در ساعات آخر تنها اشک از چشمانم جاری می‌شد. من هم جلویش را نگرفتم و اجازه دادم هر احساسی که بالا می‌آید را لمس کنم و بگذارم که بیاید و برود.

پس از اتمام دورهٔ ویپاسانا، پس از ده روز سکوت زبان، بدن و ذهن و قطع ارتباط با دنیای بیرون، برگشت به فضای مجازی سخت بود. مشتاق آن بودم تا آنچه تجربه می‌کنم را با مخاطبانم به‌اشتراک بگذارم؛ اما هربار که وارد فضای اینستاگرام می‌شدم با حجمی از اطلاعات مواجه می‌شدم که برای ذهنم سنگین بودند.

موقع قدم‌زدن در مرکز ونکوور، هم انگلیسی می‌شنیدم و هم فارسی، هم اسپانیایی، هم چینی و هم پرتغالی. دیدن انسان‌هایی با نژاد، رنگ و ملیت‌های مختلف کنار هم بسیار دل‌نشین بود. همین‌طور دیدن و چشیدن غذاها و خوراکی‌های ایرانی که تصورش را هم نمی‌کردم آن سر دنیا ببینم.

دلم می‌خواست به تمرین زبان اسپانیایی ادامه دهم. از طریق کوچ سرفینگ با پسری اسپانیایی به نام مارک آشنا شدم. مارک آشپز بود و آن تابستان برای کار به استان بریتیش کلمبیا آمده بود. با هم به پارک استنلی در کنار اقیانوس آرام رفتیم و ساعت‌ها صحبت کردیم. با آن‌که فارسی زبان مادری‌ام بود و به زبان انگلیسی خواب می‌دیدم و کار می‌کردم، شنیدن و صحبت به زبان اسپانیایی به دلم آرامشی می‌داد که تا آن لحظه متوجه آن نشده بودم. از آمریکای لاتین بیرون آمده بودم اما بخشی از دلم پیش آمریکای لاتین مانده بود.

به‌جز مارک با آدم‌های جدید دیگری هم ملاقات کردم. دیدن کسی که از طریق فضای مجازی بیش از یکسال است تو را دنبال می‌کند و جزئیات زندگی و سفرهایت را می‌داند و تو کوچکترین اطلاعی از زندگی‌اش نداری بسیار عجیب است. از بین تمام پیغام‌های دیده و ندیده، برای اولین‌بار با شخصی قرار گذاشتم که به من در فضای مجازی پیام داده بود. تنها چیزی که از او می‌دانستم این بود که مادری است مجرد.

ساعت چهارونیم عصر بود. باد سردی می‌وزید. در ریچموند ایستاده بودم و به هر آدمی که به سمتم حرکت می‌کرد نگاه می‌کردم. خودش است؟ نه به سمت دیگری رفت. شاید این زن باشد. نه او که قیافهٔ مرا می‌شناسد، حتماً نگاهم خواهد کرد. دقایقی گذشت و زنی با موهایی لخت و مشکی و چشمانی برق‌زده و لبخندی که تمام صورتش را پر کرده بود، دوان‌دوان به سمتم دوید. اسمم را صدا کرد، محکم در آغوشم گرفت و من که اصلاً انتظار چنین انرژی خوب و هیجانی را نداشتم، محکم در آغوشش گرفتم و بعد به سمت ماشینش حرکت کردیم. اسم او و دختر همراهش را می‌گذارم: «دو دوست قدیمی»؛ چرا که از آن روح‌هایی بودند که انگار سال‌هاست می‌شناسمشان.

به یک دهکدهٔ کوچک و قدیمی رفتیم و همان‌طور که به غروب آفتاب نگاه می‌کردیم، کنار آب قدم زدیم. با علاقهٔ زیاد به داستان زندگی و مهاجرتشان گوش دادم. بودنشان، خنده‌هایشان، محبت چشم‌هایشان و چای گرمی که کنار هم نوشیدیم تمام وجودم را گرم کرد. گرمای مهمان‌نوازی دو دوست قدیمی، گرمای محبت دو غریبهٔ آشنا که باعث شد برای آمدنم از جنوب آمریکای جنوبی به شمال آمریکای شمالی شکرگزار باشم.

پس از آن با غریبه‌های آشنای زیادی دیدار داشتم که هرکدام داستان زندگی و مهاجرت عجیب خودشان را داشتند. گلشید و علی دوست‌داشتنی که از سیاتل تا ونکوور برای دیدنم آمده بودند و از آن‌ها «عشق بدون انتظار» را آموختم. عزیزی که مرا به یک پیک‌نیک دعوت کرد و برایم غذای ایرانی پخت. دختری هم‌سن‌وسال خودم که تازه با خانواده‌اش مهاجرت کرده بود. دلش می‌خواست مستقل باشد و در کنار درس‌خواندن در یک شیرینی‌فروشی کار می‌کرد. نسیم، مادر دوست دوران راهنمایی‌ام، که معلم مدرسه است و مرا دعوت کرد تا در یکی از کلاس‌هایش شرکت کنم. به‌یاد دارم که بعد از دیدن مدارس زیاد در آمریکای جنوبی، از این‌که فرصت بودن در یک مدرسه در ونکوور را داشتم بسیار هیجان‌زده بودم.

پس از آن‌که نسیم داستان مرا برای بچه‌ها تعریف کرد، از بچه‌ها خواستم خودشان را معرفی کنند. از ایران تا بحرین، از مکزیک تا سوئد از برزیل تا آلمان، از کنگو تا ژاپن... از همه‌جای کرۀ زمین آمده بودند و این ترکیب و تفاوت برای من بسیار جالب بود. نقشه را آوردم و در مورد کشورها، قاره‌ها، کرۀ زمین، کهکشان راه شیری و عظمت جهان هستی صحبت کردیم.

به‌یاد دارم آن سه‌شنبه‌ای را که با عزیزی به پارک استنلی رفتیم و غروب را کنار گروهی از طبل‌زنان گذراندیم. بی‌وقفه طبل می‌زدند و مردم تمام مشکلات و استرسشان را با رقص خالی می‌کردند. آن لحظه همان‌طور که به غروب آفتاب و اقیانوس نگاه می‌کردم با تمام وجودم از انتخاب استان بریتیش کلمبیا راضی و برای بودن در کانادا شاکر بودم. دیدن آن مدرنیته و تفاوت زیاد کانادا با آمریکای جنوبی، شنیدن قصه‌های مهاجرانش و هم‌میهنانم که آنجا هستند، همه برایم جالب و آموزنده بودند. در آن ده روز اول، ونکوور به من ثابت کرد که قرار است تابستانی متفاوت و پر از عشق داشته باشم.

روز یازدهم برای رفتن به کار داوطلبانۀ جدید، سوار کشتی شدم و به‌سمت جزیرۀ سالت اسپرینگ رفتم. یک ساعت در کشتی به اقیانوس آرام خیره شدم. نمی‌دانستم قرار است با چه محیطی روبه‌رو شوم، تنها می‌دانستم که چهار کودک پنج، شش، هفت و نه‌ساله منتظرمند تا آن تابستان با آن‌ها بازی و از آن‌ها نگهداری کنم.

خانوادۀ جدید در جزیرۀ سالت اسپرینگ

کولۀ سنگینم را به دوش انداختم و از کشتی خارج شدم. یک رستوران کوچک چوبی روبه‌رویم می‌دیدم همراه با چند مغازۀ بامزه در کنارش. جادوی جزیره از همان لحظۀ اول احساس می‌شد. با یک نگاه به جلو، یک‌دفعه متوجه خانوادۀ جدیدم شدم. زوجی بسیار زیبا همراه با چهار کودک که به من نگاه می‌کردند و لبخند می‌زدند.

شارلوت و جیمز سه سالی می‌شد با یکدیگر آشنا شده بودند. از همسرهای قبلی خود جدا شده و هرکدام دو بچه از ازدواج قبلی‌شان داشتند. تصمیم گرفته بودند با هم زندگی کنند تا هر چهار بچه کنار هم بزرگ شوند. لیلی دختر بزرگ خانواده که نه سال داشت از همان لحظۀ اول با من گرم گرفت و با کنجکاوی

پرسید: «از کجا اومدی و چقدر قراره پیشمون بمونی؟» الیویا خواهر شش‌ساله‌اش با چشم‌های درشتش نگاهم می‌کرد و تنها پرسید: «بازی‌کردن رو دوست داری یا نه؟» لیام تنها پسر خانواده که به زودی هفت‌ساله می‌شد خیلی به من توجه نمی‌کرد و سوفی دختر پنج‌ساله‌شان تنها مرا نگاه می‌کرد.

ماشین جلوی خانه‌ای ویلایی و بزرگ وسط یک زمین سرسبز و پر از درخت ایستاد. آنچه می‌دیدیم از تصوراتم هم در مورد جزیره و خانواده جذاب‌تر بود. شارلوت مرا به طبقهٔ دوم راهنمایی کرد و اتاقی که به من اختصاص داده بودند را نشانم داد. آشپزخانهٔ سفیدشان با منظرهٔ سرسبز از آن آشپزخانه‌هایی بود که دلت می‌خواست ساعت‌ها درونش آشپزی کنی. کنار خانه فضایی را به مزرعهٔ تابستانی اختصاص داده بودند و به گفتهٔ لیلی هر سال سبزیجات زیادی آنجا می‌کاشتند و برداشت می‌کردند.

از آنجایی که تابستان شروع شده بود و بچه‌ها مدرسه نمی‌رفتند، از صبح تا بعدازظهر که شارلوت از مدرسهٔ یوگا به خانه برمی‌گشت، من مسئول نگهداری، سرگرم‌کردن و بازی با آن‌ها بودم. همان‌طور مسئولیت آب‌دادن و نگهداری از گیاهان هم با من بود که برایش بسیار هیجان‌زده بودم، چرا که در آرژانتین تجربه‌های لازم برای این‌کار را کسب کرده بودم.

برخی صبح‌ها با درزدن اولیویا و سوفی و پریدنشان روی تختم بیدار می‌شدم. بعضی اوقات زودتر از بقیه از تختم بلند می‌شدم و یک‌راست به مزرعه می‌رفتم. پس از خوردن صبحانه مشغول بازی می‌شدیم، صبحانه معمولاً بلغور جو همراه با میوه و شیره افرای معروف کانادایی بود. مشغول بازی می‌شدیم. رنگ‌آمیزی، درست‌کردن کاردستی، کتاب خواندن و دویدن دور مزرعه ، چیدن میوه و تمیزکردن دوچرخه، بازی‌های سرعتی و فکری و ... ازجمله کارهایی بود که انجام می‌دادیم.

بچه‌ها هر روز یک بازی و یا فعالیت جدید اختراع می‌کردند و من هم همراهی‌شان می‌کردم. اولین‌باری بود که معلم نبودم و کنترل کلاس دستم نبود. بچه‌هایی که در طبیعت و یا قبیله‌ای مانند جزیرهٔ سالت اسپرینگ بزرگ می‌شوند از بچه‌های شهری بسیار آزادترند. گاهی نداشتن کنترل برایم سخت بود و به خود یادآوری می‌کردم که سر کلاس درس نیستم و فقط باید همراه و مراقب بچه‌ها باشم. الان که به آن روزها فکر می‌کنم، متوجه می‌شوم که چقدر آن تجربه بعدها در معلمی و حتی روی کلاس‌های درسم تأثیر گذاشته و باعث شده که کمتر

کنترل کنم و بیشتر مشاهده‌گر باشم.

از آن‌که در عظمت کانادا از جزیرهٔ سالت اسپرینگ و آن خانواده جذاب سردرآوردم، بسیار راضی بودم. هفتهٔ اول که به اتمام رسید، شارلوت و جیمز از من خواستند که یک ماه بیشتر کنارشان بمانم. یعنی درکل ده هفته. برنامه داشتم یک ماه به کلگری بروم، اما آن‌قدر از شرایط راضی بودم که درخواستشان را قبول کردم. جیمز دوچرخه‌ای را از انباری درآورد و برایم آماده کرد تا بتوانم به‌راحتی در جزیره جابه‌جا شوم. سپس از من خواست تا در تمیزکردن ون بزرگی کمکش کنم. قرار بود به جزیرهٔ هورنبی[1] بروند و کنار دریا چادر بزنند و از من نیز دعوت کرده بودند تا همراهی‌شان کنم.

تمام دوچرخه‌ها، چادرها، خوراکی و انواع و اقسام لوازم را برای سه روز چادرزدن در ون جا دادیم و سوار شدیم. برای رسیدن از جزیرهٔ سالت اسپرینگ به جزیرهٔ هورنبی باید از ونکوور هم عبور می‌کردیم. سفر زمینی، سوار کشتی‌شدن و ساعت‌ها در جاده‌بودن همراه چهار کودک کار راحتی نبود. سعی می‌کردم با بازی‌های مختلف سرگرمشان کنم. شاید هم آن‌ها بودند که سر مرا سرگرم می‌کردند. لیلی بازی‌هایی را دوست داشت که مناسب سنین بالاتر از سن خودش بود. اولیویا دلش می‌خواست با ماژیکش روی دست و پایم تتو طراحی کند. لیام، که بالأخره مرا به عنوان عضوی از خانواده پذیرفته بود، دلش می‌خواست کتاب «دایناسور کجاست؟» را برایش دوباره و دوباره بخوانم و سوفی دوست داشت تا با من اونو[2] بازی کند. سه روز تمام کنارشان در کنج طبیعت وسط جزیرهٔ کوچک هورنبی چادر زدم. حتی چادرزدن کانادایی‌ها هم پر از نظم و ترتیب و پر از راحتی بود.

در صحبت دور آتیش، ساندویچ درست‌کردن برای بچه‌ها، دویدن کنار اقیانوس سرد، درازکشیدن روی شن‌ها و دوچرخه‌سواری بین جنگل‌های سرسبز و در تمام فعالیت‌ها همراهی‌شان کردم. اعتماد شارلوت و جیمز روزبه‌روز بیشتر می‌شد و من هم هر لحظه کنارشان احساس امنیت و راحتی بیشتری داشتم.

عاشقی در تابستانی سرد

هنگام برگشت شارلوت برایم تعریف کرد که سالت اسپرینگ سالیان پیش محل

1.Hornby
2.UNO

دیدار بومی‌ها بوده است. آنجا دورهمی برگزار و حل اختلاف می‌کردند. آن‌ها در گذشته باور داشتند که نباید در آن جزیره زندگی کرد، چرا که از کوارتز ساخته شده و انرژی عجیبی درونش دارد. سالت اسپرینگ سالیان سال محل صلح بومی‌ها بوده است و امروز به شنبه‌بازارش معروف است. بازاری که مردم هنرهای دستی خودشان و مزرعه‌دارها محصولات طبیعی خود را در آن می‌فروشند. امروزه پر از کافه‌های رنگی و کوچک است. پر از سواحل شنی، دریاچه‌های بزرگ و کوچک آبی، کوه‌های جنگلی، یوگی‌ها، موزیسین‌ها، رقصنده‌ها، خواننده‌ها و پر از باغبان و آدم‌هایی است که زندگی ساده در طبیعت را انتخاب کرده‌اند. سالیان زیادی گذشته اما جزیره هنوز پر از صلح و عشق است.

برای رفت‌وآمد در جزیره اگر ماشین و دوچرخه نداشته باشی، راهی جز هیچهایک نیست و تمامی ساکنان به این موضوع آشنایند. انگار قانونی است نانوشته که همه آن را می‌دانند. اگر کسی مسافری را کنار خیابان ببیند و هم‌مسیر او باشد، او را سوار می‌کند. این حس اعتماد و امنیتی که در جزیره بین آدم‌ها بود باعث شد من بیشتر به جزیره دل ببندم.

حالا که صحبت از دل‌بستن شد، لازم است بگویم که نگران زندگی شخصی‌ام بودم. با آن‌که هنوز بخشی از دلم پیش عمر بود، دلم می‌خواست برای دو ماه هم که شده یاری پیدا کنم تا برخی عصرها کنارش غروب آفتاب را تماشا کنم. تا با او کوه‌نوردی و شنا کنم. هورمون‌هایم هم بالا و پایین می‌شدند و می‌دانستم که زمانش است تا کنار کار داوطلبانه کمی هم عشق‌بازی کنم. از بین اپلیکیشن‌های یاریابی، با چند پسر خوش‌قیافه و هنرمند قرار گذاشتم. یکی دنبال یار ابدی‌اش می‌گشت و نمی‌خواست به یک دختر ایرانی که تنها دو ماه قرار است در جزیره بماند دل ببندد. دیگری برعکس، دو رابطهٔ باز داشت و دنبال خوش‌گذرانی و ساختن لحظات شیرین در تخت‌خواب بود. سومی قرار بود تنها سه روز در جزیره بماند و چهارمی با آن‌که جوان بود، یک پسر کوچک داشت که تمام‌وقت همراهش بود و من که تمام روز با کودکان بودم، نمی‌خواستم بیش از آن مسئولیتی قبول کنم. کم‌کم داشتم امیدم را از دست می‌دادم که بالأخره در یکی از آن قرارها، آن کسی که دنبالش بودم را پیدا کردم. از همان لحظهٔ اول، با لبخندش و چال بزرگی که روی لپش افتاد از او خوشم آمد. موهایی کوتاه، قهوه‌ای و فرفری و چشمانی آبی داشت. پس از خوردن یک بستنی زیر آفتاب، روی چند صخرهٔ کنار اقیانوس نشستیم و صحبت کردیم. آشپز و عاشق کارش بود. تنها دو ماه بود که از شهر ویکتوریا به سالت اسپرینگ آمده و دنبال قبیله‌اش بود. پس از تعریف‌کردن

داستانم، به او گفتم که تنها دو ماه در جزیره هستم و می‌خواهم خوش‌بگذرانم و خاطره جمع کنم. به زبان بی‌زبانی گفتم که قصدم دل‌بستن و دل‌دادن نیست و من رفتنی‌ام. ساعت‌ها در مورد تفاوت زندگی شهری و روستایی و تفاوت کاری که به آن علاقه نداریم و کاری که به آن علاقه‌مندیم صحبت کردیم. آن بستنی و صحبت‌های روی صخره با بوسه‌ای هنگام غروب آفتاب تمام شد و این شروع داستان من و یار بود.

سختی‌های سفر طولانی

یک‌سال‌ونیم بی‌وقفه درحال جابه‌جایی بودم و گاهی دلم یک روال منظم روزانه می‌خواست. یک روال روزانه که بتوانم به آن بچسبم. اکثر آدم‌ها از بیرون تصور می‌کردند که در تعطیلات همیشگی به‌سر می‌برم. گرچه سفر و جابه‌جایی سبک زندگی من شده بود و چیزی موقتی نبود؛ سعی می‌کردم هربار که در محیط جدید و کار داوطلبانهٔ جدیدی قرار می‌گیرم، پس از وفق‌دادن خودم به محیط و نظم جدید کاری، نظم خودم را بسازم و به نوشتن در کانال و دفترچهٔ خاطراتم، تدریس و تمرین ساز نی برسم. عادت‌کردن به هر نظم جدیدی زمان می‌برد و آگاه بودم که یکی از سختی‌های زندگی‌ای که انتخاب کرده بودم همین است، که به‌محض عادت‌کردن به روال جدید، وقت جابه‌جایی دوباره فرا می‌رسد.

آنچه گاهی دلم برایش تنگ می‌شد روابط دوستی عمیق بود. در ایران روابط دوستی بسیار عمیق و نزدیکی داشتم. گاهی خواهرم به شوخی می‌گفت ملیکا دوستانش را به خانواده‌اش ترجیح می‌دهد. لحظات زیادی فرا می‌رسید که دلم می‌خواست گوشی تلفن را بردارم، با یکی از آن‌ها تماس بگیرم و ساعت‌ها صحبت کنم. اما هربار احساس می‌کردم هیچ‌کدامشان شرایط من را درک نخواهند کرد و من که هیچ‌وقت دانشگاه نرفته‌ام، از واقعیت آنچه زندگی می‌کنند هیچ تصوری ندارم. هیچ‌وقت برایشان ننوشتم که دوری از آن‌ها برایم چقدر سخت بوده است. جداشدن از هم‌سن‌وسالان خودم، کسانی که با هم در یک شهر بزرگ شدیم و در یک مدرسه درس خواندیم بسیار سخت بود. شب‌های زیادی را با گریه و دلتنگی می‌گذراندم اما قبول کرده بودم که بخشی از نتایج تصمیمم برای رفتن، همین است. این یکی از هزینه‌های زیادی بود که برای آن نوع زیستن داده بودم. می‌دانستم آنچه به‌دست می‌آورم و تجربیات جدید، ارزشمندند و به تمام آن چیزهایی که ازدست‌دادم می‌ارزند. اما هم‌زمان احساس می‌کردم بخشی

از وجودم را برای تنها سفرکردن در ایران جا گذاشته بودم. آن ملیکایی که با دوستان هم‌زبانش می‌گفت و می‌خندید و می‌رقصید و دیوانه‌بازی درمی‌آورد را جا گذاشته بودم.

یکی از آن روزهای تابستان همراه چند عزیز ایرانی، دوست اسپانیایی‌ام مارک و یک جهانگرد اسرائیلی به کوه‌نوردی رفتیم. به دریاچهٔ فیروزه‌ای رنگ جافری و طبیعت بی‌نظیری که مرا بسیار یاد پاتاگونیای آرژانتین می‌انداخت. در آن سفر یک‌روزه صحبت‌های عمیقی داشتم. خنده‌ها و پیاده‌روی‌های طولانی همراه با عزیزانی که آن‌ها را برای بار دوم و یا سوم می‌دیدم. انگار آن بخشی از دلم که برای دوستانش در تهران تنگ شده بود کمی آرام گرفت و تصمیم گرفتم از آن به بعد آرام‌تر و عمیق‌تر سفر کنم. دلم می‌خواست به‌جای داشتن چندصد دوست که آن‌ها را یک‌روز و یک‌بار دیدم، بیست دوستی عمیق با بیست روح مختلف در گوشه‌وکنار دنیا داشته باشم. برای حفظ تعادل هم که شده، لازم داشتم در آن تنهایی عظیم، لحظات بیشتری از زندگی‌ام را با آدم‌ها تقسیم کنم. یکی از آن انسان‌هایی که زمان زیادی در جزیره کنارش بودم و صحبت‌های عمیقی با هم داشتیم، «نلی» بود.

نلی دختر نوزده‌سالهٔ آلمانی که به گفتهٔ خودش یک روزی که احساس تنهایی داشته و کار داوطلبانه‌اش برایش سخت بوده، مرا اتفاقی در وبسایت «ورک اوی» پیدا کرده و برایم پیغامی نوشته بود. من هم همان لحظه آنلاین بودم، پیامش را جواب دادم و در کمتر از یک‌ساعت همدیگر را دیدیم. دیدارمان با هیچهایک در جزیره و کوه‌نوردی شروع شد. نلی بسیار زیبا و باهوش بود، با آن‌که تنها دو سال از من کوچک‌تر بود، حال‌وهوایش مرا بسیار یاد خودم در سفر نپال می‌انداخت. او را به گروهی از هنرمندان که همیشه مرا به برنامه‌هایشان دعوت می‌کردند معرفی کردم. اکثر اوقات من سرم با بچه‌ها و یا یار گرم بود و نلی تنها به دورهمی‌ها می‌رفت. دوستان جدید پیدا کرد، از کار داوطلبانه‌اش هربار بیشتر راضی بود و به قول خودش آن یک ماه اندازهٔ یک سال تجربه کسب کرد. وجودش برای من یک دل‌گرمی بزرگ بود. چرا که جفتمان در شرایطی مشابه و به دلایلی مشابه به جزیره آمده بودیم و یکدیگر را درک می‌کردیم. او تنها برای یک ماه آمده بود و روز رفتنش خیلی زود فرا رسید. آخرین قرار و دیدارمان به همان جای همیشگی رفتیم. بالای همان کوه همیشگی و روی همان درخت همیشگی نشستیم. چشمانش برق می‌زدند و من با آن‌که دلم از رفتنش گرفته بود برایش بسیار خوشحال بودم. می‌گفت باید ریسک کنیم تا معجزات را ببینیم. پس از هر

سختی، راحتی می‌آید، پس از هر غمی شادی می‌آید.

نلی روز اول دنبال این بود که کتاب زندگی را ورق بزند تا ببیند صفحهٔ بعد چه می‌شود. روز آخر آرامش و شادی عجیبی در چشمانش داشت. صحبت‌هایمان به خودم یادآوری کرد که قطعاً تمام این تجربیات و ریسک‌ها به‌سختی‌هایی که کشیده‌ام و خواهم کشید می‌ارزد و تا زمانی که روح و دلم به من می‌گوید مسیر من این است، بهتر است مسیر را ادامه دهم. آفتاب کم‌کم غروب می‌کرد و زمان رفتن دوست نازنین من از جزیره فرا رسیده بود. هنگام خداحافظی محکم در آغوشم گرفت و گفت: «ملیکا! زندگی حتی از یه کتاب هم قشنگ‌تره.» انگار خودم را در آیینه دیده باشم، تمام دردها و سختی‌ها برای چند لحظه دور شدند، با چشمانی گریان نگاهش کرده و تأیید کردم: «آره نلی، زندگی از یه کتاب هم قشنگ‌تره.»

ماندن یا رفتن؟

هیچ روزی تکراری نبود. در مزرعه هر روز سبزیجات بیشتری آمادهٔ برداشت بودند. توت‌فرنگی‌ها خوشمزه‌تر می‌شدند و بروکلی‌ها بزرگ‌تر. با بچه‌ها هر روز فعالیت‌های جدیدی انجام می‌دادیم، انگار هیچ‌وقت هیچ چیزی نمی‌توانست ذهن آنان را از ساختن یک بازی جدید دور کند. لیام پسر خانواده که روزهای اول با من سخت ارتباط برقرار می‌کرد، یک نقاشی از خانواده کشیده بود که من هم در آن بودم. بالأخره پس از پنج هفته مرا بخشی از خانواده‌شان می‌دید. لیلی نه‌ساله هر روز موتورسواری می‌کرد و من که از کودکی آرزوی موتورسواری داشتم به او غبطه می‌خوردم. دیدن موتورسواری‌اش از سن کم در پیچ‌وخم و راه‌های ناهموار جنگلی جزیره باعث شد ترسم را کنار گذاشته و بخواهم که یاد بگیرم. مخصوصاً وقتی متوجه شدم بقیهٔ بچه‌ها هم سوار موتور کوچک می‌شوند. یک روز از جیمز پرسیدم: «می‌تونم سوار موتور بشم؟» با تعجب جواب داد: «حتماً. سوار ماشین هم می‌تونی بشی.»

بچه‌ها بیشتر از من هیجان‌زده بودند. اما پس از دو دقیقه کنترل از دستم دررفت و با موتور به زمین افتادم و اطراف زانوهایم زخمی شد. جیمز با خنده گفت: «تا زمین نخوری یاد نمی‌گیری.» دوباره و سه‌باره سوار و موفق شدم در حیاط بزرگ جنگلی دوری بزنم و برگردم. سپس جیمز مرا سوار ماشین گلف کرد و به من یاد داد چطور از آن استفاده کنم. پس از آن بچه‌ها هر روز دلیل قاطعانه‌ای

می‌آوردند تا با ماشین گلف به سمتی برویم. یک روز سوفی، اولیویا و لیام با یک کاسهٔ بزرگ به طرفم آمدند و از من خواستند تا نردبانی را پشت ماشین گلف بگذارم و برای چیدن تمشک همراهی‌شان کنم.

وقت رانندگی وسط درخت‌ها مدام حواسم به نردبان و بچه‌ها بود که با یکدیگر سر آن‌که چه کسی اول از نردبان بالا برود و تمشک‌ها را بچینند دعوا می‌کردند. هم‌زمان فکر می‌کردم چه شد که سر از اینجا درآوردم.

خودشان درخت‌ها را انتخاب می‌کردند، من نردبان را نگه داشتم، یک نفر بالا رفت و تمشک‌ها را دانه‌به‌دانه در کاسه انداخت. آن لحظه دعواها و یا این‌که چه کسی بهترین تمشک‌ها را می‌چیند برایم مهم نبود. آنچه ارزش داشت اسموتی آخر روز بود که با همان تمشک‌هایی که با دست‌های خود چیدند، درست کردند. آنچه ارزش داشت این بود که آن‌ها از کودکی می‌دیدند غذایشان از کجا می‌آید. درست برعکس منی که در شهر بزرگ شده بودم و هیچ آگاهی‌ای از روندی که غذای من طی کرده تا به بشقابم برسد نداشتم. هیچ روزی تکراری نبود. هر آخر هفته با یار تابستانی یک مسیر جدیدی را برای کوه‌نوردی انتخاب می‌کردیم و هر شبی که با هم می‌گذراندیم، غذای جدیدی درست می‌کردیم و می‌خوردیم.

یک شب بعد از خوردن شام، یار تابستانی از من پرسید که آیا تابه‌حال به ماندن در کانادا فکر کردم یا نه، سپس قبل از آن‌که بخواهم جوابی را به او بدهم، به من گفت که اگر قصد ماندن دارم می‌تواند با من ازدواج کند تا از آن طریق اقامت بگیرم. برایم عجیب بود او که بارها شنیده بود که من چقدر عاشق آمریکای لاتینم و سبک زندگی کانادایی به روحیه‌ام نمی‌خورد؛ اما باز از من چنین سؤالی می‌کرد. البته او اولین کسی نبود که از من این سؤال را می‌پرسید. تقریباً هر ایرانی‌ای که در ونکوور دیدم به من این نصیحت را کرده بود. «حالا که پات به خاک کانادا رسیده، بمون و اقامت بگیر و بعد با پاسپورت معتبرتر راحت به سفرهات ادامه بده.»
جالب بود بسیاری از آن‌ها که حتی از شرایط زندگی خودشان راضی نبودند، به من چنین نصیحتی می‌کردند.

یک‌بار هم هنگامی که بچه‌ها را در جزیره به کتابخانه برده بودم و برایشان کتاب می‌خواندم، چند خانوادهٔ دیگر تصور کرده بودند من آنجا کار می‌کنم و همگی دور من جمع شدند و به داستانم گوش دادند. سپس هنگام خروج از کتابخانه، مسئولان آنجا به من گفتند اگر به دنبال کارم، می‌توانم به‌صورت

نیمه‌وقت در کتابخانه برای کودکان کلاس برگزار کنم. من پاسخ دادم با ویزای توریستی آنجا هستم و قصد ماندن ندارم. جیمز نیز می‌گفت سال دیگر هرکجا که باشی برایت بلیط می‌گیرم به سالت اسپرینگ تا تابستان کنار ما باشی. گاهی آن‌قدر صدای نظرات دیگران بلند می‌شد که صدای دلم را نمی‌شنیدم. سخت است وقتی هر آن‌که می‌بینی به تو بگوید «بمان» و تو به دلت که می‌گوید «برو» گوش دهی.

بعدها متوجه شدم، یار هیچ‌وقت نخواسته باور کند که من تنها دو ماه در جزیره‌ام. هرچقدر به اتمام ماندنم در جزیره نزدیک می‌شدیم، پیشنهاد ماندن را بیشتر تکرار می‌کرد. یک‌بار نیز در آغوشم اشک ریخت و من احساس بدی بهم دست داد. هیچ‌وقت قصد ضربه‌زدن به او را نداشتم و از روز اول گفته بودم که من رفتنی‌ام؛ اما او دل‌بسته بود. آن‌قدر آن لحظه‌ای که اشک می‌ریخت و در آغوشش گرفته بودم برایم سخت بود که از او خداحافظی نکردم. نمی‌خواستم رفتن را سخت‌تر از آن چیزی بکنم که هست.

بوی رفتن می‌آمد و ما همه آن را احساس می‌کردیم. سوفی هر روز یک نقاشی جدید برایم می‌کشید و می‌گفت با خودت ببر. لیام دلش توجه می‌خواست. اولیویا ساعت شش صبح به اتاقم می‌آمد و دوست داشت هنگام غذاخوردن کنارش بنشینم و لیلی دوست داشت دوتایی با یکدیگر تنها باشیم.

جدا از عشق، شکرگزاری، شادی و غمی که احساس می‌کردم، بی‌پولی استرس عجیبی به من داده بود. هزینه‌هایم در کانادا با وجود کار داوطلبانه از بودجهٔ ماهانهٔ من بیشتر بود و به‌یاد دارم که دو هفتهٔ آخر تنها بیست دلار کانادا در کیف پولم داشتم. اما آن استرس هم بیش از دو هفته طول نکشید. چرا که درست قبل از رفتن، سه اتفاق پیش‌بینی‌نشده برایم افتاد که جیب خالی‌ام را برای ادامهٔ مسیر پر کرد.

اولی یک آژانس هواپیمایی بود که به من در فضای مجازی درخواست همکاری داد و اسپانسر بلیط خروجم از کانادا، از کلگری به جمهوری دومینیکن شد. دومی چند عزیز دانشجو در ونکوور بودند که به من پیشنهاد دادند تا در دانشگاه بریتیش کلمبیا سخنرانی کنم. خودشان با دانشگاه صحبت کردند، هماهنگی‌های لازم را انجام دادند و یک سالن در اختیارم گذاشتند. من هم موضوع سخنرانی را، که قرار بود به زبان انگلیسی اجرایش کنم، «سفر با بودجهٔ محدود» گذاشتم و تصمیم گرفتم در مورد داستان زندگی‌ام، مسیر سفر، سفر تنهایی، کار داوطلبانه، اعتماد

۲۷۴

به دیگران و چگونگی تأمین هزینه‌ها هنگام سفر تمام‌وقت، امنیت و ... صحبت کنم.

با آن‌که پیشنهاد شده بود بلیط بفروشم، ترجیح دادم سخنرانی را رایگان برگزار کنم و به‌جایش جعبه‌ای بگذارم تا هرکس هرچقدر صحبتم برایش ارزش داشته، در آن جعبه بیاندازد. آن روز حدود صدوسی نفر برای شنیدن صحبت‌هایم به دانشگاه آمدند و صندلی‌ها پر شده بود. آخر شب وقتی که پول‌های داخل جعبه را شمردم، حدود هفتصد دلار کانادا جمع‌آوری شده بود. سومی هم پاکت نامه‌ای بود که شارلوت هنگام خداحافظی برایم نوشته بود:

«ملیکا!

نمی‌دانم چطور با کلمات از تو و تجربه‌ای که کنارت در این تابستان داشتیم تشکر کنم. ممنونم بابت تمام عشقی که به کودکانم دادی و تمام زحماتی که در باغچه کشیدی!

این مبلغ بسیار ناچیز رو برای تشکر و برای تمام ساعاتی که اضافه کاری کردی، در کنار کودکانم ماندی و همراهی‌مان کردی اینجا می‌گذارم. امیدواریم مسیرت پر از شادی و یادگیری باشد و امیدواریم بتوانیم تابستان دیگر دوباره تو را کنارمان داشته باشیم.

با عشق!

شارلوت، جیمز، سوفی، لیلی، اولویا و لیام.»

با خواندن کلماتش چشمانم پر از اشک و گلویم پر از بغض شده بود. جز نامه، ده تا صد دلاری درونش وجود داشت. اشک شوق از چشمانم سرازیر شد و به خود قول دادم تا همیشه با عشق کارم را انجام دهم و صددرصد خودم را ارائه دهم.

رفتن از کنار خانواده کانادایی‌ام با یک سفر سه‌روزه به جزیرهٔ ونکوور همراه شد. خوشحال بودم. از آن‌که آن‌قدر کنارشان عشق را احساس کرده بودم که رفتن قلبم را می‌فشرد، خوشحال بودم. خوشحال بودم که نرفته دلتنگی می‌کردم. خوشحال بودم که دلم تنگ آن خانهٔ زیبا، بچه‌ها و آن جزیرهٔ جادویی می‌شود.

زمان رفتن فرا رسید و بچه‌ها هرآنچه عشق برای ادامهٔ مسیر احتیاج داشتم را با یک آغوش به من رساندند. هنگامی که ده هفته گذشته را مرور می‌کردم تنها خوشی‌ها، دوچرخه‌سواری‌ها، بازی‌ها و خنده‌ها به‌یادم می‌آمد. شارلوت مرا

به کشتی رساند و احساس کردم تکه‌ای از قلبم را همراه او در جزیره جا گذاشتم. رفتن از سالت اسپرینگ کار راحتی نبود؛ اما لازم بود. رفتن یعنی رسیدن. رفتن و رسیدن و تازه‌شدن.

مهمان‌نوازی در بنف

ونکوور را با بالا و پایین پریدن در جشن رنگین‌کمانی‌ها و جشن‌گرفتن تفاوت‌ها ترک کردم. درحالی‌که احساس سرما تمام وجودم را گرفته بود، سوار یک اتوبوس شدم و به سمت کلگری رفتم. سارا، همان عزیزی که به من ندیده لطف کرده و برایم دعوت‌نامه نوشته بود، در تاریکی شب به ایستگاه اتوبوس آمد و مرا به خانهٔ خود برد.

زندگی با یک خانوادهٔ ایرانی که دو پسر شش و نه‌ساله دارند در شهری مثل کلگری برایم جالب بود. پسرهای ایرانی - کانادایی که در خانه فارسی و در محیط مدرسه و بیرون انگلیسی صحبت می‌کردند. زوج نازنینی که برای زندگی بهتر مهاجرت کرده و هزینه‌های زیادی برای آینده فرزندانشان داده بودند. حال وهوا و انرژی داخل خانه‌شان کاملاً شبیه به ایران بود. گاهی فراموش می‌کردم که در کانادا هستم.

سارای نازنین با دست‌پخت خوشمزه‌اش، دراختیار گذاشتن یک اتاق برای من، دعوت من برای مصاحبه به رادیوی فارسی زبانی که در آن به‌صورت داوطلبانه کار می‌کرد و میزبانی فوق‌العاده‌اش مرا شرمنده کرد. نمی‌دانستم چطور می‌توانم از او تشکر کنم. خوشحال بودم که فرصت وقت‌گذراندن با پسران شیرین و خوش‌انرژی‌اش را دارم. گاهی با هم دوچرخه‌سواری می‌کردیم و یا به مرکز شهر می‌رفتیم.

در کلگری با ایرانیان بسیاری آشنا شدم که مرا به صرف چای و شیرینی به خانهٔ خود دعوت کردند و حتی با چند نفرشان به شهر دیدنی بنف و دریاچهٔ بی‌نظیر لوئیس[1] رفتیم. از دیدن آن همه زیبایی و گرفتن آن همه محبت احساس خوشبختی می‌کردم. دیگر دنبال‌کننده‌های اینستاگرامم را تنها یک عدد نمی‌دیدم، بلکه انسان‌هایی بودند بسیار بامحبت و تحصیل‌کرده. گاهی باورم نمی‌شد که چنین انسان‌های نازنینی وقت باارزش خود را صرف خواندن داستان‌های من

1.Louise

می‌کنند.

اواخر تابستان بود و من دلتنگ گرمای خورشید، بی‌صبرانه در انتظار دیدار با جمهوری دومینیکن بودم. خداحافظی از کانادا و ایرانی‌هایی مثل سارا که بدون هیچ چشم‌داشتی به من کمک کرده بودند راحت نبود. شاید برای او نوشتن یک نامه و یا دراختیار گذاشتن یک اتاق از خانه‌اش برای چند روز کار زیادی نباشد؛ اما برای من کوله‌گرد داشتن همان تخت راحت به معنای پناهگاه و جای امن است و آن یعنی همه چیز.

شاید سارا نمی‌دانست که عشقش باعث می‌شود من نیز وجودم سراسر از محبت شود و بتوانم آن را با اطرافیانم تقسیم کنم. می‌دانستم روزی می‌رسد که من نیز برای کسی دعوت‌نامه‌ای خواهم نوشت، درهای خانه‌ام را روی جهان‌گردی باز خواهم کرد و آن انسانی که کنار خیابان یا در جاده با دستی درحال علامت‌دادن ایستاده را سوار خواهم کرد.

هواپیما پرید و تمام سه ماه و نیمی که در کانادایی امن و آرام گذراندم مثل یک فیلم از جلوی چشمانم گذر کرد. ویپاسانا و ونکوور، کوه‌نوردی‌ها، جزیره، روزهای عاشقی، بچه‌ها، سخنرانی و زیبایی کوه‌ها و آدم‌های آلبرتا.

قبل از رسیدن به جمهوری دومینیکن، در تورنتو توقفی هجده‌ساعته داشتم. دوست صمیمی دوران دبیرستانم، پرستو، به دنبالم آمد و پس از دوسال‌ونیم دوری او را دوباره در آغوش گرفتم.

تمام عصر تا نیمه‌های شب بی‌وقفه صحبت کردیم و دیوانه‌بازی درآوردیم. او دل‌خور بود که من سه ماه در کانادا بودم و پیش او نمانده بودم و من خوشحال از آن‌که فرصت داشتم حتی برای چند ساعت هم که شده دوباره ببینمش. چقدر هر دو تغییر کرده بودیم. چقدر متفاوت و درعین‌حال چقدر هنوز شبیه به هم بودیم.

اکثر اوقات درست هنگامی که تصور می‌کنیم زندگی بسیار رویایی و زیباست، یک سیلی محکم به گوشمان می‌خورد و یا چیزی در زندگی شبیه زلزله برای لحظه‌ای ما را تکان می‌دهد. خروج از کانادا برای من دقیقاً همان‌طور بود. یک ساعت زودتر از حرکت پرواز، به گیت جِی سی‌وچهار[1] رسیده بودم و با خیال راحت کتاب می‌خواندم که یک‌دفعه پشت بلندگو اعلام کردند: «ملیکا بکائی، گیت جی سی‌وچهار.»

1.G34

پیش خانم پشت بلندگو رفتم. زنی بسیار زیبا بود و رنگ و حالت موهایش مرا یاد جنیفر انیستون می‌انداخت. پس از معرفی پاسپورتم را به او دادم. نگاهی به ویزاهایم انداختم و گفت: «بلیط خروجیت از جمهوری دومینیکن رو می‌تونم ببینم؟» سرم گیج رفت. بلیط خروج؟ قرار بود زمینی به هائیتی بروم اما چطور پس از آن همه تجربهٔ سفر چنین حماقتی کردم و یک رزرو بلیط خروج برای فرودگاه نگرفته بودم؟!

جنیفر پرسید: «برمی‌گردی کانادا؟»

بسیار هول شده بودم و به جای آن‌که بگویم زمینی به هائیتی می‌روم گفتم: «نه. برمی‌گردم کشورم، ایران.»

جنیفر نگاهی به چشمانم انداخت و گفت: «خب پس بلیط برگشتت به ایران رو می‌تونم ببینم؟»

نزدیک بود همان‌جا بزنم زیر گریه. تنها نیم‌ساعت وقت داشتم. به هرکس می‌شناختم در واتساپ پیغام دادم: «هستی؟ کمک لازم دارم.»

همیشه برای رزرو بلیط برای به آژانس‌های هواپیمایی می‌رفتم. نمی‌دانستم از آن‌جا که هستم چطور می‌شود آنلاین بلیط رزرو کرد که هزینه نداشته باشد. مریلا خواهر بزرگ‌ترم که همیشه شب بیدار است، به من پاسخ داد و من در یک پیام صوتی به او توضیح دادم که در شرایطی اضطراری به یک رزرو بلیط احتیاج دارم. شمارهٔ تلفن یک آژانس هواپیمایی در تهران را که می‌دانستم این کار را بدون هزینه انجام می‌دهند را برایش فرستادم. همان لحظه اعلام کردند که هواپیمای ما آمادهٔ حرکت است و مسافران می‌توانند پشت گیت خروجی در صف بایستند. در پیام صوتی جدیدی با استرس تکرار کردم: «مریلا، تا ده دقیقهٔ دیگه باید سوار هواپیما بشم.» قطع کردم. ایمیل و اطلاعاتم را برایش فرستادم و درحالی‌که دلم می‌خواست خودم را نابود کنم، با لبخند به مسئول و مردمی که سوار هواپیما می‌شدند نگاه کردم.

رزرو بلیط پس از پنج دقیقه برایم ایمیل شد و من به مسئول نشانش دادم. جنیفر به یک نفر دیگر زنگ زد و گفت: «دختر ایرانی بلیط خروج رو نشون داده اما ویزای مقصد رو نداره. ما مسئول ویزاش هستیم یا خودش؟ نه... (پاسپورت را تندتند ورق می‌زد) می‌تونه سوار بشه؟»

بلندگو: «آخرین اعلام، پرواز شمارهٔ هشتصدوسی‌ودو به مقصد پونتا کانا، گیت تا پنج دقیقهٔ دیگر بسته می‌شود.»

در تندترین حالت ممکن گفتم: «با ویزای توریستی کانادا برای ورود به جمهوری دومینیکن ویزایی لازم ندارم. مطمئن باشید راست می‌گم. اگه مشکلی باشه اونا

تو فرودگاه نمی‌ذارن وارد کشور بشم.»

همهٔ مسافران سوار هواپیما شدند. من مانده بودم و پاسپورت بی‌اعتبارم. یک مسئول دیگر آمد و گفت: «این دختر سوار می‌شه یا نه؟ باید در رو ببندم.» جنیفر بالأخره پاسپورت را به من داد و گفت: «برو.»

با عجله کولهٔ بزرگ را روی دوشم انداختم، تشکر کردم و با اشک‌های سرازیر شده به سمت هواپیما حرکت کردم. ذهنم با صدای بلند فکر کرد: «کاش ملیت دیگه‌ای داشتم!»

جمهوری دومینیکن

معجزهٔ باد گرم

نه کسی را در جمهوری دومینیکن می‌شناختم، نه به زبان اسپانیایی اندازهٔ فارسی و انگلیسی مسلط بودم. اما نمی‌دانم چه شد که هنگام خروج از هواپیما، به‌محض آن‌که باد گرم صورتم را بوسید و گوشم دوباره زبان اسپانیایی را شنید، یک حس آشنایی عجیبی در دلم به جریان درآمد.

فرودگاه پونتا کانا[1] جزو آرام‌بخش‌ترین و شادترین فرودگاه‌هایی بود که در آن پا گذاشته بودم. انگار از همان لحظه‌ای که پایت را در آن خاک می‌گذاشتی، استرس را از بدنت بیرون می‌کرد و تو سراپا آرامش می‌شدی. در صف ایستاده بودم که ناگهان آهنگی پخش شد که چشمانم را پر از اشک کرد. آهنگ باچاتا، آهنگی که ریشه‌اش از جمهوری دومینیکن می‌آید.

به‌یاد آوردم اولین‌باری که اسم جمهوری دومینیکن را شنیدم چهار سال قبل از آن بود. زمانی که به معلمم نغمه زنگ زدم و از او خواستم در مورد کلاس‌های سالسا برایم توضیح دهد و او جز سالسا از باچاتا و مرنگه نیز برایم تعریف کرد. آن موقع جمهوری دومینیکن را جایی بسیار دور تصور می‌کردم. جزیره‌ای کوچک با آب‌های فیروزه‌ای، سواحلی با شن‌های سفید، میوه‌های شیرین استوایی و مردمی که همیشه درحال رقصیدنند. چشمانم پر از اشک شد. حال من در آستانهٔ ورود به همان جزیرهٔ دور بودم. گرچه مقصدم هائیتی بود؛ اما انگار تازه متوجه شده

1.Punta Cana

بودم برای رسیدن به هائیتی از چه سرزمینی عبور خواهم کرد. سرزمینی که انگار بی‌آن‌که من برنامهٔ دیدنش را داشته باشم، خودش مرا خوانده بود.

پس از کوبیده‌شدن مهر ورود بر پاسپورتم، حیران و خندان از فرودگاه خارج شدم و اسم خودم را روی یک کاغذ بزرگ دیدم. رافائل، میزبانی که در کوچ سرفینگ پیدا کرده بودم، لبخندزنان اسمم را در دستش گرفته بود و به‌محض دیدنم مرا شناخت. سوار ماشینش شدم و همان‌طور که به سمت خانه‌اش می‌رفتیم و من از تنفس دوباره در آمریکای لاتین لذت می‌بردم، به رافائل که داستان زندگی‌اش را برایم تعریف می‌کرد، گوش دادم. از کودکی‌اش در شمال جمهوری دومینیکن تا مهاجرتش به آمریکا گفت، از ازدواج و طلاق و شش بچه‌اش تا دختر سومش که هم‌سن من بود گفت و از علاقه‌اش به رقص سالسا و لذت‌بردن از کارش با توریسم و نشان‌دادن کشورش به جهان‌گردانی که از طریق کوچ سرفینگ میزبانی می‌کند.

سه روز در خانهٔ رافائل در پونتا کانا ماندم که شهری بسیار توریستی بود. هر روز خودم را در آب‌های شور و گرم کارائیب گم کردم، پاپایا و منگو خوردم و از طریق رافائل با شخصیت‌های متفاوتی آشنا شدم که هرکدام داستان زندگی متفاوتی داشتند. هر شب مرا به یک گوشه‌ای از شهر می‌برد که در آن سالسای کوبایی، دقیقاً همان سبکی که دوست داشتم پخش می‌شد و با او و دوستانش که رقصنده‌های حرفه‌ای بودند می‌رقصیدم. حتی یک روز عصر هنگامی که متوجه شد من رانندگی بلد نیستم، مرا سوار ماشین خود و تشویقم کرد که تا نزدیکی خانه‌اش رانندگی کنم. رافائل می‌گفت پس از سال‌ها زندگی در آمریکا متوجه شده بود که آن «رویای آمریکایی» که از کودکی به او گفته بودند باید به آن برسد، برای او نبود. با آن‌که هم صاحب خانه بود هم ماشین خوبی داشت، هم کسب‌وکار شخصی خودش را داشت و هم آن را دوست داشت، ترجیح می‌داد پول‌هایش را خرج تجربه‌های جدید بکند. می‌گفت آنچه به من حس ثروتمندی می‌دهد تجارب جدید است، نه خانه و ماشینی که دارم. به‌زودی راهی آسیا بود و دغدغه‌اش آن بود که بتواند در چین و کرهٔ جنوبی سالسا برقصد.

همیشه سعی می‌کردم برای درک بهتر از یک کشور با آدم‌های مختلف در سنین مختلف و با علایق مختلف هم‌صحبت شوم. به همین دلیل پس از تجربهٔ زندگی با یک دومینیکن در پونتا کانا، وقتی که به دنبال یک میزبان در پایتخت بودم، به پسری آمریکایی به نام مارک پیغام دادم. پنج سال در هائیتی و دو سال در جمهوری دومینیکن زندگی می‌کرد. دلم می‌خواست ببینم زندگی در آن جزیره

از دید یک مهاجر چگونه است؟ آن هم یک مهاجر آمریکایی.

از پونتا کانا تا سانتو دومینگو[1] از پشت شیشهٔ اتوبوس به بیرون نگاه و به این فکر می‌کردم که در مورد سانتو دومینگو هیچ تحقیقی نکردم و نمی‌دانم که دقیقاً قرار است به کجا برسم. به این‌که چقدر دلم می‌خواست بتوانم دوست پیدا کنم و با مردمش ارتباط عمیقی برقرار کنم نیز فکر کردم.

مارک درهای خانه‌اش را به روی من باز کرد و مبلی را که در اختیار جهانگردها می‌گذارد، به من نشان داد. گرچه خودش درگیر تدریس در مدرسه و کارهای شخصی‌اش بود و برعکس تصورم زمان زیادی برای هم‌صحبتی نداشت. از آنجایی که افکار و تصویرسازی ذهنی ما قدرتمندند، به‌محض اتصال به اینترنت و بازکردن گوشی با دو پیغام جذاب مواجه شدم. اولی پیغامی از فرناندا، دختری کوییر و فمینیست بود که در کوچ سرفینگ مرا پیدا کرده و نوشته بود فردای آن روز همراه دوستانش به پارکی می‌روند و می‌توانم به آن‌ها ملحق شوم. دومین پیغام هم از یک پسر ایرانی به نام «رض» بود که در اینستاگرام برایم نوشته بود که ساکن سانتو دومینگو است و اگر به آنجا رسیدم می‌توانم مهمان او باشم.

حس می‌کردم سفرم در جمهوری دومینیکن تازه آغاز شده است. هیجان‌زده دوش گرفتم و از خانه بیرون زدم. قرار بود رض را در مرکز شهر ببینم. با هیجان گوشهٔ خیابانی ایستاده بودم که یک‌دفعه یک پسر بسیار خوشتیپ ایرانی از داخل ماشین صدا زد: «ملیک!»

لحن صدازدنش، حالت عینک‌آفتابی‌ای که بر چشمانش داشت و خون‌گرمی عجیب وجودش مرا یاد پسر دایی‌ام اشکان انداخت. از همان لحظهٔ اول حسابی گرم گرفتیم. برایم تعریف کرد که قصد ماندن نداشته اما مردم و خاک آنجا نظر او را تغییر داده و تصمیم گرفته که بماند. دو بازویش پر از تتوهای مختلف بودند. تتویی که پس از مرگ مادرش بر بازویش حک کرده بود را نشانم داد و از درد و تلخی از دست‌دادن مادرش گفت. این‌که نتوانسته بود برای مراسم مادرش به ایران برگردد. به زبان اسپانیایی بسیار مسلط بود و مثل من عاشق لاتینوها. از این‌که می‌توانستم دو دنیای ایرانی و لاتینوام را با او به اشتراک بگذارم خیلی خوشحال بودم. در شهر چرخیدیم و با ماشین به قول خودمان دوردور کردیم. همان دورزدن‌هایی که با دوستانم در اکباتان انجام می‌دادم. رض اولین نفری بود که در آن جزیره به من احساس امنیت داد. احساس کردم در جمهوری دومینیکن

1.Santo Domingo

خانواده دارم و این اتفاق برای یک کوله‌گردی که کسی را در کشوری جدید نمی‌شناسد، می‌تواند بهترین اتفاق ممکن باشد.

هوا که تاریک شد از رض خداحافظی کردم و به سمت پارکی که فرناندا آدرسش را برایم فرستاده بود راه افتادم. موهای فر و بلند، لب‌های بزرگ و چشمان زیبایش را از دور شناختم. با شش نفر از دوستانش روی نیمکتی نشسته بود، صحبت می‌کرد و می‌خندید. نزدیک‌تر که شدم متوجه شدم در مورد یک راهپیمایی و حق و حقوق همجنس‌گرایان صحبت می‌کنند. یکی از دوستانش نویسنده و دیگری شاعر بود. یکی یک دختر فرانسوی ساکن سانتو دومینگو بود و دیگری تنها با سکوت به حرف‌های بقیه گوش می‌داد. تصور می‌کردم تنها یک ساعت کنارشان بمانم اما نمی‌دانم زمان چطور گذشت که وقتی که به ساعت نگاه کردم، متوجه شدم یازده‌ونیم شب است و من تمام شب را به هم‌صحبتی با فرناندا و دوستانش گذرانده‌ام. آن‌ها برایم از سختی‌هایی که برای قبول‌شدن در خانواده‌هایشان دارند گفتند و از محدودیت‌های زیادی مثل محدودیت کاری که در کشور برای کوییرها[1] هست. من هم برایشان از دوستان همجنس‌گرایم در ایران و محدودیت‌ها گفتم. فرناندا که قبل از آشنایی با من تصور می‌کرد ایران در قارهٔ آفریقاست سؤال‌های زیادی از من پرسید و سپس از من تشکر کرد چرا که حالا قدر حقوقی که داشت را بیشتر می‌دانست. آن شب تا ساعت دو نصفه‌شب با او و دوستانش رقصیدم. به بارهای مختلفی رفتیم و ساعت‌ها با آهنگ باچاتا رقصیدیم. فرناندا می‌دانست چطور مرا هدایت کند و من هم که کمی باچاتا بلد بودم، قدم‌های او را دنبال می‌کردم.

لهجهٔ دومینیکنی‌اش آن‌قدر جذاب بود که دلم می‌خواست ساعت‌ها به صدایش گوش کنم. فرناندا خودش بود. هیچ ترسی از طردشدن در جامعه و قضاوت دیگران نداشت. می‌گفت حتی حمایت اطرافیانش برایش مهم نیست و زندگی برایش کوتاه‌تر از آن است که خودش نباشد. او خود خودش را زندگی می‌کرد و اطرافش پر شده بود از آدم‌هایی که خود واقعی‌شان هستند. همراه هم در راستای بهترشدن جامعه‌ای که در آن زندگی می‌کنند قدم برمی‌داشتند. آن شب با فکر به فرناندا و تمام کسانی که منتظر رسیدن آزادی نمی‌مانند به خواب رفتم. آن‌هایی که فراتر از تمام محدودیت‌ها، آزادانه زندگی می‌کنند. از بیرون در بند و از درون رها هستند. زندگی، هرچقدر هم کوتاه، ارزش زیستن دارد. زیستن هر آن‌طور که دلت می‌خواهد.

1.Queer

تردید

قبل از سفرکردن، همیشه از تاریخ متنفر بودم. شب قبل از امتحان‌های تاریخ برایم پر از استرس بود و هیچ‌وقت نتوانستم آن همه اسم و تاریخی که در کتاب‌های قطور تاریخ ایران داشتیم را حفظ کنم. اما سفر و پاگذاشتن در کشورهای مختلف که هرکدام داستان استقلال خودشان را داشتند، برای ذهن کنجکاوم سؤالاتی ایجاد کرده بود که برای پیداکردن پاسخشان ناخودآگاه به تاریخ آن کشور رجوع می‌کردم.

از سرزمین اینکاها در بولیوی و پرو تا میوچه‌های شیلی، تمام آنچه یاد گرفته بودم را هنوز به‌یاد داشتم چرا که برای گرفتن یک نمره آن را حفظ نکرده بودم و در حافظهٔ طولانی مدتم قرار گرفته بود.

حال در سانتو دومینگو نشسته بودم. در کشوری که بیش از پانصد سال پیش توسط کریستف کلمب کشف شده بود. آن زمان تنها بومیان سرخپوست آن منطقه آنجا ساکن بودند. سانتو دومینگو اولین شهر در قارهٔ آمریکا بود که اروپایی‌ها زندگی‌شان را آنجا شروع کرده بودند. اولین کلیسای جامع، بیمارستان و دانشگاه هم در همین شهر ساخته شده بودند؛ مکان‌هایی که خودم هم در مرکز شهر به دیدنشان رفتم. کل جزیرهٔ هیسپانیولا[1]، جدا از مرزی که امروز بین جمهوری دومینیکن و هائیتی کشیده شده، نزدیک به دویست سال دست اسپانیایی‌ها بوده است. کم‌کم بخش غربی آن، یعنی همین هائیتی امروزی، به تصرف فرانسوی‌ها درمیاید. فرناندا که خود را آفرو دومینیکنی می‌نامید برایم گفت که برده‌های زیادی از آفریقا بین قرن‌های شانزده تا نوزده وارد جزیره شدند. با دانستن تاریخ هر منطقه راحت‌تر می‌توانستم آنچه می‌بینم و تجربه می‌کنم را درک کنم. چرا خیابان‌ها و خانه‌ها آنطورند که می‌بینم. چرا مردم آنطور رفتار می‌کنند و آنگونه لباس می‌پوشند.

شب آخر در پایتخت همراه میزبانم مارک و دوستانش برای خوردن شام به منطقهٔ متفاوتی از سانتو دومینگو رفتیم که اکثراً برای خارجی‌های آنجا بود. با وجود آن‌که هرکداممان در یک گوشه‌ای از کرهٔ زمین به‌دنیا آمده بودیم، همگی معلم بودیم و زبان انگلیسی تدریس می‌کردیم. مارک از سختی‌ها و عجایب زندگی‌اش در هائیتی تعریف می‌کرد و شوک‌های فرهنگی که بهش وارد شده بود. از روزهایی که در اسکاتلند کوله‌گردی می‌کرده و برای پیداکردن جای

1.Hispaniola

خواب درِ خانه‌های مختلف را می‌زده تا یک میزبان پیدا کند. حالا سال‌ها از آن روز گذشته و او بیش از صد نفر را از طریق کوچ سرفینگ میزبانی کرده است. دوستانش هم هرکدام به دلیلی سبک زندگی آمریکایی خود را رها کرده و برای زندگی و کار به جمهوری دومینیکن مهاجرت کرده بودند. یکی آب‌وهوای گرم و شرجی آنجا را دوست داشت و دیگری سرعت پایین زندگی را. یکی از کیفیت غذایی خوب دومینیکن، طعم میوه‌ها و سبزیجات تعریف می‌کرد و دیگری عاشق فرهنگ لاتینوها بود.

مطمئن بودم اگر من هم ساکن سانتو دومینگو بودم، با آن‌ها معاشرت می‌کردم و در دایرهٔ دوستی‌شان قرار داشتم. سه روز برای دیدن سانتو دومینگو و معاشرت با انسان‌هایی که سر راهم قرار گرفته بودند، آن‌قدر کم بود که دلم نمی‌خواست بروم. همه می‌گفتند «چه وقت هائیتی رفتن است؟» و من فکر می‌کردم آن‌ها که تابه‌حال به هائیتی نرفته‌اند؛ بهتر است من بروم و با چشم‌های خود تجربه‌اش کنم. دلم نمی‌خواست آن انسان‌های نازنین را ترک کنم، اما تعهد داده بودم که هفتهٔ آینده در هائیتی باشم. پس خودم را «مجبور» به جمع‌کردن کوله و رفتن کردم.

مارک می‌گفت زمان مناسبی برای رفتن به هائیتی نیست و امیدوار است سالم به مدرسه برسم. فرناندا متوجه نمی‌شد چرا بین این همه کشور، کار داوطلبانه در هائیتی را انتخاب کردم. رض می‌گفت: «بابا ملیک، بیشتر بمون خوش می‌گذرونیم.» و من با آن‌که بخشی از دلم می‌خواست زمان بیشتری در سانتو دومینگو بمانم، به تعهدم پایبند مانده و راهی مقصد بعدی شدم.

قبل از ردکردن مرز به سمت هائیتی، از شهر ساحلی لس ترناس[1] در شمال جمهوری دومینیکن عبور کردم و سه روزی مهمان مردی به نام نوآ شدم. هر روز صبح به ساحل می‌رفتم و اجازه می‌دادم که آفتاب تمام بدنم را ببوسد. هر روز عصر، وقتی که نوآ از سر کار برمی‌گشت، با او آشپزی و معاشرت می‌کردم. روستا به دلیل فصل باران بسیار خلوت بود و تنها چیزی که از آن به‌یادم مانده، طعم شیرین آب نارگیل تازه است که هر روز کنار ساحل می‌نوشیدیم. در آن گرما تنها چیزی که به بدنم جان دوباره می‌بخشید آب نارگیل بود.

مقصد آخرم در جمهوری دومینیکن، دومین شهر بزرگ آن کشور سانتیاگو[2] بود. چراکه نزدیک مرز قرار داشت و هر روز اتوبوسی از آنجا به شهر کاپ هائیتین[3]

1.Las Terrenas 2.Santiago 3.Cap-Haitien

می‌رفت که تصور می‌کردم قرار است برای رسیدن به مدرسه سوار آن شوم.

ایسرا، میزبانم در سانتیاگو معلم و بازیگر تئاتر بود. و مثل فرناندا خودش را جزوی از جامعهٔ کوییر می‌دانست. با آن‌که صبح تا شب کار می‌کرد و وقت زیادی برای معاشرت نداشت، درهای خانه‌اش را به روی من و یک جهانگرد دیگر به نام لوکا باز کرده بود. لوکا پسری ایتالیایی بود که مثل من دوسال‌ونیم در قارهٔ آمریکا درحال سفر بود. گرچه او اکثر مسیرهایش را هیچهایک می‌کرد و به‌تازگی مرز را از هائیتی به جمهوری دومینیکن رد کرده بود. ایسرا گفت: «ملیکا الان زمان مناسبی برای رفتن به هائیتی نیست، قیمت بنزین بالا رفته، فشار اقتصادی روی مردم زیاده و همه تو خیابونا درحال اعتراضن. حواست باشه احتمال نداشتن برق خیلی زیاده. مرز هم پر از معترضه که می‌خوان از کشور به هر طریقی خارج بشن. ولی نگران نباش، اگه اونجا میزبانی داری که به تو گفته "بیا"، حتماً شرایط اون‌قدرها هم بد نیست.»

آگاه بودم که در هائیتی دسترسی راحت به آب و برق نخواهم داشت. می‌دانستم مغازه‌ها همیشه باز نیستند و اول هفته باید به فکر نیازهای غذایی هفتگی‌ام باشم. آگاه بودم که زبان اصلی‌شان کریول[1] است و به‌سختی خواهم توانست با آن‌ها ارتباط برقرار کنم؛ اما به تنها چیزی که فکر می‌کردم نیتم بود. به بچه‌هایی که در انتظارم بودند و به تمام زمانی که قرار است با آن‌ها بگذرانم.

وقتی که ایسرا سرکار می‌رفت با لوکا به گردش در کوچه‌پس‌کوچه‌های شهر می‌رفتم. او به چادرزدن در طبیعت دومینیکن و هیچهایک‌کردن تا یک آبشار فکر می‌کرد و من به کودکانی که در هائیتی منتظرم بودند. زمانی که ایسرا در کنارم بود دلم می‌خواست به داستان‌هایش در مورد هنرمندان دومینیکنی و دنیای تئاتر آنجا گوش کنم. انگار قسمتی از وجودم که دلش برای روی صحنه بودن تنگ بود با شنیدن داستان‌های ایسرا آرام می‌شد.

آنچه تصورش را هم نمی‌کردم در سانتیاگو ببینم، پسری اصفهانی بود. محمد که درست مثل رض از طریق اینستاگرام به من پیغام داده بود، پسری جوان بود که در سانتیاگو زندگی می‌کرد. شنیدن لهجهٔ شیرین اصفهانی در کوچه‌پس‌کوچه‌های شهر زمان و مکانم را با یکدیگر قاطی کرده بود. انگار اصفهان به دیدنم آمده بود. محمد به زبان اسپانیایی و انگلیسی تسلط کامل داشت و برای یک شرکت کار می‌کرد؛ اما آرزوی خلبانی و رفتن به کانادا را داشت. وقتی درددل‌هایش را شنیدم

1.Creole

احساس کردم دلتنگ جامعهٔ فارسی زبان و هم‌وطن است. برایم جالب بود که او و رض در این کشور کوچک یکدیگر را نمی‌شناسند. شاید اصلاً این همه راه آمده بودم تا این دو ایرانی را به یکدیگر وصل کنم.

به میزبانم در هائیتی پیغام دادم که همگی به من می‌گویند به هائیتی نرو ولی او گفت خطری نیست و می‌توانم وارد کشور شوم. پس کوله‌ام را جمع کردم و روی دوشم انداختم. این‌بار به علاوهٔ یک مشت لباس، دو عدد کتاب و لوازم شخصی، ترس و تردید را نیز با خود حمل می‌کردم.

مرز نامرئی وحشتناک

«تا اطلاع ثانوی اتوبوسی به کاپ هائیتی نمی‌رود. نه امروز و نه فردا... مردم در خیابان‌ها درحال اعتراضند و کمپانی ما تا زمانی که هائیتی آرام و امن شود، این مسیر را طی نمی‌کند.»

گیج و گنگ دقایقی در گیشه ایستادم و به زن بلیط فروش نگاه کردم. بنا بر تحقیقات می‌دانستم هر روز ساعت دوازده ظهر این اتوبوس حرکت می‌کند. حال چطور می‌توانستم به مقصد برسم؟

به میزبانم در هائیتی پیغام دادم: «بهتره تو دومینیکن بمونم تا اوضاع بهتر بشه؟ یا به یه طریقی مرز رو رد کنم؟»

از زن بلیط فروش بلیطی به شهر مرزی دخبون[1] گرفتم. از اتوبوس که پیاده شدم، به سمت مرز که مسیرش را با نقشهٔ گوگل می‌دیدم حرکت کردم. در دلم رخت می‌شستند. هرچقدر به مرز نزدیک‌تر می‌شدم تعداد زباله‌هایی که در اطرافم می‌دیدم بیشتر می‌شد. احساس خطر کردم و گوشی را در کولهٔ بزرگم قایم کردم. کولهٔ بزرگی که فریاد می‌زد من متعلق به آن منطقه نیستم. احتیاجی نبود با داشتن گوشی در دست، احتمال خطر را بیشتر کنم.

به پل که رسیدم، با جمعیت زیادی موتورسوار روبه‌رو شدم که آن طرف مرز با خشم ایستاده بودند و به من نگاه می‌کردند. من در سمت جمهوری دومینیکن ایستاده بودم و نگاه آن‌ها خیره به من بود. همه مرد بودند، هیچ زنی جز من آنجا نبود. همان‌طور که آرام‌آرام و با ترس‌ولرز روی پل قدم برمی‌داشتم و به آن در

1.Dajabon

۲۸۶

فلزی طوسی رنگ که پلیس‌های زیادی کنارش ایستاده بودند نزدیک می‌شدم، برای اولین‌بار در سفرها خود را سرزنش کردم که چرا چاقو و یا اسپری فلفل همراهم ندارم. هرچقدر نزدیک‌تر می‌شدم و تصویر هائیتی را واضح‌تر می‌دیدم، بیشتر دلم می‌خواست همان مسیر را به عقب برگردم، یا بهتر است بگویم بدوم. اما آن‌قدر نزدیک شده بودم که جای به عقب برگشتنی وجود نداشت. در همان تردید رفتن یا نرفتن بودم که پیرمرد بسیار لاغری که تی‌شرت زردی هم بر تن داشت، به سمتم آمد و به اسپانیایی گفت: «دخترم، به کمک احتیاج داری؟» با صدایی که سعی می‌کردم نلرزد و معمولی باشد گفتم: «کجا باید مهر خروج دومینیکن رو بزنم؟»

گفت: «دنبالم بیا». می‌دانستم احتمالاً از من درخواست پول خواهد کرد، اما آن‌قدر اوضاع عجیب بود که دنبالش راه افتادم. از یک خیابان بسیار باریک و پر از زباله گذر کردیم. سنگینی نگاه موتورسواران را روی خود احساس می‌کردم. تنها زنی بودم که به چشم می‌دیدم. تنها کسی که پوست روشن‌تری نسبت به آنان داشت و تنها کسی که کوله‌ای بزرگ روی دوشش سنگینی می‌کرد. به یک ساختمان کرم رنگ رسیدیم و به من برگه و خودکاری دادند تا اطلاعاتم را وارد کنم.

به‌جز من بیست نفر دیگر هم قرار بود از مرز خارج شوند. پشت آن‌ها در صف ایستادم. آن ساختمان کرم رنگ از آنچه در بیرونش دیده بودم برایم امن‌تر بود. نوبتم که شد، پاسپورت و فرم را از سوراخ داخل شیشه به آن سمت فرستادم. مسئول که برایش سخت بود صفحهٔ اول پاسپورتم را باز کند، دقایق زیادی آن را ورق زد تا متوجه شد که از راست به چپ باز می‌شود. من هیچ نگفتم چرا که بین آن همه ترس و تردید به کمی خنده در دلم احتیاج داشتم.

«پس واقعاً می‌خوای از دومینیکن خارج بشی؟» احساس می‌کردم سؤالی که پرسیده شد، نه از طرف مسئول بلکه از طرف جهان هستی پرسیده شد. آیا واقعاً می‌خواستم از دومینیکن خارج شوم؟ در آن لحظه اصلاً مطمئن نبودم که کار درست چیست. تنها می‌دانستم مسیری طولانی را آمده‌ام تا به آنجا برسم و بهتر است هائیتی را با چشمان خودم دیده و تجربه کنم.

-   بله.

+   بیست دلار بابت خروج از دومینیکن باید پرداخت کنی.

هیچ کشوری جز ایران بابت خروج از من هزینه نگرفته بود. انگار جهان هستی می‌گفت خروج از آن بهشت استوایی هزینه‌های زیادی برایت خواهد داشت. بین صد نفری که در آن ساختمان قرار داشتند، تنها کسی بودم که رنگ پوست روشن‌تری داشت و این تفاوت را با تمام وجودم احساس می‌کردم. این تفاوت رنگ توجه دیگران را به سمتم جلب می‌کرد و در مرکز توجه بودن در آن مرز برایم اذیت‌کننده بود.

مهر خروج پس از بیست دقیقه در پاسپورتم کوبیده شد. همراه همان مردی که تی‌شرت زرد به تن داشت و مرا دخترش خطاب می‌کرد، به سمت پل آهنی، که مرز جمهوری دومینیکن و هائیتی بود، حرکت کردیم. او را در ذهنم به‌عنوان ناجی یاد می‌کنم. با وجود آن‌که ناجی همراهم بود، تمام بدنم می‌لرزید. با هر قدم احساس می‌کردم به لحظهٔ مرگم نزدیک‌تر می‌شوم. احساس ناامنی از فرق سر تا نوک انگشتان پایم حرکت می‌کرد. تصاویری که با چشمانم می‌دیدم را تنها در فیلم‌های ترسناک جنگی دیده بودم. زباله‌های روی زمین بیشتر می‌شدند. سربازهایی که کنار درب آهنی بزرگ ایستاده بودند با تعجب به من خیره شده بودند. انگار همان‌قدر که آن‌ها برای من عجیب بودند، من نیز برای آن‌ها شبیه موجودی عجیب‌وغریب بودم. موتورسواران با خشم به این سمت مرز خیره شده بودند، انگار انتظار داشتند در را هرچه زودتر به روی آن‌ها باز کنند.

به ناجی گفتم بایستد. یک‌دفعه احساس کردم احتیاج دارم آن لحظه را ثبت کنم. گوشی را از داخل کیف بیرون آوردم و از آنچه زندگی می‌کردم فیلم کوتاهی گرفتم. یک‌دفعه چند مرد روبه‌رویم با صدایی بلند داد زدند. به من نگاه می‌کردند و با صدای بلند فریاد می‌زدند. متوجه آنچه می‌گفتند نمی‌شدم. صدای فریادشان لرزه را به وجودم انداخت. گوشی را داخل کیف گذاشتم و شروع کردم به سرزنش خود. ناجی که جلوتر از من راه می‌رفت با جدیت گفت: «دختر تو دیوانه‌ای! دیگه هیچ‌وقت تو این مرز چنین کاری نکن. فرانسوی یا کریول بلدی؟»

- «نه!»

از آن درب آهنی و نگاه سنگین پلیس‌ها و موتورسواران عبور کردیم. و در شلوغی وارد ساختمان دیگری شدیم. ساختمانی که بسیار خلوت بود. پسری بیست دلار در جیبم را به دو هزار «گورد» هائیتی تبدیل کرد. فرمی را پر کردم و همراه پاسپورت به آن‌ها تحویل دادم. جالب‌ترین چیز آن بود که مسئول مرزی هائیتی تنها کسی بود که در تلاش اول توانست پاسپورت را از سمت راست باز

کند. در مورد تعداد ورود و خروجم به کانادا از من سؤال پرسید. همین‌طور در مورد دلیل سفرم به هائیتی. ده دلار را که گرفت، کارت ویزای نودروزه را لابه‌لای برگه‌های پاسپورت گذاشت و مهر ورود را بر صفحه‌ای جدید کوبید.

با لبخند به سمت پدر رفتم، بیرون به انتظارم ایستاده بود. به‌محض دیدنم گفت: «اگه خودت می‌خواستی این مسیر رو بیای وسیله‌هات رو دزدیده بودن. پنجاه گورد به من بده.» پنجاه گورد مساوی با پنجاه سنت آمریکا بود. پول را به او دادم، از او تشکر کردم و به بیرون رفتم. به محض خروج از آن ساختمان، دورم پر از تاکسی و موتورهایی بود که تکرار می‌کردند: تاکسی! تاکسی! تاکسی! موتور! موتور! موتور!

از یک تاکسی پرسیدم تا کاپ هائیتین[1] چقدر؟ گفت:« صدوپنجاه دلار.» سپس موتورسوار کنارش‌اش گفت:«اگه با من بیایی بین پنجاه تا صد دلار می‌شه.» نمی‌دانستند که کل بودجهٔ من برای دو ماه آینده دویست دلار است.

به اطراف نگاه کردم و به دنبال اتوبوسی گشتم. یکی از موتورسوارها که اسپانیایی نیز صحبت می‌کرد متوجه شد و گفت: «با گواگوا دویست گورد تا کاپ هائیتین». گواگوا همان ون‌های کوچکی بودند که در جمهوری دومینیکن با آن‌ها جابه‌جا می‌شدم. دویست گورد یعنی دو دلار. همان موتورسوار از من پنجاه گورد گرفت تا مرا به ایستگاه گواگوا ببرد. با کولهٔ سنگین پنجاه لیتری سوار موتورش شدم و به پشت سرم نگاه کردم. سرم از حجم اتفاقات و اطلاعات درد می‌کرد. به سرعت از تمام آن خشم، انتظار و زباله‌های کثیف در مرز دور شدیم و کمی جلوتر درست کنار یک گواگوای کوچک ایستادیم.

سوار گواگوا شدم، روی اولین صندلی کنار پنجره نشستم و کولهٔ بزرگم را روی پایم گذاشتم. گواگوایی که به اندازهٔ دوازده نفر جا داشت با دو برابر جمعیت حرکت کرد. کنارم دو مرد دیگر نشسته بودند، کولهٔ بزرگ روی پا باعث شده بود جلو را نبینم و در سمت راستم چند مرد ایستاده بودند و با صدای بلند صحبت می‌کردند و می‌خندیدند. سمت راست سرم را به کوله تکیه دادم و دقایق زیادی خیره به پنجره اشک ریختم. نمی‌دانم از شک ردکردن مرز اشک می‌ریختم، از ناراحتی وضعیت مردم هائیتی یا از ترس. نمی‌دانم آن اشک‌ها از فشار سردرد بودند یا از خوشحالی بودن در هائیتی. تنها به‌یاد دارم که ذهنم در آن دو ساعت بدترین سناریوها را به وحشتناکترین شکل کارگردانی کرده و برایم پخش کرد.

1.Cap-Haitien

احساس می‌کردم آن‌ها می‌توانند هر بلایی که می‌خواهند سرم بیاورند و من هیچ راه دفاعی از خود ندارم. یکی از آن مردهایی که ایستاده بود تمام مسیر بی‌وقفه با صدای بلند به زبان کریول صحبت کرد. انگار یادم رفته بود ندانستن زبان در یک کشور جدید چقدر باعث سوءتفاهم و احساس ترس می‌شود. بالأخره رسیدیم. هم پایم از سنگینی کوله خواب رفته بود هم آن‌قدر تپه‌های زباله را از پشت پنجره شمرده بودم، سرم گیج می‌رفت. اسم مدرسه را حفظ کرده بودم. به‌محض پیاده‌شدن سوار یک موتور دیگر شدم و از او خواستم مرا به مدرسه ببرد. گفت بیست گورد می‌گیرد و من هم بی‌آن‌که بدانم مدرسه کجاست و آیا آن مرد مرا به مقصد خواهد رساند یا نه، سوار شدم و با چشم‌هایی گرد شده از آنچه تجربه می‌کردم، عکس می‌گرفتم.

روبه‌روی مدرسه ایستادم. دو پسر بچه به من خیره شده بودند. سعی کردم بغضم را قورت دهم که ناگهان اشک‌هایم سرازیر شدند. اجازه دادم تا چشمانم اشک بریزند و آن احساساتی که آن لحظه حتی اسمی برایشان نداشتم را لمس کنم. سپس هنگامی که کمی آرام‌تر شدم، در نیمه‌باز مدرسه را باز کردم و وارد شدم.

خانوادهٔ جدیدم در گوشه‌ای از حیاط نشسته بودند. با خوشحالی نزدیکشان شدم و خود را به آن‌ها معرفی کردم. مادام بی، مادر خانواده، که یک پیراهن رنگی زیبا و بلند پوشیده بود، و ژوان پدر خانواده هر دو به انگلیسی مسلط بودند. پنجشنبه عصر بود. پس از گذاشتن وسایلم در اتاقی که در اختیارم گذاشته بودند و در آن تختی با پشه‌بند قرار داشت، به حیاط رفتم و پرسیدم: «مدرسه امروز چطور بود؟» مادام بی نگاهی کرد و گفت: «مدرسه که بسته است، به‌خاطر اعتراضای خیابونی.» نتوانستم جلوی گردشدن چشمانم را بگیرم. جواب دادم: «بسته است؟! از کی؟ کی باز می‌شه؟ یعنی فردا بچه‌ها رو نمی‌بینم؟» انگار متوجه شوق من برای شروع کار و دیدن بچه‌ها شده باشد. چند ثانیه سکوت کرد و گفت: «از اول هفته بسته است. فردا هم بسته است، اما از دوشنبه کلاس‌ها شروع می‌شه»

هم سردرد ناپدید شده بود و هم بغض در گلو. از آن‌که سالم به مدرسه رسیده بودم خوشحال بودم. با آنکه هنوز احساس ناامنی در وجودم بود، به اتاق رفتم و چند ساعتی روی تخت استراحت کرده و دراز کشیدم. بی‌خبر از آن‌که بدانم درهای آن مدرسه فعلاً باز نخواهند شد و بچه‌ها را هیچ‌وقت نخواهم دید.

پشت در بستهٔ مدرسه

جمعه مدرسه به دلیل اعتراض‌های خیابانی بسته بود. ژوان تاکید کرده بود که کسی از مدرسه خارج نشود. آن روز صبح مادام بی با یک قهوهٔ داغ و یک موز از من پذیرایی کرد و عصر با یک بشقاب پلو و لوبیا. دلم می‌خواست با آن‌ها سر یک میز بنشینم اما آن‌ها وعده‌هایشان را کاملاً جدا از من می‌خوردند.

روزی دو وعده غذا بیشتر نداشتیم. با ژوان صحبت کردم و از او خواستم تا زمانی که توانستیم از مدرسه خارج شویم مرا به بازار ببرد. دلم می‌خواست برای آن‌ها آشپزی کنم. مادام بی گفت غذایی پیدا نخواهم کرد چرا که برای آن‌ها گرفتن برنج و لوبیای وارداتی از آمریکا، از کشاورزی ارزان‌تر است برای همین مواد غذایی محدودی دارند.

شنبه از راه رسید و به گفتهٔ ژوان اوضاع آرام‌تر شده بود. توانستیم از خانه خارج شویم. همراه ژوان و پیر به بازاری نزدیک خانه رفتیم. به‌محض آن‌که از مدرسه خارج شدیم، سنگینی نگاه‌ها را روی خود احساس می‌کردم. بازار، پر از مگس و زباله بود. من در بولیوی و اکوادور و پرو و خیلی کشورهای دیگر به بازار رفته بودم. منظورم از مگس ده بیست تا نیست. میوه‌ها پر از مگس بودند، بهتر است بگویم حجم سیاهی از مگس‌ها را می‌دیدم که گوجه‌فرنگی و یا موزی زیر آن‌ها پنهان بود.

بازار کاپ هایتین با تمام آنچه از قبل در زندگی‌ام دیده بودم فرق می‌کرد. خیلی دلم می‌خواست از آنجا عکسی به‌یادگار داشته باشم اما به دلیل امنیت، گوشی را با خود نبرده بودم. تنها چیزی که توانستم در آنجا بخرم یک هندوانه بود. هندوانه‌ای که پیر نه‌ساله تا مدرسه در دست‌های کوچکش حملش کرد و سپس با چاقو به‌سراغش رفت. دیدن ذوقش از خوردن یک هندوانه، که البته هنگام خوردنش متوجه شدم مزهٔ آب می‌دهد، مرا بسیار خوشحال و درعین‌حال غمگین می‌کرد. آیا او تابه‌حال طعم هندوانهٔ تازه و شیرین را چشیده بود؟ یا سهم او در دنیا همین بود؟

عصر آن روز با برادر مادام بی به یک زمین فوتبال رفتیم. به بازی جوانان خیره شده بودم. می‌دانستم خیلی از آن‌ها غذای مقوی برای خوردن ندارند؛ اما انگار بازی فوتبال تنها راه نجات آن‌ها از شرایط فعلی‌شان بود هر چند برای چند لحظه. همان‌طور که چند عکس از بازی‌شان گرفتم، سعی می‌کردم از زبان کریول چیزی متوجه شوم.

در طول روز برق نداشتیم. برای آن‌که حداقل کمی احساس مفیدبودن بکنم، یک ساعتی را به پیر زبان انگلیسی تدریس می‌کردم. ایمی دختر خانواده نیز از من خواست تا با هم کلاس داشته باشیم. معمولاً بین ساعت یک شب تا پنج صبح برق می‌آمد. من با نور چراغ خواب بیدار می‌شدم و در کانال تلگرام از آنچه بر من می‌گذشت، می‌نوشتم. دوشنبه صبح باذوق دیدن بچه‌ها از خواب بیدار شدم، اما به‌جای شنیدن صدای بچه‌ها، صدای اعتراض مردم را از پشت درهای بستهٔ مدرسه می‌شنیدم.

پشت در آبی مدرسه پر از صدای اعتراض بود. پر از کلمات و جملاتی که با فریاد زده می‌شدند و من هیچ از آن نمی‌فهمیدم. پشت در بسته مدرسه پر از سنگ بود، پر از آدم‌های گرسنه و خسته و عصبی. آدم‌ها برای یک لقمه نان، برای جیب بی‌پول‌شان و آیندهٔ کودکانشان فریاد می‌زدند. همان بچه‌هایی که قرار بود در این شهر کثیف به دنیا بیایند.

پشت آن در بسته من نشسته بودم و فکر می‌کردم. می‌ترسیدم، گیج بودم. من آنجا چه می‌کردم؟ چه کاری می‌توانستم در آن شرایط انجام دهم؟ آمده بودم تا مثلاً کاری مفید انجام دهم، اما حالا حتی از خود نیز نمی‌توانستم نگهداری کنم. شکم خودم را نیز نمی‌توانستم سیر کنم.

مادام بی می‌گفت بچه‌ها شاید از هفت اکتبر به مدرسه بیایند. یعنی دو هفتهٔ دیگر و من که پس از چند روز قهوه و موز و پلو و لوبیا خوردن هوس یک ظرف غذای مقوی، کمی سبزیجات و میوه‌های تازه کرده بودم، سعی می‌کردم دو هفته غذای مقوی نداشتن را تصور کنم.

از خودم بدم می‌آمد! از خودم بدم می‌آمد که در شرایط زندگی واقعی آن‌ها، نمی‌توانستم زندگی کنم. غذایی که برای آن‌ها شاید نعمت بود برای من کافی نبود. آن قهرمان وجودم که برای کمک به کودکان هائیتی آمده بود، احساس پوچی داشت.

از آن دوشنبه به بعد، روزی چندین و چند ساعت در اتاق خوابم گریه می‌کردم. تحمل دیدن آن شرایط، نداشتن برق و آب و غذای کافی، ظرفیتم را بالا برده و هم‌زمان احساساتم را بسیار تحت‌تاثیر قرار داده بود. به‌یاد دارم که چقدر دلم می‌خواست در کانال تلگرام از سختی حمام‌کردن در آن شرایط بنویسم، اما از قضاوت مردم ترسیدم و چیزی ننوشتم. فشار آب آن‌قدر کم بود که آب ده قطره ده قطره از دوش بیرون می‌آمد و من هیچ‌وقت نتوانستم کامل بدن و موهایم را با

شامپو و صابون بشورم. تنها هر روز دقایق زیادی زیر آن دوش می‌ایستادم تا آب، عرق روی پوستم را بشوید و ببرد. سراپایم کمی خیس شود و هنگام بیرون‌آمدن حداقل کمی احساس تمیزی کنم.

روزها می‌گذشتند و من هر روز بیشتر گریه می‌کردم. هر روز گرسنه‌تر می‌شدم. یک روز کلیسایی نزدیک به مدرسه را آتش زدند و دودش تا داخل حیاط آمد. یک روز کلمهٔ «می‌گذرد» مادام بی را صبح تا شب با خودم تکرار کردم تا دیوانه نشوم. آن نیز می‌گذرد. تصور آن‌که شرایط آنجا همیشه آن‌طور نخواهد ماند خوشایند بود؛ اما زمان آن‌قدر کند می‌گذشت که هر روز به اندازهٔ یک هفته و هر یک هفته اندازهٔ یک ماه بود.

گاهی سعی می‌کردم با مادام بی که سرش را روی دستش گذاشته و گوشه‌ای نشسته بود صحبت کنم. در مورد انگیزه‌اش از ساختن مدرسه بپرسم و هدفی که در سر دارد. زیاد معاشرتی نبود، انگار علاقهٔ زیادی به صحبت‌کردن نداشت. متوجه شدم که بچه‌ها را خیلی دوست دارد و دلش می‌خواهد مکان امنی باشد برای بچه‌های شهرش.

از داشتن پلو و لوبیا آن‌قدر شکرگزار بودم که هر شب آن بشقاب طعم جدیدی برایم داشت. تصور نمی‌کردم آنجا نتوانم سبزیجات و میوه پیدا کنم. مگر آن خاک با خاک حاصلخیز جمهوری دومینیکن چه فرقی داشت؟ من در همان جزیره نفس می‌کشیدم و روی همان زمین راه می‌رفتم. چطور این سمت و آن سمت مرز نامرئی آن‌قدر با یکدیگر متفاوت بودند؟

در مدرسه باران می‌بارید. برق و نور نبود. زیر یک سقف کوچک در حیاط نشستم و در تاریکی به باران خیره شدم. چیزی در دلم می‌گفت «خودت رو از اون شرایط نجات بده». واقعیت با آنچه در ذهنم داشتم بسیار متفاوت بود. حتی اگر مدرسه از فردای آن روز باز می‌شد، من در آن شرایط چه چیزی به بچه‌ها می‌آموختم؟ بچه‌ها غذای مقوی برای خوردن نداشتند، برق و آب و امنیت نداشتند و من آمده بودم به آن‌ها زبان انگلیسی بیاموزم؟ احساس حماقت می‌کردم. هر روزی که می‌گذشت احساس حماقتم بیشتر می‌شد. چرا که پس از ده روز احساس کردم من نیز غذای کافی ندارم. من نیز برق و آب ندارم. وقتی خود در شرایط مناسبی نیستم چطور می‌توانم با شکم گرسنه تدریس کنم؟ چطور می‌توانم به دیگران خدمت کنم وقتی خود احتیاج به کمک دارم؟

در هواپیما همیشه قبل از پرواز می‌گویند «اول ماسک را روی صورت خود

بگذارید و سپس روی صورت دیگران.» اول باید قاشق را در دهان خود می‌گذاشتم تا سپس بتوانم قاشق دوم را به دیگری دهم. اشک از چشمانم می‌بارید، درست به‌سرعت افتادن قطره‌ها از آسمان خاکستری. آن همه راه تا هائیتی رفته بودم تا چنین درس بزرگی را بیاموزم؟

خداحافظی با جزیرهٔ هیسپانیولا

هائیتی کشوری نبود که من بخواهم از آن گذر کنم. هائیتی مقصدی بود که به‌خاطرش پس از برزیل به سفرم ادامه داده بودم. کشوری که برای رسیدن از آن از کانادا و جمهوری دومینیکن گذر کرده بودم. تصمیم رفتن از هائیتی مساوی با به‌هم‌ریختن تمام برنامه‌هایم بود. تصور می‌کردم تا سه ماه آینده آنجا خواهم ماند. حتی می‌خواستم اگر همه‌چیز بر وفق مراد پیش رود ماندنم را تمدید کنم و شش ماه آنجا بمانم. هیچ‌چیز بر وفق مراد و تصوراتم پیش نرفته بود، هیچ چیز.

یکی از آن روزهایی که بسیار قوی از خواب بیدار شدم و تصمیم گرفتم که پر از امید باشم و افکار مثبتی را در ذهنم پرورش دهم، موقع رفتن به حیاط، صورت مادام بی را مچاله و درهم دیدم، پرسیدم: «چه اتفاقی افتاده؟»

گفت در رادیو اعلام کردند همه‌چیز قرار است بدتر شود. پارسال یک گالن بنزین دویست‌وپنجاه گورد بوده و حالا هزاروپونصد گورد است. مردم نمی‌توانند تحمل کنند. هر روز از زبان او، ژوان و یا برادرش این خبرها را می‌شنیدم. اما آن روز جدای این خبر، هنگامی که با پیر برای خریدن دستمال‌کاغذی از مدرسه خارج شدم، با دیدن زباله‌ها و فشار نگاه‌های مردم و کودکان روی خودم، احساس کردم در جای درستی نایستاده‌ام. سروصداهای مردم از چند کوچه آن‌طرف‌تر مرا می‌ترساند.

هنگامی که وارد مدرسه شدم، مادام بی و برادرش مرا به مراسم وودو[1]، که قرار بود در اواسط ماه اکتبر برگزار کنند، دعوت کردند. چیزی راجع به وودوو نمی‌دانستم اما اصلاً به این دعوت حس خوبی نداشتم. ساعت یک نصفه‌شب هنگامی که برق‌ها آمد، به حیاط رفتم و کلمهٔ وودو را جست‌وجو کردم. جادوی سیاه؟ وودو آمیزه‌ای بود از جادو، آیین و مذهب و خرافات. نمی‌دانم چرا یک‌دفعه صدایی در دلم گفت: «ملیکا برو! از اونجا برو. اوضاع که آروم‌تر شد می‌تونی

1.voodoo

برگردی.»

در دفترچهٔ خاطراتم نوشتم: «من فردا از هائیتی خارج خواهم شد.» و همان لحظه برق رفت. برق رفت و من نتوانستم به هیچ دوستی در جمهوری دومینیکن پیغام بدهم. داخل اتاقم رفتم و همان‌طور که کوله‌ام را جمع می‌کردم، تکرار کردم: «برق عزیزم بیا! برق عزیزم بیا! برق عزیزتر از جانم! بیا . . .» ده دقیقه بعد برق آمد و من پس از جست‌وجو متوجه شدم میزبانی که در جنوب هائیتی پیدا کرده بودم تا آخر اکتبر نمی‌تواند داوطلب بپذیرد. گرچه به‌نظر می‌رسید آن‌ها در جنوب مزرعه‌ای داشتند و میوه و سبزیجات برای همه فراهم بود.

به یک میزبان در پاناما[1] که مقصد بعدی‌ام بود پیغام دادم. دوباره برق‌ها رفت و من نیز به خواب رفتم. صبح روز بعد هنگامی که به مادام بی گفتم قرار است از هائیتی خارج شوم، با لبخند نگاهم کرد و گفت: «نمی‌تونی خارج بشی. اتوبوسی نیست که تو رو به دومینیکن برسونه.»

جمله‌اش باعث شد همان یک‌ذره شکی هم که در وجودم بود از بین برود. به او گفتم: «چطور وقتی که اون سمت مرز بودم و گفتم اتوبوسی نیست که من رو به هائیتی بیاره به من گفتید که بیام؟ از همون راهی که مرز رو به این سمت رد کردم، به جمهوری دومینیکن برمی‌گردم.» او در سکوت نگاهم کرد. به اتاق رفتم و بغضی که در سینه داشتم ترکید. تا شب با ذهنی بسیار گیج و خسته در دفتر خاطراتم نوشتم. از فشار ذهنی‌ای که روی خود احساس می‌کردم نوشتم و همین‌طور از این‌که دنبال رنج نه، بلکه دنبال رشد بودم. می‌دانستم برای رشد، درد لازم است. اما درد با رنج متفاوت است. درد حقیقتی ناگزیر است که بر ما تحمیل می‌شود. اما رنج، معنایی است که به آن درد می‌بخشیم و با انتخاب خود آن را ادامه می‌دهیم. کنترلی بر آمدن درد نداشتم، اما می‌توانستم تصمیم بگیرم در آن رنجی که در هائیتی وجود داشت بمانم یا از آن عبور کنم. درسی که باید از رفتن به هائیتی می‌گرفتم را گرفته بودم و دیگر دلیلی برای ماندن و انتظارکشیدن نداشتم.

آن شب در اوج ناامیدی، ایمیلی از میزبانانم در پاناما دریافت کردم که نوشته بود: «بیا.» آن بیا برای من نشانه‌ای بزرگ بود. آن‌قدر از خوشحالی اشک ریختم که متوجه شدم چقدر ماندن فشار روی ذهنم گذاشته. درعین‌حال از خودم بدم می‌آمد که می‌توانستم از آن شرایط فرار کنم. از آن‌که صبر کافی نداشتم تا منتظر

1.Panama

کودکان هائیتی بمانم و از آن که زندگی‌ام به روزی حداقل یک ساعت اینترنت وابسته است. با تمام این افکار صبح روز بعد، نیرویی قوی در من وجود داشت که هیچ چیزی جلودارش نبود. کوله‌ام را روی دوشم انداختم، به سمت اتاق مادام بی رفتم و گفتم: «من می‌خوام برم.» با دیدن کولۀ روی دوشم تعجب کرد و گفت: «اتوبوسی نیست. چطور می‌خوای بری؟»

— با موتور و گواگوا خودم رو به مرز می‌رسونم. بابت تمام این دو هفته، غذاهایی که در اختیارم گذاشتید و اتاق و تخت راحتم از شما ممنونم!

سپس آنچه فکر می‌کردم هزینۀ غذای آن دو هفته‌ام باشد را به‌صورت نقد به او دادم. چون در ازای جای خواب و غذا من کاری برایشان انجام نداده بودم و در دلم شرمنده می‌شدم. او پول را دریافت کرد. سپس از پیر خواست تا موتوری را برای من پیدا کند و گفت: «وقتی به اون طرف مرز رسیدی خبرم کن.»

به ژوان و برادر مادام بی که در سکوت نگاهم می‌کردند، نگاه کردم و از آن‌ها نیز تشکر و خداحافظی کردم. آن احساس بد در دلم وجود داشت، اما چاره‌ای جز روبه‌رویی با آن نداشتم. همان احساسی که هنگام خداحافظی با «پیر» کوچک صدبرابر شد. آن‌ها نمی‌توانستند آن شرایط را رها کنند. من از دنیای بیرون به زندگی آن‌ها رفته بودم، آن را دوست نداشتم و می‌توانستم به دنیایی بهتر بروم. سوار موتور شدم و تمام مسیر به معنای کلمۀ «آزادی» فکر کردم. کلمه‌ای که حالا معنای بسیار متفاوتی برایم داشت.

ردکردن مرز از هائیتی به جمهوری دومینیکن برایم مثل گذر از جهنم به بهشت بود. باورم نمی‌شد به همین زودی دوباره باید از آن پل وحشتناک و از بین تمام آن سربازان و موتورسواران رد شوم. این‌بار اما بسیار قوی و مصمم بودم. یک لحظه هم برای ثبت خاطرات گوشی را از کیفم بیرون نیاوردم و حسی در دلم می‌گفت نخواهم مرد.

به‌یاد دارم پایم را که در دومینیکن گذاشتم حتی به عقب نیز نگاه نکردم. دلم نمی‌خواست به مردمی که نمی‌دانم چند روز لب مرز ایستاده و آرزوی خروج از آن شرایط را دارند نگاه کنم. شرمنده بودم، شرمندۀ تمام آن‌ها. هیچ کاری به‌جز نگهداری از خودم نمی‌توانستم بکنم. این‌بار بدون کمک ناجی مهر خروج و ورود را زده و پایم را در خاک دومینیکن گذاشتم.

با قدم‌های بسیار تند از مرز دخبون به سمت مرکز آن شهر کوچک قدم

برداشتم و برای وصل‌شدن به اینترنت به داخل یک کافی‌شاپ رفتم. منویی را جلویم گذاشتند. با دستانی لرزان منو را باز کردم و با دیدن تمام گزینه‌های غذایی، بغضی که در طول روز در گلویم نگه داشته بودم شکسته شد و اشک‌هایم سرازیر شدند.

من نه‌تنها غذا برای خوردن داشتم بلکه گزینه و تنوع هم داشتم. می‌توانستم انتخاب کنم قهوه‌ام چطور سرو شود. می‌توانستم نان با آووکادو و گوجه‌فرنگی بخورم و ظرفی پر از میوه‌های استوایی داشته باشم. برایم مهم نبود دیگران چه طور نگاهم می‌کنند. سرم را روی میز گذاشتم و اجازه دادم دردی که درونم احساس می‌کردم به اشک تبدیل شود و از چشم‌هایم بیرون بیاید. دلم می‌خواست پیر را حتی برای چند ساعت به این طرف مرز بیاورم و به او یک ظرف غذای مقوی بدهم. دلم می‌خواست آن منو را با خود به مدرسه برگردانم و آن تنوع غذایی را کنار آن‌ها تجربه کنم. ایرانی‌بودن را یک امتیاز می‌دیدم و اهل هائیتی نبودن را بیشتر.

نه مزهٔ آب انبه آن‌قدر در دهانم شیرین بود نه توانستم ظرف میوه را به اتمام برسانم. معده‌ام کوچک شده بود. توان آن که مثل قبل غذا بخورم را نداشتم. به رض پیغام دادم که به کشور برگشتم. مرا به خانه‌اش دعوت کرد و گفت با دوستش گابریلا می‌توانند همراهی‌ام کنند. سوار اتوبوسی شدم و به سمت پایتخت، سانتو دومینگو راه افتادم. با آن‌که چهارده روز هم از رفتنم نگذشته بود، انگار همه‌چیز را با چشم‌هایی جدید می‌دیدم. رنگ‌ها، تمیزی خیابان‌ها، درختان میوه، رستوران‌ها، مردمی که می‌خندیدند، جمهوری دومینیکن دنیایی کاملاً متفاوت بود. آن مرز نامرئی موفق شده بود یک جزیره و یک خاک را به دو دنیای کاملاً متفاوت تقسیم کند.

فرشته‌های نجات

گاهی یک مبل راحت، جایی که بتوانی وجود پردردت را به آن تکیه دهی، مبل راحتی که تو را بی‌انتظار در آغوش بگیرد و اجازه دهد تو دردهایت را مشاهده کنی، بزرگ‌ترین نعمت است.

رض و گابریلا با آغوشی باز مرا وارد خانهٔ خود کردند. ساعت‌ها به حرف‌ها و دردها و گریه‌هایم گوش دادند. اجازه دادند من برایشان آشپزی کنم. با آن‌که

هنوز اشتهای زیادی نداشتم، آن‌قدر داشتن غذا و وجود میوه و سبزیجات را برکت می‌دیدم که آشپزی برایم شبیه به یک سپاسگزاری و مراسمی عرفانی شده بود.

گرچه هربار که به سوپرمارکت می‌رفتیم من از دیدن گزینه‌های زیاد غذایی گریه می‌کردم و رض با من شوخی می‌کرد. حال که این جملات را می‌نویسم به‌حال آن روزهایم می‌خندم. سبدی را در دست می‌گرفتم، ثانیه‌های طولانی به یک آواکادو و هویج خیره می‌شدم و اشک می‌ریختم. هر وعدهٔ غذایی که می‌خوردم به «پیر»، مادام بی و ژوان فکر می‌کردم. حال آن‌ها چه می خورند؟ چه می‌کنند؟

یک روز به رض، که بازوهایش پر از تتوهای بزرگ و کوچک و رنگارنگ بود، گفتم که می‌خواهم برای آن‌که هیچ‌وقت آن تجربه را فراموش نکنم، تتوی کوچکی به‌یادگار روی بدنم حک کنم. مرا به یک متخصص باتجربهٔ تتو برد. پس از گفتن ایده‌ام، متخصص طرحی کوچک از نماد شکرگزاری، دایره‌ای کوچک که وسطش برای به‌یادآوردن اهمیت غذا برگی سبز رنگ قرار داشت، کشید. آن را درست زیر دست راستم، در کوچک‌ترین حالت ممکن تتو کردم تا هروقت قاشقی دست می‌گیرم، آن را ببینم و به‌یاد بیاورم که بشقاب غذای روبه‌رویم یک نعمت بزرگ است.

دیدار دوباره با فرناندا و دوستش آندرس نیز مرا از آن غم و درد عجیب برای چند روز نجات داد. هر روز به یک ساحل مختلف می‌رفتیم و ساعت‌ها روی ماسه‌ها می‌نشستیم و خودمان را در آب‌ها رها می‌کردیم. دریای کارائیب بدن پر از دردم را با نمک‌های فراوانش می‌شست و هربار که از آن بیرون می‌آمدم احساس سبکی بیشتری داشتم. بعد به مرکز شهر رفتیم و تا ساعت دو نصفه‌شب در خیابان‌ها پرسه زدیم و به حرف‌هایمان که انگار هیچ‌وقت تمامی نداشتند ادامه می‌دادیم. هیچ‌وقت تصورش را هم نمی‌کردم بتوانم کنار دو دوست دومینیکنی آن‌قدر خودم باشم و آن‌ها فرای زبان‌ها بتوانند آنچه حس و بیان می‌کنم را با عمق زیاد متوجه شوند و کنارم باشند. یک دستم در دست فرناندا و دست دیگرم در دست دوستش بود و احساس می‌کردم دو فرشتهٔ مراقبم هستند. واقعاً هم همینطور بود. هم رض، هم گابریلا و هم فرناندا و دوستش فرشته‌های نجاتم بودند. تمام آن چیزی که احتیاج داشتم که در پایین‌ترین انرژی ممکن، بتوانم نیروی خود را دوباره جمع کنم و بایستم. وجود آن‌ها باعث شد در زمانی که احساس می‌کردم روی زمین گیرکرده‌ام، بتوانم حرکت کنم.

مقصد بعدی پاناما بود. پرواز به سوی آمریکای مرکزی، برای شناخت بیشتر آمریکای لاتین، آشنایی و زیستن با مردم آمریکای مرکزی و دیدن کودکانش. برای زندگی با بومیانش، یادگیری مهارت‌های جدید، تجربه‌های جدید و برای رشد شخصی‌ام.

پاناما

نفس‌کشیدن در پاناما

از پاناما چیز زیادی نمی‌دانستم. تنها می‌دانستم یکی از آن هفت کشور کوچک آمریکای مرکزی است که کلمبیا را به مکزیک وصل می‌کنند. شبیه به یک پل بین آمریکای جنوبی و شمالی. قبل از آن‌که بتوانم روی خاک پاناما قدم بردارم، از پشت پنجره کانال بزرگ پاناما و سپس اقیانوس آرام را دیدم. هیجان ورود به یک دنیای ناشناخته لبخند بزرگی روی لبم نشاند.

ورود به پاناما دو ساعت طول کشید. دیگر به دو ساعت معطلی در فرودگاه عادت کرده بودم. من می‌دانستم که با ویزای مولتیپل کانادا می‌توانم وارد پاناما شوم، اما آن کسی که قرار بود مهر را بر پاسپورتم بکوبد از آن آگاه نبود و من فکر می‌کردم پس از ردشدن از مرز نامرئی جمهوری دومینیکن و هائیتی، دیگر ورود به هیچ کشوری مرا آن‌قدر نخواهد ترساند.

قبل از رفتن به کار داوطلبانه در روستای بخوکو[1] دو روزی را در هاستلی در پاناما سیتی گذراندم. دو روزی که پر بود ازخواسته‌های برآورده نشده و برنامه‌ریزی‌هایی که به‌طریقی به‌هم می‌ریختند. به‌یاد دارم یکی از آن دو روز را که ساعت هشت صبح از هاستل بیرون زدم تا گرافیتی‌های شهر را ببینم و خود را به کانال پاناما برسانم، در خیابان‌ها و بین خانه‌های رنگارنگ گم شدم. سعی می‌کردم هر آنچه می‌بینم را ببلعم. یک چیزی در پاناما مرا بسیار به‌یاد اکوادور می‌انداخت. نمی‌دانم لهجه‌شان بود یا صورت مردم و نوع نگاهشان. نمی‌دانم میوه‌هایی که در خیابان می‌دیدم بودند یا آب‌وهوا. اما با یک نوستالژی عجیبی چند ساعتی بدون مقصد در پایتخت قدم زدم تا بالأخره خودم را روبه‌روی موزهٔ کانال پاناما رساندم. اما نمی‌دانستم کانال پاناما آنجا نیست. هنگامی که متوجه شدم آنجا تنها یک موزه

1.Bejuco

و معدن اطلاعات در مورد کانال است و نه خود کانال، آبی سرد روی سرم خالی شد. «تحقیق که نکنی گاهی سر از مقصد اشتباهی درمی‌آوری ملیک.»

از دو زنی که نزدیک به موزه، در پارکی آبمیوه می‌فروختند، یک لیوان آب انبه گرفتم و کمی به داستان زندگی‌شان گوش دادم. سپس از آن‌ها پرسیدم پیشنهاد می‌کنند عصر خود را چطور بگذرانم و به کجا بروم. گفتم می‌خواهم در مورد تاریخ این شهر و بومی‌هایی که روزی ساکن اینجا بودند بیشتر بدانم. به یکدیگر نگاهی کردند و سپس گفتند: «پانامای قدیم. با اتوبوس می‌تونی به اونجا بری. پایتخت اصلی این کشور قبل از اومدن اسپانیایی‌ها اونجا بوده.»

به‌محض آن‌که سوار اتوبوس شدم باران شدیدی بارید. نه لباس بارانی همراهم داشتم و نه چتری. به‌کل فراموش کرده بودم که در فصل بارندگی هستیم. پس از پیاده‌شدن از اتوبوس بیست دقیقه زیر باران راه رفتم و مثل موش آب‌کشیده به ورودی رسیدم. گرچه هنگام ورود پلیس گفت که در قسمت خروجی‌ام و باید از در پشتی وارد شوم. نتوانستم عصبانیت و خستگی‌ام را قایم کنم. پنج دقیقه تا ورودی را با بلند غرزدن به پاناما، پایتخت‌ها و شلوغی‌شان گذراندم تا بالأخره رسیدم. رسیدنم هم‌زمان با قطع‌شدن باران بود، اما دیگر توان راه‌رفتن نداشتم.

در دستشویی پریز برقی پیدا کردم، گوشی را به شارژ زدم و از آنجایی که کسی جز من آن اطراف نبود، احساس امنیت کردم و بدون گوشی خارج شدم. برای گرفتن بلیط به گیشه رفتم اما مسئولش نبود و کسی که پشت گیشه بود بدون مسئول نمی‌توانست به من بلیط بفروشد. نفس عمیقی کشیدم و بین دستشویی و گیشه روی زمین نشستم. یک چشمم به دستشویی نگاه می‌کرد که اگر کسی وارد آن می‌شود دنبال گوشی بروم و چشم دیگر خیره به گیشه بود و منتظر مسئول. نیم‌ساعت گذشت تا بالأخره مسئول آمد و من گوشی را از پریز کشیدم و برای گرفتن بلیط به گیشه رفتم.

+ دانشجویی؟

− خیر، مسافرم.

+ دانشجویی باهات حساب می‌کنم. بلیط پانزده دلار است اما تو پنج دلار بده.

خوشحال تمام خستگی را فراموش کردم و با انرژی جدید در پانامای قدیم قدم زدم. پانامای قدیم از پانامای جدید خیلی زیباتر بود. زیباتر و پر از آرامش. بین

درخت‌ها راه می‌رفتم و به صدای پرندگان گوش می‌سپردم. به ایگواناهای[1] بزرگ لبخند می‌زدم و در سکوت به معابد بزرگ خیره می‌شدم. تقریباً تمام نوشته‌های موجود در مورد بومیان پاناما را خواندم. آن‌ها پانصد سال پیش آن اطراف زندگی می‌کردند. سپس پسر جوانی را دیدم که روی زمین نشسته و از او خواهش کردم از من عکسی بگیرد.

آگوستین که در موزه کار می‌کرد، عکس را گرفت و سپس درددل کرد. او کمی از خودش گفت و من کمی از خودم. سپس یک‌دفعه گفت: «یک هفته است که پدرم از این دنیا رفته...» موز و آجیلی که در کیفم بود درآوردم و پیشنهاد دادم روی زمین بنشینیم. می‌توانستم درد و شوک عجیبی که در آن قرار داشت را حس کنم. دقایق زیادی راجع به مرگ صحبت کردیم. صحبت‌هایی که با غم و خشم شروع شد و با خنده و شوخی به اتمام رسید. گفت: «دلم می‌خواست مدتی از کارم استعفا بدم و جایی گم‌وگور شوم. روزم رو ساختی.»

در آغوشش گرفتم چرا که نمی‌دانست او نیز روز مرا ساخته بود. سپس به آن فکر کردم که اگر گم نمی‌شدم، اگر مسئول دیر نمی‌آمد، اگر باران نمی‌بارید، من با آگوستین هم‌صحبت می‌شدم؟ شاید اگر تمام آن اتفاق‌ها نمی‌افتاد، روز من و آگوستین با خشم و غم و درد به اتمام می‌رسید. اتفاقات آن‌طور که می‌خواستم پیش نرفته بودند. اتفاقات آن‌طور پیش رفته بودند که باید.

مردم روستای بخوکو

وقت دیدار با میزبانان جدیدم رسیده بود. دیدار با لونا و تیاگو، زوج اسپانیایی ـ پانامایی که در روستایی به نام بُخوکو زندگی می‌کردند. روستایی که در یک‌ساعت‌ونیمی جنوب پاناما قرار داشت. با اتوبوس محلی به روستای بخوکو و پس از چند کیلومتر پیاده‌روی به خانهٔ سبز رنگشان رسیدم. به دو درخت بزرگ در حیاط خیره شدم و سعی کردم پارس‌کردن سگ‌هایشان را نادیده بگیرم. لونا قدی بلند، موهایی کوتاه، بور و چشمانی زیبا، کشیده و سبز داشت. تیاگو با موهای کوتاه، مشکی و فرفری و چشمان خندان سیاهش به سمتم آمد و کولهٔ بزرگم را روی دوش خود انداخت.

از همان لحظه و برخورد اول متوجه جهانگرد و هنرمندبودن هر دو شدم. وسایل

1.Iguana

خانه‌شان فریاد می‌زد که دو موزیسین آنجا زندگی می‌کنند و حسی که خودشان به من منتقل می‌کردند نیز حس جهان‌گردانی بود که خود بارها مهمان دیگران شده و می‌دانستند در درون من چه می‌گذرد. اتاقی را در اختیارم قرار دادند و سپس برای خوردن «تامال» و قهوه مرا به آشپزخانه دعوت کردند. قهوهٔ داغ پانامایی انرژی جدیدی به من بخشید. تامال مرا بسیار به‌یاد دلمه انداخت چرا که با آرد ذرت درست شده بود. درونش لوبیا داشت و در برگ درخت موز پیچیده شده بود. همان‌طور که با لذت گاز جدیدی به تامال می‌زدم، به داستانی گوش دادم که لونا و تیاگو در مورد خودشان تعریف کردند.

لونا چهل‌وشش سال داشت. در بارسلونای اسپانیا به دنیا آمده بود و بزرگ شده بود. پس از گرفتن فوق‌لیسانس و پیداکردن یک شغل ثابت و پردرآمد، درست همان چیزی که خیلی‌ها آرزویش را دارند، کار و زندگی و خانواده را رها کرده، گیتارش را برداشته و به آرژانتین پرواز کرده بود. پس از سال‌ها سفر در آمریکای جنوبی، نواختن موسیقی در خیابان‌ها و انواع و اقسام کار داوطلبانه در پاناما با تیاگو آشنا شده بود. تیاگو هم موزیسین بود. به‌یاد دارم لونا می‌گفت قبل از دیدن تیاگو تنها از خدا خواسته مرد بعدی زندگی‌اش آدم خوبی باشد. می‌گفت آن لحظه چیزی بیش از آن‌که یارم انسان خوبی باشد برایم مهم نبود و هنگامی که تیاگو و قلب بزرگش را شناختم واقعاً عاشقش شدم.

تامال مزهٔ عشق گرفته بود و قهوه بوی عاشقی. تیاگو تعریف کرد که با هم از پاناما تا مکزیک در آمریکای مرکزی سفر کردند و آواز خواندند. سفر کردند و ساز نواختند. حال یک‌سالی می‌شد که در روستای بخوکو ساکن بودند، در سه مدرسهٔ مختلف کلاس‌های موسیقی با کودکان برگزار می‌کردند و هفته ای یک‌بار در یک هتل کنار ساحل اجرا می‌کردند. لونا می‌گفت هنوز بسیاری از اعضای خانواده و دوستانش مخالف تصمیم او هستند؛ اما اگر به عقب برگردد همچنان درآمد چند هزار دلاری‌اش را رها و با گیتارش به آمریکای جنوبی سفر می‌کند.

ورود به مدارس خصوصی و دولتی در پاناما کار راحتی نبود. تیاگو می‌گفت با سختی توانستند وارد مدارس شده و آنجا شروع به تدریس موسیقی و هنر کنند. احساس خوشبختی می‌کردم که از طریق آن‌ها می‌توانم سیستم آموزشی پاناما را بهتر بشناسم و با کودکانش ارتباط عمیق‌تری برقرار کنم.

لونا می‌گفت در مدارس دولتی معلم‌ها آزادی زیادی ندارند و باید از آموزش‌وپرورش پیروی کنند. اما در همان روستا، در چند کیلومتری مدارس

عمومی، چند خانواده از سراسر دنیا دور هم جمع شده و مدرسه‌ای خصوصی برای کودکانشان ساخته بودند. خانواده‌هایی از اسپانیا و آمریکا تا کانادا و آفریقای جنوبی، از آرژانتین و کنیا تا سوئیس و هلند. مدرسه در باغی بزرگ ساخته شده بود و کودکان پابرهنه در پارک بزرگ وسط مدرسه و کلاس‌ها می‌دویدند. رهایی آن‌ها باعث می‌شد دلم بخواهد دوباره پنج‌ساله شوم و در آن مدرسه درس بخوانم.

تفاوت آن دو مدرسه، از محیط و نوع پوشش بچه‌ها تا نوع آموزش و آزادی ما معلم‌ها در تدریس ساعات زیادی مرا به فکر فرو می‌برد. آیا کودکان در مدارس دولتی می‌توانند آزادانه رشد کنند؟ آیا مدارس خصوصی و طبیعت راه نجات و آزادی از محدودیت‌هاست؟ یا می‌توان نوع نگرش و کارکرد مدارس را تغییر داد؟

البته به‌جز تدریس، در باغبانی، رنگ‌آمیزی دیوارهای خانه، کمک و ایده‌پردازی برای کلاس‌های موسیقی و فیلم‌برداری از اجراها نیز کمکشان می‌کردم. همان‌طور در درست‌کردن قهوه.

قهوه‌خوردن همراه تیاگو و لونا شبیه به یک مراسم بود. قهوه ما سه نفر را دور هم جمع می‌کرد و باعث می‌شد به موضوعات عمیقی فکر کنیم و کلمات از عمق وجودمان بیرون بیایند. یکی از آن عصرها، درست پس از غروب همان‌طور که هوا کم‌کم تاریک می‌شد، هوس قهوه‌خوری کردیم. نوشیدن قهوهٔ ارگانیک و ناب پاناما حتی از نوشیدن قهوه‌های کلمبیا و هائیتی هم برایم لذت‌بخش‌تر بود. لونا طبق معمول، میوهٔ جوشانده شده و خشک شدهٔ «گوایابای» شیرین که شبیه به لواشک خودمان بود را روی میز درست کنار آن سه لیوان قهوهٔ داغ گذاشت. تلخی قهوه، شیرینی زیاد گوایابا را قابل‌تحمل می‌کرد. نوشیدیم و خندیدیم و دوباره نوشیدیم. بیش از حد معمول. بسیار بیش از آنچه یک فرد عادی در شب قهوه می‌نوشد. تیاگو می‌گفت کوکائین نیز آدم را آن‌قدر بیدار نمی‌کند.

در همان بیداری مطلق تصمیم گرفتیم یک مستند ببینیم. مستند «پرسپولیس» به کارگردانی مرجان ساتراپی و ونسان پارونو را دیدیم. با چشم‌های خیس به صفحهٔ لپ‌تاپ خیره شده بودم و به معنای آزادی فکر می‌کردم. پس از تمام‌شدن مستند، لونا که انگار زخم‌هایش تازه باز شده باشند، شروع به صحبت در مورد کشورش کاتالان و درگیری‌هایشان با اسپانیا کرد. تیاگو نیز، مثل انسانی که نمک روی زخمش بپاشند، پس از سکوتی طولانی در مورد مشکلات زندگی در پاناما برایمان گفت. از سیستم ضعیف آموزشی و نبود دارو و درمان. از پول‌های کانال

پاناما که همه در جیب دولت می‌رود. صدایش هر لحظه بلندتر و پردردتر می‌شد. گفت: «پاناما ظاهراً مستقل شده، اما زیر نظر آمریکاست، هویتی برامون نمونده.»

شب اما طولانی‌تر از آن بود که بخواهیم تمامش را به دردهایمان اختصاص دهیم. بیداری، همانند تاریکی شب مطلق بود. ما بودیم و سه لیوان خالی و ذهن‌هایی بیدار. بحث را عوض کردیم و از آن‌ها خواستم تا داستان آشنایی‌شان را برایم تعریف کنند. تیاگو شروع به صحبت کرد و لونا به سمت اتاقشان رفت تا برایم چند عکس بیاورد. آنچه در عکس‌ها می‌دیدم باورنکردنی بود. توماس، توماس راهب هفتادودوساله‌ای که در آمازون اکوادور دیده بودمش. همان توماسی که سنگی را به من هدیه داده بود و از من خواسته بود اگر ویزای کلمبیا را گرفتم آن را در آب بیاندازم و اگر نه به شیشهٔ سفارت بزنم. توماس، دوست راهبم، لونا و تیاگو را به‌عقد درآورده بود. متعجب‌تر از من، لونا و تیاگو بودند که به چشم‌های از حدقه درآمدهٔ من نگاه کردند و پرسیدند که من او را از کجا می‌شناسم. دنیا کوچک شده بود. متوجه شدم توماس نصفی از سال را در جزیرهٔ بوکاس دل تورو[1] در پاناما زندگی می‌کند و از دوستان نزدیک آن‌هاست.

چند روز باقی‌مانده به‌سرعت برق و به تندی باد گذشت. چند روز پر از داستان و قهوه و هنر، پر از شعر و موسیقی و کودک. صدای لونا و چند آهنگشان را ضبط کردم تا هروقت دنیایم تاریک شد به آن گوش دهم. هنگامی که می‌خواند، صدا از عمق قلبش بیرون می‌آمد و باعث می‌شد از او چشم برنداری. روزهای آخر اما خسته و عصبی بودم. عادت ماهانه‌ام به تأخیر افتاده بود و دلم می‌خواست برای چند روز نابود شوم و زندگی نکنم. تازه متوجه شده بودم که یکی از فامیل‌های دورمان از دنیا رفته است و شکرگزاری و بودن در لحظه برایم سخت شده بود.

هیچ‌وقت فراموش نمی‌کنم که آنچه مرا از آن حال نجات داد، پیاده‌روی با تیاگو کنار دریاچهٔ سن کارلوس[2] و بودن در طبیعت بود. او که انگار متوجه به‌هم‌ریختن هورمون‌هایم باشد، با سکوت و در صبوری تمام کنارم قدم می‌زد و گیاهان، درختان و حیواناتی که نمی‌شناختم را به من معرفی می‌کرد.

یکی از آن لحظات هنگامی که گرمای خورشید را روی پوستم حس می‌کردم، بدون فکر شروع به شکرگزاری کردم. بابت تمام چیزهایی که هست و تمام چیزهایی که دارم. لونا و تیاگو، بدن سالم، غذای مقوی، قهوهٔ خوشمزه، سی روز اجازهٔ نفس‌کشیدن و زندگی در پاناما. انتظار ویزای نیکاراگوئه که روز دوم در

1.Bocas del Toro 2.San Carlos

پاناما برایش اقدام کرده بودم، تبدیل به شکرگزاری بابت داشتن پاسپورت شد و مرگ عزیز دلیل شکرگزاری برای تولدی دوباره. وجود تیاگو، بدون تبادل کلامی، کافی بود تا آگاه باشم در این بالا و پایین‌های درونی تنها نیستم. بلکه همین شیب‌هاست که باعث می‌شود متوجه شوم من نیز یک انسانم.

ویزای نیکاراگوئه که آمد، وقت رفتن و حرکت به سمت شمال پاناما و نزدیک‌شدن به مرز کاستاریکا فرا رسیده بود. دیگر نمی‌دانم که آیا لازم است بگویم که برای ورود به نیکاراگوئه از من هزارویک مدرک و دعوت‌نامه خواستند؟ دیگر نمی‌دانم هنگامی که می‌گویم ویزایی را گرفتم، متوجه خواهید شد که پشت آن برچسب، ساعت‌ها انتظار، هزینه و تحمل توهین‌ها بابت ایرانی بودن وجود دارد یا نه؟ با هزارویک سختی از طریق یک پسر ایرانی ساکن نیکاراگوئه که به من در فضای مجازی پیغام داده بود توانستم دعوت‌نامه‌ای بگیرم و آن را به سفارت برسانم. پس از پانزده روز کاری به من ایمیلی رسید که «بیا و ویزایت را تحویل بگیر».

ویزای سی‌روزه که دیدنش به‌جای خوشحالی، باعث حرکت غم و خشم در تمام وجودم شد. سی روز برای دیدن یک کشور و کار داوطلبانه با سرعت سفر من بسیار کم بود. سی روز یعنی حتی یکی از آن روزها را نیز نمی‌توانستم بدون فکر به ویزای مقصد بعدی بگذرانم. کنسولگر که انگار از حالت صورت و اخم‌هایم متوجه شرایط شده باشد، قبل از آن‌که از در خارج شوم گفت: «می‌تونی ویزا رو تو نیکاراگوئه دوباره تمدید کنی.» نگاهی خنثی به چشم‌هایش کردم و از سفارت خارج شدم.

وقت حرکت بود، حرکت به سمت شهر بوکته و این یعنی خداحافظی با بخوکو، میزبانانم، کودکانش و امنیتی که در اقامت در آنجا احساس کرده بودم. تیاگو کولهٔ بنفش را روی دوشش انداخت و مرا تا ایستگاه اتوبوس راهنمایی کرد. هردوی آن‌ها را محکم در آغوش گرفته و پس از تشکر زیاد بابت میزبانی گرمشان، گفتم: «Hasta Pronto» که یعنی «به‌زودی.»

شخصیت‌های بوکته

مهاجران همیشه داستانی برای تعریف‌کردن دارند. داستانی که گاهی دردناک

و گاهی هیجان‌انگیز است. هرکس نگاه متفاوتی به داستان خودش دارد. فکر می‌کنم بستگی به این دارد که آن فرد چطور داستان مهاجرتش را در ذهنش ثبت کرده باشد.

یکی از جالب‌ترین شخصیت‌هایی که در پاناما دیدم نیوشا بود. نیوشا، خالهٔ پری دوست دوران نوجوانی‌ام است. پری دوست و هم‌کلاسی زبانم بود که در پاناما به دنیا آمده بود. هنگامی که وارد پاناما شدم، از طریق فضای مجازی به من پیغام داد که حتماً سری به خاله و دایی‌اش بزنم.

نیوشا زنی پنجاه‌ودوساله بود که بیست‌سالی می‌شد در شهر کوچک بوکته[1] در شمال پاناما زندگی می‌کرد. مغازه‌ای بزرگ داشت. هنگامی که وارد مغازه‌اش شدم و تسلط و شیرین زبانی‌اش هنگام صحبت به زبان اسپانیایی را دیدم، باورم نمی‌شد که زن روبه‌رویم یک زن ایرانی است. وقتی که فارسی صحبت‌کردنش را شنیدم متوجه شدم کنار شخصیت ایرانی‌اش، یک شخصیت کاملاً لاتین دارد و در جامعه خودش را حل کرده است. شنیدن صحبت‌هایش برایم بسیار لذت‌بخش بود.

مهاجرتش دلایل متفاوتی داشت اما اصلی‌ترینش، داشتن دین بهایی بود. در ایران مادرم دوستان و همکاران بهایی داشت و من نه‌تنها با آن‌ها رفت‌وآمد داشتم بلکه بسیار دوستشان داشتم. بسیاری از آن‌ها تنها برای داشتن حقوق پایهٔ انسانی می‌جنگیدند. هرکدامشان داستانی از زندانی و یا کشته‌شدن یکی از اعضای خانواده‌شان داشتند. از همان نوجوانی هیچ‌وقت نتوانستم درک کنم چرا باید دولت برخی انسان‌ها را بابت باورهای دینی‌شان عذاب دهد؟ چرا تمام کشور باید مسلمان باشند و دین اسلام را به یک شکل تمرین و عبادت کنند؟ دولت که نمی‌تواند جلوی باورها و عقاید شخصی انسان‌ها را بگیرد، پس چرا نمی‌گذارد آن‌ها آزادانه عقایدشان را بیان کنند؟ هیچ‌وقت ظلمی که به بهایی‌ها می‌شد را درک نکردم و متوجه نشدم چرا باید اصرار داشته باشیم تا همه مثل ما فکر کنند و به همان خدایی که ما پرستش می‌کنیم ایمان بیاورند؟

نیوشا تنها نبود؛ بلکه اعضای خانواده‌اش هم کنارش در پاناما زندگی می‌کردند. پس از هم‌صحبتی با آن‌ها متوجه شدم یک معبد بزرگ بهایی در پاناما وجود دارد. قطعاً یکی از دلایلی که بین تمام آن کشورها پاناما را انتخاب کرده بودند، همین بود. داستان مریم برایم جالب بود، دختری که پدر ایرانی و مادری پانامایی داشت

1.Boquete

و به سه زبان فارسی، اسپانیایی و انگلیسی مسلط بود. او آرزوی سفر به ایران را داشت اما می‌ترسید. در فرودگاه آمریکا یک‌بار به دلیل فامیلی ایرانی‌اش او را اذیت کرده بودند و بسیار دلگیر بود. شنیدن درددل‌های نیوشا، که باز تکرار می‌کنم اگر او را در مغازه‌اش در بوکته ببینی اصلاً متوجه نخواهی شد که ایرانی است، بسیار لذت‌بخش بود. از خود می‌پرسیدم یعنی من به کجا مهاجرت خواهم کرد؟ در کدام گوشهٔ این کرهٔ خاکی اقامت خواهم گرفت و برای کدام جوان کوله‌گردی داستان زندگی‌ام را تعریف خواهم کرد؟

روز آخرم در پاناما، سوم نوامبر و روز استقلال کشور بود. رژهٔ بزرگی در خیابان برپا بود و صدای موسیقی همه‌جا را گرفته بود. هرجا نگاه می‌کردم رنگ و رقص درهم‌آمیخته بودند. با دختر جوانی که کنارم ایستاده بود هم‌صحبت شده و از او پرسیدم آیا خوشحال است که کشورش از کلمبیا مستقل شده؟

با نگاهی خنثی به من خیره شد و گفت: «ما مستقل نیستیم. پاناما تحت کنترل آمریکاست، حتی واحد پولمون دلاره.» دیگر حرف‌هایش را نشنیدم، صدایش و نگاه خنثی‌اش بین صدای رقص و شادی و جشنی که روبه‌رویمان برپا بود محو شد. به این فکر کردم که کشورها هم مثل آدم‌ها، بی‌عیب و نقص نیستند. هرکدامشان مشکلات خودشان را دارند. گاهی شاید به‌ظاهر کشوری را آرام و زیبا و با اقتصادی درحال رشد ببینیم اما از درون ممکن است مشکلات آب‌وهوایی و یا سیاسی داشته باشد. انتخاب یک کشور برای زندگی هم می‌تواند مثل انتخاب یک یار باشد. بی‌عیب و نقص نخواهد بود و همیشه درحال تغییر است؛ اما ممکن است دلمان را درگیر خودش کند و درونش چیزهایی بیابیم که برای رشد ما لازم و خوب باشند و به تمام مشکلاتش بیارزند.

همان‌طور داشتم به اجرای رقصنده‌ها و هنرمندانی که رژه می‌رفتند نگاه می‌کردم که ناگهان چشمم روی لیوان مته‌ای که در دست دختری که حدس می‌زدم آرژانتینی باشد، گیرکرد. چای مته، چقدر دلم می‌خواهد کمی از آن را بنوشم. دختر لیوان را در یک دستش گرفته بود و دست دیگرش در دست دختری قرار داشت. انگشت‌هایشان را به یکدیگر قفل کرده بودند و خوشحال و خندان رژه را تماشا می‌کردند.

پس از بیست دقیقه گفت‌وگوی درونی و مقابله با خجالت و ترس از طردشدن، به سمتشان حرکت کردم و از آن‌ها پرسیدم آیا می‌توانم کمی از چای مته‌شان بنوشم یا نه. این‌طور شد که با «رومینا» و «آلما» هم‌صحبت شدم. زوجی آرژانتینی

که در یک ون زندگی و سفر می‌کردند.

رومینا در یک جزیره در جنوبی‌ترین نقطهٔ پاتاگونیای آرژانتین، بسیار نزدیک به قطب جنوب به‌دنیا آمده بود و از بچگی آرزوی دیدن دنیا را داشت. هنگامی که هجده‌سالش شده بود با اتوبوس کیلومترها سفر کرده و به پایتخت، بوئنوس آیرس رفته بود تا درس بخواند و زندگی جدیدی را آغاز کند. با تمام مشکلات زندگی در یک شهر بزرگ و هم‌زمان درس خواندن و کارکردن، کم نیاورده بود و ده سال بعد توانسته بود اولین سفرش را به خارج از کشور داشته باشد. یک روز زمانی که در جنوب مکزیک سفر می‌کرده در یک قرعه‌کشی اینستاگرامی شرکت و پنجاه دلار پرداخته بود تا شاید برندهٔ یک اتوبوس قدیمی شود.

رومینا که هنرمند تتو بود و مشغول طراحی روی بدن دیگران بود، تماسی را دریافت کرد که زندگی و سبک ماجراجویی‌اش را تغییر داد. او در قرعه‌کشی برنده شده بود و برایش بلیط گرفتند تا به کاستاریکا برود و اتوبوس را دریافت کند. او صاحب یک خانهٔ سیار شده بود که می‌توانست با آن به هرجایی که می‌خواست سفر کند.

مرا به داخل خانهٔ سیارشان که فیروزه‌ای بود دعوت کردند و همان‌طور که به داستان زندگی هم گوش می‌دادیم، چای مته می‌نوشیدیم. رومینا دو ماهی بود که با آلما آشنا شده بود. آلمای ماجراجو که از آرژانتین تا مکزیک را در بیست‌وسه‌سالگی هیچهایک کرده بود و خرج زندگی‌اش را با فروش ساندویچ درمی‌آورد. داستان ردشدنش از مرز مکزیک به گواتمالا با نه دلار در جیبش آن‌قدر جذاب بود که احساس می‌کردم در برابر او من یک کوله‌گرد پولدار به‌حساب می‌آیم.

قرار بود روز بعد به سمت مرز کاستاریکا بروم، اما آن‌قدر هم‌صحبتی با رومینا و آلما به من چسبیده بود که تصمیم گرفتم روز بعد اول با آن‌ها به کوه‌نوردی بروم و سپس به سمت مرز حرکت کنم. آدم‌ها و داستان زندگی‌شان به سفرم معنا داده بود. از هرکدام چیزی یاد گرفته بودم و از بسیاری برای ادامه‌دادن انگیزه می‌گرفتم. برخی آدم‌ها باعث می‌شوند متوجه شوی که چقدر متفاوت می‌شود زندگی کرد. هر آدم و داستان جدید، درست مثل هر شهر و کشور جدید، چیزی را در ذهن تو برای همیشه تغییر خواهد داد.

کاستاریکا

مرز، مهاجر، بطالت

روی کرهٔ زمین مرزی وجود ندارد. این را زمانی درک می‌کنی که مرز دو کشور را زمینی و به‌خصوص پیاده رد کنی. ردکردن مرزهای نامرئی، هم احساس رهایی و آزادی به من می‌داد و هم احساس بدبختی و تنفر از ملیتم. از شهر بوکته در پاناما تا شهر چنگینولا[1] در مرز کاستاریکا هیچهایک کردم. سواری‌گرفتن از مردم و هم‌صحبتی با آن‌ها هم به من هیجان می‌داد و هم تمرینی برای بهبود زبان اسپانیایی بود. گرسنه بودم. پلو، لوبیا و سبزیجاتی خانگی را در همان شهر خوردم و سپس سوار اتوبوسی شدم و به سمت پلیس مرزی رفتم. مرز پاناما و کاستاریکا یک رودخانه بود. یک پل که این دو کشور و زمین را به یکدیگر وصل می‌کرد.

در اتوبوس با دو دختر آلمانی آشنا شدم که هم مقصد من بودند. از آنجایی که تنها کسی بودم که به زبان اسپانیایی مسلط بود، قرار شد با هم به پلیس مرزی و به کاستاریکا برویم. گرچه کاش درخواستشان را قبول نمی‌کردم، چراکه پلیس در کمتر از یک دقیقه مهر خروج آن‌ها را بر پاسپورتشان کوبید و مرا بیش از ده دقیقه معطل نگه داشت. همان داستان همیشگی. اول نمی‌توانست پاسپورت را باز کند چراکه از راست به چپ باز می‌شد. سپس با دیدن عکس با حجابم بسیار تعجب کرد و بعد صفحات رنگین پر از ویزا را ورق زد تا دنبال ویزای کاستاریکا بگردد و هنگامی که ویزای کانادا را پیدا کرد، مدتی طولانی در کامپیوترش دنبال چیزی گشت. برعکس گذشته هیچ استرسی به من وارد نشد. تنها شرمندهٔ دوستان آلمانی‌ام شدم که منتظر من ایستاده بودند. لبخند زدم و منتظر ایستادم تا بالأخره مهر ورود را بر پاسپورتم کوبید.

مقصد اولم شهر کوچک ساحلی پورتو ویخو[2] بود که تا مرز فاصلهٔ زیادی نداشت. میزبانم پسر مکزیکی سی‌وچهارساله به نام خورخه بود که در مرز مکزیک و ایالات‌متحده به‌دنیا آمده و بزرگ شده بود. پسری که در سی‌ودوسالگی با تلاش بسیار هزار دلار جمع کرده بود تا به کلمبیا، کشور رویاهایش، سفر کند. اما زمانی که به کاستاریکا رسیده، دزد تمام متعلقاتش را برده بود، از کارت شناسایی گرفته تا پول نقد و لباس. اما او حتی با دستان خالی به مسیرش ادامه داده تا آن‌که در نزدیکی مرز پاناما به روستای پورتو ویخو رسیده بود. روستایی ساحلی و توریستی

1.Changuinola 2.Puerto Viejo

کنار دریای کارائیب، جایی که تنبل‌ها از درختان آویزانند و میوه‌های استوایی فراوان دارد. پورتو ویخو فرای طبیعت منحصربه‌فردش، یک پیشنهاد کاری به خیمه داد که باعث شد او آنجا بماند. بدون آن‌که از آن روستا بیرون رود، هر هفته از هر گوشهٔ دنیا برایش مهمان می‌آمد و هم‌صحبت مسافران می‌شد. در یک بهشت کوچک زندگی می‌کرد، احتیاجی به ماشین برای جابه‌جایی نداشت، هر روز در دریا شنا می‌کرد و میوه‌های تازه می‌خورد، هم‌زمان درآمد خوبی هم داشت.

برایم جالب بود که حتی پس از کارکردن و پس‌انداز، تصمیم به ادامهٔ سفر و دیدن کلمبیا نداشت؛ حتی قصد برگشت به مکزیک را هم نداشت. خیمه نه برای روز بعدش برنامه‌ای داشت نه برای هفتهٔ بعد. نه می‌دانست سال آینده می‌خواهد چکار کند و نه یک ساعت بعد. می‌گذاشت لحظات او را به‌وجد بیاورند و اتفاقات بدون برنامه‌ریزی رخ دهند. او را مشاهده کردم و به فکر فرو رفتم.

آیا واقعاً هدف‌گذاری لازم است تا چیزی در این دنیا به‌دست آوریم؟ یا تنهابودنمان روی این سیاره کافی است؟ با آن‌که ذهن خودم، برای بقا و رسیدن به یک آرزوی بزرگ، مدام هدف‌گذاری و برنامه‌ریزی می‌کرد، بطالت را مشاهده و ستایش می‌کردم. بطالت یعنی روزها کنار دریای کارائیب نشستن، زیر باران خیس‌شدن، دیدن تنبل‌ها و راکون‌ها و قدم‌زدن کنار ایگواناها. بطالت یعنی در پوست خود گنجیدن. یعنی تنهایی نفس‌کشیدن در آرامش کامل.

در چشم من او فرد ثروتمندی بود. ماشین و خانه‌ای نداشت؛ اما بدون آن‌که به بانک و یا کسی بدهکار باشد، هر ماه می‌توانست کمی از حقوقش را پس‌انداز کند. خیالش راحت بود و استرس جایی در زندگی‌اش نداشت. در یک بهشت کوچک زندگی می‌کرد و احتیاجی به تعطیلات و فرار از زندگی و کارش نداشت. هر روز آدم‌های جدید می‌دید و همین باعث می‌شد از روزمرگی دور شود. کاستاریکا در نگاه اول خیلی زیبا بود. نه‌تنها اسکناس‌های رنگی جذابش که تصاویر میمون و تنبل و کوسه داشتند، بلکه فراوانی غذا، سرسبزی و لبخندی که روزانه روی لب مردم میدیدی خبر از رفاه و شادی می‌داد.

مرز را ندیدم. خطی روی کرهٔ زمین وجود نداشت. همان خاک بود و همان هوا. اما دنیای جدیدی بود، ارز جدید، حال‌وهوای جدید و لهجهٔ جدید و همین باعث می‌شد متوجه شوم در کشور جدیدی پا گذاشته‌ام.

معنای امنیت

گاهی به عقب نگاه می‌کنیم، نقطه‌ها را به هم وصل می‌کنیم و متوجه می‌شویم که بسیاری از اتفاقاتی که در زندگی‌مان رخ دادند دلیلی داشتند و باعث شدند به جایی برسیم که الان هستیم. تمام شکست‌ها، زمین خوردن‌ها و موفقیت‌ها دلیلی دارند. تمام آدم‌هایی که در مسیر با آن‌ها آشنا شدیم هم همین‌طور، گاهی بسیاری از آن‌ها را در آینده دوباره می‌بینیم و گاهی به واسطهٔ آن آدم‌ها با افراد و چیزهای جدیدی آشنا می‌شویم. در عصری زندگی می‌کردم که از طریق فضای مجازی از زندگی اکثر افرادی که در زندگی‌ام وجود داشتند باخبر بودم و آن‌ها هم از من خبر داشتند. می‌دانستم کدام دوست دوران کودکی‌ام مهاجرت کرده است، کدام یکی از مسافرهایی که در آمریکای جنوبی دیده بودم هنوز در سفر است و خواهرانم در ایران چه می‌کنند. به کاستاریکا که رسیدم، آلبرتو، مسافر کاستاریکایی که در پاتاگونیای شیلی، در هاستل با او آشنا شده بودم، در اینستاگرام به من پیغامی داد و مرا به شهر خودش لیمون دعوت کرد.

به نقشه که نگاه کردم متوجه شدم لیمون تنها یک ساعت با جایی که هستم فاصله دارد. سوار اتوبوسی شدم و به خانهٔ آلبرتو رفتم. این‌بار کمی به زبان اسپانیایی مسلط‌تر بودم و توانستم از دید دوست کاستاریکایی‌ام کشورش را ببینم. دوستی که مرا به چالش کشید و به یک آبشار شش متری نزدیک خانه‌اش برد تا از ارتفاع بپرم. با آن‌که از شناکردن آن هم در آب شیرین بسیار لذت می‌بردم، پریدن از ارتفاع شش متری از منطقهٔ امنم بسیار دور بود. با تشویق‌های دوست، با ترسم مقابله کردم و به بالای آبشار رفتم. اما به‌محض آن‌که به پایین نگاه کردم مضطرب شدم، دودل بودم. چشمانم را ببندم و بپرم و یا برگردم؟ یک‌دفعه آلبرتو داد زد: «زیاد فکر نکن، فقط بپر.»

پریدم! آن چند ثانیه‌ای که بین هوا و زمین بودم فریاد کشیدم و بعد به‌آرامی به عمق آب فرو رفتم و چند لحظه بعد به سطح آب آمدم. چه شادی عمیقی! به خودم قول دادم قبل از شروع هر تصمیم بزرگی یا مقابله با هر ترسی، به آن پرش فکر کنم. بدانم که همیشه هنگام برداشتن یک قدم بزرگ، ترس هست. می‌توان آن قدم را به‌خاطر امنیت بیشتر برنداشت و سال‌های بعد حسرتش را خورد و یا می‌توان با تمام ترس‌ها مقابله کرد و پرید. هنگام فرود امکان دارد آب در دماغ و بینی برود، امکان دارد بین هوا و زمین گیر کنی و قلبت به تپش در بیاید، اما شکی نیست که اگر شنا بلد باشی، لذتی وصف نشدنی را تجربه خواهی کرد.

هیچ‌وقت نمی‌دانم چطور به کسانی که از من می‌پرسند کشوری امن است یا نه پاسخ دهم. چراکه امنیت برای من یک احساس درونی است. نمی‌توانیم امنیت را به یک کشور و شهر بچسبانیم. هر شهر و کشوری مناطق امن و ناامن دارد. هر روزی ساعات امن و ناامن دارد. امنیت برای من آرامش ذهن و قلبم هنگام دیدن آدم‌هاست. مهم نیست در جزیره‌ای در کانادا باشم یا بین جاده‌های آرژانتین. امنیت برای هرکس معنای متفاوتی دارد.

یادگرفتن زبان اسپانیایی برای بقای من در آمریکای لاتین لازم بود. اما جز بقا، یادگیری‌اش باعث شده بود متوجه بشوم اطراف من چه می‌گذرد، انسان‌ها چه می‌گویند و همین باعث احساس امنیت بیشتر شده بود.

کاستاریکا از آن محدود کشورهایی است که بدون آن‌که سوار هواپیما بشوی، می‌توانی در یک روز طلوع خورشید را در دریای کارائیب و غروب را در سواحل اقیانوس آرام تماشا کنی. ساعت هفت صبح درست پس از طلوع از آلبرتو خداحافظی کردم و سوار اتوبوس شدم. مقصد یک شهر ساحلی و توریستی در غرب کشور بود. در بین راه از پایتخت کشور گذر می‌کردم. آگاه بودم که سرعت اتوبوس کمتر خواهد بود و مسیر هشت‌ساعته را در یازده ساعت طی خواهم کرد؛ اما سرعت حلزونی حرکتمان آن‌قدر کلافه‌ام کرده بود که دلم می‌خواست پیاده شوم. هم‌زمان با گوش‌دادن به شجریان، به پیاده‌شدن فکر می‌کردم. سعی می‌کردم با کشیدن نفس عمیق آرامش خود را حفظ کنم، که یک‌دفعه اتوبوس ایستاد و راننده گفت که مشکلی پیش آمده و یک ساعت توقف خواهند داشت. یک تجربهٔ «معمولی» هنگام سفر در آمریکای لاتین.

از راننده خواستم کوله‌ام را از بار در بیاورد. برای کسانی که کلمهٔ امنیت را به کشورها می‌چسبانند، کاستاریکا کشور امنی بود. چرا وقتی می‌توانم با سرعت غیرحلزونی و معاشرت با مردم به مقصد برسم در آن اتوبوس خراب بمانم؟ بزرگ‌ترین لبخندی که ممکن بود را روی لبم نشاندم و در کمتر از دو دقیقه مردی به نام کارلوس سوارم کرد. هنگامی که بدون تلاش به خواسته‌هایم می‌رسیدم، می‌دانستم که در مسیر درستی‌ام. با کارلوس،که اتفاقاً همان روز بیست‌وهشت‌ساله می‌شد، تا سن خوزه، رفتیم. در راه برایش به زبان فارسی «تولد مبارک!» خواندم و آهنگ شاد اندی را گذاشتم، سپس در کمتر از ده دقیقه انتظار، سوار ماشین آلونسو، آشپز جوان و جذاب کاستاریکایی شدم و تا خود لیبریا با او و دوست‌دخترش هم مسیر شدم. بین راه درست مثل جادهٔ تهران- شمال برای خرید میوه ایستادیم و در آخرین قسمت از مسیر، از لیبریا تا خود تاماریندو را با

یک کارلوس دیگر طی کردم. او اهل نیکاراگوئه بود و چهارده سال بود که در کاستاریکا زندگی می‌کرد.

ساعت چهارونیم عصر به هاستلی در شهر ساحلی و توریستی تاماریندو رسیدم، وسایلم را در اتاقی ده‌تخته گذاشتم و همراه چند مسافر جدید به ساحل رفتم و غروب آفتاب را بر اقیانوس آرام تماشا کردم. معلوم نبود اگر در آن اتوبوس مانده بودم، چه زمانی به مقصد می‌رسیدم. احتمالاً اگر به صدای دلم که می‌گفت «پیاده شو و به جاده بزن» گوش نکرده و زیادی به ناامنی و تمامی خطراتی که ممکن است هیچهایک‌کردن داشته باشد فکر می‌کردم، آن غروب بی‌نظیر را ازدست می‌دادم. امنیت یعنی آنجایی که دل و عقل روی یک خط قرار می‌گیرند. جایی که تو با درنظر گرفتن خطرات، کاری که دلت می‌گوید را با پذیرفتن ریسک انجام می‌دهی و در مسیر به‌جای استرس، احساس آرامش می‌کنی.

اولین تجربهٔ موج‌سواری

کاستاریکا پر از مهاجر و مسافر بود. پر از مهاجر آمریکایی و کانادایی و مسافرانی از هر گوشهٔ دنیا. پر از یوگی و گیاه‌خوار پر از میوه‌ها و سبزیجات رنگارنگ. کاستاریکا بی‌شک بهشت عاشقان طبیعت و گیاه‌خواران است.

دلم می‌خواست قبل از رفتن به کار داوطلبانه، دور خود را کمی با جوانان شلوغ کنم. به همین دلیل به هاستلی ارزان رفتم و برای سه شب یک تخت در یک اتاق دوازده‌نفره اجاره کردم. هاستل بسیار بزرگ بود، برخی در استخرش شنا می‌کردند و برخی پینگ‌پونگ و بسکتبال بازی می‌کردند. برخی از جوانان زیر آفتاب اکرویوگا تمرین می‌کردند و برخی دیگر در سکوت گوشه‌ای کتاب می‌خواندند. اولین دوستی که پیدا کردم آدام بود. پاپایای بزرگ روبه‌رویش را بریده بود و به دنبال لیمو می‌گشت.

– لیمو داری؟

+ نه!

– پاپایا دوست داری؟

+ خیلی!

- می‌آی بریم لیمو بخریم؟

همین‌طور شد که با یکدیگر به بازار میوه رفتیم. برای خود یک پاپایای بزرگ دیگر خریدم و همراه چند لیموی ترش و تازه به هاستل برگشتم، روی چمن‌ها نشستیم و آب‌لیموها را روی پاپایا ریختیم. طعم ترش لیمو با طعم شیرین پاپایا مخلوط و تبدیل به طعمی ملس شد. درحالی‌که با قاشق پاپایای ملس خود را می‌خوردیم، داستان زندگی‌مان را برای هم تعریف کردیم.

دومین دوستم ساشا اهل بریتیش کلمبیا بود. هنگامی که با یک دختر جوان موج‌سوار اهل اسلواکی به ساحل رفته بودم او را دیدم. به‌یاد ندارم چه شد که سر صحبت را باز کردم، تنها به‌خاطر دارم که نزدیک به دو ساعت بی‌وقفه صحبت کردیم. از پدر تایلندی و زندگی‌اش در اروپا و آسیا گفت تا کار داوطلبانه‌ای که از آن راضی نبود.

روز بعد آدام مرا به یک کلاس یوگای رایگان که هفته‌ای یک‌بار برگزار می‌شد برد و همراه بیست‌ودو جوان دیگر یوگا کردیم. انگار وارد یک دنیای دیگری شده بودم. برای اولین‌بار یوگا برایم خسته‌کننده نبود و آن‌قدر حس خوبی در تمام سلول‌ها و عضله‌هایم داشتم که احساس کردم به یک جلسهٔ درمانی رفتم.

به هاستل که برگشتم ساشا را دیدم. وسایلش را جمع و از کار داوطلبانه بیرون آمده و چون می‌دانست من در آن هاستلم، به آنجا آمده بود. هم‌زمان ناتان یک پسر کالیفرنیایی با موهایی قهوه‌ای و کوتاه و چشم‌هایی روشن و لبخندی که چیزی را در دلم تکان می‌داد، از ما پرسید: «شما موج‌سواری بلدید؟ من و دوتا از دوستام رالف و سیا داریم میریم موج‌سواری. می‌خواید به ما ملحق شید؟»

ساشا با هیجان از جایش بلند شد و گفت: «حتماً ملحق می‌شیم.» جولیا که کمی آن‌طرف‌تر ایستاده و حرف‌های ما را شنیده بود، گفت او هم می‌خواهد بیاید. گیج، هیجان‌زده و با ترس برای اجاره‌کردن تختهٔ موج‌سواری بیرون رفتیم. من تنها کسی بودم که موج‌سواری بلد نبود. تازه عادت کرده بودم در آب‌های آزاد بدون ترس و رها شنا کنم. حال تازه چشمانم به دنیای جدیدی باز شده بودند و متوجه شده بودم چقدر تجربه هست که می‌توانم در آب‌وهوای آزاد داشته باشم.

ناتان و رالف که حرفه‌ای بودند تکرار می‌کردند که نگران نباش، ما همراهت خواهیم بود. به تو نشان می‌دهیم چطور تعادلت را حفظ کنی. رالف در هلند معلم موج‌سواری بود و نگاهش به من می‌گفت کنار انسان‌های قابل‌اطمینان و امنی‌ام.

سوار قایق شدم و تخته به‌دست به یک ساحل دورتر و خلوت رفتیم. پای راستم را به بندی که به تخته وصل بود بسته و همراه آن‌ها خود را به اقیانوس آرام سپردم. هیجان آن‌قدر زیاد بود که انگار به شهربازی رفته بودم و سوار بازی رنجر شده بودم. یکی از تفریحاتم در دوران نوجوانی در تهران همین بود. به پارک ارم می‌رفتم، سوار بازی‌های عجیب می‌شدم، روی هوا و در ارتفاع برعکس می‌شدم و جیغ می‌زدم.

هیجانم آن‌قدر زیاد بود که نه متوجه زخم بزرگی که روی شکمم افتاد شدم و نه متوجه خوردن آب شور اقیانوس. تنها سعی می‌کردم به‌صورت خوابیده تعادلم را روی تخته حفظ کنم و روی موج‌ها سوار باشم. بیش از یک ساعت گذشت و ما روی اقیانوس شناور بودیم. موج‌ها کوچک و کوچک‌تر شدند و ما تنها روی تخته‌ها روی آب آرام خوابیدیم و به آسمان و آب خیره شدیم. باران نم‌نم شروع به باریدن کرد، اول فکر کردم باید خود را سریع به ساحل برسانم، بعد با خود گفتم من که سراپایم خیس آب است. از چه فرار می‌کنم؟ از آب؟

گرمای آفتاب را روی فرق سرم حس می‌کردم. سرم را بالا آوردم تا به دوستانم نگاهی کنم که یک رنگین‌کمان بسیار بزرگ را بالای سرم دیدم. به‌محض آن که فریاد زدم: «بچه‌ها! رنگین‌کمان!» موج بزرگی آمد و مرا داخل آب پرت کرد. بچه‌ها همه بسیار حرفه‌ای سوار موج شدند و من سرفه‌کنان با لبخند از داخل آب شور سرم را بیرون آوردم و به رنگین‌کمان خیره شدم.

از خوردن قطره‌های آب به صورت و بدنم لذت می‌بردم. زنده‌بودن را با تمام وجودم احساس می‌کردم. مثل همیشه یکی از در لحظه‌ترین و زیباترین لحظات زندگی که در گوشی تلفن ثبت نشد، اما در خاطرم حک شد. لحظه‌ای است که با چند روح ماجراجوی دیگر تقسیمش کردم و همین تقسیم‌کردن باعث لذت بیشتر شده بود.

فردای آن روز به‌محض ورود به فضای مجازی متوجه شدم اینترنت ایران قطع شده و اعتراضاتی به دلیل گرانی بنزین و مشکلات اقتصادی و سیاسی رخ داده است. با ترس و گیجی سوار اتوبوسی شدم تا به روستای آلاخولا و کار داوطلبانه جدیدم برسم. آن‌قدر به در دسترس‌بودن خانواده‌ام عادت داشتم که قطعی اینترنت باعث نگرانی بیش از حد، ترس و استرس من شده بود. ذهنم بدترین شرایط را تصور می‌کرد و می‌ترسیدم اتفاقی برای خانواده و دوستانم بیافتد. تنها به خود یادآوری می‌کردم که تمامی این حس‌ها موقتی‌اند. همان‌طور که آن اوج دیدن

رنگین‌کمان و موج‌سواری روی دریا همیشگی نبود، غم و استرسی که تجربه می‌کردم و قطعی اینترنت ایران و فشاری که مردم کشورم تحمل می‌کردند نیز قرار نبود برای همیشه بماند.

جنت، مادربزرگ کاستاریکایی

خسته با کوله‌ای سنگین بر دوش در زدم. زنی هفتادودوساله با موهایی کوتاه و جوگندمی، چشم‌هایی خندان در را باز کرد. پشت سرش دختری جوان و زیبا با چشم‌ها و موهایی روشن و لبخندی بزرگ بر لب ایستاده بود.

- جنت؟ من ملیکام داوطلب جدید.

+ ملی! بله درسته بیا داخل. اینجا خونهٔ خودته. این اتاق توست. این هم نادین از آلمان هم‌اتاقیت.

فضای خانه و حال‌وهوایش درست مثل خانهٔ مادربزرگ‌ها بود. آشپزخانه پر از وسایل و بسیار مرتب و یخچال پر از غذا بود، مبل‌هایی قدیمی داشتند که جنت روی یکی از آن‌ها نشسته و تلویزیون تماشا می‌کرد. عکس‌های خانوادگی روی دیوار بود و پرده‌های بلند داشتند.

همان‌طور که کوله را باز می‌کردم و وسایلم را در اتاق می‌چیدم، با نادین گرم صحبت شدم. او هم مثل من گیاه‌خوار بود و عاشق کار با کودکان. سفری چندماهه را در آمریکای لاتین آغاز کرده بود. به‌محض آن‌که متوجه شد من ایرانی‌ام، گوشی تلفنش را درآورد و با هیجان پیامی صوتی را به آلمانی برای کسی فرستاد. سپس تعریف کرد که دوست‌پسرش به دلیل کار پدرش چهار سال در ایران زندگی کرده و به زبان فارسی مسلط است. به کوچک‌بودن کرهٔ زمین خندیدیم. این قبیل اتفاق‌ها که می‌افتاد متوجه می‌شدم در زمان و مکان مناسبی قرار دارم.

زندگی با نادین و جنت باعث شده بود با وجود ترس و استرس از اتفاقات ایران، بتوانم با در لحظه‌بودن حواسم را برای لحظاتی از اخبار پرت کنم و از آنچه اطرافم است نهایت استفاده را ببرم. از ساعت نه صبح تا دو بعدازظهر در مهد کودکی که تنها شش دقیقه پیاده با خانهٔ جنت فاصله داشت کار می‌کردیم. هر روز با یک گروه سنی متفاوت کلاس داشتم. گاهی شاگردانم دوساله بودند و گاهی

یک گروه بزرگ شش‌ساله. گاهی از یک‌ساله‌ها نگهداری می‌کردم و گاهی برای چهارساله‌ها داستان می‌خواندم و تئاتر کار می‌کردم. دیدن محیط یک مدرسهٔ خصوصی در کاستاریکا برایم جالب و آموزنده بود. گرچه گاهی از شیوهٔ تدریس معلم‌ها و «باید»ها خوشم نمی‌آمد، تنها مشاهده می‌کردم و متوجه می‌شدم در چه محیطی دوست دارم در آینده کار کنم. هدف سفر و تجربهٔ تدریس در مدارس مختلف برای من «لذت‌بردن» نبود؛ می‌دانستم پس از چند سال با تجربهٔ کارهای مختلف در محیط‌های مختلف خودم و مسیر کاری‌ام را بهتر پیدا خواهم کرد. برای رسیدن به این هدف لازم است تجربه‌های خوب و بد داشته باشم تا بتوانم آن‌ها را از هم تشخیص دهم.

فرای عشقی که از کودکان می‌گرفتم، معلم‌های جوان و خوش‌انرژی کاستاریکایی دوستم شده بودند، از دیدن‌شان لذت می‌بردم و از همکاری با آن‌ها هر روز یاد می‌گرفتم.

ارزش پول و کیفیت زندگی در کاستاریکا از پاناما، جمهوری دومینیکن و هائیتی بالاتر بود. در نگاه اول به‌عنوان یک مسافر، به‌نظرم مردم کاستاریکا فرصت‌های بیشتر و زندگی راحت‌تری داشتند. هر آخر هفته با نادین به یک گوشهٔ کشور می‌رفتیم. از درازکشیدن بر روی سواحل جذاب و شنا در دریا تا بالارفتن از آتش‌فشان‌ها. اما آنچه در ذهنم با جزئیات حک شده، سفرمان به جزیرهٔ لاک‌پشت‌ها در شمال شرق کاستاریکا بود. تقریباً یک روز تمام در راه بودیم تا با قایق به جزیره رسیدیم. سرعت زندگی در جزیره آن‌قدر آرام بود که ناخودآگاه باعث می‌شد هم در ذهن و هم در بدن احساس آرامش کنی. خانه‌های قدیمی و رنگی، مردمی که پابرهنه راه می‌رفتند، نارگیل‌ها و انبه‌هایی که روی زمین افتاده بودند، گربه‌هایی که بی‌صدا ساعت‌ها به تو خیره می‌شدند و سگ‌هایی که دنبالت راه می‌افتادند. لاک‌پشت‌های کوچکی که شبانه از زیر ماسه‌ها و از تخم خود درآمده و به سمت دریا حرکت می‌کردند و طلوع‌هایی که آسمان را طلایی رنگ می‌کردند.

جنت، شبیه به مادربزرگ‌ها یکشنبه شب‌ها منتظرمان بود و با گوش‌هایی باز داستان سفرهایمان را گوش می‌کرد. هر وقت از ایران و ترس صحبت می‌کردم، یک آهنگ کومبیا می‌گذاشت، بلند می‌شد و می‌رقصید. دفعات اول متوجه حرکت او نمی‌شدم. احساس می‌کردم نمی‌داند در درونم چه می‌گذرد و یا نمی‌تواند متوجه استرسی که شرایط ایجاد می‌کند بشود. اما زمان که گذشت، متوجه شدم این زن آن‌قدر در زندگی بالا و پایین و روزهای سخت را تجربه کرده که می‌داند چطور

باید در مواقعی که کاری از دستش برنمی‌آید رفتار کند. او دست مرا می‌گرفت و با من کومبیا می‌رقصید. با همین حرکت به من می‌گفت اگر کنترلی بر روی اتفاقی نداری، مشاهده‌اش کن و نگذار تو را به تاریکی ببرد. تنها چیزی که روی آن کنترل داری، حال درونی خودت است. با حال خراب نمی‌توانی مبارزه کنی، پس بلند شو و به‌سختی‌ها بخند. پررو باش و به سازهایی که زندگی برایت می‌زند گوش کن و برقص.

او مرا یاد مامان فرزانه می‌انداخت. مادربزرگ نازنینم که در بزرگ‌شدن من نقش پررنگی داشت و بیست سال جز عشق چیزی به من نداده بود. تمام فرزندانش دور از او زندگی می‌کردند و نوه‌هایش دورتر. به عکس‌هایشان خیره می‌شد و گاهی تلفنی با آن‌ها صحبت می‌کرد. نمی‌دانم اگر نادین و جنت نبودند و اگر سرگرمی با بچه‌های مدرسه تکلیف هر روز نبود آن سه هفته را چطور می‌گذراندم. انگار قبل از پرت‌شدن به درون چاه سیاه، این عزیزان دستانم را گرفته و مرا برای عبور از آن چاه عمیق همراهی کردند.

خیلی زود ماه دسامبر از راه رسید. سالگرد دوسالگی سفر و تولّد بیست‌ودوسالگی‌ام نزدیک بود. مقصد بعد، جزیره‌ای بود به نام امتپه. جزیره‌ای به شکل یک هشت یا علامت بی‌نهایت که از دو آتش‌فشان تشکیل شده بود و در دریاچه‌ای در وسط نیکاراگوئه قرار داشت. مقصد بعد یک مزرعهٔ کاکائو بود. جایی که در آن از میوهٔ کاکائو، شکلات درست می‌کردند. جایی که قرار بود مدتی در آن همراه چندین جوان داوطلب دیگر کار و زندگی کنم.

نیکاراگوئه

آغاز سفری عمیق

آغاز و پایان یکی‌اند. یکی پس از دیگری می‌آیند و می‌روند و دست‌دردست هم حرکت می‌کنند. پایان کار داوطلبانه در مهدکودک به معنای آغاز کار داوطلبانه در مزرعهٔ کاکائو بود. پایان سفر در کاستاریکا به معنای آغاز سفرم در نیکاراگوئه.

خداحافظی با انسان‌های نازنینی که کنار آن‌ها مدتی زندگی کرده و خاطره ساخته بودم، سخت بود. اما هیجان دیدار با آدم‌های جدید و ورود به کشور جدید آن غم

را در آغوش می‌گرفت. تمام شش ساعتی که از آلاخولا[1] تا پنیاس بلانکاس[2]، مرز نیکاراگوئه در اتوبوس بودم، دو سال گذشته را مرور کردم. تمام انسان‌ها، کشورها ویزاها، مرزها... همه مثل یک سریال از جلوی چشمانم می‌گذشتند. نمی‌دانستم کی زمانش می‌رسد تا بتوانم آن اتفاقات را هضم کنم. تنها می‌دانستم روزبه‌روز به آن آرزوی بزرگ و هدفم که دیدن و زندگی با مردم در نقاط مختلف آمریکای لاتین است نزدیک‌تر می‌شوم.

اتوبوس ما را روبه‌روی یک اتاقک کوچک پیاده کرد. در اطرافش چند پلیس مرزی ایستاده بودند. متوجه شدم برای خروج از کاستاریکا، مثل ایران، باید خروجی پرداخت کنم. مهر خروج کوبیده شد، مرز نامرئی را رد کردم و به یک اتاقک دیگر برای مهر ورود رفتم. همان داستان همیشگی. شانس آورده بودم که صفی در کار نبود و پلیس مرزی نیکاراگوئه بسیار خلوت بود. با وجود داشتن ویزا مرا یک‌ربع نگه داشتند و در مورد دلیل سفرم به نیکاراگوئه سؤال پرسیدند. پلیس مرزی پاسپورت رنگی‌ام را تندتند ورق زد و به من یادآوری کرد که تنها یک برگه از صفحهٔ پاسپورتم خالی است و باید به فکر گرفتن پاسپورت جدیدی باشم. برای چند لحظه تمام شوقی که برای دیدن نیکاراگوئه داشتم از بین رفت و ترس جایگزینش شد. چگونه و از کجا برای پاسپورت جدید اقدام کنم؟ اصلاً می‌توانم این کار را انجام دهم؟ به کدام سفارت ایران باید رجوع کنم؟

به‌محض پرداخت دوازده دلار مهر ورود کوبیده شد. اولین تصویرم از نیکاراگوئه پس از عبور از کنار تمام راننده تاکسی‌هایی که دنبال مسافر بودند، اتوبوسی بزرگ، محلی و رنگی بود. روی شیشهٔ جلو بزرگ نوشته شده بود: «ماناگوئه.»

   —   می‌تونید من رو تو ریواس پیاده کنید؟

   +   به امتپه می‌ری؟

   —   بله.

   +   سوار شو، تو رو تو اسکلهٔ کشتی‌ها پیاده می‌کنم. نیم‌ساعت با اینجا فاصله داره.

خندان و پرانرژی در سمت راست اتوبوس، کنار پنجره نشستم و به بیرون خیره شدم. مراحل سخت تمام شده بود. از مرز رد شده و به نیکاراگوئه رسیده بودم. از همان دقایق اول متوجه فقرش نسبت به کاستاریکا و پاناما و ارزانی بیش از حد

1.Alajuela   2.Peñas Blancas

قیمت‌ها شدم.

اتوبوس کنار دریاچه توقف کرد. باد با سرعت لابه‌لای موهایم می‌پیچید. کولهٔ بنفش را روی دوشم انداختم و به اطرافم نگاه کردم. دو آتش‌فشان مثلثی از وسط آب دیده می‌شد، یکی نزدیک‌تر و دیگری دورتر بود. آنچه می‌دیدیم جزیرهٔ امتپه بود که به من لبخند می‌زد. نمی‌دانم به‌خاطر سالگرد دوسالگی سفرم بود، یا به دلیل نزدیک‌شدن به تولدم، هرچه بود با تمام وجودم هیجان داشتم. احساس می‌کردم چیزی در انتظارم است، احساس می‌کردم درست در جایی قرار دارم که باید باشم.

با کمک مرد بلیط‌فروش با ریک تماس گرفتم. ریک دوست هلندی‌ام که در کاستاریکا با یکدیگر موج‌سواری کرده بودیم، در امتپه بود و به من پیغام داده بود که با موتورش به دنبالم می‌آید. یک ساعت با کشتی تا جزیره راه بود. کشتی بزرگ و قدیمی که با هر تکان فکر می‌کردم می‌تواند غرق شود. مسیر به خواب و خیال و نگاه به آتش‌فشان‌ها گذشت. انرژی‌شان را حس می‌کردم.

ریک و موتورش را که دیدم تشکر کردم. او هم نگاهی کرد و با خنده گفت: «فکر نکن برای تو تا اسکله اومدم. احتیاج داشتم به بانک برم و پول نقد بگیرم چون اون سر جزیره عابربانکی وجود نداره. حواسم بود که امروز می‌آی و گفتم به تو سواری بدم. برای یه ساعت موتورسواری آماده‌ای؟»

آفتاب درحال غروب بود. از ساعت پنج صبح در مسیر بودم. اما هیجان دیدن مزرعهٔ کاکائو و شناختن امتپه نه تنها تمام خستگی بدنم را از بین برده بود، بلکه لبخندی بزرگ بر روی لبم نشانده بود، که محو نمی‌شد. یک ساعت موتورسواری کردیم، درحالی‌که یک آتش‌فشان در روبه‌رو و یک آتش‌فشان در پشت‌سرمان بود. غروب خورشید روی همهٔ رنگ‌ها تأثیر گذاشته بود و همه‌چیز طلایی و جادویی شده بود. نه‌تنها مردم جزیره لبخند به لب داشتند بلکه احساس می‌کردم درخت‌ها نیز می‌خندیدند. قرمزِ گل و آبی آسمان می‌خندید. تمام سال گذشته، از دیدار با پنگوئن‌ها در آرژانتین تا رقص کاندومبه در اروگوئه، از کارناوال برزیل تا جزیره سالت اسپرینگ، از هائیتی تا جمهوری دومینیکن و پاناما و کاستاریکا، همهٔ آن چیزی که زیسته بودم را در آن مسیر یک‌ساعته روی موتور مرور کردم. در تاریکی به ورودی مزرعه رسیدیم. ریک به هاستل خودش که تنها چند دقیقه با آنجا فاصله داشت رفت و من در تاریکی با کمک چراغ‌قوهٔ گوشی، مسیر مشخص شده را ادامه داده تا به مرکز مزرعه برسم. صدای پرندگان و حیوانات با صدای

آب که محکم به صخره‌ها می‌خورد آمیخته شده بودند. به جلوی پایم خیره شده بودم و آرام قدم برمی‌داشتم. می‌دانستم کسی نه صدایم را می‌شنود و نه متوجه آنچه می‌گویم می‌شود، پس بلند گفتم: «من آماده‌ام. من آمادهٔ شروع این فصل جدیدم.»

جادو حقیقت دارد

روی یک تخت در اتاق هشت‌تختهٔ داوطلب‌ها که از بامبو ساخته شده بود کنار هفت نفری که نمی‌شناختم از خواب بیدار شدم. به‌محض بیرون رفتن از اتاق، چشمم به جمله‌ای افتاد که روی یک چوب نوشته شده و به یک درخت وصل بود: «جادو حقیقت دارد.»

مزرعهٔ کاکائو بزرگ بود، خیلی بزرگ. درست کنار دریاچه قرار داشت. همراه با ساحلی زیبا و منظره‌ای از آتش‌فشان و صخره‌هایی که دلت می‌خواست ساعت‌ها روی آن‌ها بنشینی و به آتش‌فشان خیره شوی. مزرعهٔ کاکائو فقط یک مزرعه نبود. یک هاستل و یک کافه هم درونش داشت، آن هم کافهٔ وگان. دستشویی‌هایش خشک بودند و دوش‌هایش در فضای باز قرار داشتند. می‌توانستی شیر آب را باز کنی و آب چشمه نوش جان کنی. خبری از آب گرم نبود.

به‌جز من، چند داوطلب دیگر از هلند، کانادا، انگلیس، اسرائیل و ایتالیا نیز آنجا بودند. متوجه شدم وظایف متفاوتی داریم. از جمله پذیرفتن مهمان‌ها و کنترل ورود و خروجشان در قسمت هاستل، پذیرایی و معاشرت در قسمت کافه و همچنین کمک به کارکنان نیکاراگوئه‌ای در آسیاب‌کردن کاکائو و بسته‌بندی شکلات‌های آماده شده. همه‌چیز جدید بود، جدید و هیجان‌انگیز. از آن‌که هم‌زمان هم با مردم نیکاراگوئه و هم با مردمی از نقاط مختلف دنیا کار می‌کردم، خوشحال بودم. چراکه می‌توانستم هم به زبان اسپانیایی و هم انگلیسی معاشرت کنم.

روز تولدم را برعکس دو سال قبل، در جمع داوطلب‌ها و کنار رالف، نادین و ساشا گذراندم. نادین و ساشا که در کاستاریکا با آن‌ها دوست شده بودم چند روز برای دیدن امتپه و جشن‌گرفتن تولدم به جزیره آمده بودند. برای ماجراجویی بیشتر و تجربهٔ جدید در روز تولد، همراه ساشا یک اسکوتر اجاره کردیم تا جزیره را بگردیم. من تجربهٔ موتورسواری و رانندگی نداشتم. با وجود آن‌که ساشا ساعت‌ها به من روش روشن‌کردن اسکوتر را توضیح داد، در همان تمرین اول نتوانستم

کنترلم را حفظ کنم و با سرعت با یک بوته تصادف کردم. آن‌قدر سریع اتفاق افتاد و خطرناک بود که چند ثانیه تنها به یکدیگر خیره شدیم. به‌جز شوکه‌شدن، آسیبی به بدنمان نرسیده بود؛ اما اگر به زمین افتاده بودیم و یا ماشینی با سرعت از کنارمان رد شده بود حتماً اتفاق جدی‌تری برایمان می‌افتاد.

پس از دادن چهل دلار خسارتی که به اسکوتر وارد شد، با شوک زیاد به مزرعهٔ کاکائو برگشتیم. خوشحال بودم که در روز تولدم سالم از آن تصادف بیرون آمدم و آسیب جسمی به دوستم نزدم. با کمک آمالیا داوطلب هلندی، یک کیک بسیار خوشمزه با موز و کاکائو درست کردیم و بیست‌ودو شمع را روی آن فوت کردم. آن هم کنار عزیزانی مثل نادین، رالف و ساشا که شناخت بیشتری از من داشتند و در کاستاریکا با هم خاطره ساخته بودیم.

هر روز صبح با یک لبخند بزرگ بیدار می‌شدم و یک‌راست به معبد یوگا می‌رفتم، آن هم پابرهنه. حس می‌کردم احتیاجی به پوشیدن صندل و یا دمپایی ندارم. از برخورد کف پایم با سنگ‌ها و خاک لذت می‌بردم و حس می‌کردم که در خانهٔ خودم هستم. عادت نداشتم در خانه کفش بپوشم.

معبد یوگا سقف نداشت و اطرافش پر از درخت موز بود. برگ‌های سبز به فضا آرامش بیشتری می‌دادند. یک‌ساعت‌ونیم حرکات یوگای معلم داوطلب را تمرین می‌کردم و می‌گذاشتم خون در رگ‌هایم جابه‌جا شود و عرق کنم. هنگامی که در حرکت «شاواسانا» روبه‌پشت می‌خوابیدم، آبی آسمان و سبزی برگ‌ها باعث می‌شدند احساس کنم که در بهشتم.

پس از یوگا در حمامی که با سنگ‌های آتش‌فشانی ساخته شده بود دوش آب سرد می‌گرفتم و سپس برای خوردن صبحانه به مرکز مزرعه می‌رفتم. مرکز را دوست داشتم چرا که داوطلب‌ها و مهمان‌ها گرد هم می‌آمدند و معاشرت می‌کردند. معمولاً صبحانه آرد جو دوسر داشتیم با موز، پاپایا و کاکائویی که محصولات مزرعه بودند. صبحانه‌ای ساده اما مقوی و خوشمزه.

آن‌قدر فضای مزرعه و پروژه را دوست داشتم که برایم مهم نبود چه ساعتی قرار است کار کنم. تنها چیزی که برایم مهم بود، یادگیری مهارت‌های جدید بود و کمک به کارکنان و خالق. خالق همان صاحب مزرعه و آن بیزنس بود. چندین روز طول کشید تا بتوانم متوجه رفتارش شوم. آرام می‌آمد و می‌رفت و مدیریت می‌کرد. حواسش به همه‌چیز بود و هم‌زمان هیچ اصراری نداشت تا با او شبیه به مدیر رفتار شود.

چیزی در وجودش روحم را تکان می‌داد. بسیار جوان بود؛ اما آن‌قدر سفر کرده و تجربه داشت که می‌دانستی با روحی بزرگ روبه‌رویی. او را «خالق» می‌نامم چرا که آنچه خلق کرده است، زندگی بسیاری ازجمله من را برای همیشه تغییر داده است.

برایم فرقی نمی‌کرد آناناس بکارم و به گیاهان آب دهم یا کاکائو آسیاب کنم. فرقی نمی‌کرد آیا آن روز قرار است پنج ساعت شکلات بسته‌بندی کنم و یا پنج ساعت پیشخدمت کافه باشم. احساس مفیدبودن می‌کردم و همین برایم یک دنیا می‌ارزید، آن هم پس از تجربهٔ هائیتی. احساس می‌کردم وجودم در آن فضا مفید است و جز یادگیری مهارت‌های جدید، می‌توانم در صلح با طبیعت زندگی کنم. بدون آن‌که احتیاجی به مصرف‌گرایی و استفاده از پلاستیک باشد غذای خوشمزه و متنوع بخورم و خون جاری در رگ‌هایم را با آب تمیز و شیرین چشمه پر کنم.

از زمانی که از خواب بیدار می‌شدم تا زمانی که سرم را روی بالش می‌گذاشتم کار برای انجام‌دادن بود. برایم مهم نبود اگر پنج ساعت کار داوطلبانه به اتمام می‌رسید. اصلاً حس نمی‌کردم که درحال کارکردنم. تنها از آنچه انجام می‌دادم لذت می‌بردم. از سروکله‌زدن و خندیدن با کارکنان نیکاراگوئه‌ای در آشپزخانه، داستان گفتن با داوطلب‌ها و مسافرها که همه بی‌شک ماجراجو و کوله‌گرد بودند. بیشترین زمان را با خوزه می‌گذراندم. جوان بسیار باهوش و سخت‌کوش نیکاراگوئه‌ای که هم‌سن‌وسال خودم بود و مسئولیت قسمت هاستل را برعهده داشت. با آن‌که به زبان انگلیسی مسلط بود، از او می‌خواستم تنها به زبان مادری‌اش، اسپانیایی، با من حرف بزند تا بتوانم تمرین و پیشرفت کنم. گاهی به او غبطه می‌خوردم که در چنین بهشتی به دنیا آمده و بزرگ شده است. می‌توانست بدون احتیاج به بیرون رفتن و مهاجرت، در جایی که به دنیا آمده کار کند، درآمد مناسبی داشته باشد و با انسان‌هایی از سراسر کرهٔ زمین معاشرت کند. وقتی که به او می‌گفتم به‌نظر من او انسان ثروتمندی است، می‌خندید. شاید ثروت را در داشته و پول و خانهٔ بزرگ و مدرن می‌دید. اما به‌نظر من زمینی که او در آن زندگی می‌کرد، درخت نارگیل و آواکادویی که در حیاطش داشت، آب‌وهوایی که تمام سال بهاری بود، محیط کارش که باعث رشد فردی می‌شد، همه و همه ثروت بودند. نیکاراگوئه کشور توسعه‌یافته‌ای نبود و ارزش پول زیادی نداشت؛ اما او احتیاجی نداشت دو هفته در سال را برای فرار از استرس و مسئولیت کاری تعطیلی بگیرد. او می‌توانست پس از کار به داخل دریاچه بپرد و شنا کند. او هیچ‌وقت زندگی یکنواختی نداشت. هر روز انسان‌های متفاوتی وارد زندگی‌اش می‌شدند و هرکدام چیزی به او می‌آموختند.

بدون آن‌که سفر کند، ایستاده بود و مسافران به دورش می‌چرخیدند. او بدون آن‌که از امتپه خارج شود، سفر می‌کرد و این به‌نظر من یعنی ثروت.

گاهی دوستی دستم را می‌گرفت و مرا به دریاچه می‌برد. داخل آب می‌پریدیم و تا چند سنگ بزرگ که وسط آب قرار داشتند، شنا می‌کردیم. سپس روی سنگ‌های داغ دراز می‌کشیدیم و اجازه می‌دادیم آفتاب صورتمان را ببوسد. گاهی شب‌ها آتش درست می‌کردیم و دورش می‌نشستیم. یک نفر گیتار می‌زد، یک نفر می‌خواند و من در آسمان ستاره‌ها را می‌شمردم. با آن‌که از صبح تا شب درحال فعالیت بودم احساس خستگی نمی‌کردم. با آن‌که دو سال بدون‌وقفه در سفر و کار داوطلبانه بودم، آن‌قدر مزرعهٔ کاکائو برایم آرامش‌بخش، جالب و آموزنده بود که هر روز با شوق بیشتری از خواب بیدار می‌شدم.

خالق یک دوست و همکار داشت که در مدیریت مزرعه به او کمک می‌کرد. پسری جوان و بسیار باهوش به نام جسپر که مانند من سفری طولانی به آمریکای لاتین شروع کرده بود. وقتی که به جزیرهٔ امتپه می‌رسد، حس می‌کند که آنجا خانه‌اش است و پس از آشنایی با خالق، همانجا می‌ماند. اطلاعات بسیاری در مورد انواع قارچ‌ها، گیاهان دارویی و کاکائو داشت. صحبت‌کردن با او شبیه گوش‌دادن به یک کتاب صوتی بود.

یکی از آن روزهایی که دورهم کنار آب نشسته بودیم، با صدایی مطمئن گفت: «جادو حقیقت داره. این‌که باورش کنی یا نه به تو بستگی داره. بستگی داره با چه چشم‌هایی زندگی رو تجربه می‌کنی. اگه عینک من رو بزنی، زندگی رو جادویی خواهی دید. جادو همه‌جا هست. اما می‌شه هم با یه عینک دیگه به زندگی نگاه کنی و جادوی اطرافت رو نبینی.»

آن لحظه را دقیق به‌خاطر دارم چراکه بلافاصله کبوتری آبی روی شاخهٔ درخت بالای سرم نشست. نمی‌دانم چرا چشم‌هایم پر از اشک شدند. هوا بی‌نظیر بود و خورشید می‌تابید. آب و آتش‌فشان در صلح کنار هم نفس می‌کشیدند. اطرافمان پر از میوه‌های خوشمزه و غذاهای ارگانیک بود. از هر گوشهٔ دنیا یک روحی آنجا نشسته بود. آب نارگیل منتظر بود تا آن را بنوشیم. سریع به داخل اتاق رفتم، دفترچه را درآوردم و بزرگ نوشتم: «جادو حقیقت دارد. آن را همه‌جا می‌بینم.»

در انتظار صدور گذرنامه

می‌ترسیدم. می‌ترسیدم بگویند مجبوری که برای گرفتن پاسپورت جدید به ایران برگردی. می‌ترسیدم نتوانم پروژهٔ آمریکای لاتین را به اتمام برسانم. می‌ترسیدم صفحه‌ام را در فضای مجازی پیدا کنند و به عکس‌های با لباس شنا ایراد بگیرند. می‌ترسیدم دستگیر و بازجویی‌ام کنند. می‌ترسیدم خانواده‌ام را اذیت کنند. از پیغام‌دادن به سفارت ایران در نیکاراگوئه می‌ترسیدم!

می‌ترسیدم اما چاره‌ای جز قدم‌برداشتن نداشتم. با شمارهٔ نیکاراگوئه‌ای‌ام با سفارت ایران در ماناگوئه تماس گرفتم و شرایطم را برایشان توضیح دادم. گفتم که گذرنامه‌ام هنوز اعتبار دارد، اما تنها نصف یک برگهٔ سفید در آن باقی مانده است. توضیح دادم که دو سال است در سفرم. آن‌ها هم پس از کمی مکث گفتند: «در این سفارت و کنسولگری ما پاسپورت ایرانی صادر نمی‌کنیم. می‌تونی با سفارت ایران تو ونزوئلا و یا کوبا تماس بگیری. به اونا بگو گذرنامه‌ات رو برای ما بفرستن. بعد ما اون را به تو تحویل می‌دیم.»

سرم کمی گیج رفت. مسیر از آنچه فکر می‌کردم، پیچیده‌تر بود. بین بد و بدتر کدام را باید انتخاب می‌کردم؟ گذرنامهٔ ایرانی که در کوبا صادر شود بدتر است یا گذرنامهٔ ایرانی که در ونزوئلا صادر شود؟ از آنجایی که به کوبا نرفته بودم، به سفارت ایران در کاراکاس پیغام دادم. باید تمام مدارکم را با یک عکس باحجاب برایشان می‌فرستادم و در وبسایت چندین فرم پر می‌کردم. عکس باحجاب؟ هرچقدر کوله‌ام را زیرورو کردم، چیزی پیدا نکردم که روی سرم بیاندازم. آن هم برای عکس گذرنامه. یکی از آن روزها که خیره به صفحهٔ گوشی فرم پر می‌کردم، یکی از مهمان‌ها که انگار قصد شنا در دریاچه را داشت، با شال مشکی پیچیده شده دور کمرش از روبه‌رویم رد شد. فکر کردم: «شال مشکی. می‌تونم عکس پاسپورتم رو با این شال بگیرم.»

با کمی خجالت شرایطم را به او توضیح دادم و شال را از او گرفتم. دوست نازنینی مرا به گوشه‌ای که دیوار سفید داشت برد و چندین عکس از من گرفت. شلوار جین کوتاه، تاپ مشکی به تن، پابرهنه اما با شالی که تمام موها و سرم را پوشانده بود، ایستاده بودم. با لبخندی اجباری و چشم‌هایی که فریاد می‌زدند: «چرا؟»

عکس و مدارک که آماده شد، تصور کردم کار من تمام است؛ اما جالب‌ترین

قسمت این تجربه آن بود که دو سفارت ایران در ونزوئلا و نیکاراگوئه با یکدیگر ارتباط مسقیم نداشتند. من مدارک را برای کنسولگری ایران در کاراکاس فرستادم و کنسول آدرس و شمارهٔ تلفن و اطلاعات کنسولگری ایران در ماناگوئه را از من می‌گرفت. حس می‌کردم توپی‌ام بین این دو کنسولگری، که از یکی به یکی دیگر پاس داده می‌شود. حرف‌هایشان را به یکدیگر می‌رساندم. کار به جایی رسیده بود که کم مانده بود یک تماس تصویری سه‌نفره داشته باشیم و من حرف‌هایشان را برای یکدیگر ترجمه کنم.

روزها و هفته‌ها سریع می‌گذشتند. هفتهٔ چهارم که رسید، برای تمدید ویزای سی‌روزه از جزیره خارج شدم و به پایتخت رفتم. ادارهٔ مهاجرت برعکس تصورم بسیار شلوغ بود و من از ساعت ده صبح تا ساعت دو بعدازظهر در صف ایستادم، فرم پر کردم، مصاحبه داشتم و هزینه پرداختم تا بالأخره نیکاراگوئه سی روز دیگر به من هدیه دهد. نه‌تنها مجبور بودم تا آمدن گذرنامهٔ جدیدم آنجا بمانم بلکه اصلاً آمادهٔ رفتن از امتپه نبودم. یک ماه گذشته بود و من هنوز کارهای زیادی در آن جزیره داشتم.

تمام آن دو روزی که در انتظار و ادارهٔ مهاجرت و مسیر جزیره تا پایتخت گذشت، به لذتی که هنگام رسیدن دوباره به جزیرهٔ کاکائو داشتم می‌ارزید. باید از آن بهشت بیرون می‌آمدم تا بتوانم آن زیبایی را بهتر درک کنم. چشمانم به سبزی درختان و پرندگان آبی عادت کرده بودند. پس از دیدن ساختمان‌های بزرگ پایتخت و مردمی که همه استرس و عجله دارند، زندگی کنار ساکنان امتپه که با لبخندی بزرگ روزشان را آغاز می‌کردند و از چشم‌هایشان آرامش می‌بارید، واقعاً یک نعمت بزرگ بود.

مزرعه برای جشن سال نوی میلادی آماده می‌شد. با داوطلب‌ها گرد هم آمدیم و خودمان را برای یک شام خانوادگی آماده کردیم. هرکس قرار بود چیزی آماده کند. قرار بود یک نفر غذای کشورش را و یک نفر سالادی مخصوص درست کند. یک نفر مسئولیت دسر و نفر دیگر مسئولیت نوشیدنی‌ها را برعهده گرفت. من به همراه کاسیو ایتالیایی سه نان فوکاچای بزرگ پختیم تا همراه با حمص دوستان اسرائیلی نوش جان کنیم. خوب به‌یاد دارم که یک صبح تا شب فقط مشغول تزئینات مرکز مزرعه، جمع‌آوری چراغ‌های کوچک و نورانی و گل‌های رنگی بودیم. کار گروهی لذت‌بخش بود. چراکه همه برای شروع این دههٔ جدید هیجان‌زده بودند. قرار بود همه کنار هم این دههٔ جدید را آغاز کنیم و هرکس با عشق غذا درست می‌کرد و به تزئینات کمک می‌کرد.

بالأخره شب سال نو، دور میز چوبی بزرگ نشستیم و همراه کارکنان، بقیهٔ داوطلب‌ها و چندتا از مهمان‌ها، شام خانوادگی‌ای که مزهٔ بهشت می‌داد را خوردیم. چند روز کار برای یک ساعت با لذت غذاخوردن.

آن شب را خوب به‌یاد دارم چراکه عشق را با تمام وجودم احساس می‌کردم. عشق به خالق، اما بدون هیچ حس جنسی‌ای. دلم نمی‌خواست ساعت‌ها به او نگاه کنم و یا روزی او را ببوسم و یا او را در آغوش بگیرم. عاشق چیزی در خالق شده بودم که در ظاهرش نبود. شاید عاشق ذهن و ایدهٔ پشت آن پروژه و یا شاید عاشق روح رها و پشتکارش شده بودم. نمی‌دانم، تنها می‌دانستم هیچ چیزی از او نمی‌خواهم.

احساس می‌کردم نه عاشقم و نه معشوق، انگار به خود «عشق» تبدیل شده بودم. نه انتظاری بود نه توقعی، نه دادوستدی بود و نه حسادتی. تنها چیزی که تجربه می‌کردم عشق بود. هر آنچه می‌دیدم و هر آن‌کس که در مسیر من قرار می‌گرفت تداعی عشق بود. گاهی احساس درد داشتم اما بلافاصله رها می‌شدم. عشق آن‌قدر بزرگ شده بود که دیگر جایی برای ترس نبود.

اولین تجربهٔ قارچ جادویی

«اگر قرار باشد چیزی را تجربه کنی، بدون تلاش به سمت تو خواهد آمد. اگر زندگی بخواهد که تجربه‌ای را به تو هدیه دهد، چه بخواهی چه نخواهی، آن اتفاق دیر یا زود می‌افتد.»

نمی‌دانستم قارچ جادویی به چه معناست. نمی‌دانستم که خوردنی است و امتحان‌کردنش دقیقاً آدم را به کجا می‌برد و چه تأثیری بر روی آدم می‌گذارد. یکی از شب‌ها به‌جای جمع‌شدن دور آتش، به پیشنهاد جسپر مستند «قارچ‌های شگفت‌انگیز» را دیدیم. از آن شب به بعد متوجه شدم تمام دوستان داوطلبم تجربهٔ خوردن قارچ‌های جادویی را داشتند. با آن‌که نمی‌توانستم صحبت‌هایشان را درک کنم، تصور می‌کردم می‌تواند چیزی شبیه به آنچه در خوردن ال اس دی در اکوادور به من دست داد، باشد.

تضاد زیادی وجود داشت بین آنچه در اطرافم تجربه می‌کردم، با آنچه که صفحهٔ اینستاگرامم را هر روز پر می‌کرد. اول خبر کشته‌شدن یک فرماندهٔ سپاه ایران آمد و سپس خبر شلیک به یک هواپیمای مسافربری اوکراینی، از تهران

به مقصد کانادا، توسط جمهوری اسلامی و کشته‌شدن تمام ۱۷۶ سرنشین پرواز.

تمام تکنیک‌هایی که در کلاس‌های بازیگری یاد گرفته بودم را به‌کار می‌بردم. لبخندی روی لبم می‌نشاندم و نقش داوطلبی را بازی می‌کردم که هیچ از دنیا خبر ندارد و تنها به سرو نوشیدنی‌های کاکائو فکر می‌کند. اما مهمان‌ها به‌محض آن‌که متوجه می‌شدند من ایرانی‌ام، در مورد خطر جنگ، تحریم‌ها و جزییات اتفاق هواپیما صحبت می‌کردند.

شب تا صبح کابوس می‌دیدم. خواب می‌دیدم که خانواده‌ام را از دست داده‌ام و صبح تا شب در آن بهشت حواس خودم را با کار و معاشرت پرت می‌کردم. می‌دانستم هرچقدر هم دور باشم، درد ایران را حس خواهم کرد چرا که هرکجا که بروم زادهٔ آن سرزمینم. خانواده و دوستانم آنجایند و نمی‌توانم که بی‌تفاوت باشم.

در یکی از همان صبح‌های گرم و شرجی، به‌جای خوردن صبحانه و شروع به کار، با راهنمایی خالق و جسپر به وسط جنگل رفتیم. جایی پشت کابین‌های هاستل و کنار صخره‌ها و آب. چند تکه شکلات روی یک تختهٔ چوبی قرار داشت. اول تصور کردم قرار است چند طعم جدید کارخانهٔ شکلات را امتحان کنیم. خالق آشپز و شیرینی‌پز بود و همیشه کیک‌ها و مزه‌های جدیدی خلق می‌کرد و از ما می‌خواست آن‌ها را امتحان کنیم و نظر دهیم. اشتباه می‌کردم، ما برای امتحان طعم‌های جدید شکلات آنجا جمع نشده بودیم. بلکه برای خوردن قارچ‌های جادویی که در آن شکلات‌ها بود، آنجا بودیم. برای رفتن به یک سفر درونی عمیق. ترس تمام وجودم را پر کرد. نگاهی به صورت اطرافیانم انداختم. به تک‌تک آن‌ها اطمینان داشتم. کنارشان احساس امنیت می‌کردم؛ اما دلم ناآرام بود، مثل حسی که قبل از اولین پرش از یک بلندی به‌سراغم آمده بود یا حسی که هنگام اولین بوسه در وجودم می‌چرخید. اجباری در کار نبود. خالق می‌گفت می‌خواهد این تجربه را به ما هدیه دهد. یکی از بچه‌ها آماده نبود و ما را ترک کرد. بقیه اما بسیار هیجان‌زده به‌نظر می‌رسیدند.

استرسی که داشتم در اصل احترامی بود برای آن قارچ‌ها، آن داروهایی که روی کرهٔ زمین رشد می‌کردند. با وجود استرس، به تمام توضیحات جسپر گوش دادم. این‌بار اشتباه گذشته را تکرار نکردم و همهٔ سؤالاتم را پرسیدم. چقدر طول می‌کشد؟ اگر نتوانستم به زبان انگلیسی یا اسپانیایی صحبت کنم چه کنم؟ اگر ترسیدم به چه کسی می‌توانم پناه ببرم؟ کجا بروم؟ کجا نروم؟

یک گرم و نیم شکلات را در دهانم گذاشتم و اجازه دادم تا خودش آب شود.

دقیق نمی‌دانستم که زیاد است یا کم. چیزی در دلم می‌گفت که آنچه به من دادند، قرار نیست مرا بکشد. با آن‌که قرار بود حدود سی‌دقیقه بعد تأثیرش را حس کنم، به بیست دقیقه نکشید که حس کردم همه‌چیز در اطرافم بسیار آرام حرکت می‌کند، با سرعتی بسیار آهسته‌تر از حالت عادی.

همه با هم به سمت آب و صخره‌ها رفتیم. از هر حرکت کوچک بدنم آگاه بودم. خطوط روی انگشتان پایم را واضح می‌دیدم و ضربان قلبم را بلندتر از همیشه می‌شنیدم. روی یک تخته‌سنگ بزرگ که به‌نظرم بسیار راحت می‌آمد نشستم. چند نفر داخل آب رفتند، چند نفر بالای درخت. یک نفر نزدیک من نشست و در سکوت به انگشتان پایش خیره شد و چند نفر آن‌طرف‌تر بلندبلند می‌خندیدند. من اما احساس می‌کردم دردی از عمق دلم بالا آمده و قصد دارد از گلویم رد شود، به چشم‌هایم برسد و به اشک تبدیل شود. بی‌اختیار، بی‌صدا گریه کردم. سرم را روی زانوهایم گذاشتم و در عمق آن درد فرو رفتم. اشک‌هایم بی‌وقفه می‌چکیدند. هق‌هق بی‌صدا تمام نمی‌شد. زندگی‌ام مثل یک فیلم از جلوی چشمانم رد شد. مرگ پدرم، بزرگ‌شدنم، دوران هنرستان، کار در ایران، سفر قونیه، سفر نپال و تمام دو سال سفر و زندگی بی‌وقفه در آمریکای لاتین. صورت مادرم و لبخندش جلوی چشمانم آمد. صدای مادربزرگم در گوشم پیچید. جملهٔ «کاش من می‌تونستم جای تو باشم» که هر روز در فضای مجازی به من گفته می‌شد. هرچقدر زمان می‌گذشت، اشک بیشتری برای ریختن داشتم. هرچقدر می‌گذشت عمق دردم بیشتر می‌شد. حس می‌کردم یک وزنهٔ سنگین روی شانه‌هایم گذاشتند و هر یک قطره اشک، کمی آن را سبک‌تر می‌کند.

امیلی دوست ایرلندی دستی روی شانه‌ام گذاشت. سرم را بلند کردم و به‌محض دیدنش، گریهٔ بی‌صدایم به هق‌هق بلند تبدیل شد. در آغوشم گرفت و من اجازه دادم تمام دردم احساس شود. تکرار می‌کرد: «چقدر فشار روی توست. گریه کن. گریه کن.» من بی‌وقفه گریه می‌کردم. احساس می‌کردم در یک دنیا و جهان دیگری‌ام. مسافت را با گوشت و پوستم احساس می‌کردم. بلند تکرار می‌کردم: «من چقدر دورم. چقدر دور... چقدر دور از مادرمم. چقدر دور اومدم. من خیلی دورم. خیلی دور.»

انگار تمام این مدت، اینترنت، تماس تصویری و فضای مجازی مرا بازی داده باشند تا متوجه دوری خودم از ایران و خانواده نشوم. مسافت را با گوشت و پوستم حس می‌کردم. فاصله با سرزمینی که در آن بزرگ شده‌ام، هم بسیار ترسناک بود و هم بسیار غمناک. شاید هم به دلیل بودن در جزیره بود که خود را از هرآنچه در

آن دنیای بیرون می‌شناختم، جدا می‌دیدم. حس می‌کردم در حباب متفاوتی نفس می‌کشم. دور از هر آشنایی، دور از هرکس که می‌شناسم.

نمی‌دانم آیا واقعاً دو ساعت بی‌وقفه گریه کردم یا آن برون‌ریزی طولانی شبیه به دو ساعت گذشت؟ تنها چیزی که می‌دانم این است که وقتی که از آن تونل دردناک و طولانی رد شدم، به داخل آب رفتم و تمام بدنم را در دریاچه فرو کردم. سپس با بازشدن چشم‌هایم، به دوستانم نگاه کردم که هرکدام در دنیای خود بودند. نور آفتاب روی پوستشان افتاده بود. سبزی درخت‌ها، آبی دریاچه، همه و همه رنگ بهشت بودند. به آسمان نگاه کردم و نفس عمیقی کشیدم. از سرم این فکر گذشت که در بهشتم. من به بهشت رسیدم. لبخندی بزرگ سراسر صورتم را پوشاند. درخت‌ها برایم موجودات جدیدی بودند. همان شکل قدیمی بودند اما نفس‌کشیدنشان را حس می‌کردم. رنگشان را بسیار واضح‌تر می‌دیدم. انگار قبل از خوردن قارچ‌ها، محدودیت بینایی و شنوایی داشتم و حال آن محدودیت برداشته شده بود و من کرهٔ زمین را با عینکی جدید تجربه می‌کردم. دریاچه نیز نفس می‌کشید. هر موجی که می‌آمد و می‌رفت شبیه به یک دموبازدم بود. همه‌چیز زنده بود. از سنگ‌ها و صخره‌ها گرفته تا برگ درخت‌ها. خودم را یکی از آن‌ها می‌دیدم. من خود خاک بودم.

دور شده بودم، خیلی دور و برای این دوری بهای زیادی پرداخت کرده بودم. بهایی که دردناک بود. سنگینی مسئولیت انتخاب‌هایم شانه‌هایم را آزار می‌داد. آنچه در آن سفر عمیق هشت‌ساعته از قارچ‌ها دریافت کردم آن بود که باید به آن چیزی تبدیل شوم که می‌خواهم در دنیا ببینم. اگر می‌خواهم آزادی ببینم، پس باید آزاد زندگی کنم. اگر می‌خواهم مردم سرزمینم رها باشند پس باید رهایی را تمرین کنم. «تغییری باش که می‌خواهی در جهان ببینی.» این جمله مدام در گوشم تکرار می‌شد. درست نمی‌دانم چند ساعت کنار آن صخره‌ها نشسته بودیم. تنها به‌یاد دارم که حس کردم هوا درحال تاریک‌شدن است. یک دلم می‌خواست همان‌جا روی آن صخره کنار آب و روبه‌روی آتش‌فشان بنشیند و دل دیگر می‌دانست باید به داخل جنگل برود.

آرام‌آرام سعی کردم راه رسیدن به مزرعه را پیدا کنم. در مسیر برگشت یک‌دفعه خالق را دیدم که بالای یک درخت نشسته بود. چقدر دوستش داشتم، چیزی در وجودش عشق خالص بود و من آن عشق را بسیار واضح می‌دیدم. حالم را پرسید و من فکر کردم چه راه طولانی‌ای دارم تا به جایی برسم که او هست، به آن بالا، بالای درخت. اصلاً چطور از آن درخت بالا رفته بود؟ آن‌قدر بالا! چقدر مرا به

یاد تارزان می‌انداخت. چقدر آگاه بود و چقدر تجربه داشت. بالابودنش برایم نماد آن بود که هنوز راه زیادی برای رفتن دارم. هنوز تجربیات زیادی وجود دارد که باید کسب کنم.

تا تاریکی شب گیج بودم. حتی به‌یاد ندارم چطور به تخت‌خواب رفتم و خوابیدم و اصلاً چیزی خوردم یا نه؛ اما صبح روز بعد را یادم است. دلم نمی‌خواست گوشی تلفنم را باز کنم. دلم نمی‌خواست پیغام‌ها را بخوانم. بر بدن و ذهن و زبانم کنترل داشتم؛ اما چیزی در من برای همیشه تغییر کرده بود. درد و سنگینی جای خود را به عشق داده بود. دلم می‌خواست هرکس که می‌بینم را در آغوش بگیرم. می‌دانستم حقیقتی جز «اینجا بودن» وجود ندارد و دلم نمی‌خواست هیچ‌کجای دیگری باشم. من آنجا وسط یک دریاچه در وسط نیکاراگوئه، در یک مزرعهٔ کاکائو در پای آتش‌فشان مدراس بین درخت‌های نارگیل، منگو و آواکادو زندگی می‌کردم. جادو، حقیقت داشت و این «دوری» دیگر برایم سنگین نبود.

روزها طول کشید تا بتوانم با گوشی تلفنم آشتی کنم و هفته‌ها طول کشید تا بتوانم در فضای مجازی دوباره فعال باشم. آن‌قدر از زندگی و کار در امتپه احساس رضایت می‌کردم که حتی به مقصد بعدی فکر نمی‌کردم. اصلاً دلم نمی‌خواست جای دیگری بروم. گرچه این احساس نیز موقتی بود. چرا که سفارت ایران خبر آمدن پاسپورتم را به من داد و من برای گرفتنش مجبور بودم از جزیره خارج شوم و به پایتخت بروم. هوا بالای چهل درجه بود و حتی با شلوارک و تاپ نخی نیز گرمم بود. از ایستگاه اتوبوس ماناگوئه تا سفارت تاکسی گرفتم و در خود تاکسی مجبور شدم شلواری بلند به پا کنم، یک ژاکت روی خودم بیاندازم و با شال سفیدی که قرض گرفته بودم موهایم را بپوشانم. این اتفاق برای راننده آن‌قدر دور از عقل و عجیب بود که هنگامی که رسیدیم گفت: «متاسفم که حتی فرسنگ‌ها دورتر، نمی‌تونی خودت باشی و برای این‌که کارهای اداری رو انجام بدن مجبوری نقش بازی کنی.»

با استرس در زدم، مردی با خوش‌رویی در را به روی من باز کرد. دیدن سفارتی به آن بزرگی، نوشته‌های فارسی و شنیدن زبان مادری‌ام در وسط آمریکای مرکزی تجربهٔ عجیبی بود. با آن‌که با احترام با من برخورد شد، تمام زمانی که آنجا بودم احساس ناراحتی می‌کردم. سفیر پاسپورت را به من داد و در مورد مسیر سفرم از من سؤال پرسید. سپس مرا به جشن بیست‌ودو بهمن دعوت کرد و آخر سر گفت: «خانم بکائی، اینجا خونهٔ شماست. همیشه می‌تونید روی کمک ما حساب کنید.»

پاسپورت را داخل کیفم گذاشتم. برایم عجیب بود که در زمانی که کل ایران عزادار است، پس از کشته‌شدن مسافران هواپیمای ۷۵۲ و آن آبان خونین، آن‌ها در نیکاراگوئه هم درحال جشن گرفتنند. این اتفاق من را آزار می‌داد. همان روز به جزیره برگشتم. از داشتن یک پاسپورت جدید با صفحات خالی خوشحال بودم؛ اما احساساتی مثل نفرت، ترس و عصبانیت در عمق وجودم می‌چرخیدند.

مزرعه اما انگار واقعاً از کل دنیا جدا بود. حبابی که وقتی واردش می‌شدی انگار وارد یک واقعیت دیگری شده‌ای. به‌محض رسیدن و دوش‌گرفتن، به مراسم کاکائو دعوت شدم. به رهبری دو نوازنده و خوانندهٔ بی‌نظیر از شرق اروپا و کلمبیا. در یک دایره کنار چندین زن و مرد نشستم و لیوان کاکائوی داغ، غلیظ، تلخ و مقوی که به من داده شده بود را نزدیک به قلبم قرار دادم، چراکه می‌گفتند کاکائو قلب را باز می‌کند. آن‌ها می‌نواختند و می‌خواندند و ما اشعارشان را تکرار می‌کردیم. تمام مدت به کلمهٔ «واقعیت» فکر می‌کردم و آنچه قارچ‌ها به من نشان دادند.

واقعیت آنچه زیست می‌کردم با واقعیت آنچه خانواده‌ام می‌زیستند، زمین تا آسمان متفاوت بود. همان‌طور که کاکائو را می‌نوشیدم، به خودم قول دادم که در این عصر تکنولوژی، حتی اگر در حباب متفاوتی زندگی می‌کنم، بی‌تفاوت نباشم. اگر ناعدالتی می‌بینم و اگر صدایی دارم و مردم نوشته‌هایم را می‌خوانند، از آن صدا درست استفاده کنم. هم‌زمان قول دادم که نگذارم واقعیت تلخ آنچه می‌شنوم، جادوی اطرافم را از من دور کند. رها زندگی‌کردن و در مورد آن نوشتن، خود نوعی از مبارزه بود.

جاگذاشتن همراهان همیشگی

کفش‌هایم با گل و خاک یکی شده بودند. وقتی که به آن‌ها نگاه می‌کردم به‌جز رنگ قهوه‌ای گل‌های چسبیده به آن‌ها، چیزی نمی‌دیدم. بالا رفتن از آتش‌فشان مدراس درست پس از فصل بارانی، مساوی با بالا رفتن از یک کوه شیب‌دار گلی بود.

کفش‌های نازنینم. همان کفش‌هایی که درست قبل از سفرم به نپال با حقوق معلمی خریده بودمشان و از اکوادور تا ماچوپیچو و کویر آتاکاما و پاتاگونیا همراهم آمده بودند. کفش‌های نازنینم آن‌قدر سنگین شده بودند که به‌سختی خودم را

از بالای آتش‌فشان به مزرعه برگرداندم. خیس بودند و به رنگ لجن. آن‌ها را درآوردم و کنار جعبهٔ چوبی خالی که در اتاق داوطلب‌ها بود گذاشتم تا گل‌های رویشان خشک شود و بتوانم آن‌ها را بشویم.

خالق یک پسر کوچک دوساله داشت. پسرش را مثل همهٔ کودکانی که در مسیرم قرار می‌گرفتند، دوست داشتم. از همان نگاه اول به یکدیگر جذب شدیم و در هر فرصتی که پیش می‌آمد با یکدیگر بازی می‌کردیم.

یکی از آن روزهای آفتابی بود؛ درست در اواخر ماه ژانویه سال (۲۰۲۰)، درحال بازی با پسر خالق بودم که خود خالق آمد و از من پرسید: «دوست داری و می‌تونی همراه ما به یه فستیوال تو کاستاریکا بیای؟»

پیشنهادی که به من داد بسیار هیجان‌انگیز بود. از آن فرصت‌هایی که نمی‌دانستم آیا در زندگی تکرار خواهد شد یا نه. به رسم هر ساله، مزرعهٔ کاکائو با محصولات و نوشیدنی‌هایش به فستیوال انویژن[1] می‌رفت که در ماه فوریه در کاستاریکا برگزار می‌شد. انویژن به معنای «تجسم‌کردن» و «رویایی‌بودن» است. او به داوطلبانی احتیاج داشت که همراه او از نیکاراگوئه به کاستاریکا بروند و روزی هشت ساعت یا بیشتر در سرو نوشیدنی‌ها کمک کنند. درست‌کردنش را نیز به داوطلبان می آموخت. در عوض داوطلب‌ها نه تنها وارد فستیوال می‌شدند بلکه در زمان آزادشان می‌توانستند از برنامه‌ها، کلاس‌ها و فعالیت‌های فستیوال استفاده کنند.

خوشبختانه با ویزای توریستی کانادا می‌توانستم دوباره و بدون احتیاج به ویزا وارد کاستاریکا شوم. پس از کمی فکر و برنامه‌ریزی، پیشنهادش را قبول کردم و تصمیم گرفتم فرصت تجربهٔ کار در چنین فستیوالی را ازدست ندهم.

هنوز از امتپه و کار در مزرعه سیر نشده بودم. رضایت تمام وجودم را پر کرده بود و تصمیم داشتم پس از فستیوال دوباره ویزای نیکاراگوئه بگیرم و به جزیره برگردم. دلم نمی‌خواست جز آنجا در جای دیگری باشم.

آماده‌کردن وسایل و مواد غذایی لازم برای فستیوال کار راحتی نبود. آن‌قدر هیجان‌زده بودم که با تمام وجودم تا جایی که می‌توانستم کمک کردم. سپس کوله‌ام را جمع کردم و همراه نلی روسیه‌ای-کانادایی، جسپر و دو داوطلب اسرائیلی، سوار ون بزرگ خالق شدیم تا همه با هم به‌صورت زمینی به کاستاریکا

1.Envision

و شهر اوویتا برویم، جایی که فستیوال در سواحل آن برگزار می‌شد. ساعات اول هیجان زیادی در وجودم بود.

سفر زمینی در یک ون آن هم با دوست‌هایی از سراسر دنیا که بسیار خوش‌انرژی بودند حال دیگری داشت. درست زمانی که سوار کشتی شدیم، ناگهان به‌یاد آوردم که کفش‌هایم را جا گذاشتم. کفش‌های نازنینم را جا گذاشتم. کفش‌های گلی که البته به‌کل کثیفی آن‌ها را فراموش کرده و هیچ‌وقت تمیزشان نکرده بودم. چطور می‌توانستم بدون آن‌ها ادامه دهم؟ تنها یک جفت صندل سیاه داشتم. چطور می‌توانستم پس از آن همه راه، دوسال‌ونیم سفر بی‌وقفه با هم، آن‌ها را در جزیرهٔ امتپه رها کنم؟ تپش قلبم گرفتم. آن‌ها را در جعبهٔ چوبی گذاشته بودم تا در زمان مناسب تمیزشان کنم. جسپر می‌گفت: «تو که قراره به جزیره برگردی، اونا منتظرت می‌مونن.»

من اما به دنبال معنا نبودم. تنها سعی می‌کردم ترسی که برای چند لحظه به‌سراغم آمده بود را لمس کنم. ترسی که بوی تغییر می‌داد. انگار همراه با کفش‌ها، بخشی از وجودم را در امتپه جا گذاشته بودم. آن کفش‌ها همراهان همیشگی من بودند. از تمام رازهای سفرم باخبر بودند، در تمام گم‌شدن‌ها و پیداشدن‌ها، هیچهایک‌ها و کوه‌نوردی‌ها همراهم بودند. وجودشان باعث شده بود بتوانم راحت‌تر در این مسیر قدم بردارم و نبودشان چیزی را در دلم تکان می‌داد. حس می‌کردم تغییر بزرگی در راه است. به‌جز کفش‌ها، تسبیح دور گردنم، پتوی افغانی و نی نیز از آن روز اول کنار من بودند. گردن‌بندی که ماریو به من داده بود هنگام موج‌سواری پاره شده و داخل اقیانوس افتاده بود. تسبیح که همراهم بود را لمس کردم، به نی نگاهی انداختم و شکر کردم که حداقل آن‌ها مرا تنها نگذاشتند.

سفر از مزرعهٔ کاکائو تا فستیوال انویژن در اتوبوس سفید «خالق» همراه با داوطلب‌ها پر از هیجان و خنده بود. کنار سواحل توقف می‌کردیم، در مسیر داستان می‌گفتیم و با هم آشپزی می‌کردیم. سه روز طول کشید تا ما به شهر اوییتا، محل برگزاری فستیوال، برسیم.

فستیوال انویژن در جنگل‌های سرسبز و استوایی کاستاریکا درست کنار یکی از زیباترین سواحل کشور برگزار می‌شد. از ساعت هشت صبح تا چهار بعدازظهر وظیفهٔ درست‌کردن نوشیدنی‌های مخصوص سرد و گرم کاکائویی را داشتم و با صدها نفر معاشرت می‌کردم که در صف بلندی درانتظار نوشیدن کاکائو بودند.

وسایلمان در ماشین بزرگ خالق قرار داشت و محل خوابمان یک چادر بود. از دستشویی‌ها و حمام فستیوال چه بگویم که همیشه بسیار شلوغ و گاهی کثیف بودند.

با وجود استرس کاری و بی‌وقفه سرو کردن نوشیدنی‌ها، فضا آن‌قدر جالب و رویایی بود که تمام خستگی کار موقع استراحت و در زمان آزادم از بدن بیرون می‌رفت. در زمان آزادم به دیدن غروب آفتاب می‌رفتم و یا با هنرمندهای سیرک اکرویوگا تمرین می‌کردم. پای صحبت کولی‌هایی که از سراسر دنیا به فستیوال آمده بودند می‌رفتم و یا بین جمع با موسیقی زنده می‌رقصیدم.

یکی از آن روزهای آخر، هنگامی که سردرد امانم را بریده بود و از بی‌وقفه سرو کردن نوشیدنی‌های سرد و گرم خسته بودم، گوشم صدایی را شنید و به طرف آن صدا راه افتادم. در یک گوشه‌ای، پنج نفر می‌خواستند نوبتی سخنرانی کنند: یک نویسنده، یک آشپز، یک نقاش، یک رقصنده و یک خواننده. موضوع سخنرانی آن‌ها این بود: «چطور علاقهٔ خود را به حرفه تبدیل کنیم؟» روی چمن‌ها نشستم و به صحبت‌هایشان گوش دادم که انگار صدایی در وجودم گفت: «به مسیرت ادامه بده.» آن صدا علاقه‌ام به کار با کودکان و معلمی و تمام مسیری که آمده بودم را به من یادآوری می‌کرد. تنها چند قدم تا شناختن بقیهٔ آمریکای لاتین مانده بود.

همان‌طور شد که پس از فستیوال تصمیم گرفتم به مسیرم ادامه دهم و به دیدن بقیهٔ کشورهای باقی‌مانده در آمریکای مرکزی و شمالی بروم. خداحافظی با خالق و جسپر و بقیهٔ داوطلب‌ها از آنچه تصور می‌کردم سخت‌تر بود؛ اما قول دادم که پس از اتمام پروژهٔ آمریکای لاتین، به امتپه برگردم و مدتی آنجا زندگی کنم.

همهٔ دوستانم سوار اتوبوس سفید خالق شدند و من تنها در کاستاریکا ماندم. اگر پاسپورت معتبری داشتم، می‌توانستم همراه آن‌ها به نیکاراگوئه برگردم و زمینی به السالوادور و هندوراس سفر کنم، اما مجبور بودم به سن خوزه، پایتخت کاستاریکا و به سفارت‌ها بروم.

دو روز گذشت تا متوجه شوم نه رفتن به ال سالوادور[1] ممکن است و نه هندوراس[2]. من تنها می‌توانستم بیست روز بیشتر در کاستاریکا بمانم و پروسهٔ ویزای آن‌ها حداقل دو ماه طول می‌کشید. هر دو کشور نیز از من دعوت‌نامه می‌خواستند. گواتمالا اما خیلی بهتر از دو کشور همسایه‌اش با من برخورد کرد.

1.El Salvador 2.Honduras

همان روز اول به من وقت مصاحبه داد و پس از ده روز کاری ویزای نودروزهٔ گواتمالا را وارد صفحهٔ اول پاسپورت جدیدم کرد.

در آن دو هفته انتظار برای ویزا، من به چند شهر و استان جدید در کاستاریکا سفر کردم؛ یک کار داوطلبانه در یک مدرسه و مزرعه در بالای کوه‌هایی در روستای تکپن در گواتمالا پیدا کردم و متاسفانه، یکی دیگر از همراه‌های همیشگی‌ام را از دست دادم. مهم‌ترین همراهم بود.

در یک ساحل سفید رنگ در غرب کاستاریکا نشسته بودم که یک نفر مرا به موج‌سواری دعوت کرد. من هم برای حفاظت از تسبیح، آن را از گردنم بیرون آوردم و روی پتوی افغانی و زیرحوله‌ام گذاشتم. پس از اتمام موج‌سواری به ساحل برگشتم، با حوله بدن و موهایم را خشک و وسایلم را جمع کردم و از ساحل به خشکی رفتم. چند ساعت بعد نیز سوار یک اتوبوس شدم تا به پایتخت برگردم. درست نمی‌دانم ساعت چند بود، اما از نیمه‌شب گذشته بود. به‌یاد دارم که وسط خواب و بیداری روی صندلی اتوبوس، یک‌دفعه گردنم را لمس کردم و متوجه شدم که تسبیح دور گردنم نیست. تا زمان رسیدن و بازکردن کوله بی‌قرار بودم. رسیدم و کوله را ساعت‌ها و روزها زیرورو کردم اما تسبیح هیچ‌وقت پیدا نشد. تسبیحی که در مزار مولانا در روز عروس به من هدیه داده بودند. تسبیحی که تا آن زمان همراه و نگهدارم بود. احتمال می‌دهم روی شن‌های سفید آن ساحل افتاده باشد و سپس یا همانجا مانده و یا همراه شخص دیگری شده است.

با آن‌که سال‌ها بود به اشیاء و وسایل مادی دلبسته نبودم و رهایی را تمرین می‌کردم، ازدست‌دادن آن دو همراه همیشگی درد داشت و نمی‌توانستم منکر آن درد شوم. تنها می‌دانستم که دیگر به آن‌ها برای حفاظت از خودم احتیاجی ندارم. من می‌توانستم بدون آن نمادها از خودم مراقبت کنم و سالم به مسیرم ادامه دهم. ازدست‌دادن کفش‌های نازنینم و تسبیح ترکی، بار دیگر ناپایداری را به من یادآوری می‌کرد. حتی عزیزترین همراهان نیز تا همیشه کنار تو نخواهند ماند.

کرونا و ترس

از زمانی که از ایران خارج شده بودم، حتی یک خبر خوب هم از آنچه در کشورم می‌گذرد نشنیده بودم، همهٔ خبرها بد بودند: گرانی و فشار اقتصادی، درگیری مردم با آزادی و حق‌وحقوق بدوی‌شان، کشته‌شدن مردم به دست دولت در هواپیمای

مسافربری و تنش در خیابان‌ها.

این‌بار چیزی که صفحات فضای مجازی‌ام را پر کرده بود، خبر آمدن یک ویروس بود. ویروسی به نام کرونا که از چین آمده بود و باعث مریضی و مرگ بسیاری از آدم‌ها شده بود. چین دستور داده بود تا مردمش دو هفته در خانه بمانند، کار و مسئولیت‌ها را رها کنند تا از پخش ویروس جلوگیری شود. ایران و کرهٔ جنوبی که ظاهراً دو کشوری بودند که ویروس کرونا در آن‌ها زیاد شده بود نیز همین دستور را به مردم داده بودند. خوب به‌یاد دارم روزی را که صبح زود با خانواده‌ام صحبت کردم و اخبار را خواندم. آن زمان تصور می‌کردم این ویروس تنها در شرق است و به غرب نخواهد رسید. می‌گفتند کرونا برای سنین بالا و آنانی که مشکلات تنفسی دارند خطرناک است. ظاهراً مثل سرماخوردگی اما چندین‌برابر شدیدتر از آن است. آن روز صبح به مادر و مادربزرگم که خیلی نگرانشان شده بودم پیغامی دادم. مادرم با خنده پاسخ داد: «تو هم که همیشه نگران منی» و مادربزرگم همانند اسمش با فرزانگی پاسخ داد: «این نیز بگذرد.»

لحظهٔ خیلی عجیبی است که میدانی خانواده‌ات را در خانهٔ خود زندانی کردند تا از یک ویروس ظاهراً کشنده در امان باشند و تو درحال شناکردن در آبشارهای کاستاریکا و درازکشیدن و آفتاب‌گرفتن روی سنگ‌های بزرگی. عذاب وجدان نداشتم چراکه تنها خودم می‌دانستم چه مسیری را آمدم و طی می‌کنم، اما ترسی در وجودم بود و احساس می‌کردم چیزی را قرار است از دست بدهم.

هرچقدر به زمان پروازم به گواتمالا نزدیک‌تر می‌شدم ویروس کرونا در دنیا پراکنده‌تر می‌شد. از چین و ایران و کرهٔ جنوبی به هند و ایتالیا رسیده بود. در ایتالیا آن‌قدر شرایط وخیم شده بود که همه‌جا را تعطیل کرده و به مردم دستور داده بودند تا در خانه‌هایشان بمانند. درست صبح روز پروازم، خبر آمد که کرونا به قارهٔ آمریکا هم رسیده، در برزیل و ایالات‌متحده پیدا شده است و همهٔ کشورها به فکر کنسل‌کردن پروازها و بستن مرزهایشان هستند.

شب آخرم در کاستاریکا را در خانهٔ مادربزرگ کاستاریکایی‌ام، جنت، گذراندم. او به این اخبار می‌خندید. می‌گفت: «ماهیت اخبار بده. نذار ذهنت رو کنترل کنه. مریضی توی ذهن می‌تونه باعث مریضی تو بدن بشه. اگه مدام بترسی، سیستم ایمنی بدنت تحت‌تأثیر قرار می‌گیره. نگران هیچ‌کسی جز خودت نباش و از خودت مراقبت کن.»

آن‌قدر محکم در آغوشش گرفتم که انگار آخرین‌بار است که قرار است او را

ببینم. با ترس و لرز به فرودگاه رفتم. ترس را در چشم تمام مسافران می‌دیدم، انگار هرکس مرگ را به چشم خود دیده باشد. برخی با چشم‌هایی از حدقه‌درآمده تندتند راه می‌رفتند، انگار کسی دنبالشان افتاده باشد. برخی هر ده دقیقه یک‌بار یک مایع ضدعفونی‌کننده به دستشان می‌زدند تا خدایی نکرده ویروس از طریق تماس به آن‌ها منتقل نشود. همه‌چیز ترسناک بود و به همان اندازه بسیار خنده‌دار. آنجا ماسک بزرگی به من دادند و گفتند بدون آن نمی‌توانم سوار هواپیما شوم. ماسک را روی صورتم گذاشتم و سوار هواپیما شدم. پرواز کوتاه بود. تمام مدت به مدرسه و مزرعه‌ای که قرار بود برای کار داوطلبانه به آن بروم فکر می‌کردم.

یک زوج میان‌سال کانادایی، که هنگام صحبت با آن‌ها متوجه شده بودم که صوفی‌اند و از عاشقان مولانا، چندین سال پیش تصمیم گرفته بودند بالای کوه‌هایی کنار روستای تکپن در گواتمالا، مدرسه و مزرعه‌ای تأسیس کنند. هدفشان آن بود که کودکان آن منطقه، فارغ از سطح اقتصادی و شرایط خانوادگی و دسترسی محدود به غذای سالم و مقوی، مهارت‌های مختلف را یاد بگیرند و بتوانند در محیطی سالم و طبیعی، با خوردن غذاهایی که آنجا کاشته می‌شود، رشد کنند.

تصور می‌کردم رفتن به آن مزرعه و مدرسه می‌تواند ذهنم را مشغول نگه دارد و آنجا می‌توانم از ویروس کرونا درامان باشم. تصور می‌کردم رسیدن به آن دو صوفی در آن زمان نامعلوم حتماً نشانه‌ای است و در کنارشان درس‌های بسیاری خواهم آموخت.

ترس‌هایی که در وجودم حس می‌کردم، همه خبر از تغییر می‌دادند. ترسی که از زمان از دست‌دادن کفش‌های نازنینم تا لحظهٔ رسیدن به گواتمالا گوشهٔ قلب و ذهنم قرار داشت؛ اما نمی‌دانستم آن تغییر آن‌قدر بزرگ است که زندگی‌ام را در آیندهٔ دور و نزدیک زیرورو خواهد کرد و هیچ‌کدام از تصورات من از آیندهٔ نزدیک به واقعیت نخواهند پیوست.

فوران

گواتمالا: لذت عاشقی

مرا بوسید. روی تخته سنگی بزرگ کنار دریاچه نشسته بودیم و به سه آتش‌فشان روبه‌رو نگاه می‌کردیم. صدای برخورد آب با سنگ‌ها سکوتمان را می‌شکست. نبود هیچ‌کس در اطرافمان باعث شده بود استروژن و پروستروژن درونم بالا و پایین بپرند.

سه هفته بود که «چشم‌گنده» از من می‌خواست تا با او به شنا بروم. سه هفتهٔ تمام پرسید و من هربار با یک بهانه درخواست او را رد کردم. تا آن‌که در یک روز آفتابی که دلم هوای شنا کرده بود، پیغامی از او دریافت کردم: «یعنی واقعاً نمیای بریم شنا کنیم؟ یه مکان دنج و آروم پیدا کردم.» به کوکی، سگ سیاه و سفید «کمیاب» که کنارم نشسته بود و با نگاهش به من می‌گفت: «خواهش می‌کنم من رو برای قدم‌زدن بیرون ببر». نگاهی کردم و پاسخ دادم: «می‌آم. با کوکی می‌آم. کی و کجا همدیگر رو ببینیم؟»

فضا، فضای عشق‌بازی بود. زمان، زمان عاشقی. آن روز صحبت‌هایمان بسیار فلسفی بود. ساعت‌ها راجع به مرگ و زندگی صحبت کردیم. زمان ایستاده بود و دنیا توقف کرده بود. ما مانده بودیم در یک حباب جادویی وسط گواتمالا. دو جوان از دو قطب متفاوت از زمین که عاشق فرهنگ هم هستند. آن روز چشم‌گنده با نگاه‌هایش چیزی را در دلم تکان می‌داد. صحبت کردیم، شنا کردیم و سپس در سکوت کنار هم روی تخته سنگی که با گرمای آفتاب داغ شده بود نشستیم تا خشک شویم. منظرهٔ روبه‌رویمان، رنگ آبی آب و آتشفشان‌ها، فراتر از هر رویایی بودند که در ذهنم تصور کرده بودم. انگشتانش آرام‌آرام به انگشتانم نزدیک‌تر شدند. یکدیگر را لمس کردیم. پوست سبزه‌ام در مقابل پوست شکلاتی او بسیار روشن بود. گرمای دستانش رقص استروژن و پروستروژن را در وجودم تندتر می‌کرد. قلبم مثل طبل به سینه‌ام می‌کوبید. سنگینی نگاهش را روی صورتم حس می‌کردم، می‌دانستم که اگر چشمانمان به یکدیگر خیره شوند، لب‌هایمان به یکدیگر وصل خواهند شد، پس نگاهش کردم. مرا بوسید. لب‌های نرم و بزرگش، لب‌های باریک و کوچکم را دربرگرفتند. سینه‌ام به سینه‌اش نزدیک شد و در آغوشش قرار گرفتم. بوسه‌ای که نه چند ثانیه، بلکه چندین و چند دقیقه به‌طول انجامید. خواب بودم یا بیدار؟ واقعی بود یا رویا؟ عشق بود یا هوس؟ آن‌قدر غرق بوسه بودیم که وقتی به خود آمدیم، خورشید درحال غروب بود. آسمان نارنجی و صورتی شده بود و آب دریاچه بین دو آتش‌فشان برق می‌زد. آنچه می‌زیستم از هر فیلم عاشقانه‌ای که در زندگی‌ام دیده بودم، جادویی‌تر بود.

سه روز از آن بوسهٔ اول نگذشته بود که کوله‌ام را پس از شش ماه تنها زندگی‌کردن در کلبهٔ زرد کمیاب برداشتم و با چشم‌گنده و چندتا از دوستانش هم‌خانه شدم. به‌تازگی به آنجا آمده و خانه‌ای بزرگ و چهارخوابه را بالای کوه‌ها اجاره کرده بودند. به بودن کنار انرژی مردانه و حضور جوانان احتیاج داشتم و این تغییر برای سلامت روانم لازم و مناسب بود.

یک دختر ایرانی وسط کوه‌هایی در مرکز گواتمالا هم‌خانهٔ دو جوان آمریکایی، یک پسر کوبیایی- فلوریدایی و یک پسر گواتمالایی شده بود. یکی از آن‌ها بور بود و قدی بلند و چشم‌هایی آبی و لهجهٔ غلیظ کالیفرنیایی داشت. دیگری که چشم‌گنده باشد، اهل شیکاگو بود با یک رگ مکزیکی و یک رگ پورتوریکویی. لهجهٔ اسپانیایی دوست کوبایی- آمریکایی که لحظه‌ای از سگش جدا نمی‌شد را خیلی دوست داشتم و پسر گواتمالایی که موهای فرفری پرپشتی داشت هنرمند بود و روی دیوارهای شهر گرافیتی می‌کشید.

بساط گُل یا همان ماری‌جوانا روی یکی از میزهای بالکن همیشه پهن بود. می‌نشستی روی مبل راحت و منظرهٔ سه آتش‌فشان و دریاچه را می‌دیدی و جادوی ماری‌جوانا باعث می‌شد به تمام داستان کرونا، قرنطینه و ماندن در گواتمالا و دنیا بخندی. جایی برای استرس و ترس نبود.

من هم که شش ماه تنها برای خودم آشپزی کرده بودم، صبح و شب با هیجان در آشپزخانه آشپزی می‌کردم. تنها گیاه‌خوار خانه بودم اما دست‌پختم را دوست داشتند و همیشه دور هم و مثل یک خانواده غذا می‌خوردیم. چشم‌گنده برای یک شرکت آنلاین کدنویسی می‌کرد، دوستانش صبح و شب دربارهٔ بیتکوین و ارزهای دیجیتال صحبت می‌کردند و من در اتاقم آنلاین انگلیسی تدریس می‌کردم.

روزها پشت‌سرهم می‌گذشتند و همه‌چیز عالی به‌نظر می‌آمد. هرچقدر بیشتر چشم‌گنده را می‌شناختم، بیشتر عاشقش می‌شدم. او نیز با زبان و کلمات و گاهی با اعمالش به من می‌گفت که دوستم دارد. لذت جنسی‌ای که با او تجربه می‌کردم مرا به ابرها می‌برد و همانجا نگه می‌داشت. بدن‌هایمان همانند پازل در یکدیگر قفل می‌شدند. بوسه‌هایش جادویی بودند و بدنم را به‌لرزه درمی‌آوردند. هر زمانی که می‌شد عشق‌بازی می‌کردیم. فرقی نمی‌کرد در تاریکی شب باشد یا در طلوع طلایی اول صبح. در گرمای بعدازظهر باشد یا هنگام وزیدن باد خنک در یک عصر سه‌شنبه. هرکجا که می‌شد عشق‌بازی می‌کردیم. در زیر دوش حمام، لبهٔ تخت، روی مبل خانه، بالای پشت‌بام، روی صخره‌های بزرگ کنار دریاچه

و لابه‌لای درخت‌ها. همراه او چیزهای زیادی در عشق‌بازی امتحان کردم و اولین‌های زیادی را تجربه کردم. خوب به‌یاد دارم که در یکی از آن لحظاتی که او تمام بدنم را به‌لرزش درآورده بود، بدن‌هایمان روی هم قرار گرفته بود و هر دو می‌لرزیدیم. من تلاش می‌کردم به نفس‌کشیدن ادامه دهم و او تلاش می‌کرد مرا از ابرها نیز بالاتر ببرد. یک‌دفعه بدون آن‌که بتوانم کنترل کنم، مایعی از واژنم همانند فواره به بیرون پاشید. اول تصور کردم که نتوانسته‌ام خودم را کنترل کنم و جفتمان را با ادرار کثیف کردم. عذرخواهی کردم، اما او حیرت‌زده مرا در آغوش گرفت. برای اولین‌بار در زندگی‌ام برون‌پاشی انزال یا همان «اسکورت» را تجربه کرده بودم. پس از آن من هربار راحت‌تر از دفعات قبل، انرژی درونم را فوران می‌کردم. احساس رهایی آن فوران، هرچه ترس و استرس بود را از من دور می‌کرد. انرژی‌ام صدبرابر شده بود و لبخند از روی لب‌هایم نمی‌رفت. وقتی که به آینه نگاه می‌کردم، حس می‌کردم صورتم و چشم‌هایم فریاد می‌زنند که دارم لذت شیرین ارگاسم را هر روز تجربه می‌کنم.

آتش بینمان داغ بود، خیلی داغ. اما آن آتش تنها برای دو ماه روشن ماند. یک شب تصمیم گرفتم به‌جای رفتن به یک مهمانی در روستای سن مارکوس، در خانه بمانم. چشم‌گنده علاقهٔ زیادی به موسیقی داشت و یکی از دوستانش برای کمک دی‌جی او را دعوت کرده بود. به او گفتم که بهتر است تنها برود چرا که با جوانان آن روستا ارتباط برقرار نمی‌کردم و ترجیح می‌دادم در سکوت آشپزی کنم، بخوابم و صبح زود مشغول نوشتن کتاب شوم.

آن شب بعد دوش آب گرم، در سکوت خوابیدم و با دیدن یک کابوس با اضطراب شدید از خواب بیدار شدم. در خواب چشم‌گنده از من دور می‌شد. سعی می‌کردم به او نزدیک شوم اما او با چشمانی قرمز و غمگین از من دورتر می‌شد. بلافاصله گوشی تلفن را برداشتم تا به ساعت نگاه کنم. در دلم رخت می‌شستند. دو پیام نخوانده از او به من رسیده بود. در پیغام اول نوشته بود که کاش من آنجا بودم چراکه آهنگ سالسا پخش می‌شد و در پیغام دوم نوشته بود که به آخرین قایق نرسیده و صبح به خانه برمی‌گردد.

چیزی دلم را چنگ می‌زد. آن‌قدر چنگ می‌زد که حالت تهوع به من دست داده بود. نمی‌دانستم برای کابوسی بود که دیده بودم یا برای آن‌که اولین شبی است که بدون او در آن تخت می‌خوابیدم. نفس عمیقی کشیدم و به خودم یادآوری کردم که با وجود دلبستگی‌ام به او، چقدر هنوز عاشق آزادی‌ام و از ته دلم خوشحالم که او به مهمانی رفته و کاری را که دوست دارد انجام می‌دهد.

ساعت پنج صبح چشم‌گنده با قدم‌هایی کند، چشمانی مست و بسیار غمگین، درست شبیه به همان چشمانی که در خواب دیده بودم و نگاهی که نمی‌خواست به من خیره شود، وارد اتاق شد. هیچ‌وقت او را این‌طور ندیده بودم. هرچقدر تلاش کردم تا متوجه شوم آن شب بر او چه گذشته، جوابی نگرفتم. تنها می‌گفت دلتنگ خانواده‌اش است. سکوت کردم، به او چند روز و چند هفته زمان دادم. حتی مدتی فاصله گرفتم چون حس می‌کردم دوست دارد تنها باشد؛ اما انگار از آن شب چیزی در او تغییر کرده بود. می‌گفت دلتنگ خانواده اش است، خانواده‌ای که نمی‌خواستند با او صحبت کنند یا او را ببینند.

آتش بین ما دیگر داغ نبود. گاهی حرارتش کمتر می‌شد و گاهی به کمک هر دوی ما بیشتر. هیزم به‌دست تمام تلاشم را می‌کردم که روشن نگهش دارم. حتی تصور خاموشی‌اش مرا به تاریکی فرو می‌برد. روزها و هفته‌ها گذشتند. با وجود آن‌که به نظر می‌رسید کل کرهٔ زمین در سکون قرار دارد، همه‌چیز درحال تغییر بود.

جیک، هم‌خانهٔ آمریکایی با یک دختر بیست‌ویک‌سالهٔ گواتمالایی آشنا شده بود و او نیز با ما زندگی می‌کرد. دختر که او را مریم می‌نامم، لب‌های بزرگ و زیبا، چشمانی همانند آهو و صدایی بسیار دل‌نشین داشت. از آن دخترهایی که امکان ندارد ببینی و زیباییِ‌اش تو را تسخیر نکند. یک‌سال از من کوچکتر بود، همانند من گیاه‌خوار و متولّد آذرماه بود. یک سگ کوچک هم داشت که بازی با او سرگرمی جدیدمان شده بود. مریم علاقهٔ زیادی به گرفتن عکس‌های برهنه و هنری داشت و با به‌اشتراک‌گذاشتن عکس و ویدئوهای برهنه در فضای مجازی، درآمد کسب می‌کرد.

اولین طلوع بیست‌وسه‌سالگی‌ام را در قایق و کنار دوستانم گذراندم. قرار بود همراه با من آتش‌فشان تولیمان[1] را فتح کنند. خورشید از پشت آتش‌فشان آرام‌آرام بیرون می‌آمد و آسمان را رنگین‌کمانی می‌کرد. من، چشم‌گنده، جیک و مریم و هم‌خانه‌هایمان، همراه آیتانا دوست برزیلی من، یک دوست آمریکایی و یک دوست ایرانی که به دیدارم آمده بود همه در یک قایق به سمت روستای سانتیاگو حرکت می‌کردیم. قرار بود دوست چشم‌گنده به نام دیوید که از سی آتش‌فشان مختلف در گواتمالا بالا رفته بود، مسیر را به ما نشان دهد.

برایم بسیار ارزشمند بود که دوستانم حاضر بودند به‌عنوان کادوی تولد با من

1.Toliman

هفت ساعت، آتش‌فشان‌نوردی کنند و یک شب را هم بالای قله بگذرانند. مسیر پر از شیب اما بسیار سرسبز بود. سمت چپ دریاچهٔ آبی آتیتلان که آن زمان خانه صدایش می‌زدم را می‌دیدم و سمت راست منظره‌ای از آتش‌فشان سن پدرو را کنارم داشتم. چشم‌گنده خیلی با من صحبت نمی‌کرد و حتی با سرعتی متفاوت و جلوتر از بقیه راه می‌رفت. آن‌قدر بابت بیست‌وسه‌سالگی در آن بهشت هیجان‌زده بودم که سعی می‌کردم نسبت به سردی او بی‌تفاوت باشم. در دنیای خود سر می‌کردم و با هر قدمی که برمی‌داشتم شکر می‌کردم. هفت ساعت بدون‌وقفه و شمرده‌شمرده بالا رفتیم تا به یک غار رسیدیم. به‌جز ما کسی آنجا نبود. چشم‌گنده چادرمان را پهن کرد و سپس از جیبش یک شکلات درآورد و به من تعارف کرد.

-   «قارچ جادویی، کادوی شب تولدت.»

از اولین‌باری که قارچ جادویی را امتحان کرده بودم یک‌سال می‌گذشت. اولین تجربه‌ام در جزیرهٔ امتپه و مزرعهٔ کاکائو بود. شکلات را در دهان گذاشتم، او را برای چند ثانیه در آغوش گرفتم، بعد روی درختی نشستم و به بقیه خیره شدم که داشتند آتش روشن می‌کردند.

درست نمی‌دانم نیم‌ساعت گذشته بود یا چهل دقیقه، اما وقتی که متوجه اثرات قارچ شدم از درخت پایین آمدم و به پشت تخته‌سنگی رفتم. ناخودآگاه زدم زیر گریه. احساس خوشبختی داشتم، احساس می‌کردم در یک فیلم قرار دارم. تصویر پدرم و کودکی‌هایم از جلوی چشمانم رد شد. تصویر چندتا از دوستان صمیمی‌ام در ایران و تمام سه سال سفر در آمریکای لاتین مثل یک سریال روی دور تند در مغزم پخش شد. هوا سرد بود و از سرما می‌لرزیدم اما این اذیتم نمی‌کرد. نمی‌دانم چقدر آنجا تنها اشک ریختم، اما به‌یاد دارم که با صدای لیزا و سپیده که مرا صدا می‌زدند، به خود آمدم. از پشت تخته‌سنگ با صدای بلند گفتم: «من اینجام و حالم خوبه.» یک‌دفعه چشم‌گنده جلویم پدیدار شد و محکم در آغوشم گرفت. او هم که مثل من شکلات جادویی خورده بود، به چشمانم نگاه و عذرخواهی کرد: «من این اواخر اصلاً با تو رفتار درستی نداشتم! ازت عذر می‌خوام! منو ببخش! دوستت دارم! منو ببخش!»

نمی‌دانستم چرا از من عذرخواهی می‌کند. تنها اشک از چشمانم سرازیر می‌شد و می‌خندیدم. او می‌گفت که احساس گناه می‌کند و من احساس خوشبختی داشتم. او از ناراحتی اشک می‌ریخت و من برای شکرگزاری.

آن شب هنگام فوت‌کردن شمع کنار آتش دو فکر در سرم داشتم: «سرما هم یک حس است. مثل شادی و غم. اذیتم نمی‌کند، می‌توانم مشاهده‌اش کنم.»

«نمی‌دانم چرا از کلمات استفاده می‌کنیم، وقتی که می‌توانیم با نگاه حرف‌ها را بیان کنیم.»

دومین طلوع بیست‌وسه‌سالگی را روز بعد در نوک قلهٔ آتش‌فشان دیدم. از آن بالا روستاهای کنار دریاچه آتیتلان به نقطه تبدیل شده بودند. خورشید رنگ جدیدی به درخت‌ها و آب دریاچه بخشید و من در فضایی رویایی کنار چند عزیز در زمانی که کل دنیا قرنطینه شده بود، سال جدیدی را آغاز کردم.

سالی که با کشته‌شدن سگ مریم توسط یک ماشین پس از پایین‌آمدن از آتش‌فشان شروع شد. دامپزشکی در آن شهر نبود. سگی که نفس‌های آخرش را می‌کشید سوار قایق کردیم و به پیشنهاد کاپیتان به یک زمین بکر کنار دریاچه بردیم. در مسیر او از دنیا رفت و ما همه گریه‌کنان شاهد او و درد مریم بودیم. محکم او را در آغوش گرفته بود.

چقدر دلم می‌خواست آن اتفاق را از زندگی‌ام حذف کنم و بیست‌وسه‌سالگی‌ام با چنین حادثه‌ای شروع نشود. حتی بارها سعی کردم بدون نوشتن آن حادثه از تولّدم بنویسم. اما حقیقت آن است که آن سال برای من سال مرگ بود، سال درد و سال تغییر. نمی‌دانستم نفر بعدی‌ای که قرار است بمیرد، خودمم. قرار است خودم با دست‌های خودم، بخش عظیمی از وجودم را در آتیتلان برای همیشه جا بگذارم.

درد رهاکردن

مرزهای ورود و خروج به گواتمالا باز شده بودند. مکزیک صدایم می‌زد اما می‌ترسیدم. از رفتن نمی‌ترسیدم، بلکه ترس من از حسرت نماندن و عاشقی‌نکردن بود. هیچ‌وقت به‌خاطر عشق مسیر سفرم را تغییر نداده بودم. هیچ‌وقت به‌خاطر یک مرد جایی نمانده بودم.

قرار بود برای یک ماه از دریاچه خارج شویم و در سراسر گواتمالا سفر کنیم. اول به اقیانوس آرام برویم و شب یلدا را آنجا باشیم و بعد زمینی به شرق و شمال کشور سفر کنیم. دلم می‌خواست پس از تعطیلات سال نو میلادی به مکزیک بروم؛ اما پس از صحبت با چشم‌گنده، تصمیم گرفتم همراه او کمی بعد از بهار، یعنی سه ماه بعد به مکزیک بروم.

با جمعی از دوستان مشترکمان به مدت یک هفته به شهر ساحلی ال پردون[1] رفتیم. ساحل خلوت بود و ما خانه‌ای بزرگ و ویلایی با یک استخر را با همراهی هم اجاره کرده بودیم. هر روز برای تمرین موج‌سواری به ساحل می‌رفتیم، آب نارگیل تازه می‌نوشیدیم، غروب قرمز خورشید را تماشا می‌کردیم و کنار استخر می‌خندیدیم. در چشمان چشم‌گنده بی‌تفاوتی را می‌دیدم. هربار که تلاش می‌کردم با او صحبت کنم و یا به او نزدیک‌تر شوم، فاصله‌مان بیشتر می‌شد. من سعی می‌کردم حواس خود را با دوستانم پرت کنم و از سفر لذت ببرم. ذهنم هم در انکار به‌سر می‌برد و دلش می‌خواست تنها در لحظه باشد.

در مسیرمان از جنوب غربی تا شمال شرقی گواتمالا، از رودخانهٔ طبقاتی فیروزه‌ای رنگ سموک چمپی[2] که اطرافش پر از درخت کاکائو بود گذر کردیم. طبیعت گواتمالا هر روز بیشتر مرا حیرت‌زده می‌کرد. تنوعی که هیچ‌کجای آمریکای مرکزی ندیده بودم. رسیدن به معابد بزرگ تیکال، که بزرگ‌ترین شهر باستانی باقی‌مانده از مایاها است، آن هم در زمانی که گردشگری وجود نداشت و ما کل پارک ملی را برای خودمان و یک خانوادهٔ چهار نفرهٔ دیگر داشتیم، یک معجزه بود.

دوازده ساعت تمام در جنگل‌ها بین درخت‌های سی‌با و معابد بلندی که می‌توانستیم از آن‌ها بالا برویم در سکوت راه رفتیم. صدای پرنده‌ها و میمون‌های عنکبوتی همه‌جا شنیده می‌شد. زمان و مکان دیگر معنایی نداشتند. از پله‌های بلند معابد به‌سختی بالا رفتیم و از آن بالا به جنگل‌های سرسبزی که تمامی نداشتند، خیره شدیم. درخت‌ها مثل یک دریای سبز بودند، هرکجا را نگاه می‌کردیم سبز بود.

پس از آن تجربه دوستانمان از ما جدا شدند. من ماندم و چشم‌گنده‌ای که مرا طرد می‌کرد. در تمام مسیر به رودخانهٔ شیرین و شهر مایایی - آفریقایی لیوینگستون[3]، فکر می‌کردم که حتماً تقصیر من است. شاید زیادی احساساتم را بروز دادم. شاید رفتاری کردم که دوست نداشته است؛ اما هرچقدر فکر می‌کردم به نتیجه‌ای نمی‌رسیدم. هرچقدر هیزم‌ها را در آتش می‌انداختم بی‌فایده بود. حرارت آتش بینمان هر روز کم و کم‌تر می‌شد.

در یک هاستل چوبی کنار رودخانهٔ شیرین اقامت داشتیم و هر روز با کایاک به نقاط مختلف می‌رفتیم. یک روز به یک آبشار رفتیم. یک روز به شهر لیوینگستون

1.El Paredon   2.Semuc Champey   3.Livingston

که شبیه به رفتن به آفریقا بود و موهایمان را بافتیم و روز بعد به یک ساحل با ماسه‌هایی به سفیدی برف. از آن‌که آن‌قدر با او خاطرات عجیب جمع می‌کردم و در سرتاسر گواتمالا کنارش با عشق از خواب بیدار می‌شدم، بسیار خوشحال بودم.

تعطیلات سال نو میلادی تمام شد و ما به دریاچه برگشتیم. صاحب‌خانه‌مان به گواتمالا برگشته بود و ما مجبور به جابه‌جایی بودیم. همراه جیک، مریم و یک دوست ایرانی من که از کانادا برای فرار از قرنطینه به گواتمالا آمده بود و او را «معجزه» می‌نامم، یک خانهٔ ویلایی بسیار بزرگ پنج‌خوابه اجاره کردیم. خانه‌ای که درست کنار دریاچه بود و می‌توانستی هنگام آشپزی دو آتش‌فشان را از پنجره‌اش مشاهده کنی. من، چشم‌گنده و معجزه هر سه آنلاین کار می‌کردیم و داشتن چنین فضایی برایمان رویایی بود که به واقعیت پیوسته بود.

اجارهٔ ماه اول را پرداخت کردم و آن روز برای تمدید ویزایم به گواتمالا سیتی رفتم. تمام مدت آن سفر یک‌روزه اضطراب داشتم. کابوس می‌دیدم و تپش قلب داشتم. بعد از تمدید ویزا که خود پروسه‌ای پر از استرس بود، به خانه برگشتم. چشم‌گنده، انگار منتظر آمدنم باشد، از من خواست تا همراهش به اسکله بروم. گفت: «احتیاج دارم باهات صحبت کنم.»

آفتاب درحال غروب بود و غروب‌های دریاچهٔ آتیتلان بهشت واقعی‌اند. سه آتش‌فشان روبه‌روی چشمانمان و آسمان طلایی بالای سرمان قرار داشت. مست نگاه‌کردن به طبیعت بودم که چشم‌گنده درحالی‌که دستم را گرفته بود و به چشمانم نگاه می‌کرد، سکوت را شکست: «ملیکا، من اون‌قدرها هم که فکر می‌کنی آدم خوبی نیستم. من به تو خیانت کردم.»
نگاهش کردم. ادامه داد: «اون شب که به مهمونی رفته بودم و تو نیومدی، ولنتاین به من خیلی نزدیک شد و شب رو با اون گذروندم.» ولنتاین به نوش جان‌کردن دوست‌پسر بقیه معروف بود.
ادامه داد: «یک هفته قبل از تولّدت بود. من از خودم متنفر شدم. بعد هم برنامه سفر داشتیم و نمی‌خواستم برنامه‌مون رو بهم بریزم. ملیکا من خیلی دوستت دارم؛ اما نمی‌خوام تو رابطه باشم. با ولنتاین یا شخص دیگری در رابطهٔ احساسی نیستم، فقط دلم می‌خواد آزاد باشم.»

با آن‌که در فضای باز بودیم نفس‌کشیدن برایم سخت شده بود. اشک‌هایم به سرعت از چشمانم پایین می‌آمدند. مثل سرسره روی گونه‌هایم لیز می‌خوردند و به چانه‌ام می‌رسیدند و بعد دانه‌دانه روی لباسم چکه می‌کردند. من عاشق او و عاشق

آزادی بودم. حالا آزادی برای او به معنای جدایی از من بود. احساس می‌کردم دستش را وارد سینه‌ام کرده و قلبم را با تمام توان می‌فشارد. نمی‌دانم چند دقیقه در سکوت به آتش‌فشان‌ها خیره شدم، تا آن‌که گفت: «خواهش می‌کنم یه چیزی بگو!»

نگاهش کردم و گفتم: «من خیلی خوشبختم! خیلی خیلی زیاد. نگاه کن تو چه بهشتی هستیم. نگاه کن چه قرنطینهٔ رویایی‌ای تو این بهشت گذروندیم. چقدر خاطرات فراموش‌نشدنی تو این کشور ساختیم. نگاه کن تو چه خونهٔ زیبایی زندگی می‌کنیم.»

اولین چیزی که احساس می‌کردم، احساس خوشبختی بود. انگار آن شکرگزاری، قرص مسکنی بود که روحم به خورد قلبم می‌داد تا درد را احساس نکنم. دومین احساسم عصبانیت بود. عصبانی بودم که چرا زودتر به من نگفته بود تا به دنبال خانهٔ دیگری برای خودم باشم. او دلش می‌خواست با من دوست بماند و تصور می‌کرد می‌توانم با او زیر یک سقف زندگی کنم. عصبی بودم چرا که رفتار جیک و مریم طوری بود که انگار از آن اتفاق خوشحال شده بودند و به‌جای آن‌که به ما دو نفر فضا بدهند، دنبال آن بودند که چه زمانی من از آنجا خواهم رفت تا اتاقشان را با اتاق قبلی ما که من در آن بودم عوض کنند.

با آن‌که از چشم‌گنده خواسته بودم به اتاق دیگری برود، هر روز با درد از خواب بیدار می‌شدم و با اضطراب به خواب می‌رفتم. همراه با دوست ایرانی‌ام معجزه، به دنبال خانهٔ جدیدی بودیم. پیداکردن خانه برای اجاره آن هم در دوران کرونا کار راحتی نبود. اجارهٔ آن ماه را پرداخت کرده بودیم و مجبور بودم یک ماه پس از آن‌که رابطه را تمام کرده بود، با او زیر یک سقف زندگی کنم و این اتفاق برایم مساوی با زجر خالص بود. می‌دیدمش اما نمی‌توانستم در آغوشش بگیرم. غذا درست می‌کردم اما با معجزه در زمانی جدا از بقیه غذا می‌خوردیم. گاهی می‌توانستم خود را کنترل کنم و گاهی درد مرا می‌شکست و به او حرف‌هایی می‌زدم که نباید. یکی از آن روزها، وقتی که با دیدنش در آشپزخانه چشمانم پر از اشک شد، به او گفتم: «من می‌دونم که می‌تونم بدون تو زندگی کنم. مشکل اینه که نمی‌خوام بدون تو زندگی کنم.»

معجزه که شکستن مرا دیده بود، مرا به گوشه‌ای برد و با صورتی نگران گفت: «لازمه تا حقیقتی رو به تو بگم. اون شب که به گواتمالا سیتی رفته بودی، من و چشم‌گنده تو خونه تنها بودیم. به من پیغام داد تا با هم فیلم ببینیم. من هم

قبول کردم. وسط تماشای فیلم به من نزدیک‌تر می‌شد. رفتارش برام خیلی عجیب بود و درکش نمی‌کردم. من ازش حداقل ده سال بزرگ‌ترم و دوست توام. بعد که ازم پرسید که می‌تونه من رو ببوسه یا نه؟ اونجا یه‌دفعه فاصله گرفتم و گفتم که مل گفته که شما تو رابطهٔ بسته و متعهدید. اتفاقی بین ما نیفتاد. روز بعد وقتی که برگشتی با تو بهم زد. اون‌قدر تو شوک بودی که نمی‌خواستم بیشتر شوکه‌ات کنم. اما الان بعد از شنیدن حرف‌هات لازم بود تا بهت حقیقت رو بگویم. چشم‌گنده ارزش دوست داشتنت رو نداره، رهاش کن.»

گیج و خرد شدم. چشم‌گنده در یک لحظه از یک آشنا به یک غریبه تبدیل شده بود. دیوار اطمینانم خرد شده بود و قلبم را له کرده بودند. خودش کسی بود که ماه اول اصرار داشت که رابطه ما بسته و متعهد باشد. یعنی من کافی نبودم؟ آن آتش داغ بین ما و عشق‌بازی صبح و ظهر و شب کافی نبود؟ عزت‌نفسم را گم کرده بودم. به هیچ‌کس نمی‌توانستم اطمینان کنم.

آن یک ماه در تاریکی مطلق گذشت. وجودم آن‌قدر درد می‌کرد که انگار مرگ عزیزی را تجربه می‌کنم. هر ثانیه شبیه به خفه‌شدن در آب بود. روزها طولانی می‌گذشتند. توان تدریس نداشتم و به‌زور خودم را از رخت‌خواب بیرون می‌کشیدم. خوب به‌یاد دارم لحظه‌ای را که در ایوان اتاقم، روی زمین افتاده و هق‌هق گریه می‌کردم. روی زمین، از جهان هستی می‌خواستم تا مرا نجات دهد.

«کمکم کن! کمکم کن تا بتونم بلند بشم! تا بتونم این درد رو با خودم حمل و این فصل از زندگی رو رها کنم! دریاچه رو... چشم‌گنده رو.... کمکم کن تا بتونم دوباره به صدای درونم گوش کنم و به مسیرم ادامه بدم!»

گریه‌هایم که تمام شد، مدت طولانی در ایوان نشستم و به دریاچه و آتش‌فشان‌ها خیره شدم. چشمانم را بستم و با یادآوری آن قدرتی که مرا از شهرک اکباتان تا دریاچهٔ آتیتلان برده بود، از جایم برخاستم.

رفتن از گواتمالا به جدایی از چشم‌گنده گره خورده بود. مکزیک صدایم می‌زد و من خوب می‌دانستم وقتی جایی مرا صدا می‌زند، باید بروم. رفتن از کشوری به زیبایی گواتمالا کار راحتی نبود. رفتن از کنار دریاچهٔ آتیتلان و سه آتش‌فشانی که یک‌سال تمام در شرایط بلاتکلیف کرونا خانهٔ من شده بودند راحت نبود. رفتن از کنار کسانی که آن زمان عجیب در تاریخ را کنارشان نفس کشیدم، غذا خوردم و خاطره ساختم، سخت بود. رفتن از سرزمین مایاها و جادوهایش، سرزمینی که مرا به فرزندخواندگی گرفته و در بهترین حالت ممکن از من نگهداری کرده بود

اصلاً آسان نبود.

جدایی سخت، دردناک و وحشتناک بود. جدایی از پسری به زیبایی چشم‌گنده. آن زمان او برایم زیباترین مرد کرهٔ زمین بود. جدایی از آغوش گرم و راحتش، جدایی از کنار بدنی که بدنم در آن به‌راحتی قفل می‌شد. جدایی از اولین پسری که زیر یک سقف و در یک اتاق چهار ماه هم‌خانه‌اش بودم. جدایی از کسی که با تمام وجودم عاشقش بودم. رهاکردن خانهٔ ویلایی کنار دریاچهٔ آتیتلان که تصور می‌کردم قرار است تا سه ماه آینده همراه چشم‌گنده در آن زندگی کنم.

می‌گفت نرو، رفتنت به معنای فرار است. جدایی ما به آن معنا نیست که نتوانیم با هم و یا در یک روستا زندگی کنیم. گفتم که من «رونده‌ام»، نیامده بودم که بمانم. ماندنم به‌خاطر کرونا بود و بعد به‌خاطر تو و حال که مرزهای گواتمالا باز شده و می‌توانم به مکزیک بروم، صدایش را می‌شنوم که می‌گوید: «بیا.»

تمام وجودم درد می‌کرد. سعی می‌کردم به خود یادآوری کنم که الماس برای به الماس‌شدن فشارهای زیادی را تحمل می‌کند. سعی می‌کردم به‌یاد بیاورم که زندگی پر از درد است و بدون آن شادی و لذتی وجود ندارد. احساس می‌کردم در اوج فیلم زندگی‌ام هستم. دلم می‌خواست آن درد را برای همیشه به‌یاد بیاورم. تا هروقت زندگی سخت شد به خود بگویم اگر توانستم آن رفتن و جدایی را تحمل کنم، از پس سختی‌های دیگر هم برخواهم آمد.

به‌رسم جوانی و به یاد گواتمالا، الماسی را روی یک نیلوفر آبی بر پشتم تتو کردم. تتویی که در آن از برق استفاده نشد و همه با دست انجام شد. هنرمند سوزن‌ها را در پوستم فرو کرد و پرسید: «دردی حس می‌کنی؟» و من هربار با خنده می‌گفتم: «انقدر وجودم درد می‌کنه که هیچ چیزی جز فشرده‌شدن قلبم رو حس نمی‌کنم.»

چشم‌گنده گفت: «مراقب خودت باش! من می‌دونم برمی‌گردی.» بچه‌های روستا می‌پرسیدند: «کجا می‌ری؟»
دوست آمریکایی‌ام می‌گفت: «به‌محض اینکه پات رو تو مکزیک بذاری و تکیلای اول رو بخوری گواتمالا رو فراموش می‌کنی.»
معجزه می‌گفت: «کاش تا عید نوروز می‌موندی.»

پس از یک‌سال کوله به‌دوش نبودن به دلیل کرونا، کولهٔ بنفشم را، که از هیجان مدام از من تشکر می‌کرد، جمع کردم و به ملیکای رونده‌ای که بودم بازگشتم.

۳۵۰

دوستانم مرا بدرقه کردند. سوار قایق شدم. روستا و خانه‌ای که با چشم‌گنده در آن زندگی می‌کردم، کوچک و کوچک‌تر می‌شدند. تمام بدنم می‌لرزید؛ اما با وجود لرزش، ترس و درد، در دو پایم قدرت عجیبی حس می‌کردم. همان دو پایی که مرا از تهران به قونیه از قونیه به ونزوئلا، از ونزوئلا تا اکوادور و سپس به کلمبیا، بولیوی، پرو، شیلی، آرژانتین، برزیل، کانادا، جمهوری دومینیکن، هائیتی، پاناما، کاستاریکا، نیکاراگوئه و سپس گواتمالا آورده بودند. مکزیک و کوبا مقاصد آخرم در آمریکای لاتین بودند. صدا می‌زدند که «بیا» و پاهای من با قدرت زیاد بدن، کوله و روح دردکشیدهٔ من را همراه خود می‌بردند.

ذهنم می پرسید: «یعنی واقعاً تموم شد؟»

و قلبم با درد جواب می‌داد: «خبر نداری که زندگی تازه قراره شروع بشه.»

الماس

ریشه‌کاشتن در مکزیک

همیشه زمان ورود به یک سرزمین جدید، اشک شادی از چشمانم سرازیر می‌شود و سپس نامه‌ای برای آن سرزمین می‌نویسم. اشک‌ریختن و نوشتن دوتا از قدرت‌های منند. بدون آن‌ها، که وسیله‌ای‌اند برای بروز آنچه احساس می‌کنم، نمی‌توانستم آن مسیر طولانی را تنها طی کنم.

وقتی که به آن دریاچهٔ فیروزه‌ای در جنوب مکزیک رسیدم، شب بود و ماه کامل. زیر نور ماه کامل، تنها در تاریکی نشستم و اشک ریختم. دقایق زیادی اشک ریختم. اشک ریختم و با کلمات از ماه، از آب، از ستاره‌ها و از خاک کمک خواستم. صبح روز بعد، به‌محض روبه‌رویی با رنگ فیروزه‌ای دریاچه، آن صدای همیشگی به من گفت: «بمان.»

آنچه می‌دیدم و در آن شنا می‌کردم، یکی از معجزات طبیعت بود. انگار آسمان با زمین یکی شده بود. هفت سایهٔ مختلف آبی را می‌توانستم هم‌زمان در دریاچه ببینم. آبش شیرین و بسیار لطیف بود. به‌راستی سرزمین مایاها، چه در گواتمالا و چه در مکزیک، بهشت بود. به‌جز زیبایی مسحورکننده‌اش، اصالت و هویت آن سرزمین را نیز حس می‌کردم.

دو روز به دو هفته و دو هفته به دو ماه تبدیل شد. هر آنچه به آن احتیاج داشتم سر راهم قرار می‌گرفت. چیزهایی مثل یک دوست آرژانتینی که ارزش‌هایش با من یکی بود و می‌توانستم ساعت‌ها کنار دریاچه با او چای مته بنوشم، یا باری کوچک که هر شب در آن موسیقی زندهٔ سالسا می‌نواختند و می‌توانستم با وجود حضور کرونا، در حبابی کوچک با آدم‌های دیگر ارتباط داشته باشم و برقصم. همین‌طور یک دوست شاعر و نویسندهٔ مکزیکی داشتم که عاشق خیام بود. مردی با روحی بسیار درخشان، موهایی فرفری و مشکی، چشمانی درشت و قلبی که عاشق زندگی بود. با او ساعت‌ها زیر درخت معروف «سی‌با» می‌نشستم و در مورد مولانا، حافظ و خیام صحبت می‌کردم. بی‌شک یکی از دلایل ماندنم در کارائیب وجود او بود، او که مرا با دنیای شعر اسپانیایی و ادبیات آمریکای لاتین آشنا کرد. او را «عموی مکزیکی» می‌نامم.

مردم در گوشه‌وکنار دنیا هنوز در ترس بودند. تنها یک سال از آمدن ویروس کرونا گذشته بود. حال انسان‌ها سر زدن یا نزدن واکسن بحث می‌کردند. دوستانم در ایران از نبود دسترسی به واکسن کرونا و اطرافیانم در مکزیک از اجباری‌بودن آن ناراحت بودند. زمان مناسبی برای سفر نبود؛ مخصوصاً برای من که عاشق

زیستن و تعامل با مردم بومی هر منطقه بودم.

روزها گذشتند و انقضای ویزای برزیلی، که در گواتمالا گرفته بودم، باطل شد. با تمام وجود احساس می‌کردم در مکان درستی قرار دارم. هر روز درس جدیدی می‌گرفتم. هر روز دلایلم برای ماندن بیشتر می‌شد. جابه‌جایی برای کسی که سال‌هاست یکجا نشسته، می‌تواند سفری عمیق و درمانگر باشد، اما برای منی که بیش از سه سال درحال جابه‌جایی و سفر بودم، یکجانشینی لازم بود. این‌بار آن چیزی که باعث رشد فردی‌ام می‌شد، کوله‌گردی نبود، بلکه ریشه‌دواندن در خاک مکزیک بود. سرزمینی که هر روز بیشتر عاشق آن می‌شدم. مکزیک درست مثل ایران پر از هویت و اصالت است. هم غنی‌بودن فرهنگ و تاریخش برایم آشنا بود و هم تنوع غذایی‌اش نسبت به بقیهٔ کشورهای آمریکای لاتین بیشتر بود. کشوری که هم شهرهای مدرن و ساختمان‌های بلند را و هم عمق فرهنگ بومی‌های هر منطقه را در آن مشاهده می‌کنی. آتش‌فشان، جنگل، کویر و اقیانوس دارد. برای من مکزیک پر از فرصت و عشق بود. درهایش به روی همه باز بود، مکزیک مادر آمریکای لاتین است و من با تمام وجودم عاشقش شدم.

چندبار از آن دریاچه دور شدم. به مرکز مکزیک، به غرب و به جنوب رفتم، اما هربار به آن برگشتم. می‌توانستم بروم، می‌توانستم به هرجایی که دلم می‌خواهد بروم؛ اما یکی از آن روزها، یکی از آن روزهایی که همراه عموی مکزیکی در سنوتهٔ[1] عمیق آبی شنا می‌کردم، ذهن خاکستری‌ام روشن شد. روی آب آرام سنوته دراز کشیده و به آسمان خیره شده بودم که یک‌دفعه تردیدها ناپدید شدند. مسیر برایم واضح شد. من در آن خاک کارهای زیادی برای انجام‌دادن داشتم.

درست از لحظه‌ای که تصمیم گرفتم بمانم همه‌چیز دست‌به‌دست هم داد تا ماندنم قطعی و مسیر اقامت برایم روشن شود. آن روزها درحال یادگیری یک مهارت جدید بودم. وارد دنیای سیرک معاصر شدم و درحال یادگیری انجام حرکات آکروباتیک روی پارچه و در هوا بودم. از طریق معلمم با مدرسه‌ای آشنا شدم که دنبال معلم زبان بودند. دلم برای کارکردن با بچه‌ها تنگ شده بود. چه چیزی زیباتر از انجام آنچه عاشقش هستی در مکانی که دوست داری در

---

۱. Cenote: یک گودال یا غار طبیعی پر از آب است که در سنگ‌های آهکی تشکیل می‌شود. این پدیده در مکزیک، به‌ویژه در شبه‌جزیرهٔ یوکاتان، بسیار رایج است. سنوته‌ها در زمان مایاها مکان‌های مقدسی بودند و اغلب برای آیین‌های مذهبی استفاده می‌شدند.

امروزه، سنوته‌ها به جاذبه‌های طبیعی و گردشگری محبوبی تبدیل شده‌اند، جایی که افراد می‌توانند در آب زلال آن‌ها شنا یا غواصی کنند.

آن زندگی کنی؟ مسیر برایم هموار شد. انتخاب کردم که مدتی در آن حباب دوست‌داشتنی زندگی کنم. روزی که کارت اقامتم را گرفتم، عموی مکزیکی از من پرسید: «پس برای همیشه اینجا می‌مونی؟»

همیشه؟ چه کلمهٔ عجیبی! چطور چیزی که واقعیت ندارد به یک کلمه تبدیل شده است؟ به نظر من همیشگی‌بودن تنها یک خیال است. هیچ‌چیزی همیشگی نیست و «همیشه» وجود ندارد. همه‌چیز ناپایدار و موقتی است. تنها راه اطمینان از آن‌که در مسیر درستی هستی یا نه، آن است که از آن جایی که هستی راضی باشی. اگر تصور می‌کنی در مکان درستی قرار داری، آن مکان و نقطه تو را به مقصد بعدی‌ات در زمان مناسب وصل خواهد کرد.

مهم نبود من برای همیشه در مکزیک و یا کارائیب خواهم ماند یا نه. مهم نبود چه زمانی به کوبا سفر می‌کنم. مهم نبود آیا دوباره به ایران بازخواهم گشت یا نه؟ آنجایی که بودم، مقصد نبود. تنها چیزی که مهم بود، مسیرم از شهرک اکباتان تا آن نقطه بود. تمام فشارها و درس‌ها، تمام تجربه‌های عمیق و انسان‌هایی که هر کدام مثل یک معلم چیزی را در من تغییر داده بودند، برای من مهم بودند. مهم نبود به کجا می روم و به کجا می‌رسم. مهم بود که پس از آن مسیر طولانی، به چه کسی تبدیل شده‌ام.

پایان

درد، بخشی جدانشدنی از زندگی است. فرقی نمی‌کند که درد ازدست‌دادن باشد یا رهاکردن، درد فیزیکی باشد یا احساسی. الماس اگر تحمل درد و فشار را نداشته باشد، هرگز به الماس تبدیل نمی‌شود.

امیدوارم مسیر زندگی‌ام از طبقهٔ یازدهم آپارتمانی در غرب تهران تا خانه‌ای چوبی در کارائیب مکزیک و تمام سدهایی که سر راهم قرار گرفتند به شما انگیزه دهد تا ورای تمام درهای بسته، به صدای دلتان گوش کنید و قدم اول را بردارید.

برای رسیدن به آگاهی و آزادی لازم نیست حتماً کوله‌ای بردارید و به آمریکای جنوبی بروید. کافی است جرئت داشته باشید تا به صدای دلتان گوش کنید. کافی است نگذارید صدای بیرون و دیگران روی مسیر زندگی و انتخاب‌هایتان تأثیر بگذارد و یاد بگیرید که در پوست خود احساس در خانه بودن داشته باشید. خودتان را از بندهایی که ذهن، دیگران و جامعه برایتان درست می‌کند رها کنید.

احساس می‌کنم از یک جراحی بسیار سخت روانی زنده بیرون آمدم. نوشتن این کتاب حدود چهار سال طول کشید. چهار سالی که دردهای زیادی را در آن تحمل کردم. برای آن‌که بتوانم تجربیاتم را بیان کنم، باید آن‌ها را مرور می‌کردم و تجربیات زیادی بودند که دلم نمی‌خواست هرگز دوباره به آن‌ها فکر کنم، مثل روز آخری که پدرم را دیدم، روزی که در پرو غذایی برای خوردن نداشتم، یا ردشدن از مرز هائیتی به جمهوری دومینیکن و روزهای آخرم در گواتمالا.

نوشتن این کتاب، شبیه به روان‌درمانی بود. درمانی که یک‌شبه اتفاق نیفتاد و سال‌ها طول کشید. برایم فرقی نمی‌کند این کتاب به دست چند هزار نفر برسد. از آن‌جایی که همه‌چیز در نظم است، می‌دانم بی‌شک، اگر این کتاب را خواندید، حتماً به دلیلی سرراهتان قرار گرفته است و مطمئنم که اگر این کتاب چیزی را در شما تغییر داده باشد، آن را به اطرافیانتان معرفی خواهید کرد و هدیه خواهید داد.

هر پایانی، آغازی دارد. این تنها پایان پروژهٔ آمریکای لاتین است. پایان فصلی از زندگی من. نمی‌گویم درحال حاضر در کجای این کرهٔ کوچکم و چه می‌کنم، چراکه همه‌چیز به‌سرعت درحال تغییر است و نمی‌دانم زمانی که این کتاب را می‌خوانید، من دقیقاً کجا خواهم بود. اما اگر دوست دارید از حال من باخبر شوید و یا به من پیامی دهید، مرا در کانال تلگرام و یا صفحهٔ اینستاگرامم پیدا خواهید کرد.

با عشق فراوان

ملیکا بکائی

بهار ۱۴۰۳، نایاریت، مکزیک

فراتر از ناپیدا

ملیکا بکائی

نویسنده: ملیکا بکائی

ویراستار و دبیرفنی: زهرا قنبرزمانی

طراح جلد و صفحه‌آرا: شکیبا ستاربروجنی